OEUVRES

DE

LE SAGE.

—

TOME II.

DE L'IMPRIMERIE DE RIGNOUX.

ŒUVRES
DE
LE SAGE.

GIL BLAS. — TOME PREMIER.

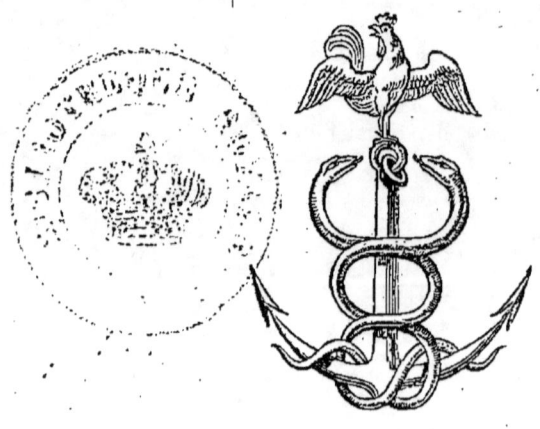

A PARIS,
CHEZ ANTOINE AUGUSTIN RENOUARD.

M. DCCC XXI.

DÉCLARATION

DE L'AUTEUR

Contre les applications et les prétendues clefs de Gil Blas.

Comme il y a des personnes qui ne sauroient lire sans faire des applications des caractères vicieux ou ridicules qu'elles trouvent dans les ouvrages, je déclare à ces lecteurs malins qu'ils auroient tort d'appliquer les portraits qui sont dans le présent livre. J'en fais un aveu public : je ne me suis proposé que de représenter la vie des hommes telle qu'elle est ; à Dieu ne plaise que j'aie eu dessein de désigner quelqu'un en particulier ! Qu'aucun lecteur ne prenne donc pour lui ce qui peut convenir à d'autres aussi bien qu'à lui ; autrement, comme dit Phèdre, il se fera connoître mal à propos : *Stultè nudabit animi conscientiam.* [1]

On voit en Castille, comme en France, des médecins dont la méthode est de faire un peu trop saigner leurs malades. On voit partout les mêmes vices et les mêmes originaux. J'avoue que je n'ai pas toujours exactement suivi les mœurs espagnoles ; et ceux qui savent dans quel désordre vivent les comédiennes de Madrid pourroient me

---

[1] Quiconque en mes portraits se sera reconnu,
Mettra sa conscience et sa sottise à nu.

Prologue du livre III des Fables de Phèdre.

reprocher de n'avoir pas fait une peinture assez forte de leurs déréglements; mais j'ai cru devoir les adoucir pour les conformer à nos manières. [1]

[1] Cette modération prétendue est un trait de satire des plus sanglants. Voyez la fin du livre III, chapitre XII, et jugez de l'*adoucissement* que l'auteur dit avoir mis dans la peinture des comédiennes de Madrid, *pour les conformer à nos manières.*[*]

[*] Presque toutes les notes de ce volume et du suivant, font partie de celles que M. le comte François-de Neuchâteau a mises au Gil Blas donné en 1820, 3 vol. in-8°, par M. Lefevre, libraire, qui m'a autorisé à en introduire une partie dans mon édition. R.

GIL BLAS AU LECTEUR.

Allégorie remarquable.

Avant que d'entendre l'histoire de ma vie, écoute, ami lecteur, un conte que je vais te faire.

Deux écoliers alloient ensemble de Peñafiel à Salamanque. Se sentant las et altérés, ils s'arrêtèrent au bord d'une fontaine qu'ils rencontrèrent sur leur chemin. Là, tandis qu'ils se délassoient après s'être désaltérés, ils aperçurent par hasard auprès d'eux, sur une pierre à fleur de terre, quelques mots déjà un peu effacés par le temps et par les pieds des troupeaux qu'on venoit abreuver à cette fontaine. Ils jetèrent de l'eau sur la pierre pour la laver, et ils lurent ces paroles castillanes : *Aqui está encerrada el alma del licenciado Pedro Garcias*; Ici est enfermée l'ame du licencié Pierre Garcias.

Le plus jeune des écoliers, qui étoit vif et étourdi, n'eut pas achevé de lire l'inscription, qu'il dit en riant de toute sa force : Rien n'est plus plaisant ! Ici est enfermée l'âme.... Une âme enfermée !... Je voudrois savoir quel original a pu faire une si ridicule épitaphe. En achevant ces paroles, il se leva pour s'en aller. Son compagnon, plus judicieux, dit en lui-même : Il y a là-dessous quelque mystère; je veux demeurer ici pour l'éclaircir. Celui-ci laissa donc partir l'autre ; et, sans perdre de temps, se mit à creuser avec son couteau tout autour de la pierre. Il fit si bien qu'il l'enleva. Il trouva dessous une bourse de cuir qu'il ouvrit. Il y avoit dedans cent ducats, avec une carte sur laquelle étoient écrites ces paroles en latin : *Sois mon héritier, toi qui as eu assez d'esprit pour démêler le sens de l'inscription, et fais un meilleur usage que moi de mon argent*. L'écolier, ravi de cette découverte, remit la pierre comme elle étoit auparavant, et reprit le chemin de Salamanque avec l'âme du licencié.

Qui que tu sois, ami lecteur, tu vas ressembler à l'un ou à l'autre de ces deux écoliers. Si tu lis mes aventures sans prendre garde aux instructions morales qu'elles renferment, tu ne tireras aucun fruit de cet ouvrage; mais si tu le lis avec attention, tu y trouveras, suivant le précepte d'Horace, l'utile mêlé avec l'agréable.[1]

---

[1] *Omne tulit punctum qui miscuit utile dulci.*
HORAT. de Art. Poet.

HISTOIRE
DE GIL BLAS
DE SANTILLANE.

LIVRE PREMIER.

CHAPITRE PREMIER.

De la naissance de Gil Blas, et de son éducation.

Portrait d'un chanoine ignorant. — Recommandations paternelles qui ne seront pas toujours bien suivies.

Blas de Santillane mon père, après avoir long-temps porté les armes pour le service de la monarchie espagnole, se retira dans la ville où il avoit pris naissance. Il y épousa une petite bourgeoise qui n'étoit plus dans sa première jeunesse, et je vins au monde dix mois après leur mariage. Ils allèrent ensuite demeurer à Oviédo, où ils furent obligés de se mettre en condition; ma mère devint femme de chambre et mon père écuyer. Comme ils n'avoient pour tout bien que leurs gages, j'aurois couru risque d'être assez mal élevé, si je n'eusse pas eu dans la ville un oncle chanoine. Il se nommoit Gil Perez. Il étoit frère aîné de ma mère, et mon parrain. Représentez-vous un petit homme haut de trois pieds et demi, extraordinairement gros, avec une tête enfoncée entre les deux épaules : voilà mon oncle. Au reste, c'étoit un ecclésiastique qui ne songeoit qu'à bien vivre, c'est-à-dire qu'à faire bonne chère; et sa prébende, qui n'étoit pas mauvaise, lui en fournissoit les moyens.

Il me prit chez lui dès mon enfance, et se chargea de mon éducation. Je lui parus si éveillé, qu'il résolut de cultiver mon esprit. Il m'acheta un alphabet, et entreprit de m'apprendre lui-même à lire : ce qui ne lui fut pas moins utile qu'à moi; car, en me faisant connoître mes lettres, il se remit à la lecture qu'il avoit toujours fort négligée; et, à force de s'y appliquer, il parvint à lire couramment son bréviaire; ce qu'il n'avoit jamais fait auparavant. Il auroit encore bien voulu m'enseigner la langue latine; c'eût été autant d'argent d'épargné pour lui : mais, hélas! le pauvre Gil Perez! il n'en avoit de sa vie su les premiers principes; c'étoit peut-être (car je n'avance pas cela comme un fait certain) le chanoine du chapitre le plus ignorant. Aussi, j'ai ouï dire qu'il n'avoit point obtenu son bénéfice par son érudition : il le devait uniquement à la reconnoissance de quelques bonnes religieuses dont il avoit été le discret commissionnaire, et qui avoient eu le crédit de lui faire donner l'ordre de prêtrise sans examen.

Il fut donc obligé de me mettre sous la férule d'un maître : il m'envoya chez le docteur Godinez, qui passoit pour le plus habile pédant d'Oviédo. Je profitai si bien des instructions qu'on me donna, qu'au bout de cinq à six années j'entendis un peu les auteurs grecs, et assez bien les poëtes latins. Je m'appliquai aussi à la logique, qui m'apprit à raisonner beaucoup. J'aimois tant la dispute, que j'arrêtois les passants, connus ou inconnus, pour leur proposer des arguments. Je m'adressois quelquefois à des figures hibernoises [1] qui ne demandoient pas mieux; et il falloit alors nous voir disputer! Quels gestes! quelles grimaces! quelles contorsions! Nos yeux étoient pleins de fureur, et nos bouches écumantes : on nous devoit plutôt prendre pour des possédés que pour des philosophes.

Je m'acquis toutefois par là, dans la ville, la réputation de savant. Mon oncle en fut ravi, parce qu'il fit réflexion que je cesserois bientôt de lui être à charge. Ho çà! Gil Blas, me dit-il un jour, le temps de ton enfance est passé. Tu as déjà dix-sept ans, et te voilà devenu habile garçon : il faut songer à te pousser. Je suis d'avis de t'envoyer à l'université de Salamanque : avec l'esprit que je te vois, tu ne manqueras pas de trouver un bon poste. Je te donnerai quelques ducats pour faire ton voyage, avec ma mule qui vaut bien dix à douze pistoles; tu la vendras à Salamanque, et tu en emploîras l'argent à t'entretenir jusqu'à ce que tu sois placé.

---

[1] Irlandoises. Hibernie est l'ancien nom de l'Irlande; mais on dit toujours un répétiteur, un disputeur hibernois. On connoît le poëme où Rulhières peint si bien

> Un tas de faux docteurs,
> De pauvres Hibernois, complaisants disputeurs,
> Qui, fuyant leur pays pour les saintes promesses,
> Viennent vivre à Paris d'arguments et de messes.

C'étoit surtout à Paris que l'on rencontroit ces *figures hibernoises* venues d'Irlande en France avec le roi Jacques Stuart, et signalées aussi dans les *Lettres persanes*. Quand Le Sage les place à Oviédo, c'est une première preuve que si le lieu de la scène est en Espagne, l'original des tableaux de Gil Blas est le plus souvent en France.

Il ne pouvoit rien me proposer qui me fût plus agréable; car je mourois d'envie de voir le pays. Cependant j'eus assez de force sur moi pour cacher ma joie; et lorsqu'il fallut partir, ne paroissant sensible qu'à la douleur de quitter un oncle à qui j'avois tant d'obligations, j'attendris le bon homme, qui me donna plus d'argent qu'il ne m'en auroit donné s'il eût pu lire au fond de mon âme. Avant mon départ, j'allai embrasser mon père et ma mère, qui ne m'épargnèrent pas les remontrances. Ils m'exhortèrent à prier Dieu pour mon oncle, à vivre en honnête homme, à ne me point engager dans de mauvaises affaires, et, sur toutes choses, à ne pas prendre le bien d'autrui. Après qu'ils m'eurent très long-temps harangué, ils me firent présent de leur bénédiction; qui étoit le seul bien que j'attendois d'eux. Aussitôt je montai sur ma mule, et sortis de la ville.

CHAPITRE II.

Des alarmes qu'il eut en allant à Peñaflor; de ce qu'il fit en arrivant dans cette ville; et avec quel homme il soupa.

Hôte bavard. — Honnête maquignon. — Danger des louanges.

Me voilà donc hors d'Oviédo, sur le chemin de Peñaflor, au milieu de la campagne, maître de mes actions, d'une mauvaise mule et de quarante bons ducats, sans compter quelques réaux que j'avois volés à mon très honoré oncle. La première chose que je fis fut de laisser ma mule aller à discrétion, c'est-à-dire au petit pas. Je lui mis la bride sur le cou, et, tirant de ma poche mes ducats, je commençai à les compter et recompter dans mon chapeau. Je n'étois pas maître de ma joie : je n'avois jamais vu tant d'argent; je ne pouvois me lasser de le regarder et de le manier. Je le comptois peut-être pour la vingtième fois, quand tout à coup ma mule, levant la tête et les oreilles, s'arrêta au milieu du grand chemin. Je jugeai que quelque chose l'effrayoit; je regardai ce que ce pouvoit être : j'aperçus sur la terre un chapeau renversé, sur lequel il y avoit un rosaire à gros grains, et en même temps j'entendis une voix lamentable qui prononça ces paroles : Seigneur passant, ayez pitié, de grâce, d'un pauvre soldat estropié; jetez, s'il vous plaît, quelques pièces d'argent dans ce chapeau; vous en serez récompensé dans l'autre monde. Je tournai aussitôt les yeux du côté que partoit la voix; je vis au pied d'un buisson, à vingt ou trente pas de moi, une espèce de soldat qui, sur deux bâtons croisés, appuyoit le bout d'une escopette qui me parut plus longue qu'une pique, et avec laquelle il me couchoit en joue. A cette vue, qui me fit trembler pour le bien de l'Église, je m'arrêtai tout court; je serrai promptement mes ducats, je tirai quelques réaux, et, m'approchant du chapeau disposé à recevoir la charité des fidèles effrayés, je les jetai dedans l'un après l'autre, pour montrer au soldat que j'en usois noblement. Il fut satisfait de ma générosité, et me donna autant de bénédictions que je donnai de coups de pieds dans les flancs de ma mule pour m'éloigner promptement de lui; mais la maudite bête, trompant mon impatience, n'en alla pas plus vite : la longue habitude qu'elle avoit de marcher pas à pas sous mon oncle lui avoit fait perdre l'usage du galop.

Je ne tirai pas de cette aventure un augure trop favorable pour mon voyage. Je me représentai que je n'étois pas encore à Salamanque, et que je pourrois bien faire une plus mauvaise rencontre. Mon oncle me parut très imprudent de ne m'avoir pas mis entre les mains d'un muletier; c'étoit sans doute ce qu'il auroit dû faire : mais il avoit songé qu'en me donnant sa mule mon voyage me coûteroit moins, et il avoit plus pensé à cela qu'aux périls que je pouvois courir en chemin. Ainsi, pour réparer sa faute, je résolus, si j'avois le bonheur d'arriver à Peñaflor, d'y vendre ma mule et de prendre la voie du muletier pour aller à Astorga, d'où je me rendrois à Salamanque par la même voiture. Quoique je ne fusse jamais sorti d'Oviédo, je n'ignorois pas le nom des villes par où je devois passer; je m'en étois fait instruire avant mon départ.

J'arrivai heureusement à Peñaflor : je m'arrêtai à la porte d'une hôtellerie d'assez bonne apparence. Je n'eus pas mis pied à terre, que l'hôte vint me recevoir fort civilement. Il détacha lui-même ma valise, la chargea sur ses épaules, et me conduisit à une chambre, pendant qu'un de ses valets menoit ma mule à l'écurie. Cet hôte, le plus grand babillard des Asturies, et aussi prompt à conter sans nécessité ses propres affaires que curieux de savoir celles d'autrui, m'apprit qu'il se nommoit André Corcuelo; qu'il avoit servi long-temps dans les armées du roi en qualité de sergent, et que depuis quinze mois il avoit quitté le service pour épouser une fille de Castropol, qui, bien que tant soit peu basanée, ne laissoit pas de faire valoir le bouchon. Il me dit encore une infinité d'autres choses que me serois fort bien passé d'entendre. Après cette confidence, se croyant en droit de tout exiger de moi, il me demanda d'où je venois, où j'allois, et qui j'étois. A quoi il me fallut répondre article par article, parce qu'il accompagnoit d'une profonde révérence chaque question qu'il me faisoit, en me priant d'un air si respectueux d'excuser sa curiosité, que je ne pouvois me défendre de la satisfaire. Cela m'engagea dans un long entretien avec lui, et me donna lieu de parler du dessein et des raisons que j'avois de me défaire de ma mule pour prendre la voie du muletier. Ce qu'il approuva fort, non succinctement; car il me représenta là-dessus tous les accidents fâcheux qui pouvoient m'arriver sur la route; il me rapporta même plusieurs histoires sinistres de voyageurs. Je croyois qu'il ne finiroit point. Il finit pourtant, en disant que, si je voulois vendre ma mule, il connoissoit un honnête maquignon qui l'acheteroit. Je lui témoignai qu'il me feroit plaisir de l'envoyer chercher : il y alla sur-le-champ lui-même avec empressement.

Il revint bientôt accompagné de son homme qu'il me présenta, et dont il loua fort la probité. Nous entrâmes tous trois dans la cour, où l'on amena ma mule. On la fit passer et repasser devant le maquignon, qui se mit à l'examiner depuis les pieds jusqu'à la tête. Il ne manqua pas d'en dire beaucoup de mal. J'avoue qu'on n'en pouvoit dire beaucoup de bien : mais, quand ç'auroit été la mule du pape, il y auroit trouvé à redire. Il assuroit donc qu'elle avoit tous les défauts du monde; et, pour mieux me le persuader, il en attestoit l'hôte, qui sans doute avoit ses raisons pour en convenir. Eh bien! me dit froidement le maquignon, combien prétendez-vous vendre ce vilain animal-là? Après l'éloge qu'il en avoit fait, et l'attestation du seigneur Corcuelo, que je croyois homme sincère et bon connoisseur, j'aurois donné ma mule pour rien : c'est pourquoi je dis au marchand que je m'en rapportois à sa bonne foi; qu'il n'avoit qu'à priser la bête en conscience, et que je m'en tiendrois à la prisée. Alors faisant l'homme d'honneur, il me répondit qu'en intéressant sa conscience je le prenois par son foible. Ce n'étoit pas effectivement par son fort; car, au lieu de faire monter l'estimation à dix ou douze pistoles, comme mon oncle, il n'eut pas honte de la fixer à trois ducats, que je reçus avec autant de joie que si j'eusse gagné à ce marché-là.

Après m'être si avantageusement défait de ma mule, l'hôte me mena chez un muletier qui devoit partir le lendemain pour Astorga. Ce muletier me dit qu'il partiroit avant le jour, et qu'il auroit soin de me venir réveiller. Nous convînmes de prix tant pour le louage d'une mule que pour ma nourriture; et quand tout fut réglé entre nous, je m'en retournai vers l'hôtellerie avec Corcuelo, qui, chemin faisant, se mit à me raconter l'histoire de ce muletier. Il m'apprit tout ce qu'on en disoit dans la ville. Enfin il alloit de nouveau m'étourdir de son babil importun, si par bonheur un homme assez bien fait ne fût venu l'interrompre en l'abordant avec beaucoup de civilité. Je les laissai ensemble, et continuai mon chemin, sans soupçonner que j'eusse la moindre part à leur entretien.

Je demandai à souper dès que je fus dans l'hôtellerie. C'étoit un jour maigre : on m'accommoda des œufs. Pendant qu'on me les apprêtoit, je liai conversation avec l'hôtesse, que je n'avois point encore vue. Elle me parut assez jolie; et je trouvai ses allures si vives, que j'aurois bien jugé, quand son mari ne me l'auroit pas dit, que ce cabaret devoit être fort achalandé. Lorsque l'omelette qu'on me faisoit fut en état de m'être servie, je m'assis tout seul à une table. Je n'avois pas encore mangé le premier morceau, que l'hôte entra suivi de l'homme qui l'avoit arrêté dans la rue. Ce cavalier portoit une longue rapière, et pouvoit bien avoir trente ans. Il s'approcha de moi d'un air empressé. Seigneur écolier, me dit-il, je viens d'apprendre que vous êtes le seigneur Gil Blas de Santillane, l'ornement d'Oviédo et le flambeau de la philosophie. Est-il bien possible que vous soyez ce savantissime, ce bel esprit dont la réputation est si grande en ce pays-ci? Vous ne savez pas, continua-t-il en s'adressant à l'hôte et à l'hôtesse, vous ne savez pas ce que vous possédez : vous avez un trésor dans votre maison : vous voyez dans ce jeune gentilhomme la huitième merveille du monde. Puis, se tournant de mon côté et me jetant les bras au cou : Excusez mes transports, ajouta-t-il; je ne suis point maître de la joie que votre présence me cause.

Je ne pus lui répondre sur-le-champ, parce qu'il me tenoit si serré, que je n'avois pas la respiration libre; et ce ne fut qu'après que j'eus la tête dégagée de l'embrassade, que je lui dis : Seigneur cavalier, je ne croyois pas mon nom connu à Peñaflor. Comment connu? reprit-il sur le même ton; nous tenons registre de tous les grands personnages qui sont à vingt lieues à la ronde. Vous passez ici pour un prodige; et je ne doute pas que l'Espagne ne se trouve un jour aussi vaine de vous avoir produit, que la Grèce d'avoir vu naître ses sept sages. Ces paroles furent suivies d'une nouvelle accolade, qu'il me fallut encore essuyer, au hasard d'avoir le sort d'Antée. Pour peu que j'eusse eu d'expérience, je n'aurois pas été la dupe de ses démonstrations ni de ses hyperboles; j'aurois bien connu, à ses flatteries outrées, que c'étoit un de ces parasites que l'on trouve dans toutes les villes, et qui, dès qu'un étranger arrive, s'introduisent auprès de lui pour remplir leur ventre à ses dépens; mais ma jeunesse et ma vanité m'en firent juger tout autrement. Mon admirateur me parut un fort honnête homme, et je l'invitai à souper avec moi. Ah! très volontiers, s'écria-t-il; je sais trop bon gré à mon étoile de m'avoir fait rencontrer l'illustre Gil Blas de Santillane, pour ne pas jouir de ma bonne fortune le plus long-temps que je pourrai. Je n'ai pas grand appétit, poursuivit-il; je vais me mettre à table pour vous tenir compagnie seulement, et je mangerai quelques morceaux par complaisance.

En parlant ainsi, mon panégyriste s'assit vis-à-vis de moi. On lui apporta un couvert. Il se jeta d'abord sur l'omelette avec tant d'avidité, qu'il sembloit n'avoir mangé de trois jours. A l'air complaisant dont il s'y prenoit, je vis bien qu'elle seroit bientôt expédiée. J'en ordonnai une seconde, qui fut faite si promptement, qu'on nous la servit comme nous achevions, ou plutôt comme il achevoit de manger la première. Il y procédoit pourtant d'une vitesse toujours égale, et trouvoit moyen, sans perdre un coup de dent, de me donner louanges sur louanges; ce qui me rendoit fort content de ma petite personne. Il buvoit aussi fort souvent : tantôt c'étoit à ma santé, et tantôt à celle de mon père et de ma mère, dont il ne pouvoit assez vanter le bonheur d'avoir un fils tel que moi. En même temps il versoit du vin dans mon verre, et m'excitoit à lui faire raison. Je ne répondois point mal aux santés qu'il me portoit; ce qui, avec ses flatteries, me mit insensiblement de si belle humeur, que, voyant notre seconde omelette à moitié mangée, je demandai à l'hôte s'il n'avoit pas de poisson à nous donner. Le seigneur Corcuelo, qui, selon toutes les apparences, s'entendoit avec le parasite, me répondit : J'ai une truite excellente, mais elle coûtera cher à ceux qui la mangeront : c'est un morceau trop friand pour vous. Qu'appelez-vous trop friand? dit alors mon flatteur d'un ton de voix élevée : vous n'y pensez pas, mon ami : apprenez que vous n'avez rien de trop bon pour le seigneur Gil Blas de Santillane, qui mérite d'être traité comme un prince.

Je fus bien aise qu'il eût relevé les dernières paroles de l'hôte, et il ne fit en cela que me prévenir. Je m'en sentois offensé, et je dis fièrement à Corcuelo : Apportez-nous votre truite, et ne vous embarrassez pas du reste. L'hôte, qui ne demandoit pas mieux, se mit à l'apprêter, et ne tarda guère à nous la servir. A la vue de ce nouveau plat, je vis briller une grande joie dans les yeux du parasite, qui fit paroître une nouvelle complaisance, c'est-à-dire qu'il donna sur le poisson comme il avoit donné sur les œufs. Il fut pourtant obligé de se rendre, de peur d'accident; car il en avoit jusqu'à la gorge. Enfin, après avoir bu et mangé tout son saoul, il voulut finir la comédie. Seigneur Gil Blas, me dit-il en se levant de table, je suis trop content de la bonne chère que vous m'avez faite, pour vous quitter sans vous donner un avis important dont vous me paroissez avoir besoin. Soyez désormais en garde contre les louanges. Défiez-vous des gens que vous ne connoîtrez point. Vous en pourrez rencontrer d'autres qui voudront, comme moi, se divertir de votre crédulité, et peut-être pousser les choses encore plus loin; n'en soyez point la dupe, et ne vous croyez point, sur leur parole, la huitième merveille du monde. En achevant ces mots, il me rit au nez, et s'en alla.

Je fus aussi sensible à cette baie, que je l'ai été dans la suite aux plus grandes disgrâces qui me sont arrivées. Je ne pouvois me consoler de m'être laissé tromper si grossièrement, ou, pour mieux dire, de sentir mon orgueil humilié. Eh quoi! dis-je, le traître s'est donc joué de moi? Il n'a tantôt abordé mon hôte que pour lui tirer les vers du nez, ou plutôt ils étoient d'intelligence tous deux. Ah! pauvre Gil Blas, meurs de honte d'avoir donné à ces fripons un juste sujet de te tourner en ridicule. Ils vont composer de tout ceci une belle histoire qui pourra bien aller jusqu'à Oviédo, et qui t'y fera beaucoup d'honneur. Tes parents se repentiront sans doute d'avoir tant harangué un sot: loin de m'exhorter à ne tromper personne, ils devoient me recommander de ne me pas laisser duper. Agité de ces pensées mortifiantes, enflammé de dépit, je m'enfermai dans ma chambre et me mis au lit; mais je ne pus dormir, et je n'avois pas encore fermé l'œil, lorsque le muletier me vint avertir qu'il n'attendoit plus que moi pour partir. Je me levai aussitôt; et pendant que je m'habillois, Corcuelo arriva avec un mémoire de la dépense, dans lequel la truite n'étoit pas oubliée; et non-seulement il m'en fallut passer par où il voulut, mais j'eus encore le chagrin, en lui livrant mon argent, de m'apercevoir que le bourreau se ressouvenoit de mon aventure. Après avoir bien payé un souper dont j'avois fait si désagréablement la digestion, je me rendis chez le muletier avec ma valise, en donnant à tous les diables le parasite, l'hôte et l'hôtellerie.

CHAPITRE III.

De la tentation qu'eut le muletier sur la route; quelle en fut la suite, et comment Gil Blas tomba dans Charybde en voulant éviter Scylla.

Exemple de justice sommaire.

Je ne me trouvai pas seul avec le muletier; il y avoit deux enfants de famille de Peñaflor, un petit chantre de Mondonedo qui couroit le pays, et un jeune bourgeois d'Astorga qui s'en retournoit chez lui avec une jeune personne qu'il venoit d'épouser à Verco. Nous fîmes tous connoissance en peu de temps, et chacun eut bientôt dit d'où il venoit et où il alloit. La nouvelle mariée, quoique jeune, étoit si noire et si peu piquante, que je ne prenois pas grand plaisir à la regarder : cependant sa jeunesse et son embonpoint donnèrent dans la vue du muletier, qui résolut de faire une tentative pour obtenir ses bonnes grâces. Il passa la journée à méditer ce beau dessein, et il en remit l'exécution à la dernière couchée. Ce fut à Cacabelos. Il nous fit descendre à la première hôtellerie en entrant. Cette maison étoit plus dans la campagne que dans le bourg, et il en connoissoit l'hôte pour un homme discret et complaisant. Il eut le soin de nous faire conduire dans une chambre écartée, où il nous laissa souper tranquillement; mais sur la fin du repas, nous le vîmes entrer d'un air furieux : Par la mort ! s'écria-t-il, on m'a volé. J'avois dans un sac de cuir cent pistoles; il faut que je les retrouve. Je vais chez le juge du bourg, qui n'entend pas raillerie là-dessus, et vous allez tous avoir la question, jusqu'à ce que vous ayez confessé le crime et rendu l'argent. En disant cela d'un air fort naturel, il sortit, et nous demeurâmes dans un extrême étonnement.

Il ne nous vint pas dans l'esprit que ce pouvoit être une feinte, parce que nous ne nous connoissions point assez pour pouvoir répondre les uns des autres. Je dirai plus : je soupçonnai le petit chantre d'avoir fait le coup, comme il eut peut-être de moi la même pensée. D'ailleurs nous étions tous de jeunes sots. Nous ne savions pas quelles formalités s'observent en pareil cas : nous crûmes de bonne foi qu'on commenceroit par nous mettre à la gêne. Ainsi, cédant à notre frayeur, nous sortîmes de la chambre fort brusquement. Les uns gagnent la rue, les autres le jardin; chacun cherche son salut dans la fuite : et le jeune bourgeois d'Astorga, aussi troublé que nous de l'idée de la question, se sauva comme un autre Énée, sans s'embarrasser de sa femme. Alors le muletier, à ce que j'appris dans la suite, plus incontinent que ses mulets, ravi de voir que son stratagème produisoit l'effet qu'il en avoit attendu, alla vanter cette ruse ingénieuse à la bourgeoise, et tâcher de profiter de l'occasion; mais cette Lucrèce des Asturies, à qui la mauvaise mine de son tentateur prêtoit de nouvelles forces, fit une vigoureuse résistance, et poussa de grands cris. La patrouille, qui par hasard en ce moment se trouva près de l'hôtellerie, qu'elle connoissoit pour un lieu digne de son attention, y entra, et demanda la cause de ces cris. L'hôte, qui chantoit dans sa cuisine et feignoit de ne rien entendre, fut obligé de conduire le commandant et ses archers à la chambre de la personne qui crioit. Ils arrivèrent bien à propos; l'Asturienne n'en pouvoit plus. Le commandant, homme grossier et brutal, ne vit pas plus tôt de quoi il s'agissoit, qu'il donna cinq ou six coups du bois de sa hallebarde à l'amoureux muletier, en l'apostrophant dans des termes dont la pudeur n'étoit guère moins blessée que de l'action même qui les lui suggéroit. Ce ne fut pas tout : il se saisit du coupable, et le mena devant le juge avec l'accusatrice, qui, malgré le désordre où elle étoit, voulut aller elle-même demander justice de cet attentat. Le juge l'écouta, et, l'ayant attentivement considérée, jugea que l'accusé étoit indigne de pardon. Il le fit dépouiller sur-le-champ et fustiger en sa présence; puis il ordonna que le lendemain, si le mari de l'Asturienne ne paroissoit point, deux archers, aux frais et dépens du délinquant, escorteroient la complaignante jusqu'à la ville d'Astorga.

Pour moi, plus épouvanté peut-être que tous les autres, je gagnai la campagne; je traversai je ne sais combien de champs et de bruyères, et sautant tous les fossés que je trouvois sur mon passage, j'arrivai enfin auprès d'une forêt. J'allois m'y jeter et me cacher dans le plus épais hallier, lorsque deux hommes à cheval s'offrirent tout à coup au-devant de mes pas. Ils crièrent : Qui va là? et comme ma surprise ne me permit pas de répondre sur-le-champ, ils s'approchèrent de moi; et, me mettant chacun un pistolet sur la gorge, ils me sommèrent de leur apprendre qui j'étois, d'où je venois, ce que je voulois aller faire en cette fôret, et surtout de ne leur rien déguiser. A cette manière d'interroger, qui me parut bien valoir la question dont le muletier nous avoit fait fête, je leur répondis que j'étois un jeune homme d'Oviédo qui alloit à Salamanque : je leur contai même l'alarme qu'on venoit de nous donner, et j'avouai que la crainte d'être appliqué à la torture m'avoit fait prendre la fuite. Ils firent un éclat de rire à ce discours, qui marquoit ma simplicité; et l'un des deux me dit : Rassure-toi, mon ami; viens avec nous, et ne crains rien; nous allons te mettre en sûreté. A ces mots, il me fit monter en croupe sur son cheval, et nous nous enfonçâmes dans la forêt.

Je ne savois ce que je devois penser de cette rencontre; je n'en augurois pourtant rien de sinistre. Si ces gens-ci, disois-je en moi-même, étoient des voleurs, ils m'auroient volé, et peut-être assassiné. Il faut que ce soient de bons gentilshommes de ce pays-ci, qui, me voyant effrayé, ont pitié de moi, et m'emmènent chez eux par charité. Je ne fus pas long-temps dans l'incertitude. Après quelques détours que nous fîmes dans un grand silence, nous nous trouvâmes au pied d'une colline, où nous descendîmes de cheval. C'est ici que nous demeurons, me dit un des cavaliers. J'avois beau regarder de tous côtés, je n'apercevois ni maison, ni cabane, pas la moindre apparence d'habitation. Cependant ces deux hommes levèrent une grande trappe de bois, couverte de broussailles, qui cachoit l'entrée d'une longue allée en pente et souterraine, où les chevaux se jetèrent d'eux-mêmes, comme des animaux qui y étoient accoutumés. Les cavaliers m'y firent entrer avec eux; puis, baissant la trappe avec des cordes qui y étoient attachées pour cet effet, voilà le digne neveu de mon oncle Perez pris comme un rat dans une ratière.

CHAPITRE IV.

Description du souterrain, et quelles choses y vit Gil Blas.

Portrait de la dame Léonarde.

Je connus alors avec quelle sorte de gens j'étois, et l'on peut bien juger que cette connoissance m'ôta ma première crainte. Une frayeur plus grande et plus juste vint s'emparer de mes sens; je crus que j'allois perdre la vie avec mes ducats. Ainsi, me regardant comme une victime qu'on conduit à l'autel, je marchois, déjà plus mort que vif, entre mes deux conducteurs, qui, sentant bien que je tremblois, m'exhortoient inutilement à ne rien craindre. Quand nous eûmes fait environ deux cents pas, en tournant et en descendant toujours, nous entrâmes dans une écurie qu'éclairoient deux grosses lampes de fer pendues à la voûte. Il y avoit une bonne provision de paille, et plusieurs tonneaux remplis d'orge. Vingt chevaux y pouvoient être à l'aise; mais il n'y avoit alors que les deux qui venoient d'arriver. Un vieux nègre, qui paroissoit pourtant encore assez vigoureux, se mit à les attacher au ratelier.

Nous sortîmes de l'écurie; et, à la triste lueur de quelques autres lampes qui sembloient n'éclairer ces lieux que pour en montrer l'horreur, nous parvînmes à une cuisine où une vieille femme faisoit rôtir des viandes sur un brasier, et préparoit le souper. La cuisine étoit ornée des ustensiles nécessaires, et tout auprès on voyoit une office pourvue de toutes sortes de provisions. La cuisinière (il faut que j'en fasse le portrait) étoit une personne de soixante et quelques années. Elle avoit eu dans sa jeunesse les cheveux d'un blond très ardent; car le temps ne les avoit pas si bien blanchis, qu'ils n'eussent encore quelques nuances de leur première couleur. Outre un teint olivâtre, elle avoit un menton pointu et relevé, avec des lèvres fort enfoncées; un grand nez aquilin lui descendoit sur la bouche, et ses yeux paroissoient d'un très beau rouge pourpré.

Tenez, dame Léonarde, dit un des cavaliers en me présentant à ce bel ange de ténèbres, voici un jeune garçon que nous vous amenons. Puis il se tourna de mon côté, et remarquant que j'étois pâle et défait : Mon ami, me dit-il, reviens de ta frayeur : on ne te veut faire aucun mal. Nous avions besoin d'un valet pour soulager notre cuisinière; nous t'avons rencontré, cela est heureux pour toi. Tu tiendras ici la place d'un garçon qui s'est laissé mourir depuis quinze jours. C'étoit un jeune homme d'une complexion très délicate. Tu me parois plus robuste que lui, tu ne mourras pas si tôt. Véritablement tu ne reverras plus le soleil; mais, en récompense, tu feras bonne chère et beau feu. Tu passeras tes jours avec Léonarde, qui est une créature fort humaine : tu auras toutes tes petites commodités. Je veux te faire voir, ajouta-t-il, que tu n'es pas ici avec des gueux. En même temps il prit un flambeau, et m'ordonna de le suivre.

Il me mena dans une cave, où je vis une infinité de bouteilles et de pots de terre bien bouchés, et qui étoient pleins, disoit-il, d'un vin excellent. Ensuite il me fit traverser plusieurs chambres. Dans les unes, il y avoit des pièces de toile; dans les autres, des étoffes de laine et des étoffes de soie. J'aperçus dans une autre de l'or et de l'argent, sans compter beaucoup de vaisselle à diverses armoiries. Après cela, je le suivis dans un grand salon que trois lustres de cuivre éclairoient, et qui servoit de communication à d'autres chambres. Il me fit là de nouvelles questions. Il me demanda comment je me nommois, pourquoi j'étois sorti d'Oviédo; et lorsque j'eus satisfait sa curiosité : Eh bien ! Gil Blas, me dit-il, puisque tu n'as quitté ta patrie que pour chercher quelque bon poste, il faut que tu sois né coiffé, pour être tombé entre nos mains.

Je te l'ai déjà dit, tu vivras ici dans l'abondance, et rouleras sur l'or et sur l'argent. D'ailleurs, tu y seras en sûreté. Tel est ce souterrain, que les officiers de la sainte Hermandad [1] viendroient cent fois dans cette forêt sans le découvrir. L'entrée n'en est connue que de moi seul et de mes camarades. Peut-être me demanderas-tu comment nous l'avons pu faire sans que les habitants des environs s'en soient aperçus; mais apprends, mon ami, que ce n'est point notre ouvrage, et qu'il est fait depuis long-temps. Après que les Maures se furent rendus maîtres de Grenade, de l'Aragon et de presque toute l'Espagne, les chrétiens qui ne voulurent point subir le joug des infidèles prirent la fuite, et vinrent se cacher dans ce pays-ci, dans la Biscaye et dans les Asturies, où le vaillant don Pélage s'étoit retiré. Fugitifs et dispersés par pelotons, ils vivoient dans les montagnes ou dans les bois. Les uns demeuroient dans les cavernes, et les autres firent plusieurs souterrains, du nombre desquels est celui-ci. Ayant ensuite eu le bonheur de chasser d'Espagne leurs ennemis, il retournèrent dans les villes. Depuis ce temps-là leurs retraites ont servi d'asile aux gens de notre profession. Il est vrai que la sainte Hermandad en a découvert et détruit quelques-unes; mais il en reste encore; et, grâces au ciel, il y a près de quinze années que j'habite impunément celle-ci. Je m'appelle le capitaine

---

[1] *Hermandad*, confrérie. La sainte Hermandad, troupe établie en Espagne contre les voleurs de grands chemins et les autres malfaiteurs. C'étoit une maréchaussée plus particulièrement affectée à l'inquisition. Elle se refusoit quelquefois à remplir les ordres des magistrats civils et du roi même, lorsque ces ordres pouvoient être en concurrence avec les intérêts du saint-office.

Rolando. Je suis chef de la compagnie ; et l'homme que tu as vu avec moi est un de mes cavaliers.

CHAPITRE V.

De l'arrivée de plusieurs autres voleurs dans le souterrain, et de l'agréable conversation qu'ils eurent tous ensemble.

Des genres d'éducation qui font les voleurs. — Apologie satirique de cette profession.

Comme le seigneur Rolando achevoit de parler de cette sorte, il parut dans le salon six nouveaux visages. C'étoit le lieutenant avec cinq hommes de la troupe qui revenoient chargés du butin. Ils apportoient deux mannequins remplis de sucre, de cannelle, de poivre, de figues, d'amandes et de raisins secs. Le lieutenant adressa la parole au capitaine, et lui dit qu'il venoit d'enlever ces mannequins à un épicier de Benavente, dont il avoit aussi pris le mulet. Après qu'il eut rendu compte de son expédition au bureau, les dépouilles de l'épicier furent portées dans l'office. Alors il ne fut plus question que de se réjouir. On dressa dans le salon une grande table, et l'on me renvoya dans la cuisine, où la dame Léonarde m'instruisit de ce que j'avois à faire. Je cédai à la nécessité, puisque mon mauvais sort le vouloit ainsi ; et, dévorant ma douleur, je me préparai à servir ces honnêtes gens.

Je débutai par le buffet, que je parai de tasses d'argent et de plusieurs bouteilles de terre pleines de ce bon vin que le seigneur Rolando m'avait vanté : j'apportai ensuite deux ragoûts, qui ne furent pas plus tôt servis, que tous les cavaliers se mirent à table. Ils commencèrent à manger avec beaucoup d'appétit; et moi, debout derrière eux, je me tins prêt à leur verser du vin. Je m'en acquittai de si bonne grâce, quoique je n'eusse jamais fait ce métier-là, que j'eus le bonheur de m'attirer des compliments. Le capitaine, en peu de mots, leur conta mon histoire, qui les divertit fort. Ensuite il leur parla de moi fort avantageusement; mais j'étois alors revenu des louanges, et j'en pouvois entendre sans péril. Là-dessus il me louèrent tous; ils dirent que je paroissois né pour être leur échanson, que je valois cent fois mieux que mon prédécesseur. Et comme depuis sa mort c'étoit la señora Léonarda qui avoit l'honneur de présenter le nectar à ces dieux infernaux, ils la privèrent de ce glorieux emploi pour m'en revêtir. Ainsi, nouveau Ganymède, je succédai à cette vieille Hébé.

Un grand plat de rôt, servi peu de temps après les ragoûts, vint achever de rassasier les voleurs, qui, buvant à proportion qu'ils mangeoient, furent bientôt de belle humeur, et firent un beau bruit. Les voilà qui parlent tous à la fois. L'un commence une histoire, l'autre rapporte un bon mot; un autre crie, un autre chante; ils ne s'entendent point. Enfin Rolando, fatigué d'une scène où il mettoit inutilement beaucoup du sien, le prit sur un ton si haut, qu'il imposa silence à la compagnie. Messieurs, leur dit-il d'un ton de maître, écoutez ce que j'ai à vous proposer. Au lieu de nous étourdir les uns les autres en parlant tous ensemble, ne ferions-nous pas mieux de nous entretenir en personnes raisonnables? Il me vient une pensée. Depuis que nous sommes associés, nous n'avons pas eu la curiosité de nous demander quelles sont nos familles, et par quel enchaînement d'aventures nous avons embrassé notre profession. Cela me paraît toutefois digne d'être su. Faisons-nous cette confidence, pour nous divertir. Le lieutenant et les autres, comme s'ils avoient eu quelque chose de beau à raconter, acceptèrent avec de grandes démonstrations de joie la proposition du capitaine, qui parla le premier dans ces termes :

Messieurs, vous saurez que je suis fils unique d'un riche bourgeois de Madrid. Le jour de ma naissance fut célébré dans la famille par des réjouissances infinies. Mon père, qui étoit déjà vieux, sentit une joie extrême de se voir un héritier, et ma mère entreprit de me nourrir de son propre lait. Mon aïeul maternel vivoit encore en ce temps-là. C'étoit un bon vieillard qui ne se mêloit plus de rien que de dire son rosaire et de raconter ses exploits guerriers; car il avoit long-temps porté les armes, et souvent il se vantoit d'avoir vu le feu. Je devins insensiblement l'idole de ces trois personnes; j'étois sans cesse dans leurs bras. De peur que l'étude ne me fatiguât dans mes premières années, on me les laissa passer dans les amusements les plus puérils. Il ne faut pas, disoit mon père, que les enfants s'appliquent sérieusement, que le temps n'ait un peu mûri leur esprit. En attendant cette maturité, je n'apprenois ni à lire ni à écrire; mais je ne perdois pas pour cela mon temps. Mon père m'enseignoit mille sortes de jeux. Je connoissois parfaitement les cartes, je savois jouer aux dés, et mon grand-père m'apprenoit des romances sur les expéditions militaires où il s'étoit trouvé. Il me chantoit tous les jours les mêmes couplets; et, lorsque après avoir répété pendant trois mois dix ou douze vers, je venois à les réciter sans faute, mes parents admiroient ma mémoire. Ils ne paroissoient pas moins contents de mon esprit, quand, profitant de la liberté que j'avois de tout dire, j'interrompois leur entretien pour parler à tort et à travers. Ah! qu'il est joli! s'écrioit mon père en me regardant avec des yeux charmés. Ma mère m'accabloit aussitôt de caresses, et mon grand-père en pleuroit de joie. Je faisois aussi devant eux impunément les actions les plus indécentes; ils me pardonnoient tout : ils m'adoroient. Cependant j'entrois déjà dans ma douzième année, et je n'avois point encore eu de maître. On m'en donna un; mais il reçut en même temps des ordres précis de m'enseigner sans en venir aux voies de fait; on lui permit seulement de me menacer quelquefois, pour m'inspirer un peu de crainte. Cette permission ne fut pas fort salutaire; car ou je me moquois des menaces de mon précepteur, ou bien, les larmes aux yeux, j'allois m'en plaindre à ma mère ou à mon aïeul, et je leur faisois accroire qu'il m'avoit fort maltraité. Le pauvre diable avoit beau venir me démentir, il n'en étoit pas pour cela plus avancé; il passoit pour un brutal, et l'on me croyoit toujours plutôt que lui. Il arriva même un jour que je m'égratignai moi-même, puis je me mis à crier comme si l'on m'eût écorché : ma mère accourut, et chassa le maître sur-le-champ, quoiqu'il protestât et prît le ciel à témoin qu'il ne m'avoit pas touché.

Je me défis ainsi de tous mes précepteurs, jusqu'à ce qu'il vînt s'en présenter un tel qu'il me le falloit. C'étoit un bachelier d'Alcala. L'excellent maître pour un enfant de famille ! Il aimoit les femmes, le jeu et le cabaret : je ne pouvois être en meilleures mains. Il s'attacha d'abord à gagner mon esprit par la douceur : il y réussit, et par là se fit aimer de mes parents, qui m'abandonnèrent à sa conduite. Ils n'eurent pas sujet de s'en repentir; il me perfectionna de bonne heure dans la science du monde. A force de me mener avec lui dans tous les lieux qu'il aimoit, il m'en inspira si bien le goût, qu'au latin près je devins un garçon universel. Dès qu'il vit que je n'avois plus besoin de ses préceptes, il alla les offrir ailleurs.

Si dans mon enfance j'avois vécu au logis fort librement, ce fut bien autre chose quand je commençai à devenir maître de mes actions. Ce fut dans ma famille que je fis l'essai de mon impertinence. Je me moquois à tout moment de mon père et de ma mère. Ils ne faisoient que rire de mes saillies; et plus elles étoient vives, plus ils les trouvoient agréables. Cependant je faisois toutes sortes de débauches avec des jeunes gens de mon humeur; et comme nos parents ne nous donnoient pas assez d'argent pour continuer une vie si délicieuse, chacun déroboit chez lui ce qu'il pouvoit prendre; et cela ne suffisant point encore, nous commençâmes à voler la nuit; ce qui n'étoit pas un petit supplément. Malheureusement le corrégidor apprit de nos nouvelles. Il voulut nous faire arrêter; mais on nous avertit de son mauvais dessein. Nous eûmes recours à la fuite, et nous nous mîmes à exploiter sur les grands chemins. Depuis ce temps-là, messieurs, Dieu m'a fait la grâce de vieillir dans la profession, malgré les périls qui y sont attachés.

Le capitaine cessa de parler en cet endroit, et le lieutenant, comme de raison, prit la parole après lui : Messieurs, dit-il, une éducation tout opposée à celle du seigneur Rolando a produit le même effet. Mon père étoit boucher à Tolède; il passoit, avec justice, pour le plus grand brutal de sa communauté, et ma mère n'avoit pas un naturel plus doux. Ils me fouettoient dans mon enfance comme à l'envi l'un de l'autre; j'en recevois tous les jours mille coups. La moindre faute que je commettois étoit suivie des plus rudes châtiments. J'avois beau demander grâce les larmes aux yeux, et protester que je me repentois de ce que j'avois fait, on ne me pardonnoit rien, et le plus souvent on me frappoit sans raison. Quand mon père me battoit, ma mère, comme s'il ne s'en fût pas bien acquitté, se mettoit de la partie, au lieu d'intercéder pour moi. Ces traitements m'inspirèrent tant d'aversion pour la maison paternelle, que je la quittai avant que j'eusse atteint ma quatorzième année. Je pris le chemin d'Aragon, et me rendis à Saragosse en demandant l'aumône. Là je me faufilai avec des gueux qui menoient une vie assez heureuse. Ils m'apprirent à contrefaire l'aveugle, à paroître estropié, à mettre sur les jambes des ulcères postiches, etc. Le matin, comme des acteurs qui se préparent à jouer une comédie, nous nous disposions à faire nos personnages. Chacun couroit à son poste; et le soir nous réunissant tous, nous nous réjouissions pendant la nuit aux dépens de ceux qui avoient eu pitié de nous pendant le jour. Je m'ennuyai pourtant d'être avec ces misérables; et, voulant vivre avec de plus honnêtes gens, je m'associai avec des chevaliers d'industrie. Ils m'apprirent à faire de bons tours : mais il nous fallut bientôt sortir de Saragosse, parce que nous nous brouillâmes avec un homme de justice qui nous avoit toujours protégés. Chacun prit son parti. Pour moi, qui me sentois de la disposition à faire des coups hardis, j'entrai dans une troupe d'hommes courageux qui faisoient contribuer les voyageurs; et je me suis si bien trouvé de leur façon de vivre, que je n'en ai pas voulu chercher d'autre depuis ce temps-là. Je sais donc, messieurs, très bon gré à mes parents de m'avoir si maltraité; car, s'ils m'avoient élevé un peu plus doucement, je ne serois présentement, sans doute, qu'un malheureux boucher; au lieu que j'ai l'honneur d'être votre lieutenant.

Messieurs, dit alors un jeune voleur qui étoit assis entre le capitaine et le lieutenaut, sans vanité, les histoires que nous venons d'entendre ne sont pas si composées ni si curieuses que la mienne; je suis sûr que vous en conviendrez. Je dois le jour à une paysanne des environs de Séville. Trois semaines après qu'elle m'eut mis au monde (elle étoit jeune, propre et bonne nourrice), on lui proposa un nourrisson. C'étoit un enfant de qualité, un fils unique qui venoit de naître dans Séville. Ma mère accepta volontiers la proposition; elle alla chercher l'enfant. On le lui confia; et elle ne l'eut pas sitôt apporté dans son village, que, trouvant quelque ressemblance entre lui et moi, cela lui inspira le dessein de me faire passer pour l'enfant de qualité, dans l'espérance qu'un jour je reconnoîtrois bien ce bon office. Mon père, qui n'étoit pas plus scrupuleux qu'un autre paysan, approuva la supercherie; de sorte qu'après nous avoir fait changer de langes, le fils de don Rodrigue de Herrera fut envoyé, sous mon nom, à une autre nourrice, et ma mère me nourrit sous le sien.

Malgré tout ce qu'on peut dire de l'instinct et de la force du sang, les parents du petit gentilhomme prirent aisément le change. Ils n'eurent pas le moindre soupçon du tour qu'on leur avoit joué; et jusqu'à l'âge de sept ans je fus toujours dans leurs bras. Leur intention étant de me rendre un cavalier parfait ils me donnèrent toutes sortes de maîtres : mais les plus habiles ont quelquefois des élèves qui leur font peu d'honneur; j'avois peu de dispositions pour les exercices qu'on m'apprenoit, et encore moins de goût pour les sciences qu'on me vouloit enseigner. J'aimois beaucoup mieux jouer avec les valets, que j'allois chercher à tous moments dans les cuisines ou dans les écuries. Le jeu ne fut pas toutefois long-temps ma passion dominante : je n'avois pas dix-sept ans, que je m'enivrois tous les jours. J'agaçois aussi toutes les femmes du logis. Je m'attachai principalement à une servante de cuisine qui me parut mériter mes premiers soins. C'étoit une grosse joufflue, dont l'enjouement et l'embonpoint me plaisoient fort. Je lui faisois l'amour avec si peu de circonspection, que don Rodrigue même s'en aperçut. Il m'en reprit aigrement, me reprocha la bassesse de mes inclinations; et de peur que la vue de l'objet aimé ne rendît ses remontrances inutiles, il mit ma princesse à la porte.

Ce procédé me déplut; je résolus de m'en venger.

Je volai les pierreries de la femme de don Rodrigue;
et ce vol ne laissoit pas d'être assez considérable;
puis, allant chercher ma belle Hélène, qui s'étoit retirée chez une blanchisseuse de ses amies, je l'enlevai
en plein midi, afin que personne n'en ignorât. Je passai plus avant; je la menai dans son pays, où je l'épousai solennellement, tant pour faire plus de dépit aux
Herrera que pour laisser aux enfants de famille un si
bel exemple à suivre. Trois mois après ce beau mariage,
j'appris que don Rodrigue étoit mort. Je ne fus pas
insensible à cette nouvelle; car je me rendis promptement à Séville pour demander son bien : mais j'y trouvai du changement. Ma mère n'étoit plus, et en mourant elle avoit eu l'indiscrétion d'avouer tout, en présence du curé de son village et d'autres bons témoins.
Le fils de don Rodrigue tenoit déjà ma place, ou plutôt la sienne, et il venoit d'être reconnu avec d'autant
plus de joie, qu'on étoit moins satisfait de moi; de
manière que n'ayant rien à espérer de ce côté-là, et ne
me sentant plus de goût pour ma grosse femme, je me
joignis à des chevaliers de la fortune, avec qui je commençai mes caravanes.

Le jeune voleur ayant achevé son histoire, un autre
dit qu'il étoit fils d'un marchand de Burgos; que dans
sa jeunesse, poussé d'une dévotion indiscrète, il avoit
pris l'habit et fait profession dans un ordre fort austère,
et que quelques années après il avoit apostasié. Enfin
les huit voleurs parlèrent tour à tour; et lorsque je les
eus tous entendus, je ne fus pas surpris de les voir
ensemble. Ils changèrent ensuite de discours. Ils mirent
sur le tapis divers projets pour la campagne prochaine;

et, après avoir formé une résolution, ils se levèrent de table pour s'aller coucher. Ils allumèrent des bougies, et se retirèrent dans leurs chambres. Je suivis le capitaine Rolando dans la sienne, où, pendant que je l'aidois à se déshabiller : Eh bien! Gil Blas, me dit-il d'un air gai, tu vois de quelle manière nous vivons. Nous sommes toujours dans la joie; la haine ni l'envie ne se glissent point parmi nous; nous n'avons jamais ensemble le moindre démêlé ; nous sommes plus unis que des moines. Tu vas, mon enfant, poursuivit-il, mener ici une vie bien agréable; car je ne te crois pas assez sot pour te faire une peine d'être avec des voleurs. Eh! voit-on d'autres gens dans le monde ? Non, mon ami, tous les hommes aiment à s'approprier le bien d'autrui; c'est un sentiment général ; la manière seule de le faire en est différente. Les conquérants, par exemple, s'emparent des états de leurs voisins. Les personnes de qualité empruntent, et ne rendent point. Les banquiers, trésoriers, agents de change, commis, et tous les marchands, tant gros que petits, ne sont pas fort scrupuleux. Pour les gens de justice, je n'en parlerai point; on n'ignore pas ce qu'ils savent faire. Il faut pourtant avouer qu'ils sont plus humains que nous; car souvent nous ôtons la vie aux innocents, et eux quelquefois la sauvent même aux coupables.

CHAPITRE VI.

De la tentative que fit Gil Blas pour se sauver, et quel en fut le succès.

Réflexions dans le caveau.

Après que le capitaine des voleurs eut fait ainsi l'apologie de sa profession, il se mit au lit; et moi je retournai dans le salon, où je desservis et remis tout en ordre. J'allai ensuite à la cuisine, où Domingo (c'étoit le nom du vieux nègre) et la dame Léonarde soupoient en m'attendant. Quoique je n'eusse point d'appétit, je ne laissai pas de m'asseoir auprès d'eux. Je ne pouvois manger; et comme je paroissois aussi triste que j'avois sujet de l'être, ces deux figures équivalentes entreprirent de me consoler; ce qu'elles firent d'une manière plus propre à me mettre au désespoir qu'à soulager ma douleur. Pourquoi vous affligez-vous, mon fils? me dit la vieille; vous devez plutôt vous réjouir de vous voir ici. Vous êtes jeune, et vous paroissez facile; vous vous seriez bientôt perdu dans le monde. Vous y auriez indubitablement rencontré des libertins qui vous auroient engagé dans toutes sortes de débauches, au lieu que votre innocence se trouve ici dans un port assuré. La dame Léonarde a raison, dit gravement à son tour le vieux nègre, et l'on peut ajouter à cela qu'il n'y a dans le monde que des peines. Rendez grâce au ciel, mon ami, d'être tout d'un coup délivré des périls, des embarras et des afflictions de la vie.

J'essuyai tranquillement ce discours, parce qu'il ne m'eût servi de rien de m'en fâcher. Je ne doute pas même, si je me fusse mis en colère, que je ne leur eusse apprêté à rire à mes dépens. Enfin Domingo, après avoir bien bu et bien mangé, se retira dans son écurie. Léonarde prit aussitôt une lampe, et me conduisit dans un caveau qui servoit de cimetière aux voleurs qui mouroient de leur mort naturelle, et où je vis un grabat qui avait plus l'air d'un tombeau que d'un lit. Voilà votre chambre, mon petit poulet, me dit-elle en me passant doucement la main sous le menton : le garçon dont vous avez le bonheur d'occuper la place, y a couché tant qu'il a vécu parmi nous, et il y repose encore après sa mort. Il s'est laissé mourir à la fleur de son âge; ne soyez pas assez simple pour suivre son exemple. En achevant ces paroles, elle me donna la lampe, et retourna dans sa cuisine. Je posai la lampe à terre, et me jetai sur le grabat, moins pour prendre du repos que pour me livrer tout entier à mes réflexions. O ciel! dis-je, est-il une destinée aussi affreuse que la mienne? On veut que je renonce à la vue du soleil; et, comme si ce n'étoit pas assez d'être enterré tout vif à dix-huit ans, il faut encore que je sois réduit à servir des voleurs; à passer le jour avec des brigands, et la nuit avec des morts! Ces pensées, qui me sembloient très mortifiantes, et qui l'étoient en effet, me faisoient pleurer amèrement. Je maudis cent fois l'envie que mon oncle avoit eue de m'envoyer à Salamanque; je me repentis d'avoir craint la justice de Cacabelos;

j'aurois voulu être à la question. Mais considérant que
je me consumois en plaintes vaines, je me mis à rêver
aux moyens de me sauver; et je me dis en moi-même :
Est-il donc impossible de me tirer d'ici ? Les voleurs
dorment : la cuisinière et le nègre en feront bientôt autant : pendant qu'ils seront tous endormis, ne puis-je
avec cette lampe trouver l'allée par où je suis descendu
dans cet enfer ? Il est vrai que je ne me crois pas assez
fort pour lever la trappe qui est à l'entrée. Cependant
voyons : je ne veux rien avoir à me reprocher. Mon
désespoir me prêtera des forces, et j'en viendrai peut-
être à bout.

Je formai donc ce grand dessein. Je me levai, quand
je jugeai que Léonarde et Domingo reposoient. Je pris
la lampe et sortis du caveau en me recommandant à tous
les saints du paradis. Ce ne fut pas sans peine que je
démêlai tous les détours de ce nouveau labyrinthe. J'arrivai pourtant à la porte de l'écurie, et j'aperçus enfin
l'allée que je cherchois. Je marche, je m'avance vers
la trappe avec une joie mêlée de crainte : mais hélas ! au
milieu de l'allée, je rencontrai une maudite grille de fer
bien fermée, et dont les barreaux étoient si près l'un de
l'autre, qu'on y pouvoit à peine passer la main. Je me
trouvai bien sot à la vue de ce nouvel obstacle, dont
je ne m'étois point aperçu en entrant, parce que la
grille étoit alors ouverte. Je ne laissai pas pourtant de
tâter les barreaux. J'examinai la serrure ; je tâchois
même de la forcer, lorsque tout à coup je me sentis
appliquer vigoureusement entre les deux épaules cinq
ou six coups de nerf de bœuf. Je poussai un cri si perçant, que le souterrain en retentit ; et, regardant aus-

sitôt derrière moi, je vis le vieux nègre en chemise, qui d'une main tenoit une lanterne sourde, et de l'autre l'instrument de mon supplice. Ah! ah! dit-il, petit drôle, vous voulez vous sauver! Oh! ne pensez pas que vous puissiez me surprendre; je vous ai bien entendu. Vous avez cru la grille ouverte, n'est-ce pas? Apprenez, mon ami, que vous la trouverez désormais toujours fermée. Quand nous retenons ici quelqu'un malgré lui, il faut qu'il soit plus fin que vous pour nous échapper.

Cependant, au cri que j'avois fait, deux ou trois voleurs se réveillèrent en sursaut; et, ne sachant si c'étoit la sainte Hermandad qui venoit fondre sur eux, ils se levèrent en appelant à haute voix leurs camarades. Dans un instant ils sont tous sur pied. Ils prennent leurs épées et leurs carabines, et s'avancent presque nus jusqu'à l'endroit où j'étois avec Domingo. Mais sitôt qu'ils surent la cause du bruit qu'ils avoient entendu, leur inquiétude se convertit en éclats de rire. Comment donc, Gil Blas, me dit le voleur apostat, il n'y a pas six heures que tu es avec nous, et tu veux déjà t'en aller? Il faut que tu aies bien de l'aversion pour la retraite. Eh! que ferois-tu donc si tu étois chartreux? Va te coucher. Tu en seras quitte cette fois-ci pour les coups que Domingo t'a donnés; mais s'il t'arrive jamais de faire un nouvel effort pour te sauver, par saint Barthélemi! nous t'écorcherons tout vif. A ces mots il se retira. Les autres voleurs s'en retournèrent aussi dans leurs chambres, en riant de tout leur cœur de la tentative que j'avois faite pour leur fausser compagnie. Le vieux nègre, fort satisfait de son expédition, rentra dans son écurie : et je regagnai mon cimetière, où je passai le reste de la nuit à soupirer et à pleurer.

CHAPITRE VII.

De ce que fit Gil Blas, ne pouvant faire mieux.

Dissimulation quelquefois nécessaire.

Je pensai succomber les premiers jours au chagrin qui me dévoroit. Je ne faisois que traîner une vie mourante ; mais enfin mon bon génie m'inspira la pensée de dissimuler. J'affectai de paroître moins triste ; je commençai à rire et à chanter, quoique je n'en eusse aucune envie : en un mot, je me contraignis si bien, que Léonarde et Domingo y furent trompés. Ils crurent que l'oiseau s'accoutumoit à la cage. Les voleurs s'imaginèrent la même chose. Je prenois un air gai en leur versant à boire, et je me mêlois à leur entretien, quand je trouvois occasion d'y placer quelque plaisanterie. Ma liberté, loin de leur déplaire, les divertissoit. Gil Blas, me dit le capitaine un soir que je faisois le plaisant, tu as bien fait, mon ami, de bannir la mélancolie ; je suis charmé de ton humeur et de ton esprit. On ne connoît pas d'abord les gens : je ne te croyois pas si spirituel ni si enjoué.

Les autres me donnèrent aussi mille louanges et m'exhortèrent à persister dans les généreux sentiments que je leur témoignois ; enfin ils me parurent si contents de moi, que, profitant d'une si bonne disposition: Messieurs, leur dis-je, permettez que je vous découvre le fond de mon âme. Depuis que je demeure ici, je me sens tout autre que je n'étois auparavant. Vous m'avez défait des préjugés de mon éducation; j'ai pris insensiblement votre esprit. J'ai du goût pour votre profession : je meurs d'envie d'avoir l'honneur d'être de vos confrères, et de partager avec vous les périls de vos expéditions. Toute la compagnie applaudit à ce discours. On loua ma bonne volonté; puis il fut résolu tout d'une voix qu'on me laisseroit servir encore quelque temps pour éprouver ma vocation; qu'ensuite on me feroit faire mes caravanes;[1] après quoi on m'accorderoit la place honorable que je demandois, et qu'on ne pouvoit, disoit-on, refuser à un jeune homme qui paroissoit d'aussi bonne volonté que moi.

Il fallut donc continuer de me contraindre, et d'exercer mon emploi d'échanson. J'en fus très mortifié, car je n'aspirois à devenir voleur que pour avoir la liberté de sortir comme les autres; et j'espérois qu'en faisant des courses avec eux je leur échapperois quelque jour. Cette seule espérance soutenoit ma vie. L'attente néanmoins me paroissoit longue, et je ne laissai pas d'essayer plus d'une fois de surprendre la vigilance de Domingo : mais il n'y eut pas moyen; il étoit trop sur ses gardes : j'aurois défié cent Orphées de charmer ce Cerbère. Il est vrai aussi que, de peur

---

[1] On appelle caravanes les campagnes de mer que les chevaliers de Malte étoient obligés de faire, afin de parvenir aux commanderies et aux dignités de l'ordre. Ici ce mot est fort plaisamment appliqué.

de me rendre suspect, je ne faisois pas tout ce que j'aurois pu faire pour le tromper. Il m'observoit, et j'étois obligé d'agir avec beaucoup de circonspection pour ne me pas trahir. Je m'en remettois donc au temps que les voleurs m'avoient prescrit pour me recevoir dans leur troupe, et je l'attendois avec autant d'impatience que si j'eusse dû entrer dans une compagnie de traitants.

Grâces au ciel, six mois après, ce temps arriva. Le seigneur Rolando dit un soir à ses cavaliers : Messieurs, il faut tenir la parole que nous avons donnée à Gil Blas. Je n'ai pas mauvaise opinion de ce garçon-là; il me paroît fait pour marcher sur nos traces; je crois que nous en ferons quelque chose. Je suis d'avis que nous le menions demain avec nous cueillir des lauriers sur les grands chemins. Prenons soin nous-mêmes de le dresser à la gloire. Les voleurs furent tous du sentiment de leur capitaine; et, pour me faire voir qu'ils me regardoient déjà comme un de leurs compagnons, dès ce moment ils me dispensèrent de les servir. Ils rétablirent la dame Léonarde dans l'emploi qu'on lui avoit ôté pour m'en charger. Ils me firent quitter mon habillement, qui consistoit en une simple soutanelle fort usée, et ils me parèrent de toute la dépouille d'un gentilhomme nouvellement volé. Après cela, je me disposai à faire ma première campagne.

CHAPITRE VIII.

Gil Blas accompagne les voleurs. Quel exploit il fait sur les grands chemins.

Bourse d'un religieux de saint Dominique. — Voleurs attrapés.

Ce fut sur la fin d'une nuit du mois de septembre que je sortis du souterrain avec les voleurs. J'étois armé, comme eux, d'une carabine, de deux pistolets, d'une épée et d'une baïonnette, et je montois un assez bon cheval, qu'on avoit pris au même gentilhomme dont je portois les habits. Il y avoit si long-temps que je vivois dans les ténèbres, que le jour naissant ne manqua pas de m'éblouir; mais peu à peu mes yeux s'accoutumèrent à le souffrir.

Nous passâmes auprès de Pontferrada, et nous allâmes nous mettre en embuscade dans un petit bois qui bordoit le grand chemin de Léon, dans un endroit d'où, sans être vus, nous pouvions voir tous les passants. Là, nous attendions que la fortune nous offrît quelque bon coup à faire, quand nous aperçûmes un religieux de l'ordre de saint Dominique, monté, contre l'ordinaire de ces bons pères, sur une mauvaise mule. Dieu soit loué! s'écria le capitaine en riant, voici le chef-d'œuvre de Gil Blas. Il faut qu'il aille détrousser ce moine : voyons comme il s'y prendra. Tous les voleurs jugèrent qu'effectivement cette commission me convenoit, et ils m'exhortèrent à m'en bien acquitter. Mes-

sieurs, leur dis-je, vous serez contents; je vais mettre
ce père nu comme la main, et vous amener ici sa mule.
Non, non, dit Rolando, elle n'en vaut pas la peine :
apporte-nous seulement la bourse de sa révérence;
c'est tout ce que nous exigeons de toi. Je vais donc, repris-je, sous les yeux de mes maîtres, faire mon coup
d'essai; j'espère qu'ils m'honoreront de leurs suffrages.
Là-dessus, je sortis du bois et poussai vers le religieux,
en priant le ciel de me pardonner l'action que j'allois
faire. J'aurois bien voulu m'échapper dès ce moment-
là; mais la plupart des voleurs étoient encore mieux
montés que moi : s'ils m'eussent vu fuir, ils se seroient
mis à mes trousses, et m'auroient bientôt rattrapé, ou
peut-être auroient-ils fait sur moi une décharge de leurs
carabines, dont je me serois fort mal trouvé. Je n'osai
donc hasarder une démarche si délicate. Je joignis le
père, et lui demandai la bourse, en lui présentant le
bout d'un pistolet. Il s'arrêta tout court pour me considérer; et, sans paroître fort effrayé : mon enfant, me
dit-il, vous êtes bien jeune; vous faites de bonne heure
un vilain métier. Mon père, lui répondis-je, tout vilain qu'il est, je voudrois l'avoir commencé plus tôt.
Ah! mon fils, répliqua le bon religieux, qui n'avoit
garde de comprendre le vrai sens de mes paroles, que
dites-vous? quel aveuglement! souffrez que je vous représente l'état malheureux.... Oh! mon père, interrompis-je avec précipitation, trêve de morale, s'il vous
plaît; je ne viens pas sur les grands chemins pour entendre des sermons : je veux de l'argent. De l'argent?
me dit-il d'un air étonné; vous jugez bien mal de la
charité des Espagnols, si vous croyez que les per-

sonnes de mon caractère aient besoin d'argent pour voyager en Espagne. Détrompez-vous. On nous reçoit agréablement partout; on nous loge, on nous nourrit, et l'on ne nous demande pour cela que des prières. Enfin nous ne portons point d'argent sur la route; nous nous abandonnons à la Providence. Eh! non, non, lui repartis-je, vous ne vous y abandonnez pas; vous avez toujours de bonnes pistoles pour être plus sûrs de la Providence. Mais, mon père, ajoutai-je, finissons : mes camarades, qui sont dans ce bois, s'impatientent; jetez tout à l'heure votre bourse à terre, ou bien je vous tue.

A ces mots, que je prononçai d'un air menaçant, le religieux sembla craindre pour sa vie. Attendez, me dit-il, je vais donc vous satisfaire, puisqu'il le faut absolument. Je vois bien qu'avec vous autres les figures de rhétorique sont inutiles. En disant cela, il tira de dessous sa robe une grosse bourse de peau de chamois, qu'il laissa tomber à terre. Alors je lui dis qu'il pouvoit continuer son chemin, ce qu'il ne me donna pas la peine de répéter. Il pressa les flancs de sa mule, qui, démentant l'opinion que j'avois d'elle, car je ne la croyois pas meilleure que celle de mon oncle, prit tout à coup un assez bon train. Tandis qu'il s'éloignoit, je mis pied à terre. Je ramassai la bourse, qui me parut pesante. Je remontai sur ma bête, et regagnai promptement le bois, où les voleurs, qui avoient toujours eu les yeux sur moi, m'attendoient avec impatience pour me féliciter, comme si la victoire que je venois de remporter m'eût coûté beaucoup. A peine me donnèrent-ils le temps de descendre de cheval, tant ils s'empressoient de m'embrasser. Courage, Gil Blas, me dit Rolando ; tu viens de faire des merveilles. J'ai eu les yeux sur toi pendant ton expédition ; j'ai observé ta contenance ; je te prédis que tu deviendras un excellent voleur de grands chemins. Le lieutenant et les autres applaudirent à la prédiction, et m'assurèrent que je ne pouvois manquer de l'accomplir quelque jour. Je les remerciai de la haute idée qu'ils avoient de moi, et leur promis de faire tous mes efforts pour la soutenir.

Après qu'ils m'eurent d'autant plus loué que je méritois moins de l'être, il leur prit envie d'examiner le butin dont je revenois chargé. Voyons, dirent-ils, voyons ce qu'il y a dans la bourse du religieux. Elle doit être bien garnie, continua l'un d'entre eux, car ces bons pères ne voyagent pas en pèlerins. Le capitaine délia la bourse, l'ouvrit, et en tira deux ou trois poignées de petites médailles de cuivre, entremêlées d'*Agnus Dei*, avec quelques scapulaires. A la vue d'un larcin si nouveau, tous les voleurs éclatèrent en ris immodérés. Vive Dieu ! s'écria le lieutenant, nous avons bien de l'obligation à Gil Blas ; il vient, pour son coup d'essai, de faire un vol fort salutaire à la compagnie. Cette plaisanterie en attira d'autres. Ces scélérats, et particulièrement celui qui avoit apostasié, commencèrent à s'égayer sur la matière.

Il leur échappa mille traits qu'il ne m'est pas permis de rapporter, et qui marquoient bien le déréglement de leurs mœurs. Moi seul je ne riois pas. Il est vrai que les railleurs m'en ôtoient l'envie, en se réjouissant ainsi à mes dépens. Chacun me lança son trait, et le capitaine me dit : Ma foi, Gil Blas, je te conseille, en ami, de ne te plus jouer aux moines ; ce sont des gens trop fins et trop rusés pour toi.

CHAPITRE IX.

De l'événement serieux qui suivit cette aventure.

Bataille sur le grand chemin.

Nous demeurâmes dans le bois la plus grande partie de la journée, sans apercevoir aucun voyageur qui pût payer pour le religieux. Enfin nous en sortîmes pour retourner au souterrain, bornant nos exploits à ce risible événement, qui faisoit encore le sujet de notre entretien, lorsque nous découvrîmes de loin un carrosse à quatre mules. Il venoit à nous au grand trot, et il étoit accompagné de trois hommes à cheval qui me parurent bien armés et bien disposés à nous recevoir si nous étions assez hardis pour les insulter. Rolando fit faire halte à la troupe, pour tenir conseil là-dessus, et le résultat fut qu'on attaqueroit. Aussitôt il nous rangea de la manière qu'il voulut, et nous marchâmes en bataille au-devant du carrosse. Malgré les applaudissements que j'avois reçus dans le bois, je me sentis saisi d'un grand tremblement, et bientôt il sortit de tout mon corps une sueur froide qui ne me présageoit rien de bon. Pour surcroît de bonheur, j'étois au front de la bataille, entre le capitaine et le lieutenant, qui m'avoient placé là pour m'accoutumer au feu tout d'un coup. Rolando, remarquant jusqu'à quel point nature pâtissoit chez moi, me regarda de travers, et me dit d'un air brusque : Écoute, Gil Blas, songe à faire ton devoir; je t'avertis que si tu recules, je te casserai la tête d'un coup de pistolet. J'étois trop persuadé qu'il le feroit comme il le disoit, pour négliger l'avertissement; c'est pourquoi je ne pensai plus qu'à recommander mon âme à Dieu, puisque je n'avois pas moins à craindre d'un côté que de l'autre.

Pendant ce temps-là, le carrosse et les cavaliers s'approchoient. Ils connurent quelle sorte de gens nous étions; et devinant notre dessein à notre contenance, ils s'arrêtèrent à la portée d'une escopette. Ils avoient, aussi-bien que nous, des carabines et des pistolets. Tandis qu'ils se préparoient à nous faire face, il sortit du carrosse un homme bien fait et richement vêtu. Il monta sur un cheval de main, dont un des cavaliers tenoit la bride, et il se mit à la tête des autres. Il n'avoit pour arme que son épée et deux pistolets. Encore qu'ils ne fussent que quatre contre neuf, car le cocher demeura sur son siége, ils s'avancèrent vers nous avec une audace qui redoubla mon effroi. Je ne laissai pas pourtant, bien que tremblant de tous mes membres, de me tenir prêt à tirer mon coup : mais, pour dire les choses comme elles sont, je fermai les yeux et tournai la tête en déchargeant ma carabine; et, de la manière que je tirai, je ne dois point avoir ce coup-là sur la conscience.

Je ne ferai point un détail de l'action : quoique présent, je ne voyois rien; et ma peur, en me troublant l'imagination, me cachoit l'horreur du spectacle même qui m'effrayoit. Tout ce que je sais, c'est qu'après un grand bruit de mousquetades j'entendis mes compagnons crier à pleine tête : *Victoire! victoire!* A cette acclamation, la terreur qui s'étoit emparée de mes sens se dissipa, et j'aperçus sur le champ de bataille les quatre cavaliers étendus sans vie. De notre côté, nous n'eûmes qu'un homme de tué. Ce fut l'apostat, qui n'eut en cette occasion que ce qu'il méritoit pour son apostasie, et pour ses mauvaises plaisanteries sur les scapulaires. Un de nos cavaliers reçut une balle à la rotule du genou droit. Le lieutenant fut aussi blessé, mais fort légèrement, le coup n'ayant fait qu'effleurer la peau.

Le seigneur Rolando courut d'abord à la portière du carrosse. Il y avoit dedans une dame de vingt-quatre à vingt-cinq ans, qui lui parut très belle, malgré le triste état où il la voyoit. Elle s'étoit évanouie pendant le combat, et son évanouissement duroit encore. Tandis qu'il s'occupoit à la regarder, nous songeâmes nous autres au butin. Nous commençâmes par nous assurer des chevaux des cavaliers tués, car ces animaux, épouvantés du bruit des coups, s'étoient un peu écartés, après avoir perdu leurs guides. Pour les mules, elles n'avoient pas branlé, quoique durant l'action le cocher eût quitté son siége pour se sauver. Nous mîmes pied à terre pour les dételer, et nous les chargeâmes de plusieurs malles que nous trouvâmes attachées devant et derrière le carrosse. Cela fait, on prit, par ordre du capitaine, la dame, qui n'avoit point encore rappelé ses esprits, et on la mit à cheval entre les mains d'un voleur des plus robustes et des mieux montés; puis, laissant sur le grand chemin le carrosse et les morts dépouillés, nous emmenâmes avec nous la dame, les mules et les chevaux.[1]

CHAPITRE X.

De quelle manière les voleurs en usèrent avec la dame. Du grand dessein que forma Gil Blas, et quel en fut l'événement.

Colique feinte. — Bel habit d'emprunt qui sera trop remarqué.

Il y avoit déjà plus d'une heure qu'il étoit nuit quand nous arrivâmes au souterrain. Nous menâmes d'abord les bêtes à l'écurie, où nous fûmes obligés nous-mêmes de les attacher au ratelier et d'en avoir soin, parce que le vieux nègre étoit au lit depuis trois jours. Outre que la goutte l'avoit pris violemment, un rhumatisme le tenoit entrepris de tous ses membres. Il ne lui restoit rien de libre que la langue, qu'il employoit à témoigner son impatience par d'horribles blasphèmes. Nous laissâmes ce misérable jurer et blasphémer, et nous allâmes à la cuisine, où nous donnâmes toute notre attention à la dame, qui paroissoit environnée des ombres de la mort. Nous n'épargnâmes rien pour la tirer de son évanouissement, et nous eûmes le bonheur d'en venir à bout. Mais quand elle eut repris l'usage de ses sens, et qu'elle se vit entre

[1] Dans Apulée, on voit aussi une jeune héroïne ravie par des voleurs, et emmenée dans leur caverne. Une vieille lui conte, pour la désennuyer, la fable de Psyché. Son amant Tlépolème se déguise en brigand, devient chef des voleurs, et sauve sa maîtresse.

les bras de plusieurs hommes qui lui étoient inconnus, elle sentit son malheur; elle en frémit. Tout ce que la douleur et le désespoir ensemble peuvent avoir de plus affreux, parut peint dans ses yeux, qu'elle leva au ciel, comme pour se plaindre à lui des indignités dont elle étoit menacée. Puis, cédant tout à coup à ces images épouvantables, elle retombe en défaillance, sa paupière se referme, et les voleurs s'imaginent que la mort va leur enlever leur proie. Alors le capitaine, jugeant plus à propos de l'abandonner à elle-même que de la tourmenter par de nouveaux secours, la fit porter sur le lit de Léonarde, où on la laissa toute seule, au hasard de ce qu'il en pouvoit arriver.

Nous passâmes dans le salon, où un des voleurs, qui avoit été chirurgien, visita les blessures du lieutenant et du cavalier, et les frotta de baume. L'opération faite, on voulut voir ce qu'il y avoit dans les malles. Les unes se trouvèrent remplies de dentelles et de linges, les autres d'habits : mais la dernière qu'on ouvrit renfermoit quelques sacs pleins de pistoles; ce qui réjouit infiniment messieurs les intéressés. Après cet examen, la cuisinière dressa le buffet, mit le couvert, et servit. Nous nous entretînmes d'abord de la grande victoire que nous avions remportée. Sur quoi Rolando m'adressant la parole : Avoue, Gil Blas, me dit-il, avoue, mon enfant, que tu as eu grand'peur. Je répondis que j'en demeurois d'accord de bonne foi; mais que je me battrois comme un paladin quand j'aurois fait seulement deux ou trois campagnes. Là-dessus toute la compagnie prit mon parti, en disant qu'on devoit me le pardonner; que l'action avoit été vive, et que pour un jeune homme qui n'avoit jamais vu le feu, je ne m'étois point mal tiré d'affaire.

La conversation tomba ensuite sur les mules et les chevaux que nous venions d'amener au souterrain. Il fut arrêté que le lendemain, avant le jour, nous partirions tous pour les aller vendre à Mansilla, où probablement on n'auroit point encore entendu parler de notre expédition. Ayant pris cette résolution, nous achevâmes de souper; puis nous retournâmes à la cuisine pour voir la dame, que nous trouvâmes dans la même situation; nous crûmes qu'elle ne passeroit pas la nuit. Néanmoins, quoiqu'elle parût à peine jouir d'un reste de vie, quelques voleurs ne laissèrent pas de jeter sur elle un œil profane, et de témoigner une brutale envie, qu'ils auroient satisfaite si Rolando ne les en eût empêchés, en leur représentant qu'ils devoient du moins attendre que la dame fût sortie de cet accablement de tristesse qui lui ôtoit tout sentiment. Le respect qu'ils avoient pour leur capitaine retint leur incontinence; sans cela rien ne pouvoit sauver la dame; sa mort même n'auroit peut-être pas mis son honneur en sûreté.

Nous laissâmes encore cette malheureuse femme dans l'état où elle étoit. Rolando se contenta de charger Léonarde d'en avoir soin, et chacun se retira dans sa chambre. Pour moi, lorsque je fus couché, au lieu de me livrer au sommeil, je ne fis que m'occuper du malheur de la dame. Je ne doutois point que ce ne fût une personne de qualité, et j'en trouvois son sort plus déplorable. Je ne pouvois, sans frémir, me peindre les horreurs qui l'attendoient; et je m'en sentois aussi vivement touché que si le sang ou l'amitié m'eût attaché à elle. Enfin, après avoir bien plaint sa destinée, je rêvai aux moyens de préserver son honneur du péril dont il étoit menacé, et de me tirer en même temps du souterrain. Je songeai que le vieux nègre ne pouvoit se remuer, et que depuis son indisposition la cuisinière avait la clef de la grille. Cette pensée m'échauffa l'imagination, et me fit concevoir un projet que je digérai bien : puis j'en commençai sur-le-champ l'exécution de la manière suivante.

Je feignis d'avoir la colique; je poussai d'abord des plaintes et des gémissements; ensuite, élevant la voix, je jetai de grands cris. Les voleurs se réveillent, et sont bientôt auprès de moi. Ils me demandent ce qui m'oblige à crier ainsi. Je répondis que j'avois une colique horrible; et, pour mieux le leur persuader, je me mis à grincer les dents, à faire des grimaces et des contorsions effroyables, et à m'agiter d'une étrange façon. Après cela, je devins tout à coup tranquille comme si mes douleurs m'eussent donné quelque relâche. Un instant après, je me remis à faire des bonds sur mon grabat et à me tordre les bras. En un mot, je jouai si bien mon rôle, que les voleurs, tout fins qu'ils étoient, s'y laissèrent tromper, et crurent qu'en effet je sentois des tranchées violentes; mais en faisant si bien mon personnage, je fus tourmenté d'une étrange façon; car dès que mes charitables confrères s'imaginèrent que je souffrois, les voilà tous qui s'empressent à me soulager. L'un m'apporte une bouteille d'eau-de-vie, et m'en fait avaler la moitié : l'autre me donne malgré moi un lavement d'huile d'amandes douces : un autre va chauffer une serviette, et vient me l'appliquer toute brûlante sur le ventre. J'avois beau crier miséricorde; ils imputoient mes cris à ma colique, et continuoient à me faire souffrir des maux véritables, en voulant m'en ôter un que je n'avois point. Enfin, ne pouvant plus y résister, je fus obligé de leur dire que je ne sentois plus de tranchées, et que je les conjurois de me donner quartier. Ils cessèrent de me fatiguer de leurs remèdes, et je me gardai bien de me plaindre davantage, de peur d'éprouver encore leur secours.

Cette scène dura près de trois heures. Après quoi les voleurs, jugeant que le jour ne devoit pas être fort éloigné, se préparèrent à partir pour Mansilla. Je fis alors un nouveau lazzi, je voulus me lever pour leur faire croire que j'avois grande envie de les accompagner : mais ils m'en empêchèrent. Non, non, Gil Blas, me dit le seigneur Rolando! demeure ici, mon fils : ta colique pourroit te reprendre. Tu viendras une autre fois avec nous; pour aujourd'hui, tu n'es pas en état de nous suivre; repose-toi toute la journée, tu as besoin de repos. Je ne crus pas devoir insister fort sur cela, de crainte qu'on ne se rendît à mes instances; je parus seulement très mortifié de ne pouvoir être de la partie; ce que je fis d'un air si naturel, qu'ils sortirent tous du souterrain sans avoir le moindre soupçon de mon projet. Après leur départ, que j'avois tâché de hâter par mes vœux, je me dis à moi-même : Oh çà! Gil Blas, c'est à présent qu'il faut avoir de la résolution. Arme-toi de courage pour achever ce que tu as si heureusement commencé ; la chose me paroît aisée : Domingo n'est point en état de s'opposer à ton entreprise, et Léonarde ne peut t'empêcher de l'exécuter : saisis cette occasion de t'échapper; tu n'en trouveras jamais peut-être une plus favorable. Ces réflexions me remplirent de confiance. Je me levai. Je pris mon épée et mes pistolets, et j'allai d'abord à la cuisine; mais avant que d'y entrer, comme j'entendis parler Léonarde, je m'arrêtai pour l'écouter. Elle parloit à la dame inconnue, qui avoit repris ses esprits, et qui, considérant toute son infortune, pleuroit alors et se désespéroit. Pleurez, ma fille, lui disoit la vieille, fondez en larmes: n'épargnez point les soupirs, cela vous soulagera. Votre saisissement étoit dangereux; mais il n'y a plus rien à craindre, puisque vous versez des pleurs. Votre douleur s'apaisera peu à peu, et vous vous accoutumerez à vivre ici avec nos messieurs, qui sont d'honnêtes gens. Vous serez mieux traitée qu'une princesse; ils auront pour vous mille complaisances, et vous témoigneront tous les jours de l'affection. Il y a bien des femmes qui voudroient être à votre place.

Je ne donnai pas le temps à Léonarde d'en dire davantage. J'entrai; et, lui mettant un pistolet sur la gorge, je la pressai d'un air menaçant de me remettre la clef de la grille. Elle fut troublée de mon action; et, quoique très avancée dans sa carrière, elle se sentit encore assez attachée à la vie pour n'oser me refuser ce que je lui demandois. Lorsque j'eus la clef entre les mains, j'adressai la parole à la dame affligée. Madame, lui dis-je, le ciel vous envoie un libérateur, levez-vous pour me suivre; je vais vous mener où il vous plaira que je vous conduise. La dame ne fut pas sourde à ma voix; et mes paroles firent tant d'impression sur son esprit, que, rappelant tout ce qui lui restoit de forces, elle se leva, vint se jeter à mes pieds, et me conjura de conserver son honneur. Je la relevai, et l'assurai qu'elle pouvoit compter sur moi. Ensuite je pris des cordes que j'aperçus dans la cuisine; et, à l'aide de la dame, je liai Léonarde aux pieds d'une grosse table en lui protestant que je la tuerois si elle poussoit le moindre cri. La bonne Léonarde, persuadée que je n'y manquerois pas si elle osoit me contredire, prit le parti de me laisser faire tout ce que je voulus. J'allumai de la bougie, et j'allai avec l'inconnue à la chambre où étoient les espèces d'or et d'argent. Je mis dans mes poches autant de pistoles et doubles pistoles qu'il y en put tenir; et pour obliger la dame à s'en charger aussi, je lui représentai qu'elle ne faisoit que reprendre son bien, ce qu'elle fit sans scrupule. Quand nous en eûmes une bonne provision, nous marchâmes vers l'écurie, où j'entrai seul, avec mes pistolets en état. Je comptois bien que le vieux nègre, malgré sa goutte et son rhumatisme, ne me laisseroit pas tranquillement seller et brider mon cheval, et j'étois dans la résolution de le guérir radicalement de tous ses maux s'il s'avisoit de vouloir faire le méchant : mais, par bonheur, il étoit alors si accablé des douleurs qu'il avoit souffertes et de celles qu'il souffroit encore, que je tirai mon cheval de l'écurie sans même qu'il parût s'en apercevoir. La dame m'attendoit à la porte. Nous enfilâmes promptement l'allée par où l'on sortoit du souterrain. Nous arrivons à la grille, nous l'ouvrons, et nous parvenons enfin à la trappe. Nous eûmes beaucoup de peine à la lever, ou plutôt, pour en venir à bout, nous eûmes besoin de la force nouvelle que nous prêta l'envie de nous sauver.[1]

Le jour commençoit à paroître, lorsque nous nous vîmes hors de cet abîme. Nous songeâmes aussitôt à nous en éloigner. Je me jetai en selle : la dame monta derrière moi, et, suivant au galop le premier sentier qui se présenta, nous sortîmes bientôt de la forêt. Nous entrâmes dans une plaine coupée de plusieurs routes; nous en prîmes une au hasard. Je mourois de peur qu'elle ne nous conduisît à Mansilla, et que nous ne rencontrassions Rolando et ses camarades, ce qui pouvoit fort bien nous arriver. Heureusement ma crainte fut vaine. Nous arrivâmes à la ville d'Astorga sur les deux heures après midi. J'aperçus des gens qui nous regardoient avec une extrême attention, comme si c'eût été pour eux un spectacle nouveau de voir une femme à cheval derrière un homme. Nous descendîmes à la première hôtellerie, où j'ordonnai d'abord qu'on mît à la broche une perdrix et un lapereau. Pendant qu'on exécutoit mon ordre, je conduisis la dame à une chambre où nous commençâmes à nous entretenir; ce que nous n'avions pu faire en chemin, parce que nous étions venus trop vite. Elle me témoigna combien elle étoit sensible au service que je venois de lui rendre, et me dit qu'après une action si généreuse elle ne pouvoit se persuader que je fusse un compagnon des brigands à qui je l'avois arrachée. Je lui contai mon histoire pour confirmer la bonne opinion qu'elle avoit conçue de moi. Par là je l'engageai à me

[1] On retrouvera le capitaine Rolando, et la suite de l'histoire du souterrain, ci-après, livre III, chapitre II.

donner sa confiance, et à m'apprendre ses malheurs, qu'elle me raconta comme je vais le dire dans le chapitre suivant.

CHAPITRE XI.

Histoire de dona Mencia de Mosquera.

Mari qui passe pour mort, et qui revient au bout de sept ans.

Je suis née à Valladolid, et je m'appelle dona Mencia de Mosquera. Don Martin mon père, après avoir consumé presque tout son patrimoine dans le service, fut tué en Portugal, à la tête d'un régiment qu'il commandoit. Il me laissa si peu de bien, que j'étois un assez mauvais parti, quoique je fusse fille unique. Je ne manquai pas toutefois d'amants, malgré la médiocrité de ma fortune. Plusieurs cavaliers des plus considérables d'Espagne me recherchèrent en mariage. Celui qui s'attira mon attention fut don Alvar de Mello. Véritablement il étoit mieux fait que ses rivaux; mais des qualités plus solides me déterminèrent en sa faveur. Il avoit de l'esprit, de la discrétion, de la valeur et de la probité. D'ailleurs il pouvoit passer pour l'homme du monde le plus galant. Falloit-il donner une fête? rien n'étoit mieux entendu; et s'il paroissoit dans des joutes, il y faisoit toujours admirer sa force et son adresse. Je le préférai donc à tous les autres, et je l'épousai.

Peu de jours après notre mariage, il rencontra dans

un endroit écarté don André de Baësa, qui avoit été un de ses rivaux. Ils se piquèrent l'un l'autre, et mirent l'épée à la main. Il en coûta la vie à don André. Comme il étoit neveu du corrégidor de Valladolid, homme violent et mortel ennemi de la maison de Mello, don Alvar crut ne pouvoir assez tôt sortir de la ville. Il revint promptement au logis, où, pendant qu'on lui préparoit un cheval, il me conta ce qui venoit de lui arriver. Ma chère Mencia, me dit-il ensuite, il faut nous séparer, c'est une nécessité. Vous connoissez le corrégidor : ne nous flattons point, il va me poursuivre vivement. Vous n'ignorez pas quel est son crédit; je ne serai pas en sûreté dans le royaume. Il étoit si pénétré de sa douleur et de celle dont il me voyoit saisie, qu'il n'en put dire davantage. Je lui fis prendre de l'or et quelques pierreries : puis il me tendit les bras, et nous ne fîmes, pendant un quart d'heure, que confondre nos soupirs et nos larmes. Enfin on vint l'avertir que le cheval étoit prêt. Il s'arrache d'auprès de moi; il part, et me laisse dans un état qu'on ne sauroit exprimer : heureuse si l'excès de mon affliction m'eût alors fait mourir! que ma mort m'auroit épargné de peines et d'ennuis! Quelques heures après que don Alvar fut parti, le corrégidor apprit sa fuite. Il le fit poursuivre, et n'épargna rien pour l'avoir en sa puissance. Mon époux toutefois trompa sa poursuite, et sut se mettre en sûreté; de manière que le juge, se voyant réduit à borner sa vengeance à la seule satisfaction d'ôter les biens à un homme dont il auroit voulu verser le sang, il n'y travailla pas en vain. Tout ce que don Alvar pouvoit avoir de fortune fut confisqué.

Je demeurai dans une situation très affligeante; j'avois à peine de quoi subsister. Je commençai à mener une vie retirée, n'ayant qu'une femme pour tout domestique. Je passois les jours à pleurer non une indigence que je supportois patiemment, mais l'absence d'un époux chéri dont je ne recevois aucunes nouvelles. Il m'avoit pourtant promis, dans nos tristes adieux, qu'il auroit soin de m'informer de son sort, dans quelque endroit du monde où sa mauvaise étoile pût le conduire. Cependant sept années s'écoulèrent sans que j'entendisse parler de lui. L'incertitude où j'étois de sa destinée me causoit une profonde tristesse. Enfin j'appris qu'en combattant pour le roi de Portugal, dans le royaume de Fez, il avoit perdu la vie dans une bataille. Un homme revenu depuis peu d'Afrique me fit ce rapport, en m'assurant qu'il avoit parfaitement connu don Alvar de Mello; qu'il avoit servi dans l'armée portugaise avec lui, et qu'il l'avoit vu périr dans l'action. Il ajoutoit à cela d'autres circonstances encore qui achevèrent de me persuader que mon époux n'étoit plus : ce rapport ne servit qu'à fortifier ma douleur et qu'à me faire prendre la résolution de ne jamais me remarier. Dans ce temps-là, don Ambrosio Messia Carrillo, marquis de la Guardia, vint à Valladolid. C'étoit un de ces vieux seigneurs qui, par leurs manières galantes et polies, font oublier leur âge, et savent encore plaire aux femmes. Un jour on lui conta par hasard l'histoire de don Alvar; et sur le portrait qu'on lui fit de moi, il eut envie de me voir. Pour satisfaire sa curiosité, il gagna une de mes parentes, qui, d'accord avec lui, m'attira chez elle. Il s'y trouva. Il me vit, et je lui plus, malgré l'impression de douleur qu'on remarquoit sur mon visage : mais que dis-je, malgré ? peut-être ne fut-il touché que de mon air triste et languissant, qui le prévenoit en faveur de ma fidélité. Ma mélancolie peut-être fit naître son amour. Aussi bien il me dit plus d'une fois qu'il me regardoit comme un prodige de constance, et même qu'il envioit le sort de mon mari, quelque déplorable qu'il fût d'ailleurs. En un mot, il fut frappé de ma vue, et il n'eut pas besoin de me voir une seconde fois pour prendre la résolution de m'épouser.

Il choisit l'entremise de ma parente pour me faire agréer son dessein. Elle me vint trouver, et me représenta que mon époux ayant achevé son destin dans le royaume de Fez, comme on nous l'avoit rapporté, il n'étoit pas raisonnable d'ensevelir plus long-temps mes charmes; que j'avois assez pleuré un homme avec qui je n'avois été unie que quelques moments, et que je devois profiter de l'occasion qui se présentoit; que je serois la plus heureuse femme du monde. Là-dessus elle me vanta la noblesse du vieux marquis, ses grands biens et son bon caractère; mais elle eut beau s'étendre avec éloquence sur tous les avantages qu'il possédoit, elle ne put me persuader. Ce n'est pas que je doutasse de la mort de don Alvar, ni que la crainte de le voir tout à coup, lorsque j'y penserois le moins, m'arrêtât. Le peu de penchant, ou plutôt la répugnance que je me sentois pour un second mariage, après tous les malheurs du premier, faisoit le seul obstacle que ma parente eût à lever. Aussi ne se rebuta-t-elle point : au contraire, son zèle pour don

Ambrosio en redoubla. Elle engagea toute ma famille dans les intérêts de ce vieux seigneur. Mes parents commencèrent à me presser d'accepter un parti si avantageux : j'en étois à tout moment obsédée, importunée, tourmentée. Il est vrai que ma misère, qui devenoit de jour en jour plus grande, ne contribua pas peu à laisser vaincre ma résistance; il ne falloit pas moins que l'affreuse nécessité où j'étois pour m'y déterminer.

Je ne pus donc m'en défendre; je cédai à leurs pressantes instances, et j'épousai le marquis de la Guardia, qui, dès le lendemain de mes noces, m'emmena dans un très beau château qu'il a auprès de Burgos, entre Grajal et Rodillas. Il conçut pour moi un amour violent : je remarquois dans toutes ses actions une envie de me plaire : il s'étudioit à prévenir mes moindres désirs. Jamais époux n'a eu tant d'égards pour une femme, et jamais amant n'a fait voir tant de complaisance pour une maîtresse. J'admirois un homme d'un caractère si aimable, et je me consolois en quelque façon de la perte de don Alvar, puisque enfin je faisois le bonheur d'un seigneur tel que le marquis. Je l'aurois passionnément aimé malgré la disproportion de nos âges, si j'eusse été capable d'aimer quelqu'un après don Alvar. Mais les cœurs constants ne sauroient avoir qu'une passion. Le souvenir de mon premier époux rendoit inutiles tous les soins que le second prenoit pour me plaire. Je ne pouvois donc payer sa tendresse que de purs sentiments de reconnoissance.

J'étois dans cette disposition, quand, prenant l'air un jour à une fenêtre de mon appartement, j'aperçus dans le jardin une manière de paysan qui me regardoit avec attention. Je crus que c'étoit un garçon jardinier. Je pris peu garde à lui; mais le lendemain, m'étant remise à la fenêtre, je le vis au même endroit; et il me parut encore fort attaché à me considérer. Cela me frappa. Je l'envisageai à mon tour; et, après l'avoir observé quelque temps, il me sembla reconnoître les traits du malheureux don Alvar. Cette ressemblance excita dans tous mes sens un trouble inconcevable : je poussai un grand cri. J'étois alors, par bonheur, seule avec Inès, celle de toutes mes femmes qui avoit le plus de part à ma confiance. Je lui dis le soupçon qui agitoit mes esprits. Elle ne fit qu'en rire; et elle s'imagina qu'une légère ressemblance avoit trompé mes yeux. Rassurez-vous, madame, me dit-elle, et ne pensez pas que vous ayez vu votre premier époux. Quelle apparence y a-t-il qu'il soit ici sous une forme de paysan? est-il même croyable qu'il vive encore? Je vais, ajouta-t-elle, pour vous mettre l'esprit en repos, descendre au jardin et parler à ce villageois; je saurai quel homme c'est, et je reviendrai dans un moment vous l'apprendre. Inès alla donc au jardin; et peu de temps après je la vis rentrer dans mon appartement fort émue : Madame, me dit-elle, votre soupçon n'est que trop bien éclairci: c'est don Alvar lui-même que vous venez de voir; il s'est découvert d'abord, et il vous demande un entretien secret.

Comme je pouvois à l'heure même recevoir don Alvar, parce que le marquis étoit à Burgos, je chargeai ma suivante de me l'amener dans mon cabinet par un escalier dérobé. Vous jugez bien que j'étois dans une terrible agitation. Je ne pus soutenir la vue d'un homme qui étoit en droit de m'accabler de reproches : je m'évanouis dès qu'il se présenta devant moi. Ils me secoururent promptement, Inès et lui ; et quand ils m'eurent fait revenir de mon évanouissement, don Alvar me dit : Madame, remettez-vous, de grâce ; que ma présence ne soit pas un supplice pour vous ; je n'ai pas dessein de vous faire la moindre peine. Je ne viens point en époux furieux vous demander compte de la foi jurée, et vous faire un crime du second engagement que vous avez contracté. Je n'ignore pas que c'est l'ouvrage de votre famille : toutes les persécutions que vous avez souffertes à ce sujet me sont connues. D'ailleurs on a répandu dans Valladolid le bruit de ma mort ; et vous l'avez cru avec d'autant plus de fondement, qu'aucune lettre de ma part ne vous assuroit du contraire. Enfin je sais de quelle manière vous avez vécu depuis notre cruelle séparation, et que la nécessité, plutôt que l'amour, vous a jetée dans les bras du marquis. Ah ! seigneur, interrompis-je en pleurant, pourquoi voulez-vous excuser votre épouse ? elle est coupable, puisque vous vivez. Que ne suis-je encore dans la misérable situation où j'étois avant que d'épouser don Ambrosio ! Funeste hyménée ! hélas ! j'aurois du moins dans ma misère, la consolation de vous revoir sans rougir.

Ma chère Mencia, reprit don Alvar, d'un air qui marquoit jusqu'à quel point il étoit pénétré de mes larmes, je ne me plains pas de vous ; et, bien loin de vous reprocher l'état brillant où je vous retrouve, je jure que j'en rends grâces au ciel. Depuis le triste jour de mon départ de Valladolid, j'ai toujours eu la fortune contraire : ma vie n'a été qu'un enchaînement d'infortunes ; et, pour comble de malheurs, je n'ai pu vous donner de mes nouvelles. Trop sûr de votre amour, je me représentois sans cesse la situation où ma fatale tendresse vous avoit réduite ; je me peignois dona Mencia dans les pleurs : vous faisiez le plus grand de mes maux. Quelquefois, je l'avouerai, je me suis reproché comme un crime le bonheur de vous avoir plu. J'ai souhaité que vous eussiez eu du penchant pour quelqu'un de mes rivaux, puisque la préférence que vous m'aviez donnée sur eux vous coûtoit si cher. Cependant, après sept années de souffrances, plus épris de vous que jamais, j'ai voulu vous revoir. Je n'ai pu résister à cette envie, et la fin d'un long esclavage m'ayant permis de la satisfaire, j'ai été sous ce déguisement à Valladolid, au hasard d'être découvert. Là, j'ai tout appris. Je suis venu ensuite à ce château, et j'ai trouvé moyen de m'introduire chez le jardinier, qui m'a retenu pour travailler dans les jardins. Voilà de quelle manière je me suis conduit pour parvenir à vous parler secrètement. Mais ne vous imaginez pas que j'aie dessein de troubler par mon séjour ici la félicité dont vous jouissez. Je vous aime plus que moi-même ; je respecte votre repos, et je vais, après cet entretien, achever loin de vous de tristes jours que je vous sacrifie.

Non, don Alvar, non, m'écriai-je à ces paroles ; le ciel ne vous a point amené ici pour rien, et je ne souffrirai pas que vous me quittiez une seconde fois : je veux partir avec vous, il n'y a que la mort qui puisse désormais nous séparer. Croyez-moi, reprit-il, vivez avec don Ambrosio; ne vous associez point à mes malheurs; laissez-m'en soutenir tout le poids. Il me dit encore d'autres choses semblables; mais plus il paroissoit vouloir s'immoler à mon bonheur, moins je me sentois disposée à y consentir. Lorsqu'il me vit ferme dans la résolution de le suivre, il changea tout à coup de ton, et prenant un air plus content : Madame, me-dit-il, est-il possible que vous soyez dans les sentiments où vous paroissez être? ah! puisque vous m'aimez encore assez pour préférer ma misère à la prospérité où vous vous trouvez, allons donc demeurer à Bétancos, dans le fond du royaume de Galice. J'ai là une retraite assurée. Si mes disgrâces m'ont ôté tous mes biens, elles ne m'ont point fait perdre tous mes amis; il m'en reste encore de fidèles, qui m'ont mis en état de vous enlever. J'ai fait faire un carrosse à Zamora par leur secours; j'ai acheté des mules et des chevaux, et je suis accompagné de trois Galiciens des plus résolus [1]. Ils sont armés de carabines et de pistolets, et ils attendent mes ordres dans le village de Rodillas. Profitons, ajouta-t-il, de l'absence de don Ambrosio. Je vais

[1] Les provinces d'Espagne ont toutes été des royaumes, qui ont été en guerre les uns contre les autres. Il en est résulté des épithètes triviales et des sobriquets populaires, que la vieille prévention des sujets d'un de ces royaumes donnoit à leurs voisins, et réciproquement. On sait alors ce qu'on entend par un Galicien, un Biscayen, un Catalan, etc.; comme nous avons eu en France, dans les temps des grands fiefs, des appellations de Champenois, de Gascon, de Normand, etc. qui n'étoient rien moins que flatteuses, et qui sont restées dans la langue, si bien que La Fontaine a l'air de commencer bonnement une de ses fables par ce vers doublement malin:

Certain renard gascon, d'autres disent normand....
Livre III, Fable XI.

faire venir le carrosse jusqu'à la porte de ce château, et nous partirons dans le moment. J'y consentis. Don Alvar vola vers Rodillas, et revint en peu de temps, avec ses trois cavaliers, m'enlever au milieu de mes femmes, qui, ne sachant que penser de cet enlèvement, se sauvèrent fort effrayées. Inès seule étoit au fait; mais elle refusa de lier son sort au mien, parce qu'elle aimoit un valet de chambre de don Ambrosio: ce qui prouve bien que l'attachement de nos plus zélés domestiques n'est point à l'épreuve de l'amour.

Je montai donc en carrosse avec don Alvar, n'emportant que mes hardes et quelques pierreries que j'avois avant mon second mariage; car je ne voulus rien prendre de tout ce que le marquis m'avoit donné en m'épousant. Nous prîmes la route du royaume de Galice, sans savoir si nous serions assez heureux pour y arriver. Nous avions sujet de craindre que don Ambrosio, à son retour, ne se mît sur nos traces avec un grand nombre de personnes, et ne nous joignît. Cependant nous marchâmes pendant deux jours sans voir paroître à nos trousses aucun cavalier. Nous espérions que la troisième journée se passeroit de même, et déjà nous nous entretenions fort tranquillement. Don Alvar me contoit la triste aventure qui avoit donné lieu au bruit de sa mort, et comment, après cinq années d'esclavage, il avoit recouvré la liberté, quand nous rencontrâmes hier sur le chemin de Léon les voleurs avec qui vous étiez. C'est lui qu'ils ont tué avec tous ses gens, et c'est lui qui fait couler les pleurs que vous me voyez répandre en ce moment.

CHAPITRE XII.

De quelle manière désagréable Gil Blas et la dame furent interrompus.

Corrégidor expéditif. — Muletier perfide.

Doña Mencia fondit en larmes après avoir achevé ce récit [1]. Bien loin d'entreprendre de la consoler par des discours dans le goût de Sénèque, je la laissai donner un libre cours à ses soupirs; je pleurai même aussi, tant il est naturel de s'intéresser pour les malheureux, et particulièrement pour une belle personne affligée. J'allois lui demander quel parti elle vouloit prendre dans la conjoncture où elle se trouvoit, et peut-être alloit-elle me consulter là-dessus, si notre conversation n'eût pas été interrompue : mais nous entendîmes dans l'hôtellerie un grand bruit, qui, malgré nous, attira notre attention. Ce bruit étoit causé par l'arrivée du corrégidor, suivi de deux alguazils [2] et de plusieurs archers. Ils vinrent dans la chambre où nous étions. Un jeune cavalier, qui les accompagnoit,

[1] On en trouvera la suite, ci-après, chapitre XIV.

[2] *Alguazil* : c'est un huissier exécuteur des ordres du corrégidor, une manière d'exempt.

N. B. Cette note est de Le Sage. Ajoutons-y 1° qu'en espagnol une grosse araignée, qui prend les mouches dans sa toile, s'appelle expressément l'*alguazil de moscas*, l'alguazil des mouches; 2° qu'en Espagne la charge de grand alguazil est une dignité. Les plus grands seigneurs s'honoroient d'être les familiers (ou espions) du saint-office.

s'approcha de moi le premier, et se mit à regarder de près mon habit. Il n'eut pas besoin de l'examiner longtemps. Par saint Jacques, s'écria-t-il, voilà mon pourpoint! c'est lui-même; il n'est pas plus difficile à reconnoître que mon cheval. Vous pouvez arrêter ce galant sur ma parole; c'est un de ces voleurs qui ont une retraite inconnue en ce pays-ci.

A ce discours, qui m'apprenoit que ce cavalier étoit le gentilhomme volé dont j'avois, par malheur, toute la dépouille, je demeurai surpris, confus, déconcerté. Le corrégidor, que sa charge obligeoit plutôt à tirer une mauvaise conséquence de mon embarras qu'à l'expliquer favorablement, jugea que l'accusation n'étoit pas mal fondée; et présumant que la dame pouvoit être complice, il nous fit emprisonner tous deux séparément. Ce juge n'étoit pas de ceux qui ont le regard terrible; il avoit l'air doux et riant. Dieu sait s'il en valoit mieux pour cela! Sitôt que je fus en prison, il y vint avec ses deux furets, c'est-à-dire ses alguazils; ils entrèrent d'un air joyeux; il sembloit qu'ils eussent un pressentiment qu'ils alloient faire une bonne affaire. Ils n'oublièrent pas leur bonne coutume; ils commencèrent par me fouiller. Quelle aubaine pour ces messieurs! Ils n'avoient jamais peut-être fait un si beau coup. A chaque poignée de pistoles qu'ils tiroient, je voyois leurs yeux étinceler de joie. Le corrégidor surtout paroissoit hors de lui-même. Mon enfant, me disoit-il d'un ton de voix plein de douceur, nous faisons notre charge : mais ne crains rien; si tu n'es pas coupable, on ne te fera point de mal. Cependant ils vidèrent tout doucement mes poches, et me prirent ce que les voleurs même avoient respecté, je veux dire les quarante ducats de mon oncle. Ils n'en demeurèrent pas là : leurs mains avides et infatigables me parcourent depuis la tête jusqu'aux pieds ; ils me tournèrent de tous côtés, et me dépouillèrent pour voir si je n'avois point d'argent entre la peau et la chemise. Je crois qu'ils m'auroient volontiers ouvert le ventre pour voir s'il n'y en avoit point dedans. Après qu'ils eurent si bien fait leur charge, le corrégidor m'interrogea. Je lui contai ingénument tout ce qui m'étoit arrivé. Il fit écrire ma déposition ; puis il sortit avec ses gens et mes espèces, me laissant tout nu sur la paille.

O vie humaine ! m'écriai-je quand je me vis seul et dans cet état, que tu es remplie d'aventures bizarres et de contre-temps ! Depuis que je suis sorti d'Oviédo, je n'éprouve que des disgrâces : à peine suis-je hors d'un péril, que je retombe dans un autre. En arrivant dans cette ville, j'étois bien éloigné de penser que j'y ferois sitôt connoissance avec le corrégidor. En faisant ces réflexions inutiles, je remis le maudit pourpoint et le reste de l'habillement qui m'avoit porté malheur ; puis, m'exhortant moi-même à prendre courage : Allons, dis-je, Gil Blas, aie de la fermeté ; songe qu'après ce temps il en viendra peut-être un plus heureux. Te sied-il bien de te désespérer dans une prison ordinaire, après avoir fait un si pénible essai de patience dans le souterrain ? Mais, hélas ! ajoutai-je tristement, je m'abuse. Comment pourrai-je sortir d'ici ? On vient de m'en ôter les moyens, puisqu'un prisonnier sans argent est un oiseau à qui l'on a coupé les ailes.

Au lieu de la perdrix et du lapereau que j'avois fait

mettre à la broche, on m'apporta un petit pain bis avec une cruche d'eau, et l'on me laissa ronger mon frein dans mon cachot. J'y demeurai quinze jours entiers sans voir personne que le concierge, qui avoit soin de venir tous les matins renouveler ma provision. Dès que je le voyois, j'affectois de lui parler, je tâchois de lier conversation avec lui pour me désennuyer un peu : mais ce personnage ne répondoit rien à tout ce que je lui disois ; il ne me fut pas possible d'en tirer une parole ; il entroit même et sortoit le plus souvent sans me regarder. Le seizième jour, le corrégidor parut, et me dit : Enfin, mon ami, tes peines sont finies ; tu peux t'abandonner à la joie ; je viens t'annoncer une agréable nouvelle. J'ai fait conduire à Burgos la dame qui étoit avec toi ; je l'ai interrogée avant son départ, et ses réponses vont à ta décharge. Tu seras élargi dès aujourd'hui, pourvu que le muletier avec qui tu es venu de Peñaflor à Cacabelos, comme tu me l'as dit, confirme ta déposition. Il est dans Astorga. Je l'ai envoyé chercher ; je l'attends : s'il convient de l'aventure de la question, je te mettrai sur-le-champ en liberté.

Ces paroles me réjouirent. Dès ce moment je me crus hors d'affaire. Je remerciai le juge de la bonne et briève justice qu'il vouloit me rendre ; et je n'avois pas encore achevé mon compliment, que le muletier, conduit par deux archers, arriva. Je le reconnus aussitôt : mais le bourreau de muletier, qui sans doute avoit vendu ma valise avec tout ce qui étoit dedans, craignant d'être obligé de restituer l'argent qu'il en avoit touché s'il avouoit qu'il me reconnoissoit, dit effrontément qu'il ne savoit qui j'étois, et qu'il ne m'avoit jamais vu. Ah! traître, m'écriai-je, confesse plutôt que tu as vendu mes hardes, et rends témoignage à la vérité. Regarde-moi bien : je suis un de ces jeunes gens que tu menaças de la question dans le bourg de Cacabelos, et à qui tu fis si grand'peur. Le muletier répondit d'un air froid que je lui parlois d'une chose dont il n'avoit aucune connoissance ; et comme il soutint jusqu'au bout que je lui étois inconnu, mon élargissement fut remis à une autre fois. Mon enfant, me dit le corrégidor, tu vois bien que le muletier ne convient pas de ce que tu as déposé ; ainsi je ne puis te rendre la liberté, quelque envie que j'en aie. Il fallut m'armer d'une nouvelle patience, me résoudre à jeûner encore au pain et à l'eau, et à voir le silencieux concierge. Quand je songeois que je ne pouvois me tirer des griffes de la justice, bien que je n'eusse pas commis le moindre crime, cette pensée me mettoit au désespoir ; je regrettois le souterrain. Dans le fond, disois-je, j'y avois moins de désagrément que dans ce cachot : je faisois bonne chère avec les voleurs, je m'entretenois avec eux agréablement, et je vivois dans la douce espérance de m'échapper ; au lieu que, malgré mon innocence, je serai peut-être trop heureux de sortir d'ici pour aller aux galères.

CHAPITRE XIII.

Par quel hasard Gil Blas sortit enfin de prison, et où il alla.

Petit chantre officieux. — Formalités de justice. — Hôtesse de mauvaise grâce.

Tandis que je passois les jours à m'égayer dans mes réflexions, mes aventures, telles que je les avois dictées dans ma déposition, se répandirent dans la ville. Plusieurs personnes me voulurent voir par curiosité. Ils venoient l'un après l'autre se présenter à une petite fenêtre par où le jour entroit dans ma prison, et lorsqu'ils m'avoient considéré quelque temps, ils s'en alloient. Je fus surpris de cette nouveauté. Depuis que j'étois prisonnier, je n'avois pas vu un seul homme se montrer à cette fenêtre, qui donnoit sur une cour où régnoient le silence et l'horreur. Je compris par là que je faisois du bruit dans la ville, mais je ne savois si j'en devois concevoir un bon ou un mauvais présage.

Un de ceux qui s'offrirent des premiers à ma vue, fut le petit chantre de Mondonedo, qui avoit aussi-bien que moi craint la question et pris la fuite. Je le reconnus, et il ne feignit point de me méconnoître. Nous nous saluâmes de part et d'autre, puis nous nous engageâmes dans un long entretien. Je fus obligé de faire un nouveau détail de mes aventures, ce qui produisit deux effets dans l'esprit de mes auditeurs; je les fis rire, et je m'attirai leur pitié. De son côté, le chantre me conta ce qui s'étoit passé dans l'hôtellerie de Cacabelos, entre le muletier et la jeune femme, après qu'une terreur panique nous en eut écartés; en un mot, il m'apprit tout ce que j'en ai dit ci-devant. Ensuite, prenant congé de moi, il me promit que, sans perdre de temps, il alloit travailler à ma délivrance. Alors toutes les personnes qui étoient venues là comme lui par curiosité, me témoignèrent que mon malheur excitoit leur compassion; ils m'assurèrent même qu'ils se joindroient au petit chantre, et feroient tout leur possible pour me procurer la liberté.

Ils tinrent effectivement leur promesse. Ils parlèrent en ma faveur au corrégidor, qui, ne doutant plus de mon innocence, surtout lorsque le chantre lui eut conté ce qu'il savoit, vint trois semaines après dans ma prison. Gil Blas, me dit-il, je pourrois encore te retenir ici, si j'étois un juge plus sévère; mais je ne veux pas traîner les choses en longueur: va, tu es libre; tu peux sortir quand il te plaira. Mais, dis-moi, poursuivit-il, si l'on te menoit dans la forêt où est le souterrain, ne pourrois-tu pas le découvrir? Non, seigneur, lui répondis-je: comme je n'y suis entré que la nuit, et que j'en suis sorti avant le jour, il me seroit impossible de reconnoître l'endroit où il est. Là-dessus le juge se retira, en disant qu'il alloit ordonner au concierge de m'ouvrir les portes. En effet, un moment après le geôlier vint dans mon cachot avec un de ses guichetiers qui portoit un paquet de toile. Ils m'ôtèrent tous deux, d'un air grave, et sans me dire un seul mot, mon pourpoint et mon haut-de-chausses qui étoient d'un drap fin et presque neuf; puis, m'ayant revêtu d'une vieille souquenille, ils me mirent dehors par les épaules.

La confusion que j'avois de me voir si mal équipé modéroit la joie qu'ont ordinairement les prisonniers de recouvrer leur liberté. J'étois tenté de sortir de la ville à l'heure même, pour me soustraire aux yeux du peuple, dont je ne soutenois les regards qu'avec peine. Ma reconnoissance pourtant l'emporta sur ma honte : j'allai remercier le petit chantre à qui j'avois tant d'obligation. Il ne put s'empêcher de rire lorsqu'il m'aperçut. Comme vous voilà! me dit-il : je ne vous ai pas reconnu d'abord sous cet habillement; la justice, à ce que je vois, vous en a donné de toutes les façons. Je ne me plains pas de la justice, lui répondis-je; elle est très équitable; je voudrois seulement que tous ses officiers fussent d'honnêtes gens : ils devoient du moins me laisser mon habit; il me semble que je ne l'avois pas mal payé. J'en conviens, reprit-il; mais on vous dira que ce sont des formalités qui s'observent. Eh! vous imaginez-vous, par exemple, que votre cheval ait été rendu à son premier maître? Non pas, s'il vous plaît; il est actuellement dans les écuries du greffier, où il a été déposé comme une preuve du vol : je ne crois pas que le pauvre gentilhomme en retire seulement la croupière. Mais changeons de discours, continua-t-il. Quel est votre dessein? que prétendez-vous faire présentement? J'ai envie, lui dis-je, de prendre le chemin de Burgos : j'irai trouver la dame dont je suis le libérateur; elle me donnera quelques pistoles; j'acheterai une soutanelle neuve, et me rendrai à Sálamanque, où je tâcherai de mettre mon latin à profit. Tout ce qui m'embarrasse, c'est que je ne suis point encore à Burgos : il faut vivre sur la route; vous n'ignorez pas qu'on fait fort mauvaise chère quand on voyage sans argent. Je vous entends, répliqua-t-il, et je vous offre ma bourse : elle est un peu plate à la vérité ; mais vous savez qu'un chantre n'est pas un évêque. En même temps il la tira, et me la mit entre les mains de si bonne grâce, que je ne pus me défendre de la retenir telle qu'elle étoit. Je le remerciai comme s'il m'eût donné tout l'or du monde, et je lui fis mille protestations de services qui n'ont jamais eu d'effet. Après cela je le quittai, et sortis de la ville sans aller voir les autres personnes qui avoient contribué à mon élargissement; je me contentai de leur donner en moi-même mille bénédictions.

Le petit chantre avoit eu raison de ne me pas vanter sa bourse; j'y trouvai très peu d'espèces, et quelles espèces encore ? de la menue monnoie : par bonheur, j'étois accoutumé depuis deux mois à une vie très frugale, et il me restoit encore quelques réaux lorsque j'arrivai au bourg de Ponte de Mula, qui n'est pas éloigné de Burgos. Je m'y arrêtai pour demander des nouvelles de dona Mencia. J'entrai dans une hôtellerie dont l'hôtesse étoit une petite femme fort sèche, vive et hagarde. Je m'aperçus d'abord, à la mauvaise mine qu'elle me fit, que ma souquenille n'étoit guère de son goût; ce que je lui pardonnai volontiers. Je m'assis à une table. Je mangeai du pain et du fromage, et bus quelques coups d'un vin détestable qu'on m'apporta. Pendant ce repas, qui s'accordoit assez avec mon habillement, je voulus entrer en conversation avec l'hôtesse, qui me fit assez connoître, par une grimace dédaigneuse, qu'elle méprisoit mon entretien. Je la priai de me dire si elle connoissoit le marquis de la Guardia, si son château étoit éloigné du bourg, et surtout si elle savoit ce que la marquise sa femme pouvoit être devenue. Vous demandez bien des choses, me répondit-elle d'un air plein de fierté. Elle m'apprit pourtant, quoique de fort mauvaise grâce, que le château de don Ambrosio n'étoit qu'à une petite lieue de Ponte de Mula.

Après que j'eus achevé de boire et de manger, comme il étoit nuit, je témoignai que je souhaitois de me reposer, et je demandai une chambre. A vous une chambre! me dit l'hôtesse en me lançant un regard où le mépris étoit peint; je n'ai point de chambre pour les gens qui font leur souper d'un morceau de fromage. Tous mes lits sont retenus. J'attends des cavaliers d'importance, qui doivent venir loger ici ce soir. Tout ce que je puis faire pour votre service, c'est de vous mettre dans ma grange : ce ne sera pas, je pense, la première fois que vous aurez couché sur la paille. Elle ne croyoit pas si bien dire qu'elle disoit. Je ne répliquai point à son discours, et je me déterminai sagement à gagner le pailler, sur lequel je m'endormis bientôt comme un homme qui depuis long-temps étoit fait à la fatigue.

CHAPITRE XIV.

De la réception que dona Mencia lui fit à Burgos.

Scène touchante.

Je ne fus pas paresseux à me lever le lendemain matin. J'allai compter avec l'hôtesse, qui étoit déjà sur pied, et qui me parut un peu moins fière et de meilleure humeur que le soir précédent; ce que j'attribuai à la présence de trois honnêtes archers de la sainte Hermandad, qui s'entretenoient avec elle d'une façon très familière. Ils avoient couché dans l'hôtellerie; et c'étoit sans doute pour ces cavaliers d'importance que tous les lits avoient été retenus.

Je demandai dans le bourg le chemin du château où je voulois me rendre. Je m'adressai par hasard à un homme du caractère de mon hôte de Peñaflor. Il ne se contenta pas de répondre à la question que je lui faisois; il m'apprit que don Ambrosio étoit mort depuis trois semaines, et que la marquise sa femme s'étoit retirée dans un couvent de Burgos, qu'il me nomma. Je marchai aussitôt vers cette ville, au lieu de suivre la route du château, comme j'en avois eu dessein auparavant, et je volai d'abord au monastère où demeuroit dona Mencia. Je priai la tourière de dire à cette dame qu'un jeune homme nouvellement sorti des prisons d'Astorga souhaitoit de lui parler. La tourière alla sur-le-champ faire ce que je désirois. Elle revint un moment après, et me fit entrer dans un parloir où je ne fus pas long-temps sans voir paroître en grand deuil, à la grille, la veuve de don Ambrosio.

Soyez le bienvenu, me dit cette dame d'un air gracieux. Il y a quatre jours que j'ai écrit à une personne d'Astorga. Je lui mandois de vous aller trouver de ma part, et de vous dire que je vous priois instamment de me venir chercher au sortir de votre prison. Je ne doutois pas qu'on ne vous élargît bientôt : les choses que j'avois dites au corrégidor à votre décharge suffisoient pour cela. Aussi m'a-t-on fait réponse que vous aviez recouvré la liberté, mais qu'on ne savoit ce que vous étiez devenu. Je craignois de ne vous plus revoir, et d'être privée du plaisir de vous témoigner ma reconnoissance, ce qui m'auroit bien mortifiée. Consolez-vous, ajouta-t-elle en remarquant la honte que j'avois de me présenter à ses yeux sous un misérable habillement; que l'état où je vous vois ne vous fasse point de peine. Après le service important que vous m'avez rendu, je serois la plus ingrate de toutes les femmes, si je ne faisois rien pour vous. Je prétends vous tirer de la mauvaise situation où vous êtes; je le dois, et je le puis. J'ai des biens assez considérables pour pouvoir m'acquitter envers vous sans m'incommoder.

Vous savez, continua-t-elle, mes aventures jusqu'au jour où nous fûmes emprisonnés tous deux : je vais vous conter ce qui m'est arrivé depuis ce temps-là. Lorsque le corrégidor d'Astorga m'eut fait conduire à Burgos, après avoir entendu de ma bouche un fidèle récit de mon histoire, je me rendis au château d'Ambrosio. Mon retour y causa une extrême surprise : mais on me dit que je revenois trop tard ; que le marquis, frappé de ma fuite comme d'un coup de foudre, étoit tombé malade, et que les médecins désespéroient de sa vie. Ce fut pour moi un nouveau sujet de me plaindre de la rigueur de ma destinée. Cependant je le fis avertir que je venois d'arriver. Puis j'entrai dans sa chambre, et courus me jeter à genoux au chevet de son lit, le visage couvert de larmes et le cœur pressé de la plus vive douleur. Qui vous ramène ici ? me dit-il dès qu'il m'aperçut; venez-vous contempler votre ouvrage? Ne vous suffit-il pas de m'ôter la vie? Faut-il, pour vous contenter, que vos yeux soient témoins de ma mort? Seigneur, lui répondis-je, Inès a dû vous dire que je fuyois avec mon premier époux; et, sans le triste accident qui me l'a fait perdre, vous ne m'auriez jamais revue. En même temps, je lui appris que don Alvar avoit été tué par des voleurs, qu'ensuite on m'avoit menée dans un souterrain. Je racontai tout le reste; et lorsque j'eus achevé de parler, don Ambrosio me tendit la main. C'est assez, me dit-il tendrement, je cesse de me plaindre de vous. Eh! dois-je en effet vous faire des reproches? Vous retrouvez un époux chéri; vous m'abandonnez pour le suivre : puis-je blâmer cette conduite? Non, madame, j'aurois tort d'en murmurer. Aussi n'ai-je point voulu qu'on vous poursuivît, quoique ma mort fût attachée au malheur de vous perdre. Je respectois dans votre ravisseur ses droits sacrés, et le penchant même que vous aviez pour lui. Enfin je vous fais justice, et par votre retour ici vous regagnez toute ma tendresse. Oui, ma chère Mencia, votre présence, me comble de joie : mais, hélas! je n'en jouirai pas long-temps. Je sens approcher ma dernière heure. A peine m'êtes-vous rendue, qu'il faut vous dire un éternel adieu. A ces paroles touchantes, mes pleurs redoublèrent. Je ressentis et fis éclater une affliction immodérée. Don Alvar, que j'adorois, m'a fait verser moins de larmes. Don Ambrosio n'avoit pas un faux pressentiment de sa mort; il mourut dès le lendemain, et je demeurai maîtresse du bien considérable dont il m'avoit avantagée en m'épousant. Je n'en prétends pas faire un mauvais usage. On ne me verra point, quoique je sois jeune encore, passer dans les bras d'un troisième époux. Outre que cela ne convient, ce me semble, qu'à des femmes sans pudeur et sans délicatesse [1], je vous dirai que je n'ai plus de goût pour le monde; je veux finir mes jours dans ce couvent, et en devenir une bienfaitrice.

Tel fut le discours que me tint dona Mencia. Puis elle tira de dessous sa robe une bourse qu'elle me mit entre les mains, en me disant : Voilà cent ducats que je vous donne seulement pour vous faire habiller. Revenez me voir après cela ; je n'ai pas dessein de borner ma reconnoissance à si peu de chose. Je rendis mille grâces à la dame, et lui jurai que je ne sortirois point de Burgos sans prendre congé d'elle. Ensuite de ce serment, que je n'avois pas envie de violer, j'allai chercher une hôtellerie. J'entrai dans la première que

---

[1] On en trouvera un exemple dans la suite de ce roman, où l'on verra Lucinde, la mère de don Raphaël, avoir beaucoup d'amants, enterrer trois maris, et rester enfin à Alger pour épouser un renégat. (Livre v, chapitre i.)

je rencontrai. Je demandai une chambre; et, pour prévenir la mauvaise opinion que ma souquenille pouvoit encore donner de moi, je dis à l'hôte que tel qu'il me voyoit, j'étois en état de bien payer mon gîte. A ces mots, l'hôte, appelé Majuelo [1], grand railleur de son naturel, me parcourant des yeux depuis le haut jusqu'en bas, me répondit d'un air froid et malin qu'il n'avoit pas besoin de cette assurance pour être persuadé que je ferois beaucoup de dépense chez lui; qu'au travers de mon habillement il démêloit en moi quelque chose de noble, et qu'enfin il ne doutoit pas que je ne fusse un gentilhomme fort aisé. Je vis bien que le traître me railloit; et, pour mettre fin tout à coup à ses plaisanteries, je lui montrai ma bourse. Je comptai même devant lui mes ducats sur une table, et je m'aperçus que mes espèces le disposoient à juger de moi plus favorablement. Je le priai de me faire venir un tailleur. Il vaut mieux, me dit-il, envoyer chercher un fripier; il vous apportera toutes sortes d'habits, et vous serez habillé sur-le-champ. J'approuvai ce conseil, et résolus de le suivre : mais, comme le jour étoit prêt à se fermer, je remis l'emplette au lendemain, et je ne songeai qu'à bien souper, pour me dédommager des mauvais repas que j'avois faits depuis ma sortie du souterrain.

[1] *Majuelo*, en espagnol, petit vignoble; nom significatif pour un homme qui débite du vin.

CHAPITRE XV.

De quelle façon s'habilla Gil Blas, du nouveau présent qu'il reçut de la dame, et dans quel équipage il partit de Burgos.

Fripier qui a de la morale. — Confidence vaine et indiscrète. — Valet désintéressé.

On me servit une copieuse fricassée de pieds de mouton, que je mangeai presque toute entière. Je bus à proportion; puis je me couchai. J'avois un assez bon lit, et j'espérois qu'un profond sommeil ne tarderoit guère à s'emparer de mes sens. Je ne pus toutefois fermer l'œil; je ne fis que rêver à l'habit que je devois prendre. Que faut-il que je fasse? disois-je: suivrai-je mon premier dessein? Acheterai-je une soutanelle pour aller à Salamanque chercher une place de précepteur? Pourquoi m'habiller en licencié? Ai-je envie de me consacrer à l'état ecclésiastique? Y suis-je entraîné par mon penchant? Non; je me sens même des inclinations très opposées à ce parti-là. Je veux porter l'épée, et tâcher de faire fortune dans le monde; ce fut à quoi je m'arrêtai.

Je me résolus à prendre un habit de cavalier, persuadé que sous cette forme je ne pouvois manquer de parvenir à quelque poste honnête et lucratif. Dans cette flatteuse opinion, j'attendis le jour avec la dernière impatience, et ses premiers rayons ne frappèrent pas

plus tôt mes yeux, que je me levai. Je fis tant de
bruit dans l'hôtellerie, que je réveillai tous ceux qui
dormoient. J'appelai les valets qui étoient encore au
lit, et qui ne répondirent à ma voix qu'en me chargeant de malédictions. Ils furent pourtant obligés de
se lever, et je ne leur donnai point de repos qu'ils ne
m'eussent fait venir un fripier. J'en vis bientôt paroître un qu'on m'amena. Il étoit suivi de deux garçons
qui portoient chacun un gros paquet de toile verte. Il
me salua fort civilement, et me dit : Seigneur cavalier, vous êtes bien heureux qu'on se soit adressé à
moi plutôt qu'à un autre. Je ne veux point ici décrier
mes confrères ; à Dieu ne plaise que je fasse le moindre
tort à leur réputation ! Mais, entre nous, il n'y en a
pas un qui ait de la conscience ; ils sont tous plus durs
que des juifs. Je suis le seul fripier qui ait de la morale. Je me borne à un profit raisonnable : je me
contente de la livre pour sou, je veux dire, du sou
pour livre. Grâces au ciel, j'exerce rondement ma
profession.

Le fripier, après ce préambule, que je pris sottement au pied de la lettre, dit à ses garçons de défaire leurs paquets. On me montra des habits de toutes
sortes de couleurs. On m'en fit voir plusieurs de drap
tout uni. Je les rejetai avec mépris, parce que je les
trouvai trop modestes ; mais ils m'en firent essayer un
qui sembloit avoir été fait exprès pour ma taille, et
qui m'éblouit, quoiqu'il fût un peu passé. C'étoit un
pourpoint à manches tailladées ; avec un haut-de-
chausses et un manteau, le tout de velours bleu et
brodé d'or. Je m'attachai à celui-là, et je le marchandai.

Le fripier, qui s'aperçut qu'il me plaisoit, me dit que j'avois le goût délicat. Vive Dieu! s'écria-t-il, on voit bien que vous vous y connoissez. Apprenez que cet habit a été fait pour un des plus grands seigneurs du royaume, et qu'il n'a pas été porté trois fois. Examinez-en le velours : il n'y en a point de plus beau; et pour la broderie, avouez que rien n'est mieux travaillé. Combien, lui dis-je, voulez-vous le vendre? Soixante ducats, répondit-il : je les ai refusés, ou je ne suis pas un honnête homme. L'alternative étoit convaincante. J'en offris quarante-cinq; il en valoit peut-être la moitié. Seigneur gentilhomme, reprit froidement le fripier, je ne surfais point; je n'ai qu'un mot. Tenez, continua-t-il en me présentant les habits que j'avois rebutés, prenez ceux-ci; je vous en ferai meilleur marché. Il ne faisoit qu'irriter par là l'envie que j'avois d'acheter celui que je marchandois; et comme je m'imaginai qu'il ne vouloit rien rabattre, je lui comptai soixante ducats. Quand il vit que je les donnois si facilement, je crois que, malgré sa morale, il fut bien fâché de n'en avoir pas demandé davantage. Assez satisfait pourtant d'avoir gagné la livre pour sou, il sortit avec ses garçons, que je n'avois pas oubliés.

J'avois donc un manteau, un pourpoint et un haut-de-chausses fort propres. Il fallut songer au reste de l'habillement; ce qui m'occupa toute la matinée. J'achetai du linge, un chapeau, des bas de soie, des souliers et une épée; après quoi je m'habillai. Quel plaisir j'avois de me voir si bien équipé! Mes yeux ne pouvoient, pour ainsi dire, se rassasier de mon ajustement. Jamais paon n'a regardé son plumage avec plus de complaisance. Dès ce jour-là je fis une seconde visite à dona Mencia, qui me reçut encore d'un air très gracieux. Elle me remercia de nouveau du service que je lui avois rendu. Là-dessus, grands compliments de part et d'autre. Puis, me souhaitant toutes sortes de prospérités, elle me dit adieu, et se retira, sans me donner rien autre chose qu'une bague de trente pistoles, qu'elle me pria de garder pour me souvenir d'elle.

Je demeurai bien sot avec ma bague; j'avois compté sur un présent plus considérable. Ainsi, peu content de la générosité de la dame, je regagnai mon hôtellerie en rêvant: mais comme j'y entrois, il y arriva un homme qui marchoit sur mes pas, et qui tout à coup, se débarrassant de son manteau qu'il avoit sur le nez, laissa voir un gros sac qu'il portoit sous l'aisselle. A l'apparition du sac, qui avoit tout l'air d'être plein d'espèces, j'ouvris de grands yeux, aussi-bien que quelques personnes qui étoient présentes; et je crus entendre la voix d'un séraphin, lorsque cet homme me dit, en posant le sac sur une table: Seigneur Gil Blas, voilà ce que madame la marquise vous envoie. Je fis de profondes révérences au porteur, je l'accablai de civilités; et dès qu'il fut hors de l'hôtellerie, je me jetai sur le sac comme un faucon sur sa proie, et l'emportai dans ma chambre. Je le déliai sans perdre de temps, et j'y trouvai mille ducats. J'achevois de les compter, quand l'hôte, qui avoit entendu les paroles du porteur, entra pour savoir ce qu'il y avoit dans le sac. La vue de mes espèces, étalées sur

une table, le frappa vivement. Comment diable, s'é-
cria-t-il, voilà bien de l'argent! Il faut, poursuivit-il
en souriant d'un air malicieux, que vous sachiez tirer
bon parti des femmes. Il n'y a pas vingt-quatre heures
que vous êtes à Burgos, et vous avez déjà des mar-
quises sous contribution.

Ce discours ne me déplut point; je fus tenté de
laisser Majuelo dans son erreur; je sentois qu'elle me
faisoit plaisir. Je ne m'étonne pas si les jeunes gens
aiment à passer pour hommes à bonnes fortunes.
Cependant l'innocence de mes mœurs l'emporta sur
ma vanité. Je désabusai mon hôte. Je lui contai l'histoire de dona Mencia, qu'il écouta fort attentivement.
Je lui dis ensuite l'état de mes affaires; et comme il
paroissoit entrer dans mes intérêts, je le priai de
m'aider de ses conseils. Il rêva quelque temps; puis il
me dit d'un air sérieux: Seigneur Gil Blas, j'ai de l'inclination pour vous; et puisque vous avez assez de
confiance en moi pour me parler à cœur ouvert, je vais
vous dire sans flatterie à quoi je vous crois propre.
Vous me semblez né pour la cour; je vous conseille
d'y aller, et de vous attacher à quelque grand seigneur:
mais tâchez de vous mêler de ses affaires, ou d'entrer
dans ses plaisirs; autrement, vous perdrez votre temps
chez lui. Je connois les grands; ils comptent pour rien
le zèle et l'attachement d'un honnête homme; ils ne
se soucient que des personnes qui leur sont nécessaires.
Vous avez encore une ressource, continua-t-il; vous
êtes jeune, bien fait, et quand vous n'auriez pas d'esprit, c'est plus qu'il n'en faut pour entêter une riche
veuve ou quelque jolie femme mal mariée. Si l'amour

ruine des hommes qui ont du bien, il en fait souvent subsister d'autres qui n'en ont pas. Je suis donc d'avis que vous alliez à Madrid; mais il ne faut pas que vous y paroissiez sans suite. On juge là comme ailleurs sur les apparences, et vous n'y serez considéré qu'à proportion de la figure qu'on vous verra faire. Je veux vous donner un valet, un domestique fidèle, un garçon sage, en un mot un homme de ma main. Achetez deux mules, l'une pour vous, l'autre pour lui; et partez le plus tôt qu'il vous sera possible.

Ce conseil étoit trop de mon goût pour ne pas le suivre. Dès le lendemain j'achetai deux belles mules, et j'arrêtai le valet dont on m'avoit parlé. C'étoit un garçon de trente ans, qui avoit l'air simple et dévot. Il me dit qu'il étoit du royaume de Galice, et qu'il se nommoit Ambroise de Lamela. Ce qui me parut singulier, c'est qu'au lieu de ressembler aux autres domestiques, qui sont ordinairement fort intéressés, celui-ci ne se soucioit point de gagner de bons gages; il me témoigna même qu'il étoit homme à se contenter de ce que je voudrois bien avoir la bonté de lui donner. J'achetai aussi des bottines, avec une valise pour serrer mon linge et mes ducats. Ensuite je satisfis mon hôte; et le jour suivant je partis de Burgos avant l'aurore pour aller à Madrid.

CHAPITRE XVI.

Qui fait voir qu'on ne doit pas trop compter sur la prospérité.

Intrigante et fripon qui donnent une leçon un peu forte. — Réflexions après coup.

Nous couchâmes à Dueñas la première journée, et nous arrivâmes la seconde à Valladolid, sur les quatre heures après midi. Nous descendîmes à une hôtellerie qui me parut devoir être une des meilleures de la ville. Je laissai le soin des mules à mon valet, et montai dans une chambre où je fis porter ma valise par un garçon du logis. Comme je me sentois un peu fatigué, je me jetai sur mon lit sans ôter mes bottines, et je m'endormis insensiblement. Il étoit presque nuit lorsque je me réveillai. J'appelai Ambroise. Il ne se trouva point dans l'hôtellerie; mais il arriva bientôt. Je lui demandai d'où il venoit : il me répondit d'un air pieux, qu'il sortoit d'une église, où il étoit allé remercier le ciel de nous avoir préservés de tout mauvais accident depuis Burgos jusqu'à Valladolid. J'approuvai son action ; ensuite je lui ordonnai de faire mettre à la broche un poulet pour mon souper.

Dans le temps que je lui donnai cet ordre, mon hôte entra dans ma chambre un flambeau à la main. Il éclairoit une dame qui me parut plus belle que jeune, et très richement vêtue. Elle s'appuyoit sur un vieil écuyer; et un petit Maure lui portoit la queue. Je ne fus pas peu surpris quand cette dame, après m'avoir fait une profonde révérence, me demanda si par hasard je n'étois point le seigneur Gil Blas de Santillane. Je n'eus pas si tôt répondu qu'oui, qu'elle quitta la main de son écuyer pour venir m'embrasser avec un transport de joie qui redoubla mon étonnement. Le ciel, s'écria-t-elle, soit à jamais béni de cette aventure ! C'est vous, seigneur cavalier, c'est vous que je cherche. A ce début, je me ressouvins du parasite de Peñaflor, et j'allois soupçonner la dame d'être une franche aventurière; mais ce qu'elle ajouta m'en fit juger plus avantageusement. Je suis, poursuivit-elle, cousine germaine de dona Mencia de Mosquera, qui vous a tant d'obligations. J'ai reçu ce matin une lettre de sa part. Elle me mande qu'ayant appris que vous alliez à Madrid, elle me prie de vous bien régaler, si vous passez par ici. Il y a deux heures que je parcours toute la ville. Je vais d'hôtellerie en hôtellerie m'informer des étrangers qui y sont; et j'ai jugé, sur le portrait que votre hôte m'a fait de vous, que vous pouviez être le libérateur de ma cousine. Ah! puisque je vous ai rencontré, continua-t-elle, je veux vous faire voir combien je suis sensible aux services qu'on rend à ma famille, et particulièrement à ma chère cousine. Vous viendrez, s'il vous plaît, dès ce moment loger chez moi; vous y serez plus commodément qu'ici. Je voulus m'en défendre, et représenter à la dame que je pourrois l'incommoder chez elle : mais il n'y eut pas moyen de résister à ses instances. Il y avoit à la porte de l'hôtellerie un carrosse qui nous attendoit. Elle prit soin elle-même de faire mettre ma valise dedans, parce qu'il y avoit, disoit-elle, bien des fripons à Valladolid ; ce qui n'étoit que trop véritable. Enfin je montai en carrosse avec elle et son vieil écuyer, et je me laissai de cette manière enlever de l'hôtellerie, au grand déplaisir de l'hôte, qui se voyoit par là sevré de la dépense qu'il avoit compté que je ferois chez lui avec la dame, l'écuyer et le petit Maure.

Notre carrosse, après avoir quelque temps roulé, s'arrêta. Nous en descendîmes pour entrer dans une assez grande maison, et nous montâmes dans un appartement qui n'étoit pas malpropre, et que vingt ou trente bougies éclairoient. Il y avoit là plusieurs domestiques à qui la dame demanda d'abord si don Raphaël étoit arrivé ; ils répondirent que non. Alors m'adressant la parole : Seigneur Gil Blas, me dit-elle, j'attends mon frère qui doit revenir ce soir d'un château que nous avons à deux lieues d'ici. Quelle agréable surprise pour lui de trouver dans sa maison un homme à qui toute notre famille est si redevable ! Dans le moment qu'elle achevoit de parler ainsi, nous entendîmes du bruit ; et nous apprîmes en même temps qu'il étoit causé par l'arrivée de don Raphaël. Ce cavalier parut bientôt. Je vis un jeune homme de belle taille et de fort bon air. Je suis ravie de votre retour, mon frère, lui dit la dame ; vous m'aiderez à bien recevoir le seigneur Gil Blas de Santillane. Nous ne saurions assez reconnoître ce qu'il a fait pour dona Mencia, notre parente. Tenez, ajouta-t-elle en lui présentant une lettre, lisez ce qu'elle m'écrit. Don

Raphaël ouvrit le billet, et lut tout haut ces mots :
« Ma chère Camille, le seigneur Gil Blas de Santillane,
« qui m'a sauvé l'honneur et la vie, vient de partir
« pour la cour. Il passera sans doute par Valladolid.
« Je vous conjure par le sang et plus encore par l'a-
« mitié qui nous unit, de le régaler et de le retenir
« quelque temps chez vous. Je me flatte que vous me
« donnerez cette satisfaction, et que mon libérateur
« recevra de vous, et de don Raphaël mon cousin,
« toutes sortes de bons traitements. A Burgos. Votre
« affectionnée cousine Dona Mencia. »

Comment! s'écria don Raphaël après avoir lu la lettre, c'est à ce cavalier que ma parente doit l'honneur et la vie? Ah! je rends grâces au ciel de cette heureuse rencontre. En parlant de cette sorte, il s'approcha de moi; et me serrant étroitement entre ses bras : Quelle joie, poursuivit-il, j'ai de voir ici le seigneur Gil Blas de Santillane! Il n'étoit pas besoin que ma cousine la marquise nous recommandât de vous régaler; elle n'avoit seulement qu'à nous mander que vous deviez passer par Valladolid; cela suffisoit. Nous savons bien, ma sœur Camille et moi, comme il en faut user avec un homme qui a rendu le plus grand service du monde à la personne de notre famille que nous aimons le plus tendrement. Je répondis le mieux qu'il me fut possible à ces discours, qui furent suivis de beaucoup d'autres semblables, et entremêlés de mille caresses. Après quoi, s'apercevant que j'avois encore mes bottines, il me les fit ôter par ses valets.

Nous passâmes ensuite dans une chambre où l'on avoit servi. Nous nous mîmes à table, le cavalier, la dame et moi. Ils me dirent cent choses obligeantes pendant le souper. Il ne m'échappoit pas un mot qu'ils ne relevassent comme un trait admirable; et il falloit voir l'attention qu'ils avoient tous deux à me présenter de tous les mets. Don Raphaël buvoit souvent à la santé de dona Mencia. Je suivois son exemple, et il me sembloit quelquefois que Camille, qui trinquoit avec nous, me lançoit des regards qui signifioient quelque chose. Je crus même remarquer qu'elle prenoit son temps pour cela, comme si elle eût craint que son frère ne s'en aperçût. Il n'en fallut pas davantage pour me persuader que la dame en tenoit; et je me flattai de profiter de cette découverte, pour peu que je demeurasse à Valladolid. Cette espérance fut cause que je me rendis sans peine à la prière qu'ils me firent de vouloir bien passer quelques jours chez eux. Ils me remercièrent de ma complaisance; et la joie qu'en témoigna Camille confirma l'opinion que j'avois qu'elle me trouvoit fort à son gré.

Don Raphaël, me voyant déterminé à faire quelque séjour chez lui, me proposa de me mener à son château. Il m'en fit une description magnifique, et me parla des plaisirs qu'il prétendoit m'y donner. Tantôt, disoit-il, nous prendrons le divertissement de la chasse, tantôt celui de la pêche; et si vous aimez la promenade, nous avons des bois et des jardins délicieux. D'ailleurs nous aurons bonne compagnie : j'espère que vous ne vous ennuierez point. J'acceptai la proposition, et il fut résolu que nous irions à ce beau château dès le jour suivant. Nous nous levâmes de table en formant un si agréable dessein. Don Raphaël en parut transporté de joie. Seigneur Gil Blas, dit-il en m'embrassant, je vous laisse avec ma sœur. Je vais de ce pas donner les ordres nécessaires, et faire avertir toutes les personnes que je veux mettre de la partie. A ces paroles, il sortit de la chambre où nous étions; et je continuai de m'entretenir avec la dame, qui ne démentit point par ses discours les douces œillades qu'elle m'avoit jetées. Elle me prit la main, et regardant ma bague : Vous avez là, dit-elle, un diamant assez joli; mais il est bien petit. Vous connoissez-vous en pierreries? Je répondis que non. J'en suis fâchée, reprit-elle; car vous me diriez ce que vaut celle-ci. En achevant ces mots, elle me montra un gros rubis qu'elle avoit au doigt, et pendant que je le considérois elle me dit : Un de mes oncles, qui a été gouverneur dans les habitations que les Espagnols ont aux îles Philippines, m'a donné ce rubis. Les joailliers de Valladolid l'estiment trois cents pistoles. Je le croirois bien, lui dis-je; je le trouve parfaitement beau. Puisqu'il vous plaît, répliqua-t-elle, je veux faire un troc avec vous. Aussi-tôt elle prit ma bague, et me mit la sienne au petit doigt. Après ce troc, qui me parut une manière galante de faire un présent, Camille me serra la main et me regarda d'un air tendre; puis tout à coup rompant l'entretien, elle me donna le bonsoir, et se retira toute confuse, comme si elle eût eu honte de me faire trop connoître ses sentiments.

Quoique galant des plus novices, je sentis tout ce que cette retraite précipitée avoit d'obligeant pour moi; et je jugeai que je ne passerois point mal le temps à la campagne. Plein de cette idée flatteuse et de l'état brillant de mes affaires, je m'enfermai dans la chambre où je devois coucher, après avoir dit à mon valet de me venir réveiller de bonne heure le lendemain. Au lieu de songer à me reposer, je m'abandonnai aux réflexions agréables que ma valise, qui étoit sur une table, et mon rubis m'inspirèrent. Grâces au ciel, disois-je, si j'ai été malheureux, je ne le suis plus. Mille ducats d'un côté, une bague de trois cents pistoles de l'autre : me voilà pour long-temps en fonds. Majuelo ne m'a point flatté, je le vois bien : j'enflammerai mille femmes à Madrid, puisque j'ai plu si facilement à Camille. Les bontés de cette généreuse dame se présentoient à mon esprit avec tous leurs charmes, et je goûtois aussi par avance les divertissements que don Raphaël me préparoit dans son château. Cependant, parmi tant d'images de plaisir, le sommeil ne laissa pas de venir répandre sur moi ses pavots. Dès que je me sentis assoupi, je me déshabillai et me couchai.

Le lendemain matin, lorsque je me réveillai, je m'aperçus qu'il étoit déjà tard. Je fus assez surpris de ne pas voir paroître mon valet, après l'ordre qu'il avoit reçu de moi. Ambroise, dis-je en moi-même, mon fidèle Ambroise est à l'église, ou bien il est aujourd'hui fort paresseux. Mais je perdis bientôt cette opinion de lui pour en prendre une plus mauvaise; car m'étant levé et ne voyant plus ma valise, je le soupçonnai de l'avoir volée pendant la nuit. Pour éclaircir mes soupçons, j'ouvris la porte de ma chambre, et j'appelai l'hypocrite à plusieurs reprises. Il vint à ma voix un vieillard, qui me dit : Que souhaitez-vous, seigneur? tous vos gens sont sortis de ma maison avant le jour. Comment de votre maison? m'écriai-je : est-ce que je ne suis pas ici chez don Raphaël? Je ne sais ce que c'est que ce cavalier, me répondit-il. Vous êtes dans un hôtel garni, et j'en suis l'hôte. Hier au soir, une heure avant votre arrivée, la dame qui a soupé avec vous vint ici, et arrêta cet appartement pour un grand seigneur, disoit-elle, qui voyage *incognito*. Elle m'a même payé d'avance.

Je fus alors au fait. Je sus ce que je devois penser de Camille et de don Raphaël; et je compris que mon valet, ayant une entière connoissance de mes affaires, m'avoit vendu à ces fourbes [1]. Au lieu de n'imputer qu'à moi ce triste incident, et de songer qu'il ne me seroit point arrivé si je n'eusse pas eu l'indiscrétion de m'ouvrir à Majuelo sans nécessité, je m'en pris à la fortune innocente, et maudis cent fois mon étoile. Le maître de l'hôtel garni, à qui je contai l'aventure, qu'il savoit peut-être aussi bien que moi, se montra sensible à ma douleur. Il me plaignit, et me témoigna qu'il étoit très mortifié que cette scène se fût passée chez lui : mais je crois, malgré ses démonstrations, qu'il n'avoit pas moins de part à cette fourberie que mon hôte de Burgos, à qui j'ai toujours attribué l'honneur de l'invention.

[1] On les retrouvera dans la suite de cette histoire, et toujours d'une manière caractéristique et digne de leur début. Voyez, pour l'aventurière Camille, le livre II, chapitre IV; pour don Raphaël et Ambroise de Lamela, le livre IV, chapitre XI, tout le livre V, etc.

CHAPITRE XVII.

Quel parti prit Gil Blas après l'aventure de l'hôtel garni.

Camarade de collége. — Choix d'un état. — Désagréments des précepteurs. — Avantages des valets. — Bureau d'adresses.

Lorsque j'eus fort inutilement bien déploré mon malheur, je fis réflexion qu'au lieu de céder à mon chagrin je devois plutôt me roidir contre mon mauvais sort. Je rappelai mon courage, et, pour me consoler, je disois en m'habillant : Je suis encore trop heureux que les fripons n'aient pas emporté mes habits et quelques ducats que j'ai dans mes poches. Je leur tenois compte de cette discrétion. Ils avoient même été assez généreux pour me laisser mes bottines, que je donnai à l'hôte pour un tiers de ce qu'elles m'avoient coûté. Enfin je sortis de l'hôtel garni, sans avoir, Dieu merci, besoin de personne pour porter mes hardes. La première chose que je fis fut d'aller voir si mes mules ne seroient pas dans l'hôtellerie où j'étois descendu le jour précédent. Je jugeois bien qu'Ambroise ne les y avoit pas laissées; et plût au ciel que j'eusse toujours jugé aussi sainement de lui! J'appris que dès le soir même il avoit eu soin de les en retirer. Ainsi, comptant de ne les plus revoir non plus que ma chère valise, je marchois tristement dans les rues, en rêvant à ce que je devois faire. Je fus tenté de retourner à Burgos, pour avoir encore une fois recours à dona Mencia;

mais, considérant que ce seroit abuser des bontés de cette dame, et que d'ailleurs je passerois pour une bête, j'abandonnai cette pensée. Je jurai bien aussi que dans la suite je serois en garde contre les femmes : je me serois alors défié de la chaste Susanne. Je jetois de temps en temps les yeux sur ma bague; et quand je venois à songer que c'étoit un présent de Camille, j'en soupirois de douleur. Hélas! disois-je en moi-même, je ne me connois point en rubis; mais je connois les gens qui les troquent. Je ne crois pas qu'il soit nécessaire que j'aille chez un joaillier pour être persuadé que je suis un sot.

Je ne laissai pas toutefois de vouloir m'éclaircir de ce que valoit ma bague, et je l'allai montrer à un lapidaire qui l'estima trois ducats. A cette estimation, quoiqu'elle ne m'étonnât point, je donnai au diable la nièce du gouverneur des îles Philippines, ou plutôt je ne fis que lui en renouveler le don. Comme je sortois de chez le lapidaire, il passa près de moi un jeune homme qui s'arrêta pour me considérer. Je ne le remis pas d'abord, bien que je le connusse parfaitement. Comment donc, Gil Blas, me dit-il, feignez-vous d'ignorer qui je suis? ou deux années ont-elles si fort changé le fils du barbier Nunez, que vous le méconnoissiez? Ressouvenez-vous de Fabrice, votre compatriote et votre compagnon d'école. Nous avons si souvent disputé chez le docteur Godinez sur les universaux et sur les degrés métaphysiques!

Je le reconnus avant qu'il eût achevé ces paroles, et nous nous embrassâmes tous deux avec cordialité. Eh! mon ami, reprit-il ensuite, que je suis ravi de te rencontrer! je ne puis t'exprimer la joie que j'en ressens...

Mais, poursuivit-il d'un air surpris, dans quel état t'offres-tu à ma vue? Vive Dieu! te voilà vêtu comme un prince! Une belle épée, des bas de soie, un pourpoint et un manteau de velours, relevés d'une broderie d'argent! Malepeste! cela sent diablement les bonnes fortunes. Je vais parier que quelque vieille femme libérale te fait part de ses largesses. Tu te trompes, lui dis-je; mes affaires ne sont pas si florissantes que tu te l'imagines. A d'autres, répliqua-t-il, à d'autres : tu veux faire le discret. Et ce beau rubis que je vous vois au doigt, monsieur Gil Blas, d'où vous vient-il, s'il vous plaît? Il me vient, lui repartis-je, d'une franche friponne. Fabrice, mon cher Fabrice, bien loin d'être la coqueluche des femmes de Valladolid, apprends, mon ami, que j'en suis la dupe.

Je prononçai ces dernières paroles si tristement, que Fabrice vit bien qu'on m'avoit joué quelque tour. Il me pressa de lui dire pourquoi je me plaignois ainsi du beau sexe. Je me résolus sans peine à contenter sa curiosité; mais comme j'avois un assez long récit à faire, et que d'ailleurs nous ne voulions pas nous séparer sitôt, nous entrâmes dans un cabaret pour nous entretenir plus commodément Là, je lui contai, en déjeunant, tout ce qui m'étoit arrivé depuis ma sortie d'Oviédo. Il trouva mes aventures assez bizarres; et après m'avoir témoigné qu'il prenoit beaucoup de part à la fâcheuse situation où j'étois, il me dit : Il faut se consoler, mon enfant, de tous les malheurs de la vie : c'est par là qu'une âme forte et courageuse se distingue des âmes foibles. Un homme d'esprit est-il dans la misère? il attend avec patience un temps plus heureux. Jamais, comme dit Cicéron, il ne doit se laisser abattre jusqu'à ne se plus souvenir qu'il est homme. Pour moi, je suis de ce caractère-là : mes disgrâces ne m'accablent point; je suis toujours au-dessus de la mauvaise fortune. Par exemple, j'aimois une fille de famille d'Oviédo, j'en étois aimé : je la demandai en mariage à son père, il me la refusa. Un autre en seroit mort de douleur; moi, admire la force de mon esprit, j'enlevai la petite personne. Elle étoit vive, étourdie, coquette; le plaisir par conséquent la déterminoit toujours au préjudice du devoir. Je la promenai pendant six mois dans le royaume de Galice : de là, comme je l'avois mise dans le goût de voyager, elle eut envie d'aller en Portugal; mais elle prit un autre compagnon de voyage : autre sujet de désespoir. Je ne succombai point encore sous le poids de ce nouveau malheur; et, plus sage que Ménélas, au lieu de m'armer contre le Pâris qui m'avoit soufflé mon Hélène, je lui sus bon gré de m'en avoir défait. Après cela, ne voulant plus retourner dans les Asturies, pour éviter toute discussion avec la justice, je m'avançai dans le royaume de Léon, dépensant de ville en ville l'argent qui me restoit de l'enlèvement de mon infante; car nous avions tous deux fait notre main en partant d'Oviédo, et nous n'étions pas mal nippés; mais tout ce que j'avois possédé se dissipa bientôt. J'arrivai à Palencia avec un seul ducat, sur quoi je fus obligé d'acheter une paire de souliers. Le reste ne me mena pas bien loin. Ma situation devint embarrassante; je commençois déjà même à faire diète : il fallut promptement prendre un parti. Je résolus de me mettre dans le service. Je me plaçai d'abord chez un gros marchand de drap qui avoit un fils libertin : j'y trouvai un asile contre l'abstinence, et en même temps un grand embarras. Le père m'ordonna d'épier son fils, le fils me pria de l'aider à tromper son père : il falloit opter. Je préférai la prière au commandement, et cette préférence me fit donner mon congé. Je passai ensuite au service d'un vieux peintre, qui voulut, par amitié, m'enseigner les principes de son art; mais en me les montrant, il me laissoit mourir de faim. Cela me dégoûta de la peinture et du séjour de Palencia. Je vins à Valladolid, où, par le plus grand bonheur du monde, j'entrai dans la maison d'un administrateur de l'hôpital; j'y demeure encore, et je suis charmé de ma condition. Le seigneur Manuel Ordonnez, mon maître, est un homme d'une piété profonde; un homme de bien, car il marche toujours les yeux baissés, avec un gros rosaire à la main. On dit que dès sa jeunesse, n'ayant en vue que le bien des pauvres, il s'y est attaché avec un zèle infatigable. Aussi ses soins ne sont-ils pas demeurés sans récompense : tout lui a prospéré. Quelle bénédiction! en faisant les affaires des pauvres, il s'est enrichi.

Quand Fabrice m'eut tenu ce discours, je lui dis : Je suis bien aise que tu sois satisfait de ton sort; mais, entre nous, tu pourrois, ce me semble, faire un plus beau rôle dans le monde que celui de valet : un sujet de ton mérite peut prendre un vol plus élevé. Tu n'y penses pas, Gil Blas, me répondit-il; sache que pour un homme de mon humeur il n'y a point de situation plus agréable que la mienne. Le métier de laquais est pénible, je l'avoue, pour un imbécille; mais il n'a que des charmes pour un garçon d'esprit. Un génie supérieur, qui se met en condition, ne fait pas son service matériellement comme un nigaud. Il entre dans une maison pour commander, plutôt que pour servir. Il commence par étudier son maître; il se prête à ses défauts, gagne sa confiance, et le mène ensuite par le nez. C'est ainsi que je me suis conduit chez mon administrateur. Je connus d'abord le pèlerin : je m'aperçus qu'il vouloit passer pour un saint personnage; je feignis d'en être la dupe; cela ne coûte rien : je fis plus, je le copiai; et jouant devant lui le même rôle qu'il fait devant les autres, je trompai le trompeur, et je suis devenu peu à peu son *factotum*. J'espère que quelque jour je pourrai, sous ses auspices, me mêler des affaires des pauvres. Je ferai peut-être fortune aussi; car je me sens autant d'amour que lui pour leur bien.

Voilà de belles espérances, repris-je, mon cher Fabrice; et je t'en félicite. Pour moi, je reviens à mon premier dessein. Je vais convertir mon habit brodé en soutanelle, me rendre à Salamanque, et là, me rangeant sous les drapeaux de l'université, remplir l'emploi de précepteur. Beau projet ! s'écria Fabrice, l'agréable imagination ! Quelle folie de vouloir, à ton âge, te faire pédant ! Sais-tu bien, malheureux, à quoi tu t'engages en prenant ce parti ? Sitôt que tu seras placé, toute la maison t'observera, tes moindres actions seront scrupuleusement examinées. Il faudra que tu te contraignes sans cesse, que tu te pares d'un extérieur hypocrite, et paroisses posséder toutes les vertus. Tu n'auras presque pas un moment à donner à tes plaisirs. Censeur éternel de ton écolier, tu passeras les journées

à lui enseigner le latin; et à le reprendre quand il dira ou fera des choses contre la bienséance; ce qui ne te donnera pas peu d'occupation. Après tant de peine et de contrainte, quel sera le fruit de tes soins? Si le petit gentilhomme est un mauvais sujet, on dira que tu l'auras mal élevé; et ses parents te renverront sans récompense, peut-être même sans te payer les appointements qui te seront dus. Ne me parle donc point d'un poste de précepteur; c'est un bénéfice à charge d'âmes [1]. Mais parle-moi de l'emploi d'un laquais; c'est un bénéfice simple qui n'engage à rien. Un maître a-t-il des vices? le génie supérieur qui le sert les flatte, et souvent même les fait tourner à son profit. Un valet vit sans inquiétude dans une bonne maison. Après avoir bu et mangé tout son saoul, il s'endort tranquillement comme un enfant de famille, sans s'embarrasser du boucher ni du boulanger.

Je ne finirois point, mon enfant, poursuivit-il, si je voulois dire tous les avantages des valets. Crois-moi, Gil Blas, perds pour jamais l'envie d'être précepteur, et suis mon exemple. Oui; mais, Fabrice, lui repartis-je, on ne trouve pas tous les jours des administrateurs; et si je me résolvois à servir, je voudrois du moins n'être pas mal placé. Oh! tu as raison, me dit-il, et j'en fais mon affaire. Je te réponds d'une bonne condition, quand ce ne seroit que pour arracher un galant homme à l'université.

La prochaine misère dont j'étois menacé, et l'air

---

[1] Le Sage connoissoit bien tous les inconvénients du préceptorat: il en a fait le principal sujet du *Bachelier de Salamanque*, publié avant l'histoire de Gil Blas.

satisfait qu'avoit Fabrice, me persuadant encore plus que ses raisons, je me déterminai à me mettre dans le service. Là-dessus nous sortîmes du cabaret, et mon compatriote me dit: Je vais de ce pas te conduire chez un homme à qui s'adressent la plupart des laquais qui sont sur le pavé; il a des grisons qui l'informent de tout ce qui se passe dans les familles. Il sait où l'on a besoin de valets, et il tient un registre exact, non-seulement des places vacantes, mais même des bonnes et des mauvaises qualités des maîtres. C'est un homme qui a été frère dans je ne sais quel couvent de religieux. Enfin c'est lui qui m'a placé.

En nous entretenant d'un bureau d'adresse si singulier [1], le fils du barbier Nunez me mena dans un cul-de-sac. Nous entrâmes dans une petite maison, où nous trouvâmes un homme de cinquante et quelques années, qui écrivoit sur une table. Nous le saluâmes, assez respectueusement même; mais, soit qu'il fût fier de son naturel, soit que, n'ayant coutume de voir que des laquais et des cochers, il eût pris l'habitude de recevoir son monde cavalièrement, il ne se leva point; il se contenta de nous faire une légère inclination de tête. Il me regarda pourtant avec une attention particulière. Je vis bien qu'il étoit surpris qu'un jeune homme en habit de velours brodé voulût devenir laquais; il avoit plutôt lieu de penser que je venois lui

---

[1] L'idée de ce bureau d'adresse étoit toute nouvelle à Paris au moment où Le Sage écrivoit. Dans un fort bon dictionnaire, publié en 1721, à l'article *Nomenclator*, on cite le nommé «HERPIN, qui » enseigne à Paris les noms et les demeures des personnes de qua- » lité. » (*Novitius*, in-4°, page 908.)

en demander un. Il ne put toutefois douter long-temps de mon intention, puisque Fabrice lui dit d'abord : Seigneur Arias de Londona, vous voulez bien que je vous présente le meilleur de mes amis. C'est un garçon de famille, que ses malheurs réduisent à la nécessité de servir. Enseignez-lui, de grâce, une bonne condition, et comptez sur sa reconnoissance. Messieurs, répondit froidement Arias, voilà comme vous êtes tous, vous autres; avant qu'on vous place, vous faites les plus belles promesses du monde : êtes-vous bien placés ? vous ne vous en souvenez plus. Comment donc ! reprit Fabrice, vous plaignez-vous de moi ? N'ai-je pas bien fait les choses ? Vous auriez pu les faire encore mieux, repartit Arias : votre condition vaut un emploi de commis, et vous m'avez payé comme si je vous eusse mis chez un auteur. Je pris alors la parole, et dis au seigneur Arias, que pour lui faire connoître que je n'étois pas un ingrat, je voulois que la reconnoissance précédât le service. En même temps je tirai de mes poches deux ducats que je lui donnai, avec promesse de n'en pas demeurer là si je me voyois dans une bonne maison.

Il parut content de mes manières. J'aime, dit-il, qu'on en use de la sorte avec moi. Il y a, continua-t-il, d'excellents postes vacants; je vais vous les nommer, et vous choisirez celui qui vous plaira. En achevant ces paroles, il mit ses lunettes, ouvrit un registre qui étoit sur la table; tourna quelques feuillets, et commença de lire dans ces termes : Il faut un laquais au capitaine Torbellino [1], homme emporté, brutal et fan-

---

[1] *Torbellino*, tourbillon. Il y a beaucoup d'autres personnages de cette histoire dont les noms espagnols sont également significatifs.

tasque; il gronde sans cesse, jure, frappe, et le plus souvent estropie ses domestiques. Passons à un autre, m'écriai-je à ce portrait; ce capitaine-là n'est pas de mon goût. Ma vivacité fit sourire Arias, qui poursuivit ainsi sa lecture : Dona Manuela de Sandoval, douairière surannée, hargneuse et bizarre, est actuellement sans laquais; elle n'en a qu'un d'ordinaire, encore ne le peut-elle garder un jour entier. Il y a dans la maison, depuis dix ans, un habit qui sert à tous les valets qui entrent, de quelque taille qu'ils soient : on peut dire qu'ils ne font que l'essayer, et qu'il est encore tout neuf, quoique deux mille laquais l'aient porté. Il manque un valet au docteur Alvar Fañez; c'est un médecin chimiste. Il nourrit bien ses domestiques, les entretient proprement, leur donne même de gros gages; mais il fait sur eux l'épreuve de ses remèdes. Il y a souvent des places de laquais à remplir chez cet homme-là.

Oh! je le crois bien, interrompit Fabrice en riant. Vive Dieu! vous nous enseignez là de bonnes conditions! Patience, dit Arias de Londona; nous ne sommes pas au bout : il y a de quoi vous contenter. Là-dessus il continua de lire de cette sorte : Dona Alfonsa de Solis, vieille dévote, qui passe les deux tiers de la journée dans l'église, et veut que son valet y soit toujours auprès d'elle, n'a point de laquais depuis trois semaines. Le licencié Sédillo, vieux chanoine du chapitre de cette ville, chassa hier au soir son valet.... Halte-là, seigneur Arias de Londona, s'écria Fabrice en cet endroit; nous nous en tenons à ce dernier poste. Le licencié Sédillo est des amis de mon maître, et je le connois parfaitement. Je sais qu'il a pour gouvernante une vieille béate qu'on nomme la dame Jacinte, et qui dispose de tout chez lui. C'est une des meilleures maisons de Valladolid. On y vit doucement et l'on y fait très bonne chère. D'ailleurs le chanoine est un homme infirme, un vieux goutteux qui fera bientôt son testament : il y a un legs à espérer. La charmante perspective pour un valet ! Gil Blas, ajouta-t-il en se tournant de mon côté, ne perdons point de temps, mon ami ; allons tout à l'heure chez le licencié. Je veux te présenter moi-même, et te servir de répondant. A ces mots, de crainte de manquer une si belle occasion, nous prîmes brusquement congé du seigneur Arias, qui m'assura, pour mon argent, que si cette condition m'échappoit, je pouvois compter qu'il m'en feroit trouver une aussi bonne.

FIN DU LIVRE PREMIER.

LIVRE SECOND.

CHAPITRE PREMIER.

Fabrice mène et fait recevoir Gil Blas chez le licencié Sédillo. Dans quel état étoit ce chanoine. Portrait de sa gouvernante.

Danger de faire rire un vieux goutteux. — Recherche de sa cuisine. — Petite fille indiscrete.

Nous avions si grand'peur d'arriver trop tard chez le vieux licencié, que nous ne fîmes qu'un saut du cul-de-sac à sa maison. Nous en trouvâmes la porte fermée : nous frappâmes. Une fille de dix ans, que la gouvernante faisoit passer pour sa nièce en dépit de la médisance, vint ouvrir ; et comme nous lui demandions si l'on pouvoit parler au chanoine, la dame Jacinte parut. C'étoit une personne déjà parvenue à l'âge de discrétion, mais belle encore ; et j'admirai particulièrement la fraîcheur de son teint. Elle portoit une longue robe d'une étoffe de laine la plus commune, avec une large ceinture de cuir, d'où pendoit d'un côté un trousseau de clefs, et de l'autre un chapelet à gros grains. D'abord que nous l'aperçûmes, nous la saluâmes avec beaucoup de respect ; elle nous rendit le salut fort civilement, mais d'un air modeste et les yeux baissés.

J'ai appris, lui dit mon camarade, qu'il faut un honnête garçon au seigneur licencié Sédillo, et je viens lui en présenter un dont j'espère qu'il sera content. La gouvernante leva les yeux à ces paroles, me regarda fixement, et ne pouvant accorder ma broderie avec le discours de Fabrice, elle demanda si c'étoit moi qui recherchoit la place vacante. Oui, lui dit le fils de Nunez, c'est ce jeune homme. Tel que vous le voyez, il lui est arrivé des disgrâces qui l'obligent à se mettre en condition; il se consolera de ses malheurs, ajouta-t-il d'un ton doucereux, s'il a le bonheur d'entrer dans cette maison, et de vivre avec la vertueuse Jacinte, qui mériteroit d'être la gouvernante du patriarche des Indes. A ces mots, la vieille béate cessa de me regarder, pour considérer le gracieux personnage qui lui parloit; et frappée de ses traits qu'elle crut ne lui pas être inconnus : J'ai une idée confuse de vous avoir vu, lui dit-elle ; aidez-moi à la débrouiller. Chaste Jacinte, lui répondit Fabrice, il m'est bien glorieux de m'être attiré vos regards : je suis venu deux fois dans cette maison avec mon maître le seigneur Manuel Ordonnez, administrateur de l'hôpital. Eh! justement, répliqua la gouvernante, je m'en souviens, et je vous remets. Ah! puisque vous appartenez au seigneur Ordonnez, il faut que vous soyez un garçon de bien et d'honneur. Votre condition fait votre éloge, et ce jeune homme ne sauroit avoir un meilleur répondant que vous. Venez, poursuivit-elle, je vais vous faire parler au seigneur Sédillo. Je crois qu'il sera bien aise d'avoir un garçon de votre main.

Nous suivîmes la dame Jacinte. Le chanoine étoit

logé par bas, et son appartement consistoit en quatre pièces de plain-pied bien boisées. Elle nous pria d'attendre un moment dans la première, et nous y laissa pour passer dans la seconde, où étoit le licencié. Après y avoir demeuré quelque temps en particulier avec lui pour le mettre au fait, elle vint nous dire que nous pouvions entrer. Nous aperçûmes le vieux podagre enfoncé dans un fauteuil, un oreiller sous la tête, des coussins sous les bras, et les jambes appuyées sur un gros carreau plein de duvet. Nous nous approchâmes de lui sans ménager les révérences; et Fabrice, portant encore la parole, ne se contenta pas de redire ce qu'il avoit dit à la gouvernante, il se mit à vanter mon mérite, et s'étendit principalement sur l'honneur que je m'étois acquis chez le docteur Godinez dans les disputes de philosophie; comme s'il eût fallu que je fusse un grand philosophe pour devenir valet d'un chanoine. Cependant, par le bel éloge qu'il fit de moi, il ne laissa pas de jeter de la poudre aux yeux du licencié, qui, remarquant d'ailleurs que je ne déplaisois pas à la dame Jacinte, dit à mon répondant: L'ami, je reçois à mon service le garçon que tu m'amènes; il me revient assez, et je juge favorablement de ses mœurs, puisqu'il m'est présenté par un domestique du seigneur Ordonnez.

D'abord que Fabrice vit que j'étois arrêté, il fit une grande révérence au chanoine, une autre encore plus profonde à la gouvernante, et se retira fort satisfait, après m'avoir dit tout bas que nous nous reverrions, et que je n'avois qu'à rester là. Dès qu'il fut sorti, le licencié me demanda comment je m'appelois, pourquoi j'avois quitté ma patrie; et par ses questions, il m'engagea, devant la dame Jacinte, à raconter mon histoire. Je les divertis tous deux, surtout par le récit de ma dernière aventure. Camille et don Raphaël leur donnèrent une si forte envie de rire, qu'il en pensa coûter la vie au vieux goutteux : car comme il rioit de toute sa force, il lui prit une toux si violente, que je crus qu'il alloit passer. Il n'avoit pas encore fait son testament, jugez si la gouvernante fut alarmée! Je la vis tremblante, éperdue, courir au secours du bon homme, et faisant tout ce qu'on fait pour soulager les enfants qui toussent, lui frotter le front et lui taper le dos. Ce ne fut pourtant qu'une fausse alarme : le vieillard cessa de tousser, et sa gouvernante de le tourmenter. Alors je voulus achever mon récit; mais la dame Jacinte, craignant une seconde toux, s'y opposa. Elle m'emmena même de la chambre du chanoine dans une garde-robe où, parmi plusieurs habits, étoit celui de mon prédécesseur. Elle me le fit prendre, et mit à sa place le mien, que je n'étois pas fâché de conserver, dans l'espérance qu'il me serviroit encore. Nous allâmes ensuite tous deux préparer le dîner.

Je ne parus pas neuf dans l'art de faire la cuisine. Il est vrai que j'en avois fait l'heureux apprentissage sous la dame Léonarde, qui pouvoit passer pour une bonne cuisinière; elle n'étoit pas toutefois comparable à la dame Jacinte. Celle-ci l'emportoit peut-être sur le cuisinier même de l'archevêché de Tolède. Elle excelloit en tout; on trouvoit ses bisques exquises, tant elle savoit bien choisir et mêler les sucs des viandes qu'elle y faisoit entrer; et ses hachis étoient assaisonnés d'une manière qui les rendoit très agréables au goût. Quand le dîner fut prêt, nous retournâmes à la chambre du chanoine, où, pendant que je dressois une table auprès de son fauteuil, la gouvernante passa sous le menton du vieillard une serviette, et la lui attacha aux épaules. Un moment après, je servis un potage qu'on auroit pu présenter au plus fameux directeur de Madrid, et deux entrées qui auroient eu de quoi piquer la sensualité d'un vice-roi, si la dame Jacinte n'y eût pas épargné les épices, de peur d'irriter la goutte du licencié. A la vue de ces bons plats, mon vieux maître, que je croyois perclus de tous ses membres, me montra qu'il n'avoit pas entièrement encore perdu l'usage de ses bras. Il s'en aida pour se débarrasser de son oreiller et de ses coussins, et se disposa gaiement à manger. Quoique la main lui tremblât, elle ne refusa pas le service. Il la faisoit aller et venir assez librement, de façon pourtant qu'il répandoit sur la nappe et sur sa serviette la moitié de ce qu'il portoit à sa bouche. J'ôtai la bisque lorsqu'il n'en voulut plus, et j'apportai une perdrix flanquée de deux cailles rôties que la dame Jacinte lui dépeça. Elle avoit aussi soin de lui faire boire de temps en temps de grands coups de vin un peu trempé, dans une coupe d'argent large et profonde, qu'elle lui tenoit comme à un enfant de quinze mois. Il s'acharna sur les entrées, et ne fit pas moins d'honneur aux petits-pieds. Quand il se fut bien empiffré, la béate lui détacha sa serviette, lui remit son oreiller et ses coussins; puis, le laissant dans son fauteuil goûter tranquillement le repos qu'on prend d'ordinaire après le dîner, nous desservîmes, et nous allâmes manger à notre tour.

Voilà de quelle manière dînoit tous les jours notre chanoine, qui étoit peut-être le plus grand mangeur du chapitre. Mais il soupoit plus légèrement; il se contentoit d'un poulet ou d'un lapin, avec quelques compotes de fruits. Je faisois bonne chère dans cette maison, j'y menois une vie très douce; je n'y avois qu'un désagrément, c'est qu'il me falloit veiller mon maître et passer la nuit comme une garde-malade. Outre une rétention d'urine qui l'obligeoit à demander dix fois par heure son pot de chambre, il étoit sujet à suer; et quand cela arrivoit, il falloit lui changer de chemise. Gil Blas, me dit-il dès la seconde nuit, tu as de l'adresse et de l'activité, je prévois que je m'accommoderai bien de ton service. Je te recommande seulement d'avoir de la complaisance pour la dame Jacinte, et de faire docilement tout ce qu'elle te dira comme si je te l'ordonnois moi-même; c'est une fille qui me sert depuis quinze années avec un zèle tout particulier; elle a un soin de ma personne que je ne puis assez reconnoître. Aussi, je te l'avoue, elle m'est plus chère que toute ma famille. J'ai chassé de chez moi, pour l'amour d'elle, mon neveu, le fils de ma propre sœur; et j'ai bien fait. Il n'avoit aucune considération pour cette pauvre fille; et bien loin de rendre justice à l'attachement sincère qu'elle a pour moi, l'insolent la traitoit de fausse dévote : car aujourd'hui la vertu ne paroît qu'hypocrisie aux jeunes gens. Grâces au ciel, je me suis défait de ce maraud-là. Je préfère aux droits du sang l'affection qu'on me témoigne, et je ne me laisse prendre seulement que par le bien qu'on me fait. Vous avez raison, monsieur, dis-je alors au licencié;

la reconnoissance doit avoir plus de force sur nous que les lois de la nature. Sans doute, reprit-il; et mon testament fera bien voir que je ne me soucie guère de mes parents. Ma gouvernante y aura bonne part; et tu n'y seras point oublié, si tu continues comme tu commences à me servir. Le valet que j'ai mis dehors hier, a perdu par sa faute un bon legs. Si ce misérable ne m'eût pas obligé, par ses manières, à lui donner son congé, je l'aurois enrichi; mais c'étoit un orgueilleux qui manquoit de respect à la dame Jacinte, un paresseux qui craignoit la peine. Il n'aimoit point à me veiller; et c'étoit pour lui une chose bien fatigante que de passer les nuits à me soulager. Ah! le malheureux! m'écriai-je, comme si le génie de Fabrice m'eût inspiré, il ne méritoit pas d'être auprès d'un aussi honnête homme que vous. Un garçon qui a le bonheur de vous appartenir, doit avoir un zèle infatigable; il doit se faire un plaisir de son devoir, et ne se pas croire occupé, lors même qu'il sue sang et eau pour vous.

Je m'aperçus que ces paroles plurent fort au licencié. Il ne fut pas moins content de l'assurance que je lui donnai d'être toujours parfaitement soumis aux volontés de la dame Jacinte. Voulant donc passer pour un valet que la fatigue ne pouvoit rebuter, je faisois mon service de la meilleure grâce qu'il m'étoit possible. Je ne me plaignois point d'être toutes les nuits sur pied. Je ne laissois pas pourtant de trouver cela très désagréable, et sans le legs dont je repaissois mon espérance, je me serois bientôt dégoûté de ma condition; je n'y aurois pu résister : il est vrai que je me reposois quelques heures pendant le jour. La gouvernante, je lui dois cette justice, avoit beaucoup d'égards pour moi; ce qu'il falloit attribuer au soin que je prenois de gagner ses bonnes grâces par des manières complaisantes et respectueuses. Étois-je à table avec elle et sa nièce, qu'on appeloit Inésille? je leur changeois d'assiette, je leur versois à boire, j'avois une attention toute particulière à les servir. Je m'insinuai par là dans leur amitié. Un jour que la dame Jacinte étoit sortie pour aller à la provision, me voyant seul avec Inésille, je commençai à l'entretenir. Je lui demandai si son père et sa mère vivoient encore. Oh! que non, me répondit-elle; il y a bien long-temps, bien long-temps qu'ils sont morts; car ma bonne tante me l'a dit, et je ne les ai jamais vus. Je crus pieusement la petite fille, quoique sa réponse ne fût pas catégorique; et je la mis si bien en train de parler, qu'elle m'en dit plus que je n'en voulois savoir. Elle m'apprit, ou plutôt je compris, par les naïvetés qui lui échappèrent, que sa bonne tante avoit un bon ami qui demeuroit aussi auprès d'un vieux chanoine dont il administroit le temporel, et que ces heureux domestiques comptoient d'assembler les dépouilles de leurs maîtres par un hyménée dont ils goûtoient les douceurs par avance. J'ai déjà dit que la dame Jacinte, bien qu'un peu surannée, avoit encore de la fraîcheur. Il est vrai qu'elle n'épargnoit rien pour se conserver : outre qu'elle prenoit tous les matins un clystère, elle avaloit pendant le jour, et en se couchant, d'excellents coulis. De plus, elle dormoit tranquillement la nuit, tandis que je veillois mon maître. Mais ce qui peut-être contribuoit encore plus que toutes ces choses à lui rendre le teint si frais, c'étoit, à ce que me dit Inésille, une fontaine qu'elle avoit à chaque jambe.

CHAPITRE II.

De quelle manière le chanoine, étant tombé malade, fut traité ; ce qu'il en arriva, et ce qu'il laissa par testament à Gil Blas.

Portrait du docteur Sangrado. — Sa méthode. — Notaire pressé. — Bibliothéque choisie.

Je servis pendant trois mois le licencié Sédillo, sans me plaindre des mauvaises nuits qu'il me faisoit passer. Au bout de ce temps-là il tomba malade. La fièvre le prit ; et avec le mal qu'elle lui causoit, il sentit irriter sa goutte. Pour la première fois de sa vie, qui avoit été longue, il eut recours aux médecins. Il demanda le docteur Sangrado [1], que tout Valladolid regardoit comme un Hippocrate. La dame Jacinte auroit mieux aimé que le chanoine eût commencé par faire son testament ; elle lui en toucha même quelques mots ; mais,

---

[1] *Sangrado*, en espagnol, veut dire saigné. Peut-être eût-il mieux valu donner à ce docteur le nom de *Sangrador*, saigneur ; mais *Sangrado* a prévalu.

Les éditeurs des Œuvres de Le Sage ont dit mal à propos que le portrait de Sangrado étoit celui d'Helvétius, célèbre médecin, père du philosophe encore plus célèbre. La doctrine d'Helvétius n'avoit aucun rapport avec celle de Sangrado. Il est bien plus probable que Le Sage a prétendu peindre le médecin Hecquet, doyen de la Faculté de Médecine de Paris, qui fit maigre toute sa vie et ne but jamais que de l'eau. *Voyez* ci-après les notes du chapitre III.

outre qu'il ne se croyoit pas encore proche de sa fin, il avoit de l'opiniâtreté dans certaines choses. J'allai donc chercher le docteur Sangrado; je l'amenai au logis. C'étoit un grand homme sec et pâle, et qui, depuis quarante ans pour le moins, occupoit le ciseau des Parques. Ce savant médecin avoit l'extérieur grave, il pesoit ses discours, et donnoit de la noblesse à ses expressions. Ses raisonnements paroissoient géométriques, et ses opinions fort singulières.

Après avoir observé mon maître, il lui dit d'un air doctoral : Il s'agit ici de suppléer au défaut de la transpiration arrêtée. D'autres, à ma place, ordonneroient sans doute des remèdes salins, urineux, volatils, et qui, pour la plupart, participent du soufre et du mercure : mais les purgatifs et les sudorifiques sont des drogues pernicieuses et inventées par des charlatans; toutes les préparations chimiques ne semblent faites que pour nuire. J'emploie des moyens plus simples et plus sûrs. A quelle nourriture, continua-t-il, êtes-vous accoutumé ? Je mange ordinairement, répondit le chanoine, des bisques et des viandes succulentes. Des bisques et des viandes succulentes ! s'écria le docteur avec surprise. Ah! vraiment, je ne m'étonne plus si vous êtes malade ! Les mets délicieux sont des plaisirs empoisonnés; ce sont des piéges que la volupté tend aux hommes, pour les faire périr plus sûrement. Il faut que vous renonciez aux aliments de bon goût; les plus fades sont les meilleurs pour la santé. Comme le sang est insipide, il veut des mets qui tiennent de sa nature. Et buvez-vous du vin? ajouta-t-il. Oui, dit le licencié, du vin trempé. Oh! trempé tant qu'il vous plaira, reprit le médecin. Quel déréglement! voilà un régime épouvantable! Il y a long-temps que vous devriez être mort. Quel âge avez-vous? J'entre dans ma soixante-neuvième année, répondit le chanoine. Justement, répliqua le médecin, une vieillesse anticipée est toujours le fruit de l'intempérance. Si vous n'eussiez bu que de l'eau claire toute votre vie, et que vous vous fussiez contenté d'une nourriture simple, de pommes cuites, par exemple, de pois ou de fèves, vous ne seriez pas présentement tourmenté de la goutte, et tous vos membres feroient encore facilement leurs fonctions. Je ne désespère pas toutefois de vous remettre sur pied, pourvu que vous vous abandonniez à mes ordonnances. Le licencié, tout friand qu'il étoit, promit de lui obéir en toutes choses.

Alors Sangrado m'envoya chercher un chirurgien qu'il me nomma, et fit tirer à mon maître six bonnes palettes de sang, pour commencer à suppléer au défaut de la transpiration. Puis il dit au chirurgien : Maître Martin Onez, revenez dans trois heures en faire autant, et demain vous recommencerez. C'est une erreur de penser que le sang soit nécessaire à la conservation de la vie; on ne peut trop saigner un malade. Comme il n'est obligé à aucun mouvement ou exercice considérable, et qu'il n'a rien à faire que de ne point mourir, il ne lui faut pas plus de sang pour vivre qu'à un homme endormi; la vie, dans tous les deux, ne consiste que dans le pouls et dans la respiration. Le bon chanoine, s'imaginant qu'un si grand médecin ne pouvoit faire de faux raisonnements, se laissa saigner sans résistance. Lorsque le docteur eut ordonné de fréquentes et copieuses saignées, il dit qu'il falloit aussi donner au chanoine de l'eau chaude à tout moment, assurant que l'eau bue en abondance pouvoit passer pour le véritable spécifique contre toutes sortes de maladies. Il sortit ensuite, en disant d'un air de confiance à la dame Jacinte et à moi, qu'il répondoit de la vie du malade, si on le traitoit de la manière qu'il venoit de prescrire. La gouvernante, qui jugeoit peut-être autrement que lui de sa méthode, protesta qu'on la suivroit avec exactitude. En effet, nous mîmes promptement de l'eau chauffer; et comme le médecin nous avoit recommandé sur toutes choses de ne la point épargner, nous en fîmes d'abord boire à mon maître deux ou trois pintes à longs traits. Une heure après nous réitérâmes; puis, retournant encore de temps en temps à la charge, nous versâmes dans son estomac un déluge d'eau. D'un autre côté, le chirurgien nous secondant par la quantité de sang qu'il tiroit, nous réduisîmes, en moins de deux jours, le vieux chanoine à l'extrémité.

Ce pauvre ecclésiastique n'en pouvant plus, comme je voulois lui faire avaler encore un grand verre du spécifique, me dit d'une voix foible : Arrête, Gil Blas; ne m'en donne pas davantage, mon ami. Je vois bien qu'il faut mourir, malgré la vertu de l'eau; et quoiqu'il me reste à peine une goutte de sang, je ne m'en porte pas mieux pour cela; ce qui prouve bien que le plus habile médecin du monde ne sauroit prolonger nos jours, quand leur terme fatal est arrivé. Il faut donc que je me prépare à partir pour l'autre monde : va me chercher un notaire; je veux faire mon testament. A ces derniers mots, que je n'étois pas fâché d'entendre, j'affectai de paroître fort triste, ce que tout héritier ne manque pas de faire en pareil cas ; et cachant l'envie que j'avois de m'acquitter de la commission qu'il me donnoit : Eh mais ! monsieur, lui dis-je, vous n'êtes pas si bas, Dieu merci, que vous ne puissiez vous relever. Non, non, repartit-il, mon enfant, c'en est fait ; je sens que la goutte remonte et que la mort s'approche : hâte-toi d'aller où je t'ai dit. Je m'aperçus effectivement qu'il changeoit à vue d'œil ; et la chose me parut si pressante, que je sortis vite pour faire ce qu'il m'ordonnoit, laissant auprès de lui la dame Jacinte, qui craignoit encore plus que moi qu'il ne mourût sans tester. J'entrai dans la maison du premier notaire dont on m'enseigna la demeure, et le trouvant chez lui : Monsieur, lui dis-je, le licencié Sédillo, mon maître, tire à sa fin ; il veut faire écrire ses dernières volontés ; il n'y a pas un moment à perdre. Le notaire étoit un petit vieillard gai, qui se plaisoit à railler : il me demanda quel médecin voyoit le chanoine. Je lui répondis que c'étoit le docteur Sangrado. A ce nom, prenant brusquement son manteau et son chapeau : Vive Dieu ! s'écria-t-il, partons donc en diligence ; car ce docteur est si expéditif, qu'il ne donne pas le temps à ses malades d'appeler des notaires. Cet homme-là m'a bien soufflé des testaments.

En parlant de cette sorte, il s'empressa de sortir avec moi, et, pendant que nous marchions tous deux à grands pas pour prévenir l'agonie, je lui dis : Monsieur, vous savez qu'un testateur mourant manque souvent de mémoire : si par hasard mon maître vient à m'oublier, je vous prie de le faire souvenir de mon zèle. Je le veux bien, mon enfant, me répondit le notaire, tu peux compter là-dessus. Il est juste qu'un maître récompense un domestique qui l'a bien servi. Je l'exhorterai même à te donner quelque chose de considérable, pour peu qu'il soit disposé à reconnoître tes services. Le licencié, quand nous arrivâmes dans sa chambre, avoit encore tout son bon sens. La dame Jacinte, le visage baigné de pleurs de commande, étoit auprès de lui. Elle venoit de jouer son rôle, et de préparer le bon homme à lui faire beaucoup de bien. Nous laissâmes le notaire seul avec mon maître, et passâmes, elle et moi, dans l'antichambre, où nous rencontrâmes le chirurgien, que le médecin envoyoit pour faire une nouvelle et dernière saignée. Nous l'arrêtâmes. Attendez, maître Martin, lui dit la gouvernante; vous ne sauriez entrer présentement dans la chambre du seigneur Sédillo. Il va dicter ses dernières volontés à un notaire qui est avec lui; vous le saignerez tout à votre aise, quand il aura fait son testament.

Nous avions grand'peur, la béate et moi, que le licencié ne mourût en testant; mais, par bonheur, l'acte qui causoit notre inquiétude se fit. Nous vîmes sortir le notaire, qui, me trouvant sur son passage, me frappa sur l'épaule, et me dit en souriant: On n'a point oublié Gil Blas. A ces mots, je ressentis une joie toute des plus vives; et je sus si bon gré à mon maître de s'être souvenu de moi, que je me promis de bien prier Dieu pour lui après sa mort, qui ne manqua pas d'arriver bientôt; car le chirurgien l'ayant encore saigné, le pauvre vieillard, qui n'étoit déjà que trop affoibli, expira presque dans le moment. Comme il rendoit les derniers soupirs, le médecin parut, et demeura un peu sot, malgré l'habitude qu'il avoit de dépêcher ses malades. Cependant, loin d'imputer la mort du chanoine à la boisson et aux saignées, il sortit en disant d'un air froid qu'on ne lui avoit pas tiré assez de sang ni fait boire assez d'eau chaude. L'exécuteur de la haute médecine, je veux dire le chirurgien, voyant aussi qu'on n'avoit plus besoin de son ministère, suivit le docteur Sangrado, l'un et l'autre disant que dès le premier jour ils avoient condamné le licencié. Effectivement, ils ne se trompoient presque jamais quand ils portoient un pareil jugement.

Sitôt que nous vîmes le patron sans vie, nous fîmes, la dame Jacinte, Inésille et moi, un concert de cris funèbres qui fut entendu de tout le voisinage. La béate surtout, qui avoit le plus grand sujet de se réjouir, poussoit des accents si plaintifs, qu'elle sembloit être la personne du monde la plus touchée. La chambre, en un instant, se remplit de gens moins attirés par la compassion que par la curiosité. Les parents du défunt n'eurent pas plus tôt vent de sa mort, qu'ils vinrent fondre au logis et faire mettre le scellé partout. Ils trouvèrent la gouvernante si affligée, qu'ils crurent d'abord que le chanoine n'avoit point fait de testament : mais ils apprirent bientôt, à leur grand regret, qu'il y en avoit un, revêtu de toutes les formalités nécessaires. Lorsqu'on vint à l'ouvrir, et qu'ils virent que le testateur avoit disposé de ses meilleurs effets en faveur de la dame Jacinte et de la petite fille, ils firent son oraison funèbre dans des termes peu honorables à sa mémoire. Ils apostrophèrent en même temps la béate, et firent aussi quelque mention de moi. Il faut avouer que je le méritois bien. Le licencié, devant Dieu soit son âme! pour m'engager à me souvenir de lui toute ma vie, s'expliquoit ainsi pour mon compte par un article de son testament : *Item, puisque Gil Blas est un garçon qui a déjà de la littérature, pour achever de le rendre savant, je lui laisse ma bibliothéque, tous mes livres et mes manuscrits, sans aucune exception.*

J'ignorois où pouvoit être cette prétendue bibliothéque; je ne m'étois point aperçu qu'il y en eût dans la maison. Je savois seulement qu'il y avoit quelques papiers, avec cinq ou six volumes, sur deux petits ais de sapin dans le cabinet de mon maître : c'étoit là mon legs. Encore les livres ne me pouvoient-ils être d'une grande utilité : l'un avoit pour titre le Cuisinier parfait; l'autre traitoit de l'indigestion et de la manière de la guérir; et les autres étoient les quatre parties du bréviaire, que les vers avoient à demi rongées. A l'égard des manuscrits, le plus curieux contenoit toutes les pièces d'un procès que le chanoine avoit eu autrefois pour sa prébende. Après avoir examiné mon legs avec plus d'attention qu'il n'en méritoit, je l'abandonnai aux parents qui me l'avoient tant envié. Je leur remis même l'habit dont j'étois revêtu, et je repris le mien, bornant à mes gages le fruit de mes services. J'allai chercher ensuite une autre maison. Pour la dame Jacinte, outre les sommes qui lui avoient été léguées, elle eut encore de bonnes nippes, qu'à l'aide de son bon ami elle avoit détournées pendant la maladie du licencié.

CHAPITRE III.

Gil Blas s'engage au service du docteur Sangrado, et devient un célèbre médecin.

Registre mortuaire. — Abrégé de la médecine, saigner et boire de l'eau. — Profits de cette profession.

Je résolus d'aller trouver le seigneur Arias de Londona, et de choisir dans son registre une nouvelle condition; mais, comme j'étois près d'entrer dans le cul-de-sac où il demeuroit, je rencontrai le docteur Sangrado, que je n'avois point vu depuis le jour de la mort de mon maître, et je pris la liberté de le saluer. Il me remit dans le moment, quoique j'eusse changé d'habit; et témoignant quelque joie de me voir : Eh! te voilà, mon enfant, me dit-il, je pensois à toi tout à l'heure. J'ai besoin d'un bon garçon pour me servir, et je songeois que tu serois bien mon fait, si tu savois lire et écrire. Monsieur, lui répondis-je, sur ce pied-là je suis donc votre affaire; car je sais l'un et l'autre. Cela étant, reprit-il, tu es l'homme qu'il me faut Viens chez moi; tu n'y auras que de l'agrément; je te traiterai avec distinction. Je ne te donnerai point de gages; mais rien ne te manquera. J'aurai soin de t'entretenir proprement, et je t'enseignerai le grand art de guérir toutes les maladies. En un mot, tu seras plutôt mon élève que mon valet.

J'acceptai la proposition du docteur, dans l'espérance

que je pourrois, sous un si savant maître, me rendre illustre dans la médecine. Il me mena chez lui sur-le-champ, pour m'installer dans l'emploi qu'il me destinoit; et cet emploi consistoit à écrire le nom et la demeure des malades qui l'envoyoient chercher pendant qu'il étoit en ville. Il y avoit pour cet effet au logis un registre, dans lequel une vieille servante, qu'il avoit pour tout domestique, marquoit les adresses; mais, outre qu'elle ne savoit point l'orthographie, elle écrivoit si mal, qu'on ne pouvoit, le plus souvent, déchiffrer son écriture. Il me chargea du soin de tenir ce livre, qu'on pouvoit justement appeler un registre mortuaire, puisque les gens dont je prenois les noms mouroient presque tous. J'inscrivois, pour ainsi parler, les personnes qui vouloient partir pour l'autre monde, comme un commis, dans un bureau de voitures publiques, écrit le nom de ceux qui retiennent des places. J'avois souvent la plume à la main, parce qu'il n'y avoit point en ce temps-là de médecin à Valladolid plus accrédité que le docteur Sangrado. Il s'étoit mis en réputation dans le public par un verbiage spécieux, soutenu d'un air imposant, et par quelques cures heureuses, qui lui avoient fait plus d'honneur qu'il ne méritoit.

Il ne manquoit pas de pratique, ni par conséquent de bien. Il n'en faisoit pas toutefois meilleure chère : on vivoit chez lui très frugalement. Nous ne mangions d'ordinaire que des pois, des fèves, des pommes cuites ou du fromage. Il disoit que ces aliments étoient les plus convenables à l'estomac, comme étant les plus propres à la trituration, c'est-à-dire à être broyés plus aisément. Néanmoins, bien qu'il les crût de facile digestion, il ne vouloit point qu'on s'en rassasiât; en quoi, certes, il se montroit fort raisonnable. Mais s'il nous défendoit, à la servante et à moi, de manger beaucoup, en récompense il nous permettoit de boire de l'eau à discrétion. Bien loin de nous prescrire des bornes là-dessus, il nous disoit quelquefois : Buvez, mes enfants; la santé consiste dans la souplesse et l'humectation des parties. Buvez de l'eau abondamment; c'est un dissolvant universel; l'eau fond tous les sels. Le cours du sang est-il ralenti? elle le précipite; est-il trop rapide? elle en arrête l'impétuosité. Notre docteur étoit de si bonne foi sur cela, qu'il ne buvoit jamais lui-même que de l'eau, bien qu'il fût dans un âge avancé. Il définissoit la vieillesse une phthisie naturelle qui nous dessèche et nous consume; et sur cette définition, il déploroit l'ignorance de ceux qui nomment le vin le lait des vieillards. Il soutenoit que le vin les use et les détruit, et disoit fort éloquemment que cette liqueur funeste est pour eux, comme pour tout le monde, un ami qui trahit et un plaisir qui trompe.

Malgré ces doctes raisonnements, après avoir été huit jours dans cette maison, il me prit un cours de ventre, et je commençai à sentir de grands maux d'estomac, que j'eus la témérité d'attribuer au dissolvant universel et à la mauvaise nourriture que je prenois. Je m'en plaignis à mon maître, dans la pensée qu'il pourroit se relâcher et me donner un peu de vin à mes repas, mais il étoit trop ennemi de cette liqueur pour me l'accorder. Quand tu auras formé l'habitude de boire de l'eau, me dit-il, tu en connoîtras l'excellence; au reste, poursuivit-il, si tu te sens quelque dégoût pour l'eau pure, il y a des secours innocents pour soutenir l'estomac contre la fadeur des boissons aqueuses : la sauge, par exemple, et la véronique leur donnent un goût délectable ; et si tu veux les rendre encore plus délicieuses, tu n'as qu'à y mêler de la fleur d'œillet, du romarin ou du coquelicot.

Il avoit beau vanter l'eau, et m'enseigner le secret d'en composer des breuvages exquis, j'en buvois avec tant de modération, que, s'en étant aperçu, il me dit : Eh ! vraiment, Gil Blas, je ne m'étonne point si tu ne jouis pas d'une parfaite santé ; tu ne bois pas assez, mon ami. L'eau, prise en petite quantité, ne sert qu'à développer les parties de la bile, et qu'à leur donner plus d'activité ; au lieu qu'il les faut noyer dans un délayant copieux. Ne crains pas, mon cher enfant, que l'abondance de l'eau affoiblisse ou refroidisse ton estomac : loin de toi cette terreur panique que tu te fais peut-être de la boisson fréquente ! Je te garantis de l'événement ; et si tu ne me trouves pas bon pour t'en répondre, Celse même t'en sera garant. Cet oracle latin fait un éloge admirable de l'eau : ensuite il dit en termes exprès que ceux qui, pour boire du vin, s'excusent sur la foiblesse de leur estomac, font une injustice manifeste à ce viscère, et cherchent à couvrir leur sensualité.

Comme j'aurois eu mauvaise grâce de me montrer indocile en entrant dans la carrière de la médecine, je fis semblant d'être persuadé qu'il avoit raison ; j'avouerai même que je le crus effectivement. Je continuai donc à boire de l'eau sur la garantie de Celse, ou plutôt je commençai à noyer la bile en buvant copieusement de cette liqueur ; et quoique de jour en jour je m'en sentisse plus incommodé, le préjugé l'emportoit sur l'expérience. J'avois, comme l'on voit, une heureuse disposition à devenir médecin. Je ne pus pourtant résister toujours à la violence de mes maux, qui s'accrurent à un point, que je pris enfin la résolution de sortir de chez le docteur Sangrado. Mais il me chargea d'un nouvel emploi qui me fit changer de sentiment. Écoute, me dit-il un jour, je ne suis point de ces maîtres durs et ingrats, qui laissent vieillir leurs domestiques dans la servitude avant que de les récompenser. Je suis content de toi, je t'aime ; et sans attendre que tu m'aies servi plus long-temps, j'ai pris la résolution de faire ta fortune dès aujourd'hui ; je veux tout à l'heure te découvrir le fin de l'art salutaire que je professe depuis tant d'années. Les autres médecins en font consister la connoissance dans mille sciences pénibles ; et moi, je prétends t'abréger un chemin si long, et t'épargner la peine d'étudier la physique, la pharmacie, la botanique et l'anatomie. Sache, mon ami, qu'il ne faut que saigner et faire boire de l'eau chaude : voilà le secret de guérir toutes les maladies du monde. Oui, ce simple secret que je te révèle, et que la nature, impénétrable à mes confrères, n'a pu dérober à mes observations, est renfermé dans ces deux points, dans la saignée et dans la boisson fréquente. Je n'ai plus rien à t'apprendre, tu sais la médecine à fond ; et, profitant du fruit de ma longue expérience, tu deviens tout d'un coup aussi habile que moi. Tu peux, continua-t-il, me soulager présentement ; tu tiendras le matin notre registre, et l'après-midi tu sortiras pour aller voir une partie de mes malades. Tandis que j'aurai soin de la noblesse et du clergé, tu iras pour moi dans les maisons du tiers-état où l'on m'appellera; et lorsque tu auras travaillé quelque temps, je te ferai agréger à notre corps. Tu es savant, Gil Blas, avant que d'être médecin; au lieu que les autres sont long-temps médecins, et la plupart toute leur vie, avant que d'être savants.

Je remerciai le docteur de m'avoir si promptement rendu capable de lui servir de substitut; et, pour reconnoître les bontés qu'il avoit pour moi, je l'assurai que je suivrois toute ma vie ses opinions, quand même elles seroient contraires à celles d'Hippocrate. Cette assurance pourtant n'étoit pas tout-à-fait sincère. Je désapprouvois son sentiment sur l'eau, et je me proposois de boire du vin tous les jours en allant voir mes malades. Je pendis au croc une seconde fois mon habit brodé pour en prendre un de mon maître [1] et me donner l'air d'un médecin. Après quoi, je me disposai à exercer la médecine aux dépens de qui il appartiendroit. Je débutai par un alguazil qui avoit une pleurésie : j'ordonnai qu'on le saignât sans miséricorde, et qu'on ne lui plaignît point l'eau. J'entrai ensuite chez un pâtissier à qui la goutte faisoit pousser de grands cris. Je ne ménageai pas plus son sang que celui de l'alguazil, et j'ordonnai qu'on lui fît boire de l'eau de moment en moment. Je reçus douze réaux pour mes ordonnances; ce qui me fit prendre tant de goût à la profession, que je ne demandai plus que plaies et bosses. En sortant de la maison du pâtissier, je rencontrai Fabrice, que

---

[1] Les médecins portoient autrefois en Espagne, et même en France, un costume particulier.

je n'avois point vu depuis la mort du licencié Sédillo. Il me regarda long-temps avec surprise; puis il se mit à rire de toute sa force, en se tenant les côtés. Ce n'étoit pas sans raison : j'avois un manteau qui traînoit à terre, avec un pourpoint et un haut-de-chausses quatre fois plus longs et plus larges qu'il ne falloit. Je pouvois passer pour une figure originale et grotesque. Je le laissai s'épanouir la rate, non sans être tenté de suivre son exemple; mais je me contraignis, pour garder le *decorum* dans la rue, et mieux contrefaire le médecin, qui n'est pas un animal risible. Si mon air ridicule avoit excité les ris de Fabrice, mon sérieux les redoubla; et lorsqu'il s'en fut bien donné : Vive Dieu! Gil Blas, me dit-il, te voilà plaisamment équipé. Qui diable t'a déguisé de la sorte? Tout beau, mon ami, lui répondis-je, tout beau; respecte un nouvel Hippocrate! Apprends que je suis le substitut du docteur Sangrado, qui est le plus fameux médecin de Valladolid. Je demeure chez lui depuis trois semaines. Il m'a montré la médecine à fond; et, comme il ne peut fournir à tous les malades qui le demandent, j'en vois une partie pour le soulager. Il va dans les grandes maisons, et moi dans les petites. Fort bien, reprit Fabrice; c'est-à-dire qu'il t'abandonne le sang du peuple, et se réserve celui des personnes de qualité. Je te félicite de ton partage; il vaut mieux avoir affaire à la populace qu'au grand monde. Vive un médecin de faubourg! ses fautes sont moins en vue, et ses assassinats ne font point de bruit. Oui, mon enfant, ajouta-t-il, ton sort me paroît digne d'envie; et, pour parler comme Alexandre, si je n'étois pas Fabrice, je voudrois être Gil Blas.

Pour faire voir au fils du barbier Nunez qu'il n'avoit pas tort de vanter le bonheur de ma condition présente, je lui montrai les réaux de l'alguazil et du pâtissier; puis nous entrâmes dans un cabaret pour en boire une partie. On nous apporta d'assez bon vin, que l'envie d'en goûter me fit trouver encore meilleur qu'il n'étoit. J'en bus à longs traits; et, n'en déplaise à l'oracle latin, à mesure que j'en versois dans mon estomac, je sentois que ce viscère ne me savoit pas mauvais gré des injustices que je lui faisois. Nous demeurâmes long-temps dans ce cabaret, Fabrice et moi; nous y rîmes bien aux dépens de nos maîtres, comme cela se pratique entre valets. Ensuite, voyant que la nuit approchoit, nous nous séparâmes, après nous être mutuellement promis que le jour suivant, l'après-dînée, nous nous retrouverions au même lieu.

CHAPITRE IV.

Gil Blas continue d'exercer la médecine avec autant de succès que de capacité. Aventure de la bague retrouvée.

Grands éloges de l'eau. — Chantre qui n'en veut pas. — Dialogues vifs et comiques.

Je ne fus pas sitôt au logis, que le docteur Sangrado y arriva. Je lui parlai des malades que j'avois vus, et lui remis entre les mains huit réaux qui me restoient des douze que j'avois reçus pour mes ordonnances. Huit réaux, me dit-il, après les avoir comptés, c'est peu de chose pour deux visites : mais il faut tout prendre. Aussi les prit-il presque tous. Il en garda six, et me donnant les deux autres : Tiens, Gil Blas, poursuivit-il, voilà pour commencer à te faire un fonds; de plus, je veux faire avec toi une convention qui te sera bien utile; je t'abandonne le quart de ce que tu m'apporteras. Tu seras bientôt riche, mon ami, car il y aura, s'il plaît à Dieu, bien des maladies cette année.

J'avois lieu d'être content de mon partage, puisque ayant dessein de retenir toujours le quart de ce que je recevrois en ville, et touchant encore le quart du reste, c'étoit, si l'arithmétique est une science certaine, près de la moitié du tout qui me revenoit. Cela m'inspira une nouvelle ardeur pour la médecine. Le lendemain, dès que j'eus dîné, je repris mon habit de substitut, et me remis en campagne. Je visitai plusieurs malades que j'avois inscrits, et je les traitai tous de la même manière, bien qu'ils eussent des maux différents. Jusque-là les choses s'étoient passées sans bruit, et personne, grâces au ciel, ne s'étoit encore révolté contre mes ordonnances : mais quelque excellente que soit la pratique d'un médecin, elle ne sauroit manquer de censeurs ni d'envieux. J'entrai chez un marchand épicier qui avoit un fils hydropique. J'y trouvai un petit médecin brun, qu'on nommoit le docteur Cuchillo [1], et qu'un parent du maître de la maison venoit d'amener pour voir le malade. Je fis de profondes révérences à tout le monde, et particulièrement au personnage

---

[1] *Cuchillo*, en espagnol, couteau. Allusion au médecin Procope-Couteaux, petit homme, d'un esprit assez singulier, qui exerçoit la médecine à Paris du temps de Le Sage.

que je jugeai qu'on avoit appelé pour le consulter sur la maladie dont il s'agissoit. Il me salua d'un air grave; puis, m'ayant envisagé quelques moments avec beaucoup d'attention : Seigneur docteur, me dit-il, je vous prie d'excuser ma curiosité : je croyois connoître tous les médecins de Valladolid, mes confrères, et cependant je vous avoue que vos traits me sont inconnus. Il faut que depuis très peu de temps vous soyez venu vous établir dans cette ville. Je répondis que j'étois un jeune praticien, et que je ne travaillois encore que sous les auspices du docteur Sangrado. Je vous félicite, reprit-il poliment, d'avoir embrassé la méthode d'un si grand homme. Je ne doute point que vous ne soyez déjà très habile, quoique vous paroissiez bien jeune. Il dit cela d'un air si naturel, que je ne savois s'il avoit parlé sérieusement, ou s'il s'étoit moqué de moi; et je rêvois à ce que je devois lui répliquer, lorsque l'épicier, prenant ce moment pour parler, nous dit : Messieurs, je suis persuadé que vous savez parfaitement l'un et l'autre l'art de la médecine : examinez, s'il vous plaît, mon fils, et ordonnez ce que vous jugerez à propos qu'on fasse pour le guérir.

Là-dessus le petit médecin se mit à observer le malade; et après m'avoir fait remarquer tous les symptômes qui découvroient la nature de la maladie, il me demanda de quelle manière je pensois qu'on dût le traiter. Je suis d'avis, répondis-je, qu'on le saigne tous les jours, et qu'on lui fasse boire de l'eau chaude abondamment. A ces paroles, le petit médecin me dit en souriant d'un air plein de malice : Et vous croyez que ces remèdes lui sauveront la vie? N'en doutez pas, m'écriai-je d'un ton ferme; vous verrez le malade guérir à vue d'œil; il doivent produire cet effet, puisque ce sont des spécifiques contre toutes sortes de maladies. Demandez au seigneur Sangrado! Sur ce pied-là, reprit-il, Celse a grand tort d'assurer que pour guérir plus facilement un hydropique, il est à propos de lui faire souffrir la soif et la faim. Oh! Celse, lui repartis-je, n'est pas mon oracle; il se trompoit comme un autre, et quelquefois je me sais bon gré d'aller contre ses opinions; je m'en trouve fort bien. Je reconnois à vos discours, me dit Cuchillo, la pratique sûre et satisfaisante dont le docteur Sangrado veut insinuer la méthode aux jeunes praticiens. La saignée et la boisson sont sa médecine universelle. Je ne suis pas surpris si tant d'honnêtes gens périssent entre ses mains.... N'en venons point aux invectives, interrompis-je assez brusquement : un homme de votre profession a bonne grâce, vraiment, de faire de pareils reproches! Allez, allez, monsieur le docteur, sans saigner et sans faire boire de l'eau chaude, on envoie bien des malades en l'autre monde; et vous en avez peut-être vous-même expédié plus qu'un autre. Si vous en voulez au seigneur Sangrado, écrivez contre lui; il vous répondra, et nous verrons de quel côté seront les rieurs. Par saint Jacques et par saint Denis! interrompit-il à son tour avec emportement, vous ne connoissez guère le docteur Cuchillo. Sachez, mon ami, que j'ai bec et ongles, et que je ne crains nullement Sangrado, qui, malgré sa présomption et sa vanité, n'est qu'un original. La figure du petit médecin me mit en colère. Je lui répliquai avec aigreur; il me repartit de la même sorte, et bientôt nous en vînmes aux gourmades. Nous eûmes le temps de nous donner quelques coups de poing, et de nous arracher l'un à l'autre une poignée de cheveux, avant que l'épicier et son parent pussent nous séparer. Lorsqu'ils en furent venus à bout, ils me payèrent ma visite, et retinrent mon antagoniste, qui leur parut apparemment plus habile que moi.

Après cette aventure, peu s'en fallut qu'il ne m'en arrivât une autre. J'allai voir un gros chantre qui avoit la fièvre. Sitôt qu'il m'entendit parler d'eau chaude, il se montra si récalcitrant contre ce spécifique, qu'il se mit à jurer. Il me dit un million d'injures, et me menaça même de me jeter par les fenêtres, si je ne me hâtois de sortir de chez lui. Je ne me le fis pas dire deux fois; je me retirai promptement, et ne voulant plus voir de malades ce jour-là, je gagnai l'hôtellerie où j'avois donné rendez-vous à Fabrice. Il y étoit déjà. Comme nous nous trouvâmes en humeur de boire, nous fîmes la débauche, et nous nous en retournâmes chez nos maîtres en bon état, c'est-à-dire entre deux vins. Le seigneur Sangrado ne s'aperçut point de mon ivresse, parce que je lui racontai avec tant d'action le démêlé que j'avois eu avec le petit docteur, qu'il prit ma vivacité pour un effet de l'émotion qui me restoit encore de mon combat. D'ailleurs, il entroit pour son compte dans le rapport que je lui faisois; et, se sentant piqué contre Cuchillo : Tu as bien fait, Gil Blas, me dit-il, de défendre l'honneur de nos remèdes contre ce petit avorton de la faculté. Il prétend donc qu'on ne doit pas permettre les boissons aqueuses aux hydropiques? l'ignorant! Je soutiens, moi, qu'il faut leur en accorder l'usage. Oui, l'eau, poursuivit-il, peut guérir toutes sortes d'hydropisies, comme elle est bonne pour les rhumatismes et pour les pâles couleurs; elle est encore excellente dans ces fièvres où l'on brûle et glace tout à la fois, et merveilleuse même dans ces maladies qu'on impute à des humeurs froides, séreuses, flegmatiques et pituiteuses. Cette opinion paroît étrange aux jeunes médecins tels que Cuchillo; mais elle est très soutenable en bonne médecine; et si ces gens-là étoient capables de raisonner en logiciens, au lieu de me décrier comme ils font, ils admireroient ma méthode, et deviendroient mes plus zélés partisans.

Il ne me soupçonna donc point d'avoir bu, tant il étoit en colère; car pour l'aigrir encore davantage contre le petit docteur, j'avois mis dans mon rapport quelques circonstances de mon cru. Cependant, tout occupé qu'il étoit de ce que je venois de lui dire, il ne laissa pas de s'apercevoir que je buvois ce soir-là plus d'eau qu'à l'ordinaire.

Effectivement le vin m'avoit fort altéré. Tout autre que Sangrado se seroit défié de la soif qui me pressoit et des grands coups d'eau que j'avalois : mais lui, s'imaginant de bonne foi que je commençois à prendre goût aux boissons aqueuses: A ce que je vois, Gil Blas, me dit-il en souriant, tu n'as plus tant d'aversion pour l'eau. Vive Dieu ! tu la bois comme du nectar. Cela ne m'étonne point, mon ami; je savois bien que tu t'accoutumerois à cette liqueur. Monsieur, lui répondis-je, chaque chose a son temps : je donnerois à l'heure qu'il est un muid de vin pour une pinte d'eau. Cette réponse charma le docteur, qui ne perdit pas une si belle occasion de relever l'excellence de l'eau. Il entreprit d'en faire un nouvel éloge, non en orateur froid, mais en enthousiaste. Mille fois, s'écria-t-il, mille et mille fois plus estimables et plus innocents que les cabarets de nos jours, ces thermopoles[1] des siècles passés, où l'on n'alloit pas honteusement prostituer son bien et sa vie en se gorgeant de vin, mais où l'on s'assembloit pour s'amuser honnêtement et sans risque à boire de l'eau chaude ! On ne peut trop admirer la sage prévoyance de ces anciens maîtres de la vie civile, qui avoient établi des lieux publics où l'on donnoit de l'eau à boire à tout venant, et qui renfermoient le vin dans les boutiques des apothicaires, pour n'en permettre l'usage que par ordonnance des médecins. Quel trait de sagesse ! C'est sans doute, ajouta-t-il, par un heureux reste de cette ancienne frugalité digne du siècle d'or, qu'il se trouve encore aujourd'hui des personnes qui, comme toi et moi, ne boivent que de l'eau, et qui croient se préserver ou se guérir de tous maux en buvant de l'eau chaude qui n'a pas bouilli; car j'ai observé que l'eau, quand elle a bouilli, est plus pesante et moins commode à l'estomac.

Tandis qu'il tenoit ce discours éloquent, je pensai plus d'une fois éclater de rire. Je gardai pourtant mon sérieux. Je fis plus; j'entrai dans les sentiments du docteur. Je blâmai l'usage du vin, et plaignis les hommes d'avoir malheureusement pris goût à une boisson si pernicieuse. Ensuite, comme je ne me sentois pas encore bien désaltéré, je remplis d'eau un grand gobelet,

---

[1] Thermopole, traiteur chez lequel on buvoit chaud.

et après avoir bu à longs traits : Allons, monsieur, dis-je à mon maître, abreuvons-nous de cette liqueur bienfaisante ! Faisons revivre dans votre maison ces anciens thermopoles que vous regrettez si fort ! Il applaudit à ces paroles, et m'exhorta pendant une heure entière à ne boire jamais que de l'eau. Pour m'accoutumer à cette boisson, je lui promis d'en boire une grande quantité tous les soirs; et, pour tenir plus facilement ma promesse, je me couchai dans la résolution d'aller tous les jours au cabaret.

Le désagrément que j'avois eu chez l'épicier ne m'empêcha pas de continuer d'exercer ma profession, et d'ordonner, dès le lendemain, des saignées et de l'eau chaude. Au sortir d'une maison où je venois de voir un poëte qui avoit la phrénésie, je rencontrai dans la rue une vieille femme qui m'aborda pour me demander si j'étois médecin. Je lui répondis qu'oui. Cela étant, reprit-elle, seigneur docteur, je vous supplie très humblement de venir avec moi : ma nièce est malade depuis hier, et j'ignore quelle est sa maladie. Je suivis la vieille, qui me conduisit à sa maison, et me fit entrer dans une chambre assez propre, où je vis une personne alitée. Je m'approchai d'elle pour l'observer. D'abord ses traits me frappèrent; et, après l'avoir envisagée quelques moments, je reconnus, à n'en pouvoir douter, que c'étoit l'aventurière qui avoit si bien fait le rôle de Camille. Pour elle, il ne me parut point qu'elle me remît, soit qu'elle fût accablée de son mal, soit que mon habit de médecin me rendît méconnoissable à ses yeux. Je lui pris le bras pour lui tâter le pouls, et j'aperçus ma bague à son doigt. Je fus terriblement ému à la vue d'un bien dont j'étois en droit de me saisir, et j'eus grande envie de faire un effort pour le reprendre; mais considérant que ces femmes se mettroient à crier, et que don Raphaël ou quelque autre défenseur du beau sexe pourroit accourir à leurs cris, je me gardai bien de céder à la tentation. Je fis réflexion qu'il valoit mieux dissimuler, et consulter là-dessus Fabrice. Je m'arrêtai à ce dernier parti. Cependant la vieille me pressoit de lui apprendre de quel mal sa nièce étoit atteinte. Je ne fus pas assez sot pour avouer que je n'en savois rien; au contraire, je fis le capable, et copiant mon maître, je dis gravement que le mal provenoit de ce que la malade ne transpiroit point, qu'il falloit par conséquent se hâter de la saigner, parce que la saignée étoit le substitut naturel de la transpiration; et j'ordonnai aussi de l'eau chaude, pour faire les choses suivant nos règles.

J'abrégeai ma visite le plus qu'il me fut possible, et je courus chez le fils de Nunez, que je rencontrai comme il sortoit pour aller faire une commission dont son maître venoit de le charger. Je lui contai ma nouvelle aventure, et lui demandai s'il jugeoit à propos que je fisse arrêter Camille par des gens de justice. Et non! me répondit-il; vive Dieu! il faut bien t'en donner de garde; ce ne seroit pas le moyen de ravoir ta bague. Ces gens-là n'aiment point à faire des restitutions. Souviens-toi de ta prison d'Astorga; ton cheval, ton argent, jusqu'à ton habit, tout n'est-il pas demeuré entre leurs mains? Il faut plutôt nous servir de notre industrie pour rattraper ton diamant. Je me charge du soin de trouver quelque ruse pour cet effet. Je vais y rêver en allant à l'hôpital, où j'ai deux mots à dire au pourvoyeur de la part de mon maître. Toi, va m'attendre à notre cabaret, et ne t'impatiente point; je t'y joindrai dans peu de temps.

Il y avoit pourtant déjà plus de trois heures que j'étois au rendez-vous quand il y arriva. Je ne le reconnus pas d'abord. Outre qu'il avoit changé d'habit et natté ses cheveux, une moustache postiche lui couvroit la moitié du visage. Il portoit une grande épée dont la garde avoit pour le moins trois pieds de circonférence, et il marchoit à la tête de cinq hommes qui avoient comme lui l'air déterminé, des moustaches épaisses, avec de longues rapières. Serviteur au seigneur Gil Blas, dit-il en m'abordant; il voit en moi un alguazil de nouvelle fabrique, et dans ces braves gens qui m'accompagnent, des archers de la même trempe. Il n'a qu'à nous mener chez la femme qui lui a volé un diamant, et nous le lui ferons rendre, sur ma parole. J'embrassai Fabrice à ce discours, qui me faisoit connoître le stratagème qu'il prétendoit employer pour moi, et je lui témoignai que j'approuvois fort l'expédient qu'il avoit imaginé. Je saluai aussi les faux archers. C'étoient trois domestiques et deux garçons barbiers de ses amis, qu'il avoit engagés à faire ce personnage. J'ordonnai qu'on apportât du vin pour abreuver l'escouade, et nous allâmes tous ensemble chez Camille à l'entrée de la nuit. Nous frappâmes à la porte que nous trouvâmes fermée. La vieille vint ouvrir, et prenant les personnes qui étoient avec moi pour des lévriers de justice qui n'entroient pas dans cette maison sans sujet, elle demeura fort effrayée. Rassurez-vous, ma bonne mère, lui dit Fabrice, nous ne venons ici que pour une petite affaire qui sera bientôt terminée, car nous sommes des gens expéditifs. A ces mots nous nous avançâmes et gagnâmes la chambre de la malade, conduits par la vieille, qui marchoit devant nous, à la faveur d'une bougie qu'elle tenoit dans un flambeau d'argent. Je pris ce flambeau, je m'approchai du lit; et, faisant remarquer mes traits à Camille : Perfide, lui dis-je, reconnoissez ce trop crédule Gil Blas que vous avez trompé! Ah! scélérate, je vous rencontre enfin, après vous avoir long-temps cherchée! Le corrégidor a reçu ma plainte, et il a chargé cet alguazil de vous arrêter. Allons, monsieur l'officier, dis-je à Fabrice, faites votre charge! Il n'est pas besoin, répondit-il en grossissant sa voix, de m'exhorter à remplir mon devoir. Je me remets cette bonne vivante-là, il y a dix ans, qu'elle est marquée en lettres rouges sur mes tablettes. Levez-vous, ma princesse, ajouta-t-il; habillez-vous promptement; je vais vous servir d'écuyer, et vous conduire aux prisons de cette ville, si vous l'avez pour agréable.

A ces paroles, Camille, toute malade qu'elle étoit, s'apercevant que deux archers à grandes moustaches se préparoient à la tirer de son lit par force, se mit d'elle-même à son séant, joignit les mains d'une manière suppliante, et me regardant avec des yeux où la frayeur étoit peinte : Seigneur Gil Blas, me dit-elle, ayez pitié de moi; je vous en conjure par la chaste mère à qui vous devez le jour; je suis plus malheureuse que coupable; vous en serez convaincu si vous voulez entendre mon histoire. Non, mademoiselle

Camille, m'écriai-je, non, je ne veux pas vous écouter. Je ne sais que trop bien que vous excellez à faire des romans. Hé bien! reprit-elle, puisque vous ne me permettez pas de me justifier, je vais vous rendre votre diamant, et ne me perdez point. En parlant de cette sorte, elle tira de son doigt ma bague, et me la donna. Mais je lui répondis que mon diamant ne suffisoit point, et que je voulois qu'on me restituât encore les mille ducats qui m'avoient été volés dans l'hôtel garni. Oh! pour vos ducats, seigneur, répliqua-t-elle, ne me les demandez point. Le traître don Raphaël, que je n'ai pas vu depuis ce temps-là, les emporta dès la nuit même. Eh! petite mignonne, dit alors Fabrice, n'y a-t-il qu'à dire, pour vous tirer d'intrigue, que vous n'avez pas eu de part au gâteau? Vous n'en serez pas quitte à si bon marché. C'est assez que vous soyez des complices de don Raphaël, pour mériter qu'on vous demande compte de votre vie passée. Vous devez bien avoir des choses sur la conscience. Vous viendrez, s'il vous plaît, en prison, faire une confession générale. J'y veux mener aussi, continua-t-il, cette bonne vieille; je juge qu'elle sait une infinité d'histoires curieuses que monsieur le corrégidor ne sera pas fâché d'entendre.

Les deux femmes, à ces mots, mirent tout en usage pour nous attendrir. Elles remplirent la chambre de cris, de plaintes et de lamentations. Tandis que la vieille à genoux, tantôt devant l'alguazil et tantôt devant les archers, tâchoit d'exciter leur compassion, Camille me prioit de la manière du monde la plus touchante de la sauver des mains de la justice. C'étoit une chose à voir que ce spectacle. Je feignis de me laisser fléchir.

Monsieur l'officier, dis-je au fils de Nunez, puisque j'ai mon diamant, je me console du reste. Je ne souhaite pas qu'on fasse de la peine à cette pauvre femme; je ne veux point la mort du pécheur. Fi donc! répondit-il, vous avez de l'humanité! vous ne seriez pas bon à être exempt. Il faut, poursuivit-il, que je m'acquitte de ma commission. Il m'est expressément ordonné d'arrêter ces infantes; monsieur le corrégidor en veut faire un exemple. Eh! de grâce, repris-je, ayez quelque égard à ma prière, et relâchez-vous un peu de votre devoir en faveur du présent que ces dames vont vous offrir! Oh! c'est une autre affaire, repartit-il; voilà ce qui s'appelle une figure de rhétorique bien placée. Çà, voyons, qu'ont-elles à me donner? J'ai un collier de perles, lui dit Camille, et des pendans d'oreilles d'un prix considérable. Oui; mais, interrompit-il brusquement, si cela vient des îles Philippines, je n'en veux point. Vous pouvez les prendre en assurance, reprit-elle; je vous les garantis fins. En même temps elle se fit apporter par la vieille une petite boîte, d'où elle tira le collier et les pendans, qu'elle mit entre les mains de monsieur l'alguazil. Bien qu'il ne se connût guère mieux que moi en pierreries, il ne douta pas que celles qui composoient les pendans ne fussent fines, aussibien que les perles. Ces bijoux, dit-il, après les avoir considérés attentivement, me paroissent de bon aloi; et si l'on ajoute à cela le flambeau d'argent que tient le seigneur Gil Blas, je ne réponds plus de ma fidélité. Je ne crois pas, dis-je alors à Camille, que vous vouliez, pour une bagatelle, rompre un accommodement si avantageux pour vous. En prononçant ces dernières paroles, j'ôtai la bougie que je remis à la vieille, et livrai le flambeau à Fabrice, qui, s'en tenant là, peut-être parce qu'il n'apercevoit plus rien dans la chambre qui se pût aisément emporter, dit aux deux femmes : Adieu, mesdames, demeurez tranquilles. Je vais parler à monsieur le corrégidor, et vous rendre plus blanches que la neige. Nous savons lui tourner les choses comme il nous plaît, et nous ne lui faisons des rapports fidèles que quand rien ne nous oblige à lui en faire de faux.[1]

CHAPITRE V.

Suite de l'aventure de la bague retrouvée. Gil Blas abandonne la médecine et le séjour de Valladolid.

Bon souper dérangé. — Nouveau trait de prompte justice. — Portrait d'un spadassin.

APRÈS avoir exécuté de cette manière le projet de Fabrice, nous sortîmes de chez Camille, en nous applaudissant d'un succès qui surpassoit notre attente, car nous n'avions compté que sur la bague. Nous emportions sans façon tout le reste. Bien loin de nous faire un scrupule d'avoir volé des courtisanes, nous nous imaginions avoir fait une action méritoire. Messieurs, nous dit Fabrice lorsque nous fûmes dans la rue, après avoir fait une si belle expédition, nous quitterons-nous

---

[1] *La bague retrouvée* est une aventure plaisante, et dont il sera reparlé dans la suite de cette histoire; mais on ne verra plus Camille; et l'on peut regretter le récit de sa vie, qu'elle offroit de faire à Gil Blas; et qu'il n'a pas voulu entendre.

sans nous en réjouir le verre à la main? Ce n'est pas mon sentiment, et je suis d'avis que nous regagnions notre cabaret, où nous passerons la nuit à nous réjouir. Demain nous vendrons le flambeau, le collier, les pendans d'oreilles, et nous en partagerons l'argent en frères, après quoi chacun reprendra le chemin de sa maison, et s'excusera du mieux qu'il lui sera possible auprès de son maître. La pensée de monsieur l'alguazil nous parut très judicieuse. Nous retournâmes tous au cabaret, les uns jugeant qu'ils trouveroient facilement une excuse pour avoir découché, et les autres ne se souciant guère d'être chassés de chez eux.

Nous fîmes apprêter un bon souper, et nous nous mîmes à table avec autant d'appétit que de gaieté. Le repas fut assaisonné de mille discours agréables. Fabrice surtout, qui savoit donner de l'enjouement à la conversation, divertit fort la compagnie. Il lui échappa je ne sais combien de traits pleins de sel castillan, qui vaut bien le sel attique; mais dans le temps que nous étions le plus en train de rire, notre joie fut tout à coup troublée par un événement imprévu et des plus désagréables. Il entra dans la chambre où nous soupions un homme assez bien fait, suivi de deux autres de très mauvaise mine. Après ceux-là trois autres parurent; et nous en comptâmes jusqu'à douze qui survinrent ainsi trois à trois. Ils portoient des carabines avec des épées et des baïonnettes. Nous vîmes bien que c'étoient des archers de la patrouille, et il ne nous fut pas difficile de juger de leur intention. Nous eûmes d'abord quelque envie de résister; mais ils nous enveloppèrent en un instant, et nous tinrent en respect, tant par leur nombre que par leurs armes à feu. Messieurs, nous dit le commandant d'un air railleur, je sais par quel ingénieux artifice vous venez de retirer une bague des mains de certaine aventurière. Certes, le trait est excellent, et mérite bien une récompense publique; aussi ne peut-elle vous échapper. La justice, qui vous destine dans son palais un logement, ne manquera pas de payer un si bel effort de génie. Toutes les personnes à qui ce discours s'adressoit en furent déconcertées. Nous changeâmes de contenance, et sentîmes à notre tour la même frayeur que nous avions inspirée chez Camille. Fabrice pourtant, quoique pâle et défait, voulut nous justifier. Seigneur, dit-il, nous n'avons pas eu mauvaise intention, et par conséquent on doit nous pardonner cette petite supercherie. Comment diable, répliqua le commandant avec colère, vous appelez cela une petite supercherie? Savez-vous bien qu'il y va de la corde? Outre qu'il n'est pas permis de se rendre justice soi-même, vous avez emporté un flambeau, un collier et des pendants d'oreilles; et ce qui sans doute est un cas pendable, c'est que, pour faire ce vol, vous vous êtes travestis en archers. Des misérables se déguiser en honnêtes gens pour mal faire! Je vous trouverai trop heureux si l'on ne vous condamne qu'à faucher le grand pré [1]. Lorsqu'il nous eut fait comprendre que la chose étoit encore plus sérieuse que nous ne l'avions pensé d'abord, nous nous jetâmes tous à ses pieds, et le priâmes d'avoir pitié de notre jeunesse; mais nos prières furent inutiles. De plus, ce qui est tout-à-fait extraordinaire, il rejeta la proposition que nous fîmes de lui

---

[1] C'est-à-dire à ramer sur les galères.

abandonner le collier, les pendants et le flambeau; il refusa même ma bague, parce que je la lui offrois peut-être en trop bonne compagnie; enfin il se montra inexorable. Il fit désarmer mes compagnons, et nous emmena tous ensemble aux prisons de la ville. Comme on nous y conduisoit, un des archers m'apprit que la vieille qui demeuroit avec Camille, nous ayant soupçonnés de n'être pas de véritables valets de pied de la justice, elle nous avoit suivis jusqu'au cabaret; et que là ses soupçons s'étant tournés en certitude, elle en avoit averti la patrouille pour se venger de nous.

On nous fouilla d'abord partout. On nous ôta le collier, les pendants et le flambeau : on m'arracha pareillement ma bague, avec le rubis des îles Philippines, que j'avois par malheur dans mes poches; on ne me laissa pas seulement les réaux que j'avois reçus ce jour-là pour mes ordonnances; ce qui me prouva que les gens de justice de Valladolid savoient aussi bien faire leur charge que ceux d'Astorga, et que tous ces messieurs avoient des manières uniformes. Tandis qu'on me spolioit de mes bijoux et de mes espèces, l'officier de la patrouille, qui étoit présent, contoit notre aventure au ministre de la spoliation. Le fait leur parut si grave, que la plupart d'entre eux nous trouvoient dignes du dernier supplice. Les autres, moins sévères, disoient que nous pourrions en être quittes pour chacun deux cents coups de fouet, avec quelques années de service sur mer. En attendant la décision de monsieur le corrégidor, on nous enferma dans un cachot, où nous couchâmes sur la paille, dont il étoit presque aussi jonché qu'une écurie où l'on a fait la litière aux chevaux. Nous aurions pu y demeurer long-temps, et n'en sortir que pour aller aux galères, si dès le lendemain le seigneur Manuel Ordonnez n'eût entendu parler de notre affaire, et résolu de tirer Fabrice de prison [1]; ce qu'il ne pouvoit faire sans nous délivrer tous avec lui. C'étoit un homme fort estimé dans la ville : il n'épargna point les sollicitations; et, tant par son crédit que par celui de ses amis, il obtint, au bout de trois jours, notre élargissement. Mais nous ne sortîmes point de ce lieu-là comme nous y étions entrés : le flambeau, le collier, les pendants, ma bague et le rubis, tout y resta. Cela me fit souvenir de ces vers de Virgile qui commencent par *Sic vos non vobis*.

D'abord que nous fûmes en liberté, nous retournâmes chez nos maîtres. Le docteur Sangrado me reçut bien : mon pauvre Gil Blas, me dit-il, je n'ai su que ce matin ta disgrâce. Je me préparois à solliciter fortement pour toi. Il faut te consoler de cet accident, mon ami, et t'attacher plus que jamais à la médecine. Je répondis que j'étois dans ce dessein; et véritablement je m'y donnai tout entier. Bien loin de manquer d'occupation, il arriva, comme mon maître l'avoit si heureusement prédit, qu'il y eut bien des maladies. La petite-vérole et des fièvres malignes commencèrent à régner dans la ville et dans les faubourgs. Tous les médecins de Valladolid eurent de la pratique, et nous particulièrement. Il ne se passoit point de jour que nous ne vissions chacun huit ou dix malades; ce

---

[1] Nous reverrons Fabrice, le cher Pylade de Gil Blas, dans la suite de cette histoire, livre VII, chapitre XIII.

qui suppose bien de l'eau bue et du sang répandu.
Mais je ne sais comment cela se faisoit, ils mouroient
tous, soit que nous les traitassions fort mal, soit que
leurs maladies fussent incurables. Nous faisions rarement trois visites à un même malade : dès la seconde,
ou nous apprenions qu'il venoit d'être enterré, ou nous
le trouvions à l'agonie. Comme je n'étois qu'un jeune
médecin qui n'avoit pas encore eu le temps de s'endurcir au meurtre, je m'affligeois des événemens funestes qu'on pouvoit m'imputer. Monsieur, dis-je un
soir au docteur Sangrado, j'atteste ici le ciel que je
suis exactement votre méthode; cependant tous mes malades vont en l'autre monde : on diroit qu'ils prennent
plaisir à mourir pour décréditer notre médecine. J'en
ai rencontré aujourd'hui deux qu'on portoit en terre.
Mon enfant, me répondit-il, je pourrois te dire à peu
près la même chose; je n'ai pas souvent la satisfaction
de guérir les personnes qui tombent entre mes mains;
et, si je n'étois pas aussi sûr de mes principes que je
le suis, je croirois mes remèdes contraires à presque
toutes les maladies que je traite. Si vous m'en voulez
croire, monsieur, repris-je, nous changerons de pratique. Donnons par curiosité des préparations chimiques à nos malades : essayons le kermès : le pis qu'il
en puisse arriver, c'est qu'il produise le même effet
que notre eau chaude et nos saignées. Je ferois volontiers cet essai, répliqua-t-il, si cela ne tiroit point à
conséquence; mais j'ai publié un livre où je vante la
fréquente saignée et l'usage de la boisson [1] : veux-tu

---

[1] A ce trait on ne peut méconnoître le médecin Philippe Hecquet, qui étoit en effet l'auteur d'un livre, intitulé *Vertus de l'eau commune*.

que j'aille décrier mon ouvrage ? Oh! vous avez raison, lui repartis-je; il ne faut point accorder ce triomphe à vos ennemis, ils diroient que vous vous laissez désabuser; ils vous perdroient de réputation. Périssent plutôt le peuple, la noblesse et le clergé ! Allons donc toujours notre train. Après tout, nos confrères, malgré l'aversion qu'ils ont pour la saignée, ne savent pas faire de plus grands miracles que nous ; et je crois que leurs drogues valent bien nos spécifiques.

Nous continuâmes à travailler sur nouveaux frais, et nous y procédâmes de manière qu'en moins de six semaines nous fîmes autant de veuves et d'orphelins que le siége de Troie. Il sembloit que la peste fût dans Valladolid, tant on y faisoit de funérailles ! Il venoit tous les jours au logis quelque père nous demander compte d'un fils que nous lui avions enlevé, ou bien quelque oncle qui nous reprochoit la mort de son neveu. Pour les neveux et les fils dont les oncles et les pères s'étoient mal trouvés de nos remèdes, ils ne paroissoient point chez nous. Les maris étoient aussi fort discrets; ils ne nous chicanoient point sur la perte de leurs femmes : mais les personnes affligées dont il nous falloit essuyer les reproches avoient quelquefois une douleur brutale ; ils nous appeloient ignorants, assassins ; ils ne ménageoient point les termes. J'étois ému de leurs épithètes ; mais mon maître, qui étoit

2 vol. in-12. C'étoit d'ailleurs un homme habile et respectable. On lit avec plaisir sa vie écrite par Rémond de Saint-Marc, en tête de sa *Médecine des pauvres*. Le Sage a usé de son droit, en chargeant le portrait du docteur Sangrado; mais le nom de Hecquet ne doit pas être mis au bas d'une telle caricature sans de justes restrictions. *Voyez* livre x, chap. 1.

fait à cela, les écoutoit de sang-froid. J'aurois pu, comme lui, m'accoutumer aux injures, si le ciel, pour ôter sans doute aux malades de Valladolid un de leurs fléaux, n'eût fait naître une occasion de me dégoûter de la médecine, que je pratiquois avec si peu de succès. C'est de quoi je vais faire un détail fidèle, dût le lecteur en rire à mes dépens.

Il y avoit dans notre voisinage un jeu de paume où les fainéants de la ville s'assembloient chaque jour. On y voyoit un de ces braves de profession qui s'érigent en maîtres, et décident les différends dans les tripots. Il étoit de Biscaye, et se faisoit appeler don Rodrigue de Mondragon. Il paroissoit avoir trente ans. C'étoit un homme d'une taille ordinaire, mais sec et nerveux. Outre deux petits yeux étincelants qui lui rouloient dans la tête, et sembloient menacer tous ceux qu'il regardoit, un nez fort épaté lui tomboit sur une moustache rousse qui s'élevoit en croc jusqu'à la tempe. Il avoit la parole si rude et si brusque, qu'il n'avoit qu'à parler pour inspirer de l'effroi. Ce casseur de raquettes s'étoit rendu le tyran du jeu de paume : il jugeoit impérieusement les contestations qui survenoient entre les joueurs ; et il ne falloit pas qu'on appelât de ses jugements, à moins que l'appelant ne voulût se résoudre à recevoir de lui, le lendemain, un cartel de défi. Tel que je viens de représenter le seigneur don Rodrigue, que le don qu'il mettoit à la tête de son nom n'empêchoit pas d'être roturier, il fit une tendre impression sur la maîtresse du tripot. C'étoit une femme de quarante ans, riche, assez agréable, et veuve depuis quinze mois. J'ignore comment il put lui plaire : ce ne fut pas assurément par sa beauté ; ce fut donc par ce je ne sais quoi qu'on ne sauroit dire. Quoi qu'il en soit, elle eut du goût pour lui, et forma le dessein de l'épouser ; mais dans le temps qu'elle se préparoit à consommer cette affaire, elle tomba malade ; et, malheureusement pour elle, je devins son médecin. Quand sa maladie n'auroit pas été une fièvre maligne, mes remèdes suffisoient pour la rendre dangereuse. Au bout de quatre jours, je remplis de deuil le tripot. La paumière alla où j'envoyois tous mes malades, et ses parents s'emparèrent de son bien. Don Rodrigue, au désespoir d'avoir perdu sa maîtresse, ou plutôt l'espérance d'un mariage très avantageux pour lui, ne se contenta pas de jeter feu et flamme contre moi ; il jura qu'il me passeroit son épée au travers du corps, et m'extermineroit à la première vue. Un voisin charitable m'avertit de ce serment ; la connoissance que j'avois de Mondragon, bien loin de me faire mépriser cet avis, me remplit de trouble et de frayeur. Je n'osois sortir du logis, de peur de rencontrer ce diable d'homme, et je m'imaginois sans cesse le voir entrer dans notre maison d'un air furieux : je ne pouvois goûter un moment de repos. Cela me détacha de la médecine, et je ne songeai plus qu'à m'affranchir de mon inquiétude. Je repris mon habit brodé ; et, après avoir dit adieu à mon maître qui ne put me retenir, je sortis de la ville à la pointe du jour, non sans crainte de trouver don Rodrigue en mon chemin.

CHAPITRE VI.

Quelle route il prit en sortant de Valladolid, et quel homme le joignit en chemin.

Barbier jovial. — Frugal déjeuner.

Je marchois fort vite, et regardois de temps en temps derrière moi, pour voir si ce redoutable Biscayen ne suivoit point mes pas : j'avois l'imagination si remplie de cet homme-là, que je prenois pour lui tous les arbres et les buissons : je sentois à tout moment mon cœur tressaillir d'effroi. Je me rassurai pourtant après avoir fait une bonne lieue, et je continuai plus doucement mon chemin vers Madrid, où je me proposois d'aller. Je quittois sans peine le séjour de Valladolid; tout mon regret étoit de me séparer de Fabrice, mon cher Pylade, à qui je n'avois pu même faire mes adieux. Je n'étois nullement fâché d'avoir renoncé à la médecine ; au contraire, je demandois pardon à Dieu de l'avoir exercée. Je ne laissai pas de compter avec plaisir l'argent que j'avois dans mes poches, bien que ce fût le salaire de mes assassinats. Je ressemblois aux femmes qui cessent d'être libertines, mais qui gardent toujours à bon compte le profit de leur libertinage. J'avois en réaux à peu près la valeur de cinq ducats : c'étoit là tout mon bien. Je me promettois, avec cela, de me rendre à Madrid, où je ne doutois point que je ne trouvasse quelque bonne condition.

D'ailleurs, je souhaitois passionnément d'être dans cette superbe ville, qu'on m'avoit vantée comme l'abrégé de toutes les merveilles du monde.

Tandis que je rappelois tout ce que j'en avois ouï dire, et que je jouissois par avance des plaisirs qu'on y prend, j'entendis la voix d'un homme qui marchoit sur mes pas, et qui chantoit à plein gosier. Il avoit sur le dos un sac de cuir, une guitare pendue au cou, et il portoit une assez longue épée. Il alloit si bon train, qu'il me joignit en peu de temps. C'étoit un des deux garçons barbiers avec qui j'avois été en prison pour l'aventure de la bague. Nous nous reconnûmes d'abord l'un l'autre, quoique nous eussions changé d'habit, et nous demeurâmes fort étonnés de nous rencontrer inopinément sur un grand chemin. Si je lui témoignai que j'étois ravi de l'avoir pour compagnon de voyage, il me parut de son côté sentir une extrême joie de me revoir. Je lui contai pourquoi j'abandonnois Valladolid; et lui, pour me faire la même confidence, m'apprit qu'il avoit eu du bruit avec son maître, et qu'ils s'étoient dit tous deux réciproquement un éternel adieu. Si j'eusse voulu, ajouta-t-il, demeurer plus long-temps à Valladolid, j'y aurois trouvé dix boutiques pour une; car, sans vanité, j'ose dire qu'il n'est point de barbier en Espagne qui sache mieux que moi raser à poil et à contre-poil, et mettre une moustache en papillotes. Mais je n'ai pu résister davantage au violent désir que j'ai de retourner dans ma patrie, d'où il y a dix années entières que je suis sorti. Je veux respirer un peu l'air natal, et savoir dans quelle situation sont mes parents. Je serai chez eux après demain, puisque l'endroit qu'ils habitent, et qu'on appelle Olmédo, est un gros village en deçà de Ségovie.

Je résolus d'accompagner ce barbier jusque chez lui, et d'aller à Ségovie chercher quelque commodité pour Madrid. Nous commençâmes à nous entretenir de choses indifférentes en poursuivant notre route. Ce jeune homme étoit de bonne humeur et avoit l'esprit agréable. Au bout d'une heure de conversation, il me demanda si je me sentois de l'appétit. Je lui répondis qu'il le verroit à la première hôtellerie. En attendant que nous y arrivions, me dit-il, nous pouvons faire une pause : j'ai dans mon sac de quoi déjeuner. Quand je voyage, j'ai toujours soin de porter des provisions. Je ne me charge point d'habit, de linge ni d'autres hardes inutiles : je ne veux rien de superflu. Je ne mets dans mon sac que des munitions de bouche, avec mes rasoirs et une savonnette : je n'ai besoin que de cela. Je louai sa prudence, et consentis de bon cœur à la pause qu'il proposoit. J'avois faim, et je me préparois à faire un bon repas : après ce qu'il venoit de dire, je m'y attendois. Nous nous détournâmes un peu du grand chemin, pour nous asseoir sur l'herbe. Là, mon garçon barbier étala ses vivres, qui consistoient dans cinq ou six ognons, avec quelques morceaux de pain et de fromage : mais ce qu'il produisit comme la meilleure pièce du sac, fut une petite outre, remplie, disoit-il, d'un vin délicat et friand. Quoique les mets ne fussent pas bien savoureux, la faim qui nous pressoit l'un et l'autre ne nous permit pas de les trouver mauvais; et nous vidâmes aussi l'outre, où il y avoit environ deux pintes d'un vin qu'il se seroit fort bien passé de me vanter.

Nous nous levâmes après cela, et nous nous remîmes en marche avec beaucoup de gaieté. Le barbier, à qui Fabrice avoit dit qu'il m'étoit arrivé des aventures très particulières, me pria de les lui apprendre moi-même. Je crus ne pouvoir rien refuser à un homme qui m'avoit si bien régalé; je lui donnai la satisfaction qu'il demandoit. Ensuite je lui dis que pour reconnoître ma complaisance il falloit qu'il me contât aussi l'histoire de sa vie. Oh! pour mon histoire, s'écria-t-il, elle ne mérite guère d'être entendue : elle ne contient que des faits fort simples. Néanmoins, ajouta-t-il, puisque nous n'avons rien de meilleur à faire, je vais vous la raconter telle qu'elle est. En même temps il en fit le récit à peu près de cette sorte.

CHAPITRE VII.

Histoire du garçon barbier.

Hôtellerie de village. — Bel esprit avare, mauvais parent. — Femme insensible qui devient tendre. — Duègne terrible. — Talent de miauler qui sera funeste.

Fernand Perez de la Fuente, mon grand-père (je prends la chose de loin), après avoir été pendant cinquante ans barbier du village d'Olmédo, mourut, et laissa quatre fils. L'aîné, nommé Nicolas, s'empara de sa boutique, et lui succéda dans sa profession. Bertrand, le puîné, se mettant le commerce en tête, devint marchand mercier; et Thomas, qui étoit le troisième, se fit maître d'école. Pour le quatrième, qu'on appeloit

Pedro, comme il se sentoit né pour les belles-lettres, il vendit une petite pièce de terre qu'il avoit eue pour son partage, et alla demeurer à Madrid, où il espéroit qu'un jour il se feroit distinguer par son savoir et par son esprit. Ses trois autres frères ne se séparèrent point; ils s'établirent à Olmédo, en se mariant avec des filles de laboureurs, qui leur apportèrent en mariage peu de bien, mais en récompense une grande fécondité. Elles firent des enfants comme à l'envi l'une de l'autre. Ma mère, femme du barbier, en mit au monde six pour sa part dans les cinq premières années de son mariage. Je fus du nombre de ceux-là. Mon père m'apprit de très bonne heure à raser; et lorsqu'il me vit parvenu à l'âge de quinze ans, il me chargea les épaules de ce sac que vous voyez, me ceignit d'une longue épée, et me dit: Va, Diego, tu es en état présentement de gagner ta vie; va courir le pays. Tu as besoin de voyager pour te dégourdir et te perfectionner dans ton art. Pars, et ne reviens à Olmedo qu'après avoir fait le tour de l'Espagne; que je n'entende point parler de toi avant ce temps-là! En achevant ces paroles, il m'embrassa de bonne amitié, et me poussa hors du logis.

Tels furent les adieux de mon père. Pour ma mère, qui avoit moins de rudesse dans ses mœurs, elle parut plus sensible à mon départ. Elle laissa couler quelques larmes, et me glissa même dans la main un ducat à la dérobée. Je sortis donc ainsi d'Olmédo, et pris le chemin de Ségovie. Je n'eus pas fait deux cents pas, que je m'arrêtai pour visiter mon sac. J'eus envie de voir ce qu'il y avoit dedans, et de connoître précisément ce que je possédois. J'y trouvai une trousse où étoient deux rasoirs qui sembloient avoir rasé dix générations, tant ils étoient usés, avec une bandelette de cuir pour les repasser, et un morceau de savon. Outre cela, une chemise de chanvre toute neuve, une vieille paire de souliers de mon père, et, ce qui me réjouit plus que tout le reste, une vingtaine de réaux enveloppés dans un chiffon de linge. Voilà quelles étoient mes facultés. Vous jugez bien par là que maître Nicolas le barbier comptoit beaucoup sur mon savoir-faire, puisqu'il me laissoit partir avec si peu de chose. Cependant la possession d'un ducat et de vingt réaux ne manqua pas d'éblouir un jeune homme qui n'avoit jamais eu d'argent. Je crus mes finances inépuisables; et, transporté de joie, je continuai mon chemin, en regardant de moment en moment la garde de ma rapière, dont la lame me battoit à chaque pas le mollet, ou s'embarrassoit dans mes jambes.

J'arrivai sur le soir au village d'Ataquinès, avec un très rude appétit. J'allai loger à l'hôtellerie; et, comme si j'eusse été en état de faire de la dépense, je demandai, d'un ton haut, à souper. L'hôte me considéra quelque temps, et voyant à qui il avoit à faire, il me dit d'un air doux : Çà, mon gentilhomme, vous serez satisfait; on va vous traiter comme un prince. En parlant de cette sorte, il me mena dans une petite chambre, où il m'apporta, un quart d'heure après, un civet de matou, que je mangeai avec la même avidité que s'il eût été de lièvre ou de lapin. Il accompagna cet excellent ragoût d'un vin qui étoit si bon, disoit-il, que le roi n'en buvoit pas de meilleur. Je m'aperçus pourtant que c'étoit du vin gâté; mais cela ne m'empêcha pas de lui faire autant d'honneur qu'au matou. Il fallut ensuite, pour achever d'être traité comme un prince, que je me couchasse dans un lit plus propre à causer l'insomnie qu'à l'ôter. Peignez-vous un grabat fort étroit, et si court, que je ne pouvois étendre les jambes, tout petit que j'étois. D'ailleurs, il n'avoit pour matelas et lit de plume qu'une simple paillasse piquée, et couverte d'un drap mis en double, qui, depuis le dernier blanchissage, avoit servi peut-être à cent voyageurs. Néanmoins, dans ce lit que je viens de représenter, l'estomac plein du civet et de ce vin délicieux que l'hôte m'avoit donné, grâces à ma jeunesse et à mon tempérament, je dormis d'un profond sommeil, et passai la nuit sans indigestion.

Le jour suivant, lorsque j'eus déjeuné et bien payé la bonne chère qu'on m'avoit faite, je me rendis tout d'une traite à Ségovie. Je n'y fus pas sitôt, que j'eus le bonheur de trouver une boutique, où l'on me reçut pour ma nourriture et mon entretien; mais je n'y demeurai que six mois : un garçon barbier avec qui j'avois fait connoissance, et qui vouloit aller à Madrid, me débaucha, et je partis pour cette ville avec lui. Je me plaçai là sans peine sur le même pied qu'à Ségovie. J'entrai dans une boutique des plus achalandées. Il est vrai qu'elle étoit auprès de l'église de Sainte-Croix, et que la proximité du *Théâtre du Prince* y attiroit bien de la pratique. Mon maître, deux grands garçons et moi, nous ne pouvions presque suffire à servir les hommes qui venoient s'y faire raser. J'en voyois de toutes sortes de conditions; mais, entre autres, des comédiens et des auteurs. Un jour, deux personnages de cette dernière espèce s'y trouvèrent ensemble. Ils commencèrent à s'entretenir des poëtes et des poésies du temps, et je leur entendis prononcer le nom de mon oncle : cela me rendit plus attentif à leur discours que je ne l'avois été. Don Juan de Zavaleta, disoit l'un, est un auteur sur lequel il me paroît que le public ne doit pas compter. C'est un esprit froid, un homme sans imagination : sa dernière pièce l'a furieusement décrié. Et Louis Velez de Guevara [1], disoit l'autre, ne vient-il pas de donner un bel ouvrage au public? A-t-on jamais rien vu de plus misérable ? Ils nommèrent encore je ne sais combien d'autres poëtes dont j'ai oublié les noms; je me souviens seulement qu'ils en dirent beaucoup de mal. Pour mon oncle, ils en firent une mention plus honorable : ils convinrent tous deux que c'étoit un garçon de mérite. Oui, dit l'un, don Pedro de la Fuente est un auteur excellent : il y a dans ses livres une plaisanterie fine, mêlée d'érudition, qui les rend piquants et pleins de sel. Je ne suis pas surpris s'il est estimé de la cour et de la ville, et si plusieurs grands lui font des pensions. Il y a déjà bien des années, dit l'autre, qu'il jouit d'un assez gros revenu. Il a sa nourriture et son logement chez le duc de Medina Celi; il ne fait point de dépense; il doit être fort bien dans ses affaires.

Je ne perdis pas un mot de tout ce que ces poëtes dirent de mon oncle. Nous avions appris dans la famille qu'il faisoit du bruit à Madrid par ses ouvrages : quel-

---

[1] Zavaleta est un moraliste espagnol, auteur du *Théâtre de l'homme*. Guevara fut nommé le Scarron de l'Espagne. Il mourut en 1648 : c'est à cet auteur que Le Sage avoit dû le canevas de son *Diable boiteux*.

ques personnes, en passant par Olmedo, nous l'avoient dit; mais comme il négligeoit de nous donner de ses nouvelles, et qu'il paroissoit fort détaché de nous, de notre côté nous vivions dans une très grande indifférence pour lui. Bon sang toutefois ne peut mentir : dès que j'entendis dire qu'il étoit dans une belle passe, et que je sus où il demeuroit, je fus tenté de l'aller trouver. Une chose m'embarrassoit : les auteurs l'avoient appelé don Pedro. Ce don[1] me fit quelque peine, et je craignis que ce ne fût un autre poëte que mon oncle. Cette crainte pourtant ne m'arrêta point; je crus qu'il pouvoit être devenu noble ainsi que bel esprit, et je résolus de le voir Pour cet effet, avec la permission de mon maître, je m'ajustai un matin le mieux que je pus, et je sortis de notre boutique, un peu fier d'être neveu d'un homme qui s'étoit acquis tant de réputation par son génie. Les barbiers ne sont pas les gens du monde les moins susceptibles de vanité. Je commençai à concevoir une grande opinion de moi; et marchant d'un air présomptueux, je me fis enseigner l'hôtel du duc de Medina Celi. Je me présentai à la porte, et dis que je souhaitois de parler au seigneur don Pedro de la Fuente. Le portier me montra du doigt, au fond d'une

---

[1] Dom, qui s'écrit *don* en espagnol, est un titre d'honneur, tiré du latin *domnus,* par syncope de *dominus,* seigneur, maître, monsieur. La langue castillane en fait l'apanage de la noblesse; en France, c'étoit seulement un titre monastique réservé aux bénédictins et à quelques autres moines. Le féminin *domne* étoit attribué aux feuillantines.

La Fontaine a placé cette qualification avec sa malice naïve :

Dom Pourceau raisonnoit en subtil personnage.

Livre VIII, Fable XII.

cour, un petit escalier, et me répondit : Montez par là, puis frappez à la première porte que vous rencontrerez à main droite. Je fis ce qu'il me disoit : je frappai à une porte. Un jeune homme vint ouvrir, et je lui demandai si c'étoit là que logeoit le seigneur don Pedro de la Fuente. Oui, me répondit-il ; mais vous ne sauriez lui parler présentement. Je serois bien aise, lui dis-je, de l'entretenir ; je viens lui apprendre des nouvelles de sa famille. Quand vous auriez, repartit-il, des nouvelles du pape à lui dire, je ne vous introduirois pas dans sa chambre en ce moment ; il compose, et, lorsqu'il travaille, il faut bien se garder de le distraire de son ouvrage. Il ne sera visible que sur le midi : allez faire un tour, et revenez dans ce temps-là.

Je sortis, et me promenai toute la matinée dans la ville, en songeant sans cesse à la réception que mon oncle me feroit. Je crois, disois-je en moi-même, qu'il sera ravi de me voir. Je jugeois de ses sentiments par les miens, et je me préparois à une reconnoissance fort touchante. Je retournai chez lui en diligence à l'heure qu'on m'avoit marquée. Vous arrivez à propos, me dit son valet ; mon maître va bientôt sortir. Attendez ici un instant : je vais vous annoncer. A ces mots, il me laissa dans l'antichambre. Il y revint un moment après, et me fit entrer dans la chambre de son maître, dont le visage me frappa d'abord par un air de famille. Il me sembla que c'étoit mon oncle Thomas, tant ils se ressembloient tous deux. Je le saluai avec un profond respect, et lui dis que j'étois fils de maître Nicolas de la Fuente, barbier d'Olmedo : je lui appris aussi que j'exerçois à Madrid, depuis trois semaines, le métier de mon père en qualité de garçon, et que j'avois dessein de faire le tour de l'Espagne pour me perfectionner. Tandis que je parlois, je m'aperçus que mon oncle rêvoit. Il doutoit apparemment s'il me désavoueroit pour son neveu, ou s'il se déferoit adroitement de moi : il choisit ce dernier parti. Il affecta de prendre un air riant, et me dit : Eh bien, mon ami, comment se portent ton père et tes oncles? dans quel état sont leurs affaires? Je commençai là-dessus à lui représenter la propagation copieuse de notre famille; je lui en nommai tous les enfants mâles et femelles, et je compris dans cette liste jusqu'à leurs parrains et leurs marraines. Il ne parut pas s'intéresser infiniment à ce détail; et venant à ses fins : Diego, reprit-il, j'approuve fort que tu coures le pays pour te rendre parfait dans ton art, et je te conseille de ne point t'arrêter plus long-temps à Madrid : c'est un séjour pernicieux pour la jeunesse; tu t'y perdrois, mon enfant. Tu feras mieux d'aller dans les autres villes du royaume : les mœurs n'y sont pas si corrompues. Va-t'en poursuivit-il, et quand tu seras prêt à partir, viens me revoir; je te donnerai une pistole pour t'aider à faire le tour de l'Espagne. En disant ces paroles, il me mit doucement hors de sa chambre, et me renvoya.

Je n'eus pas l'esprit de m'apercevoir qu'il ne cherchoit qu'à m'éloigner de lui. Je regagnai notre boutique, et rendis compte à mon maître de la visite que je venois de faire. Il ne pénétra pas mieux que moi l'intention du sieur don Pedro, et il me dit : Je ne suis pas du sentiment de votre oncle; au lieu de vous exhorter à courir le pays, il devoit plutôt, ce me semble, vous engager à demeurer dans cette ville. Il voit tant de personnes de qualité ! il peut aisément vous placer dans une grande maison, et vous mettre en état de faire peu à peu une grosse fortune. Frappé de ce discours qui me présentoit de flatteuses images, j'allai deux jours après retrouver mon oncle, et je lui proposai d'employer son crédit pour me faire entrer chez quelque seigneur de la cour. Mais la proposition ne fut pas de son goût. Un homme vain qui entroit librement chez les grands, et mangeoit tous les jours avec eux, n'étoit pas bien aise, pendant qu'il seroit à la table des maîtres, qu'on vît son neveu à la table des valets : le petit Diego auroit fait rougir le seigneur don Pedro. Il ne manqua donc pas de m'éconduire, et même très rudement. Comment, petit libertin, me dit-il d'un air furieux, tu veux quitter ta profession ? Va, je t'abandonne aux gens qui te donnent de si pernicieux conseils. Sors de mon appartement, et n'y remets jamais le pied, autrement je te ferai châtier comme tu le mérites. Je fus bien étourdi de ces paroles, et plus encore du ton sur lequel mon oncle le prenoit. Je me retirai les larmes aux yeux, et fort touché de la dureté qu'il avoit pour moi. Cependant, comme j'ai toujours été vif et fier de mon naturel, j'essuyai bientôt mes pleurs. Je passai même de la douleur à l'indignation, et je résolus de laisser là ce mauvais parent, dont je m'étois bien passé jusqu'à ce jour.

Je ne pensai plus qu'à cultiver mon talent ; je m'attachai au travail. Je rasois toute la journée ; et le soir, pour donner quelque récréation à mon esprit, j'apprenois à jouer de la guitare. J'avois pour maître de cet instrument un vieux *señor escudero* [1], à qui je

---

[1] Seigneur écuyer.

faisois la barbe. Il me montroit aussi la musique, qu'il savoit parfaitement. Il est vrai qu'il avoit été chantre autrefois dans une cathédrale. Il se nommoit Marcos de Obregon [1]. C'étoit un homme sage, qui avoit autant d'esprit que d'expérience, et qui m'aimoit comme si j'eusse été son fils. Il servoit d'écuyer à la femme d'un médecin qui demeuroit à trente pas de notre maison. Je l'allois voir sur la fin du jour, aussitôt que j'avois quitté l'ouvrage, et nous faisions tous deux, assis sur le seuil de la porte, un petit concert qui ne déplaisoit pas au voisinage. Ce n'est pas que nous eussions des voix fort agréables; mais en raclant le boyau, nous chantions l'un et l'autre méthodiquement notre partie, et cela suffisoit pour donner du plaisir aux personnes qui nous écoutoient. Nous divertissions particulièrement dona Mergelina [2], femme du médecin; elle venoit dans l'allée nous entendre, et nous obligeoit quelquefois à recommencer les airs qui se trouvoient le plus de son goût. Son mari ne l'empêchoit pas de prendre ce divertissement. C'étoit un homme qui, bien qu'Espagnol et déjà vieux, n'étoit nullement jaloux: d'ailleurs sa profession l'occupoit tout entier; et comme il revenoit le soir fatigué d'avoir été chez ses malades, il se couchoit de très bonne heure, sans s'inquiéter de

---

[1] Marcos de Obregon est le nom du héros dont Vincent Espinel a écrit longuement la vie, et que Voltaire a cru mal à propos l'original du roman de Gil Blas. Ce chapitre est le seul que Le Sage ait tiré du livre d'Espinel. Il ne l'a imité qu'avec discrétion, et en l'embellissant beaucoup. Ce n'est pas toutefois un de ses plus heureux emprunts à l'esprit castillan.

[2] Le nom de Mergelina est aussi emprunté d'Espinel, dans cette Vie d'Obregon.

l'attention que sa femme donnoit à nos concerts. Peut-être aussi qu'il ne les croyoit pas fort capables de faire de dangereuses impressions. Il faut ajouter à cela qu'il ne pensoit pas avoir le moindre sujet de crainte, Mergelina étant une dame jeune et belle à la vérité, mais d'une vertu si sauvage, qu'elle ne pouvoit souffrir les regards des hommes. Il ne lui faisoit donc pas un crime d'un passe-temps qui lui paroissoit innocent et honnête, et il nous laissoit chanter tant qu'il nous plaisoit.

Un soir, comme j'arrivois à la porte du médecin, dans l'intention de me réjouir à mon ordinaire, j'y trouvai le vieil écuyer qui m'attendoit. Il me prit par la main, et me dit qu'il vouloit faire un tour de promenade avec moi, avant que de commencer notre concert. En même temps il m'entraîna dans une rue détournée, où, voyant qu'il pouvoit m'entretenir en liberté : Diego, mon fils, me dit-il d'un air triste, j'ai quelque chose de particulier à vous apprendre. Je crains fort, mon enfant, que nous ne nous repentions l'un et l'autre de nous amuser tous les soirs à faire des concerts à la porte de mon maître. J'ai sans doute beaucoup d'amitié pour vous : je suis bien aise de vous avoir montré à jouer de la guitare et à chanter; mais si j'avois prévu le malheur qui nous menace, vive Dieu ! j'aurois choisi un autre endroit pour vous donner des leçons. Ce discours m'effraya. Je priai l'écuyer de s'expliquer plus clairement, et de me dire ce que nous avions à craindre; car je n'étois pas homme à braver le péril, et je n'avois pas encore fait mon tour d'Espagne. Je vais, reprit-il, vous conter ce qu'il est nécessaire que vous sachiez pour bien comprendre tout le danger où nous sommes.

Lorsque j'entrai, poursuivit-il, au service du médecin, et il y a de cela une année, il me dit un matin, après m'avoir conduit devant sa femme : Voyez, Marcos, voyez votre maîtresse; c'est cette dame que vous devez accompagner partout. J'admirai dona Mergelina ; je la trouvai merveilleusement belle, faite à peindre, et je fus particulièrement charmé de l'air agréable qu'elle a dans son port. Seigneur, répondis-je au médecin, je suis trop heureux d'avoir à servir une dame si charmante. Ma réponse déplut à Mergelina, qui me dit d'un ton brusque : *Voyez donc celui-là; il s'émancipe vraiment. Oh ! je n'aime point qu'on me dise des douceurs, moi.* Ces paroles, sorties d'une si belle bouche, me surprirent étrangement; je ne pouvois concilier ces façons de parler rustiques et grossières avec l'agrément que je voyois répandu dans toute la personne de ma maîtresse. Pour son mari, il y étoit accoutumé; et, s'applaudissant même d'avoir une épouse d'un si rare caractère : Marcos, me dit-il, ma femme est un prodige de vertu. Ensuite, comme il s'aperçut qu'elle se couvroit de sa mante et se disposoit à sortir pour aller entendre la messe, il me dit de la mener à l'église. Nous ne fûmes pas plus tôt dans la rue, que nous rencontrâmes, ce qui n'est pas extraordinaire, des hommes qui, frappés du bon air de dona Mergelina, lui dirent en passant des choses fort flatteuses. Elle leur répondoit; mais vous ne sauriez vous imaginer jusqu'à quel point ses réponses étoient sottes et ridicules. Ils en demeuroient tout étonnés, et ne pouvoient concevoir qu'il y eût au monde une femme qui trouvât mauvais qu'on la louât. Eh ! madame, lui dis-je d'abord, ne faites point attention aux discours qui vous sont adressés; il vaut mieux garder le silence, que de parler avec aigreur. Non, non, me repartit-elle; je veux apprendre à ces insolents que je ne suis point femme à souffrir qu'on me manque de respect. Enfin il lui échappa tant d'impertinences, que je ne pus m'empêcher de lui dire tout ce que je pensois, au hasard de lui déplaire. Je lui représentai, avec le plus de ménagement toutefois qu'il me fut possible, qu'elle faisoit tort à la nature, et gâtoit mille bonnes qualités par son humeur sauvage; qu'une femme douce et polie pouvoit se faire aimer sans le secours de la beauté, au lieu qu'une belle personne, sans la douceur et la politesse, devenoit un objet de mépris. J'ajoutai à ces raisonnements je ne sais combien d'autres semblables, qui avoient tous pour but la correction de ses mœurs. Après avoir bien moralisé, je craignois que ma franchise n'excitât la colère de ma maîtresse, et ne m'attirât quelque désagréable repartie; néanmoins elle ne se révolta pas contre ma remontrance; elle se contenta de la rendre inutile, de même que celles qu'il me prit sottement envie de lui faire les jours suivants.

Je me lassai de l'avertir en vain de ses défauts, et je l'abandonnai à la férocité de son naturel. Cependant, le croiriez-vous ? cet esprit farouche, cette orgueilleuse femme est depuis deux mois entièrement changée d'humeur. Elle a de l'honnêteté pour tout le monde, et des manières très agréables. Ce n'est plus cette même Mergelina qui ne répondoit que des sottises aux hommes qui lui tenoient des discours obligeants; elle est devenue sensible aux louanges qu'on lui donne; elle aime qu'on lui dise qu'elle est belle, qu'un homme ne peut la voir impunément : les flatteries lui plaisent; elle est présentement comme une autre femme. Ce changement est à peine concevable; et ce qui doit encore vous étonner davantage, c'est d'apprendre que vous êtes l'auteur d'un si grand miracle. Oui, mon cher Diego, continua l'écuyer, c'est vous qui avez ainsi métamorphosé dona Mergelina; vous avez fait une brebis de cette tigresse; en un mot, vous vous êtes attiré son attention. Je m'en suis aperçu plus d'une fois; et je me connois mal en femmes, ou bien elle a conçu pour vous un amour très violent. Voilà, mon fils, la triste nouvelle que j'avois à vous annoncer, et la fâcheuse conjoncture où nous nous trouvons.

Je ne vois pas, dis-je alors au vieillard, qu'il y ait là-dedans un si grand sujet d'affliction pour nous, ni que ce soit un malheur pour moi d'être aimé d'une jolie dame. Ah! Diego, répliqua-t-il, vous raisonnez en jeune homme; vous ne voyez que l'appât, vous ne prenez point garde à l'hameçon; vous ne regardez que le plaisir, et moi, j'envisage tous les désagréments qui le suivent. Tout éclate à la fin; si vous continuez de venir chanter à notre porte, vous irriterez la passion de Mergelina, qui, perdant peut-être toute retenue, laissera voir sa foiblesse au docteur Oloroso[1] son mari; et ce mari, qui se montre aujourd'hui si complaisant, parce

---

[1] *Oloroso*, odoriférant, de bonne odeur. Cette dénomination contraste plaisamment avec la cassolette dont il sera bientôt parlé, et qui est de l'invention de Vincent Espinel dans *la Vie de Marc Obregon*.

qu'il ne croit pas avoir sujet d'être jaloux, deviendra furieux, se vengera d'elle, et pourra nous faire, à vous et à moi, un fort mauvais parti. Eh bien! repris-je, seigneur Marcos, je me rends à vos raisons et m'abandonne à vos conseils. Prescrivez-moi la conduite que je dois tenir pour prévenir tout sinistre accident. Nous n'avons qu'à ne plus faire de concerts, repartit-il. Cessez de paroître devant ma maîtresse : quand elle ne vous verra plus, elle reprendra sa tranquillité. Demeurez chez votre maître, j'irai vous y trouver, et nous jouerons là de la guitare sans péril. J'y consens, lui dis-je, et je vous promets de ne plus remettre le pied chez vous. Effectivement je résolus de ne plus aller chanter à la porte du médecin, et de me tenir désormais renfermé dans ma boutique, puisque j'étois un homme si dangereux à voir.

Cependant le bon écuyer Marcos, avec toute sa prudence, éprouva, peu de jours après, que le moyen qu'il avoit imaginé pour éteindre les feux de dona Mergelina produisoit un effet tout contraire. La dame, dès la seconde nuit, ne m'entendant point chanter, lui demanda pourquoi nous avions discontinué nos concerts, et pour quelle raison elle ne me voyoit plus. Il répondit que j'étois si occupé, que je n'avois pas un moment à donner à mes plaisirs. Elle parut se contenter de cette excuse, et pendant trois autres jours encore elle soutint mon absence avec assez de fermeté; mais au bout de ce temps là ma princesse perdit patience, et dit à son écuyer : Vous me trompez, Marcos; Diego n'a pas cessé sans sujet de venir ici. Il y a là-dessous un mystère que je veux éclaircir. Parlez, je vous l'ordonne : ne me cachez rien. Madame, lui répondit-il en la payant d'une autre défaite, puisque vous souhaitez de savoir les choses, je vous dirai qu'il lui est souvent arrivé, après nos concerts, de trouver chez lui la table desservie; il n'ose plus s'exposer à se coucher sans souper. Comment, sans souper! s'écria-t-elle avec chagrin; que ne m'avez-vous dit cela plus tôt ? Se coucher sans souper! ah! le pauvre enfant! Allez le voir tout à l'heure, et qu'il revienne dès ce soir; il ne s'en retournera plus sans manger; il y aura toujours un plat pour lui.

Qu'entends-je? lui dit l'écuyer en feignant d'être surpris de ce discours : quel changement, ô ciel! Est-ce vous, madame, qui me tenez ce langage? Et depuis quand êtes vous si pitoyable et si sensible? Depuis, répondit-elle brusquement, depuis que vous demeurez dans cette maison, ou plutôt depuis que vous avez condamné mes manières dédaigneuses, et que vous vous êtes efforcé d'adoucir la rudesse de mes mœurs. Mais, hélas! ajouta-t-elle en s'attendrissant, j'ai passé de l'une à l'autre extrémité : d'altière et d'insensible que j'étois, je suis devenue trop douce et trop tendre : j'aime votre jeune ami Diego, sans que je puisse m'en défendre; et son absence, bien loin d'affoiblir mon amour, semble lui donner de nouvelles forces. Est-il possible, reprit le vieillard, qu'un jeune homme qui n'est ni beau ni bien fait soit l'objet d'une passion si forte! Je vous pardonnerois vos sentiments, s'ils vous avoient été inspirés par quelque cavalier d'un mérite brillant..... Ah! Marcos, interrompit Mergelina, je ne ressemble donc point aux autres personnes de mon sexe; ou bien, malgré votre longue expérience, vous ne les connoissez guère, si vous croyez que le mérite les détermine à faire un choix. Si j'en juge par moi-même, elles s'engagent sans délibération. L'amour est un déréglement d'esprit qui nous entraîne vers un objet et nous y attache malgré nous : c'est une maladie qui nous vient comme la rage aux animaux. Cessez donc de me représenter que Diego n'est pas digne de ma tendresse; il suffit que je l'aime, pour trouver en lui mille belles qualités qui ne frappent point votre vue, et qu'il ne possède peut-être pas. Vous avez beau me dire que ses traits et sa taille ne méritent pas la moindre attention, il me paroît fait à ravir, et plus beau que le jour. De plus, il a dans la voix une douceur qui me touche; et il joue, ce me semble, de la guitare avec une grâce toute particulière. Mais, madame, répliqua Marcos, songez-vous à ce qu'est Diego? La bassesse de sa condition..... Je ne suis guère plus que lui, interrompit-elle encore, et quand même je serois une femme de qualité, je ne prendrois pas garde à cela.

Le résultat de cet entretien fut que l'écuyer, jugeant qu'il ne gagneroit rien alors sur l'esprit de sa maîtresse, cessa de combattre son entêtement, comme un adroit pilote cède à la tempête qui l'écarte du port où il s'est proposé d'aller. Il fit plus : pour satisfaire la patronne, il vint me chercher, me prit à part, et après m'avoir conté ce qui s'étoit passé entre elle et lui : Vous voyez, Diego, me dit-il, que nous ne saurions nous dispenser de continuer nos concerts à la porte de Mergelina. Il faut absolument, mon ami, que cette dame vous revoie; autrement elle pourroit faire quelque folie qui nuiroit plus que tout autre chose à sa réputation. Je ne fis point le cruel : je répondis à Marcos que je me rendrois chez lui sur la fin du jour avec ma guitare ; qu'il pouvoit aller porter cette agréable nouvelle à sa maîtresse. Il n'y manqua pas ; et ce fut pour cette amante passionnée un grand sujet de ravissement d'apprendre qu'elle auroit ce soir-là le plaisir de me voir et de m'entendre.

Peu s'en fallut pourtant qu'un incident assez désagréable ne la frustrât de cette espérance. Je ne pus sortir de chez mon maître avant la nuit, qui, pour mes péchés, se trouva très obscure. Je marchois à tâtons dans la rue ; et j'avois fait peut-être la moitié de mon chemin, lorsque d'une fenêtre on me coiffa d'une cassolette qui ne chatouilloit point l'odorat. Je puis dire même que je n'en perdis rien, tant je fus bien ajusté ! Dans cette situation, je ne savois à quoi me résoudre : de retourner sur mes pas, quelle scène pour mes camarades ! c'étoit me livrer à toutes les mauvaises plaisanteries du monde : d'aller aussi chez Mergelina dans le bel état ou j'étois, cela me faisoit de la peine. Je pris pourtant le parti de gagner la maison du médecin. Je rencontrai à la porte le vieil écuyer qui m'attendoit. Il me dit que le docteur Oloroso venoit de se coucher, et que nous pouvions librement nous divertir. Je répondis qu'il falloit auparavant nettoyer mes habits ; en même temps je lui contai ma disgrâce. Il y parut sensible, et me fit entrer dans une salle où étoit sa maîtresse. D'abord que cette dame sut mon aventure, et me vit tel que j'étois, elle me plaignit autant que si les plus grands malheurs me fussent arrivés ; puis, apostrophant la personne qui m'avoit accommodé de cette manière, elle lui donna mille malédictions. Eh !

madame, lui dit Marcos, modérez vos transports; considérez que cet événement est un pur effet du hasard; il n'en faut point avoir un ressentiment si vif. Pourquoi, s'écria-t-elle avec emportement, pourquoi ne voulez-vous pas que je ressente vivement l'offense qu'on a faite à ce petit agneau, à cette colombe sans fiel, qui ne se plaint seulement pas de l'outrage qu'il a reçu ? Ah ! que ne suis-je homme en ce moment pour le venger.

Elle dit une infinité d'autres choses encore qui marquoient bien l'excès de son amour, qu'elle ne fit pas moins éclater par ses actions; car, tandis que Marcos s'occupoit à m'essuyer avec une serviette, elle courut dans sa chambre, et en apporta une boîte remplie de toutes sortes de parfums. Elle brûla des drogues odoriférantes, et en parfuma mes habits; après quoi elle répandit dessus des essences abondamment. La fumigation et l'aspersion finie, cette charitable femme alla chercher elle-même, dans la cuisine, du pain, du vin, et quelques morceaux de mouton rôti, qu'elle avoit mis à part pour moi. Elle m'obligea de manger; et prenant plaisir à me servir, tantôt elle me coupoit ma viande, et tantôt elle me versoit à boire, malgré tout ce que nous pouvions faire, Marcos et moi, pour l'en empêcher. Quand j'eus soupé, messieurs de la symphonie se préparèrent à bien accorder leurs voix avec leur guitare. Nous fîmes un concert qui charma Mergelina. Il est vrai que nous affections de chanter des airs dont les paroles flattoient son amour; et il faut remarquer qu'en chantant je la regardois quelquefois du coin de l'œil, d'une manière qui mettoit le feu aux étoupes; car le jeu commençoit à me plaire. Le concert, quoiqu'il durât depuis long-temps, ne m'ennuyoit point. Pour la dame, à qui les heures paroissoient des moments, elle auroit volontiers passé la nuit à nous entendre, si le vieil écuyer, à qui les moments paroissoient des heures, ne l'eût fait souvenir qu'il étoit déjà tard. Elle lui donna bien dix fois la peine de répéter cela. Mais elle avoit affaire à un homme infatigable là-dessus; il ne la laissa point en repos que je ne fusse sorti. Comme il étoit sage et prudent, et qu'il voyoit sa maîtresse abandonnée à une folle passion, il craignit qu'il ne nous arrivât quelque traverse. Sa crainte fut bientôt justifiée : le médecin, soit qu'il se doutât de quelque intrigue secrète, soit que le démon de la jalousie, qui l'avoit respecté jusqu'alors, voulût l'agiter, s'avisa de blâmer nos concerts. Il fit plus : il les défendit en maître; et, sans dire les raisons qu'il avoit d'en user de cette sorte, il déclara qu'il ne souffriroit pas davantage qu'on reçût chez lui des étrangers.

Marcos me signifia cette déclaration, qui me regardoit particulièrement, et dont je fus très mortifié. J'avois conçu des espérances que j'étois fâché de perdre. Néanmoins, pour rapporter les choses en fidèle historien, je vous avouerai que je pris mon mal en patience. Il n'en fut pas de même de Mergelina : ses sentiments en devinrent plus vifs. Mon cher Marcos, dit-elle à son écuyer, c'est de vous seul que j'attends du secours. Faites en sorte, je vous prie, que je puisse voir secrètement Diego. Que me demandez-vous? répondit le vieillard avec colère. Je n'ai eu que trop de complaisance pour vous. Je ne prétends point, pour satisfaire votre ardeur insensée, contribuer à déshonorer mon

maître, à vous perdre de réputation, et à me couvrir
d'infamie, moi qui ai toujours passé pour un domestique d'une conduite irréprochable. J'aime mieux sortir
de votre maison que d'y servir d'une manière si honteuse. Ah! Marcos, interrompit la dame tout effrayée
de ces dernières paroles, vous me percez le cœur quand
vous me parlez de vous retirer. Cruel, vous songez à
m'abandonner après m'avoir réduite dans l'état où je
suis? Rendez-moi donc auparavant mon orgueil et cet
esprit sauvage que vous m'avez ôté. Que n'ai-je encore
ces heureux défauts! je serois aujourd'hui tranquille;
au lieu que vos remontrances indiscrètes m'ont ravi le
repos dont je jouissois. Vous avez corrompu mes mœurs
en voulant les corriger.... Mais, poursuivit-elle en pleurant, que dis-je, malheureuse? pourquoi vous faire
d'injustes reproches? Non, mon père, vous n'êtes point
l'auteur de mon infortune; c'est mon mauvais sort qui
me préparoit tant d'ennui. Ne prenez point garde, je
vous en conjure, aux discours extravagants qui m'échappent. Hélas! ma passion me trouble l'esprit: ayez
pitié de ma foiblesse; vous êtes toute ma consolation;
et si ma vie vous est chère, ne me refusez point votre
assistance.

A ces mots ses pleurs redoublèrent, de sorte qu'elle
ne put continuer. Elle tira son mouchoir; et, s'en couvrant le visage, elle se laissa tomber sur une chaise,
comme une personne qui succombe à son affliction. Le
vieux Marcos, qui étoit peut-être la meilleure pâte
d'écuyer qu'on vît jamais, ne résista point à un spectacle si touchant; il en fut vivement pénétré; il confondit même ses larmes avec celles de sa maîtresse, et

lui dit d'un air attendri : Ah! madame, que vous êtes séduisante! Je ne puis tenir contre votre douleur; elle vient de vaincre ma vertu. Je vous promets mon secours. Je ne m'étonne plus si l'amour a la force de vous faire oublier votre devoir, puisque la compassion seule est capable de m'écarter du mien. Ainsi donc l'écuyer, malgré sa conduite irréprochable, se dévoua fort obligeamment à la passion de Mergelina. Il vint un matin m'instruire de tout cela; et il me dit, en me quittant, qu'il concertoit déjà dans son esprit ce qu'il avoit à faire pour me procurer une secrète entrevue avec la dame. Il ranima par là mon espérance; mais j'appris, deux heures après, une très mauvaise nouvelle. Un garçon apothicaire du quartier, une de nos pratiques, entra pour se faire faire la barbe. Tandis que je me disposois à le raser, il me dit : Seigneur Diego, comment gouvernez-vous le vieil écuyer Marcos de Obregon, votre ami? Savez-vous qu'il va sortir de chez le docteur Oloroso? Je répondis que non. C'est une chose certaine, reprit-il : on doit aujourd'hui lui donner son congé. Son maître et le mien viennent devant moi, tout à l'heure, de s'entretenir à ce sujet; et voici, poursuivit-il, quelle a été leur conversation. Seigneur Apuntador [1], a dit le médecin, j'ai une prière à vous faire. Je ne suis pas content d'un vieil écuyer que j'ai dans ma maison, et je voudrois bien mettre ma femme sous la conduite d'une duègne [2] fidèle, sévère et vigilante. Je vous entends, a interrompu mon maître. Vous auriez

---

[1] *Apuntador,* celui qui marque, qui pointe et qui braque.
[2] *Duègne,* qu'on prononce douègne, vieille femme qui veille sur la conduite d'une jeune. *Dueña de honor,* dame d'honneur.

besoin de la dame Melancia, qui a servi de gouvernante à mon épouse, et qui, depuis six semaines que je suis veuf, demeure encore chez moi. Quoiqu'elle me soit utile dans mon ménage, je vous la cède, à cause de l'intérêt particulier que je prends à votre honneur. Vous pourrez vous reposer sur elle de la sûreté de votre front : c'est la perle des duègnes, un vrai dragon pour garder la pudicité du sexe. Pendant douze années entières qu'elle a été auprès de ma femme, qui, comme vous savez, avoit de la jeunesse et de la beauté, je n'ai pas vu l'ombre d'un galant dans ma maison. Oh! vive Dieu! il ne falloit pas s'y jouer. Je vous dirai même que la défunte, dans les commencements, avoit une grande propension à la coquetterie; mais la dame Melancia la refroidit bientôt, et lui inspira du goût pour la vertu. Enfin c'est un trésor que cette gouvernante, et vous me remercierez plus d'une fois de vous avoir fait ce présent. Là-dessus le docteur a témoigné que ce discours lui donnoit bien de la joie ; et ils sont convenus, le seigneur Apuntador et lui, que la duègne iroit dès ce jour remplir la place du vieil écuyer.

Cette nouvelle, que je crus véritable, et qui l'étoit en effet, troubla les idées de plaisir dont je recommençois à me repaître; et Marcos, l'après-dînée, acheva de les confondre, en me confirmant le rapport du garçon apothicaire. Mon cher Diego, me dit le bon écuyer, je suis ravi que le docteur Oloroso m'ait chassé de sa maison; il m'épargne par là bien des peines. Outre que je me voyois à regret chargé d'un vilain emploi, il m'auroit fallu imaginer des ruses et des détours pour vous faire parler en secret à Mergelina. Quel embarras!

Grâces au ciel, je suis délivré de ces soins fâcheux, et du danger qui les accompagnoit. De votre côté, mon fils, vous devez vous consoler de la perte de quelques doux moments, qui auroient pu être suivis de mille chagrins. Je goûtai la morale de Marcos, parce que je n'espérois plus rien, et je quittai la partie. Je n'étois pas, je l'avoue, de ces amants opiniâtres qui se roidissent contre les obstacles; mais quand je l'aurois été, la dame Melancia m'eût fait lâcher prise. Le caractère qu'on donnoit à cette duègne me paroissoit capable de désespérer tous les galants. Cependant, avec quelques couleurs qu'on me l'eût peinte, je ne laissai pas, deux ou trois jours après, d'apprendre que la femme du médecin avoit endormi cet argus, ou corrompu sa fidélité. Comme je sortois pour aller raser un de nos voisins, une bonne vieille m'arrêta dans la rue, et me demanda si je m'appelois Diego de la Fuente. Je répondis qu'oui. Cela étant, reprit-elle, c'est à vous que j'ai affaire. Trouvez-vous cette nuit à la porte de dona Mergelina, et quand vous y serez, faites-le connoître par quelque signal, et l'on vous introduira dans la maison. Eh bien! lui dis-je, il faut convenir du signe que je donnerai. Je sais contrefaire le chat à ravir; je miaulerai à diverses reprises. C'est assez, répliqua la messagère de galanterie; je vais porter votre réponse. Votre servante, seigneur Diego; que le ciel vous conserve! Ah! que vous êtes gentil! Par sainte Agnès, je voudrois n'avoir que quinze ans, je ne vous chercherois pas pour les autres! A ces paroles, l'officieuse vieille s'éloigna de moi.

Vous vous imaginez bien que ce message m'agita furieusement : adieu la morale de Marcos. J'attendis la nuit avec impatience; et, quand je jugeai que le docteur Oloroso reposoit, je me rendis à sa porte. Là je me mis à faire des miaulements qu'on devoit entendre de loin, et qui sans doute faisoient honneur au maître qui m'avoit enseigné un si bel art. Un moment après, Mergelina vint elle-même ouvrir doucement la porte, et la referma dès que je fus dans la maison. Nous gagnâmes la salle où notre dernier concert avoit été fait, et qu'une petite lampe, qui brûloit dans la cheminée, éclairoit faiblement. Nous nous assîmes à côté l'un de l'autre pour nous entretenir, tous deux fort émus, avec cette différence que le plaisir seul causoit toute son émotion, et qu'il entroit un peu de frayeur dans la mienne. Ma dame m'assuroit vainement que nous n'avions rien à craindre de la part de son mari; je sentois un frisson qui troubloit ma joie. Madame, lui dis-je, comment avez-vous pu tromper la vigilance de votre gouvernante? après ce que j'ai ouï dire de la dame Melancia, je ne croyois pas qu'il vous fût possible de trouver les moyens de me donner de vos nouvelles, encore moins de me voir en particulier. Dona Mergelina sourit à ce discours, et me répondit: Vous cesserez d'être surpris de la secrète entrevue que nous avons cette nuit ensemble, lorsque je vous aurai conté ce qui s'est passé entre ma duègne et moi. Lorsqu'elle entra dans cette maison, mon mari lui fit mille caresses, et me dit: Mergelina, je vous abandonne à la conduite de cette discrète dame, qui est un précis de toutes les vertus; c'est un miroir que vous aurez incessamment devant les yeux pour vous former à la sagesse. Cette admirable personne a gouverné pendant douze années la femme d'un apothicaire de mes amis; mais gouverné..... comme on ne gouverne point; elle en a fait une espèce de sainte.

Cet éloge, que la mine sévère de la dame Melancia ne démentoit point, me coûta bien des pleurs et me mit au désespoir. Je me représentai les leçons qu'il me faudroit écouter depuis le matin jusqu'au soir, et les réprimandes que j'aurois à essuyer tous les jours. Enfin je m'attendois à devenir la femme du monde la plus malheureuse. Ne ménageant rien dans une si cruelle attente, je dis d'un air brusque à la duègne, d'abord que je me vis seule avec elle : Vous vous préparez sans doute à me bien faire souffrir; mais je ne suis pas fort patiente, je vous en avertis. Je vous donnerai de mon côté toutes les mortifications possibles. Je vous déclare que j'ai dans le cœur une passion que vos remontrances n'en arracheront pas : vous pouvez prendre vos mesures là-dessus. Redoublez vos soins vigilans, je vous avoue que je n'épargnerai rien pour les tromper. A ces mots la duègne renfrognée (je crus qu'elle m'alloit bien haranguer pour son coup d'essai) se dérida le front, et me dit d'un air riant : Vous êtes d'une humeur qui me charme, et votre franchise excite la mienne. Je vois que nous sommes faites l'une pour l'autre. Ah! belle Mergelina, que vous me connoissez mal, si vous jugez de moi par le bien que le docteur votre époux vous en a dit, ou sur ma vue rébarbative! Je ne suis rien moins qu'une ennemie des plaisirs, et je ne me rends ministre de la jalousie des maris que pour servir les jolies femmes. Il y a long-temps que je possède le grand art de me masquer, et je puis dire que je suis doublement heureuse, puisque je jouis tout ensemble de la commodité du vice et de la réputation que donne la vertu. Entre nous, le monde n'est guère vertueux que de cette façon. Il en coûte trop pour acquérir le fond des vertus : on se contente aujourd'hui d'en avoir les apparences.

Laissez-moi vous conduire, poursuivit la gouvernante; nous allons bien en faire accroire au docteur Oloroso. Il aura, par ma foi, le même destin que le seigneur Apuntador. Le front d'un médecin ne me paroît pas plus respectable que celui d'un apothicaire. Le pauvre Apuntador ! que nous lui avons joué de tours, sa femme et moi ! que cette dame étoit aimable ! le bon petit naturel ! le ciel lui fasse paix ! Je vous réponds qu'elle a bien passé sa jeunesse. Elle a eu je ne sais combien d'amants, que j'ai introduits dans sa maison sans que son mari s'en soit jamais aperçu. Regardez-moi donc, madame, d'un œil plus favorable, et soyez persuadée, quelque talent qu'eût le vieil écuyer qui vous servoit, que vous ne perdez rien au change. Je vous serai peut-être encore plus utile que lui.

Je vous laisse à penser, Diego, continua Mergelina, si je sus bon gré à la duègne de se découvrir à moi si franchement. Je la croyois d'une vertu austère. Voilà comme on juge mal des femmes ! Elle me gagna d'abord par ce caractère de sincérité. Je l'embrassai avec un transport de joie qui lui marqua d'avance que j'étois charmée de l'avoir pour gouvernante. Je lui fis ensuite une confidence entière de mes sentiments, et je la priai de me ménager au plus tôt un entretien secret avec vous. Elle n'y a pas manqué. Dès ce matin elle a mis en campagne cette vieille qui vous a parlé, et qui est une intrigante qu'elle a souvent employée pour la femme de l'apothicaire. Mais ce qu'il y a de plus plaisant dans cette aventure, ajouta-t-elle en riant, c'est que Melancia, sur le rapport que je lui ai fait de l'habitude que mon époux a de passer la nuit fort tranquillement, s'est couchée auprès de lui, et tient ma place en ce moment. Tant pis, madame, dis-je alors à Mergelina; je n'applaudis point à l'invention. Votre mari peut fort bien se réveiller, et s'apercevoir de la supercherie. Il ne s'en apercevra point, répondit-elle avec précipitation : soyez sur cela sans inquiétude, et qu'une vaine crainte n'empoisonne pas le plaisir que vous devez avoir d'être avec une jeune dame qui vous veut du bien.

La femme du vieux docteur, remarquant que ce discours ne m'empêchoit pas de craindre, n'oublia rien de tout ce qu'elle crut capable de me rassurer; et elle s'y prit de tant de façons, qu'elle en vint à bout. Je ne pensai plus qu'à profiter de l'occasion; mais dans le temps que le dieu Cupidon, suivi des ris et des jeux, se disposoit à faire mon bonheur, nous entendîmes frapper rudement à la porte de la rue. Aussitôt l'amour et sa suite s'envolèrent, ainsi que des oiseaux timides qu'un grand bruit effarouche tout à coup. Mergelina me cacha promptement sous une table qui étoit dans la salle; elle souffla la lampe; et, comme elle en étoit convenue avec sa gouvernante, en cas que ce contre-temps arrivât, elle se rendit à la porte de la chambre où reposoit son mari. Cependant on continuoit de frapper à grands coups redoublés, qui faisoient retentir toute la maison. Le médecin s'éveille en sursaut, et appelle Melancia. La duègne s'élance hors du lit, bien que le docteur, qui la prenoit pour sa femme, lui criât de ne se point lever; elle joignit sa maîtresse, qui, la sentant à ses côtés, appelle aussi Melancia, et lui dit d'aller voir qui frappe à la porte. Madame, lui répond la gouvernante, me voici, recouchez-vous s'il vous plaît; je vais savoir ce que c'est. Pendant ce temps-là Mergelina, s'étant déshabillée, se mit au lit auprès du docteur, qui n'eut pas le moindre soupçon qu'on le trompât. Il est vrai que cette scène venoit d'être jouée dans l'obscurité par deux actrices dont l'une étoit incomparable, et l'autre avoit beaucoup de disposition à le devenir.

La duègne, couverte d'une robe de chambre, parut bientôt après, tenant un flambeau à la main : Seigneur docteur, dit-elle à son maître, prenez la peine de vous lever! Le libraire Fernandez de Buendia, notre voisin, est tombé en apoplexie : on vous demande de sa part; courez à son secours. Le médecin s'habilla le plus tôt qu'il lui fut possible, et sortit. Sa femme, en robe de chambre, vint avec la duègne dans la salle où j'étois. Elles me retirèrent de dessous la table plus mort que vif. Vous n'avez rien à craindre, Diego, me dit Mergelina; remettez-vous! En même temps elle m'apprit en deux mots comment les choses s'étoient passées. Elle voulut ensuite renouer avec moi l'entretien qui avoit été interrompu; mais la gouvernante s'y opposa. Madame, lui dit-elle, votre époux trouvera peut-être le libraire mort, et reviendra sur ses pas. D'ailleurs, ajouta-t-elle en me voyant transi de peur, que feriez-vous de ce pauvre garçon là? il n'est pas en état de soutenir la conversation. Il vaut mieux le renvoyer, et remettre la partie à demain. Dona Mergelina n'y consentit qu'à regret, tant elle aimoit le présent; et je crois qu'elle fut bien mortifiée de n'avoir pu faire prendre à son docteur le nouveau bonnet qu'elle lui destinoit.

Pour moi, moins affligé d'avoir manqué les plus précieuses faveurs de l'amour, que bien aise d'être hors de péril, je retournai chez mon maître, où je passai le reste de la nuit à faire des réflexions sur mon aventure. Je doutai quelque temps si j'irois au rendez-vous la nuit suivante. Je n'avois pas meilleure opinion de cette seconde équipée que de l'autre; mais le diable, qui nous obsède toujours, ou plutôt nous possède dans de pareilles conjonctures, me représenta que je serois un grand sot d'en demeurer en si beau chemin. Il offrit même à mon esprit Mergelina avec de nouveaux charmes, et releva le prix des plaisirs qui m'attendoient. Je résolus de poursuivre ma pointe; et, me promettant bien d'avoir plus de fermeté, je me rendis le lendemain, dans cette belle disposition, à la porte du docteur, entre onze heures et minuit. Le ciel étoit très obscur; je n'y voyois pas briller une étoile. Je miaulai deux ou trois fois pour avertir que j'étois dans la rue; et comme personne ne venoit ouvrir, je ne me contentai pas de recommencer, je me mis à contrefaire tous les différents cris de chat qu'un berger d'Olmedo m'avoit appris; je m'en acquittai si bien, qu'un voisin qui rentroit chez lui, me prenant pour un de ces animaux dont j'imitois les miaulements, ramassa un caillou qui se trouva sous ses pieds, et me le jetta de toute sa force, en disant : Maudit soit le matou! Je reçus le coup à la tête, et j'en fus si étourdi dans le moment, que je pensai tomber à la renverse. Je sentis que j'étois bien blessé. Il ne m'en fallut pas davantage pour me dégoûter de la galanterie; et, perdant mon amour avec mon sang, je regagnai notre maison, où je réveillai et fis lever tout le monde. Mon maître visita et pansa ma blessure, qu'il jugea dangereuse. Elle n'eut pas pourtant de mauvaises suites, et il n'y paroissoit plus trois semaines après. Pendant tout ce temps-là, je n'entendis point parler de Mergelina. Il est à croire que la dame Melancia, pour la détacher de moi, lui fit faire quelque bonne connoissance. Mais c'est de quoi je ne m'embarrassois guère, puisque je sortis de Madrid pour continuer mon tour d'Espagne, d'abord que je me vis parfaitement guéri.

CHAPITRE VIII.

De la rencontre que Gil Blas et son compagnon firent d'un homme qui trempoit des croûtes de pain dans une fontaine, et de l'entretien qu'ils eurent avec lui.

Franchise, garde-robe, et malheurs d'un comédien de campagne, qui rit quand on le siffle.

LE seigneur Diego de la Fuente me raconta d'autres aventures encore qui lui étoient arrivées depuis; mais elles me semblent si peu dignes d'être rapportées, que je les passerai sous silence. Je fus pourtant obligé d'en entendre le récit, qui ne laissa pas d'être fort long; il nous mena jusqu'à Ponte de Duero. Nous nous arrêtâmes dans ce bourg le reste de la journée. Nous fîmes faire dans l'hôtellerie une soupe aux choux, et mettre à la broche un lièvre que nous eûmes grand soin de vérifier. Nous poursuivîmes notre chemin dès la pointe du jour suivant, après avoir rempli notre outre d'un vin assez bon, et notre sac de quelques morceaux de pain avec la moitié du lièvre qui nous restoit de notre souper.

Lorsque nous eûmes fait environ deux lieues, nous nous sentîmes de l'appétit; et, comme nous aperçûmes à deux cents pas du grand chemin plusieurs gros arbres qui formoient dans la campagne un ombrage très agréable, nous allâmes faire halte en cet endroit. Nous y rencontrâmes un homme de vingt-sept à vingt-huit ans, qui trempoit des croûtes de pain dans une fontaine. Il avoit auprès de lui une longue rapière étendue sur l'herbe, avec un havresac dont il s'étoit déchargé les épaules. Il nous parut mal vêtu, mais bien fait et de bonne mine. Nous l'abordâmes civilement, il nous salua de même. Ensuite il nous présenta de ses croûtes, et nous demanda d'un air riant si nous voulions être de la partie. Nous lui répondîmes qu'oui, pourvu qu'il trouvât bon que, pour rendre le repas plus solide, nous joignissions notre déjeuner au sien. Il y consentit fort volontiers, et nous exhibâmes aussitôt nos denrées; ce qui ne déplut point à l'inconnu. Comment donc, messieurs, s'écria-t-il tout transporté de joie, voilà bien des munitions! Vous êtes, à ce que je vois, des gens de prévoyance. Je ne voyage pas avec tant de précaution, moi; je donne beaucoup au hasard.

Cependant, malgré l'état où vous me trouvez, je puis dire sans vanité que je fais quelquefois une figure assez brillante. Savez-vous bien qu'on me traite ordinairement de prince, et que j'ai des gardes à ma suite? Je vous entends, dit Diego; vous voulez nous faire comprendre par là que vous êtes comédien. Vous l'avez deviné, répondit l'autre; je fais la comédie depuis quinze années pour le moins. Je n'étois encore qu'un enfant que je jouois déjà de petits rôles. Franchement, répliqua le barbier en branlant la tête, j'ai de la peine à vous croire. Je connois les comédiens; ces messieurs-là ne font pas, comme vous, des voyages à pied, ni des repas de saint Antoine [1]; je doute même que vous mouchiez les chandelles. Vous pouvez, repartit l'histrion, penser de moi tout ce qu'il vous plaira; mais je ne laisse pas de jouer les premiers rôles; je fais les amoureux. Cela étant, dit mon camarade, je vous en félicite, et je suis ravi que le seigneur Gil Blas et moi nous ayons l'honneur de déjeuner avec un personnage d'une si grande importance.

Nous commençâmes alors à ronger nos grignons et les restes précieux du lièvre, en donnant à l'outre de si rudes accolades, que nous l'eûmes bientôt vidée. Nous étions si occupés tous trois de ce que nous faisions, que nous ne parlâmes presque point pendant ce temps-là; mais après avoir mangé, nous reprîmes ainsi la conversation. Je suis surpris, dit le barbier au

---

[1] On appelle proverbialement un repas de saint Antoine un repas où l'on n'a que du pain et de l'eau, par allusion au régime du saint instituteur des anachorètes, qui vécut cent cinq ans à la faveur de ce régime, et qui est plus célèbre encore par ses tentations.

comédien, que vous paroissiez si mal dans vos affaires. Pour un héros de théâtre, vous avez l'air bien indigent! Pardonnez si je vous dis si librement ma pensée. Si librement! s'écria l'acteur; ah! vraiment, vous ne connoissez guère Melchior Zapata [1]. Grâces à Dieu, je n'ai point un esprit à contre-poil. Vous me faites plaisir de me parler avec tant de franchise, car j'aime à dire aussi tout ce que j'ai sur le cœur. J'avoue de bonne foi que je ne suis pas riche. Tenez, poursuivit-il en nous faisant remarquer que son pourpoint étoit doublé d'affiches de comédie, voilà l'étoffe ordinaire qui me sert de doublure; et si vous êtes curieux de voir ma garde-robe, je vais satisfaire votre curiosité. En même temps il tira de son havresac un habit couvert de vieux passements d'argent faux, une mauvaise capeline [2], avec quelques vieilles plumes, des bas de soie tous pleins de trous, et des souliers de maroquin rouge fort usés. Vous voyez, nous dit-il ensuite, que je suis passablement gueux. Cela m'étonne, répliqua Diego : vous n'avez donc ni femme ni fille? J'ai une

[1] Le nom de Zapata étoit connu sur notre théâtre par cette plaisanterie de Scarron :

Oui! Pascal Zapata,
Ou Zapata Pascal! car il n'importe guère
Que Pascal soit devant, ou Pascal soit derrière.

Voltaire n'a pas dédaigné d'insérer dans ses *Facéties* des questions malicieuses sous le nom de *Melchior Zapata*, qui veut dire à peu près *Melchior le Sapeur*, ou *Pantoufle*.

Ce nom de *Zapata* se donne aussi en Italie à l'usage où l'on est, le jour de saint Nicolas, de cacher des présents dans les souliers ou les pantoufles de ceux qu'on honore, afin de les surprendre le matin, lorsqu'ils viennent à s'habiller. (*Dictionnaire des Origines*.)

[2] Capeline, en espagnol, *capellina*, petit chapeau à grands bords.

femme belle et jeune, repartit Zapata, et je n'en suis pas plus avancé. Admirez la fatalité de mon étoile! j'épouse une aimable actrice, dans l'espérance qu'elle ne me laissera pas mourir de faim; et, pour mon malheur, elle a une sagesse incorruptible. Qui diable n'y auroit pas été trompé comme moi? il faut que parmi les comédiennes de campagne il s'en trouve une vertueuse, et qu'elle me tombe entre les mains. C'est assurément jouer de malheur, dit le barbier. Aussi, que ne preniez vous une actrice de la grande troupe de Madrid? vous auriez été sûr de votre fait. J'en demeure d'accord, reprit l'histrion; mais, malepeste! il n'est pas permis à un petit comédien de campagne d'élever sa pensée jusqu'à ces fameuses héroïnes. C'est tout ce que pourroit faire un acteur même de la troupe du prince; encore y en a-t-il qui sont obligés de se pourvoir en ville. Heureusement pour eux la ville est bonne, et l'on y rencontre souvent des sujets qui valent bien des princesses de coulisses.

Eh! n'avez-vous jamais songé, lui dit mon compagnon, à vous introduire dans cette troupe? Est-il besoin d'un mérite infini pour y entrer? Bon! répondit Melchior, vous moquez-vous, avec votre mérite infini? Il y a vingt acteurs. Demandez de leurs nouvelles au public, vous en entendrez parler dans de jolis termes! Il y en a plus de la moitié qui mériteroient de porter encore le havresac. Malgré tout cela néanmoins, il n'est pas aisé d'être reçu parmi eux. Il faut des espèces ou de puissants amis pour suppléer à la médiocrité du talent. Je dois le savoir, puisque je viens de débuter à Madrid, où j'ai été hué et sifflé comme tous les diables, quoique je dusse être fort applaudi ; car j'ai crié, j'ai pris des tons extravagants, et suis sorti cent fois de la nature ; de plus, j'ai mis, en déclamant, le poing sous le menton de ma princesse ; en un mot, j'ai joué dans le goût des grands acteurs de ce pays-là ; et cependant le même public, qui trouve en eux ces manières fort agréables, n'a pu les souffrir en moi. Voyez ce que c'est que la prévention ! Ainsi donc, ne pouvant plaire par mon jeu, et n'ayant pas de quoi me faire recevoir en dépit de ceux qui m'ont sifflé, je m'en retourne à Zamora. J'y vais rejoindre ma femme et mes camarades, qui n'y font pas trop bien leurs affaires. Puissions-nous n'être pas obligés d'y quêter, pour nous mettre en état de nous rendre dans une autre ville, comme cela nous est arrivé plus d'une fois !

A ces mots, le prince dramatique se leva, reprit son havresac et son épée, et nous dit d'un air grave en nous quittant :

.... Adieu, messieurs ;
Puissent les dieux sur vous épuiser leurs faveurs !

Et vous, lui répondit Diego du même ton, puissiez-vous retrouver à Zamora votre femme changée et bien établie ! Dès que le seigneur Zapata nous eut tourné les talons, il se mit à gesticuler et à déclamer en marchant. Aussitôt le barbier et moi nous commençâmes à le siffler pour lui rappeler son début. Nos sifflements frappèrent ses oreilles ; il crut entendre encore les sifflets de Madrid. Il regarda derrière lui ; et, voyant que nous prenions plaisir à nous égayer à ses dépens, loin de s'offenser de ce trait bouffon, il entra de bonne grâce dans la plaisanterie, et continua son chemin en faisant de grands éclats de rire. De notre côté, nous nous en donnâmes tout le saoul, après quoi nous regagnâmes le grand chemin et poursuivîmes notre route. [1]

CHAPITRE IX.

Dans quel état Diego retrouva sa famille, et après quelles réjouissances Gil Blas et lui se séparèrent.

Fêtes champêtres. — Pédant renforcé. Pastorale fade. — Tragédie terrible. — Distribution des prix. — Disputes.

Nous allâmes ce jour-là coucher entre Moyados et Valpuesta, dans un petit village dont j'ai oublié le nom; et le lendemain nous arrivâmes, sur les onze heures du matin, dans la plaine d'Olmedo. Seigneur Gil Blas, me dit mon camarade, voici le lieu de ma naissance; je ne puis le revoir sans transport, tant il est naturel d'aimer sa patrie. Seigneur Diego, lui répondis-je, un homme qui témoigne tant d'amour pour son pays en devoit parler, ce me semble, un peu plus avantageusement que vous n'avez fait. Olmedo me paroît une ville, et vous m'avez dit que c'étoit un village; il falloit du moins le traiter de gros bourg. Je lui fais réparation d'honneur, reprit le barbier; mais je vous dirai qu'après avoir vu Madrid, Tolède, Sara-

[1] On retrouvera Melchior Zapata et sa femme si vertueuse, dans la suite de cette histoire, livre VII, chap. VIII et XI.

gosse et toutes les autres grandes villes où j'ai demeuré en faisant le tour de l'Espagne, je regarde les petites comme des villages A mesure que nous avancions dans la plaine, il nous paroissoit que nous apercevions beaucoup de monde auprès d'Olmedo ; et, lorsque nous fûmes plus à portée de discerner les objets, nous trouvâmes de quoi occuper nos regards.

Il y avoit trois pavillons tendus à quelque distance l'un de l'autre ; et tout auprès, un grand nombre de cuisiniers et de marmitons qui préparoient un festin. Ceux-ci mettaient des couverts sur de longues tables dressées sous les tentes ; ceux-là remplissoient de vin des cruches de terre. Les autres faisoient bouillir des marmites, et les autres enfin tournoient des broches où il y avoit toutes sortes de viandes. Mais je considérai plus attentivement que tout le reste un grand théâtre qu'on avoit élevé. Il étoit orné d'une décoration de carton peint de diverses couleurs, et chargé de devises grecques et latines. Le barbier n'eut pas plus tôt vu ces inscriptions, qu'il me dit : Tous ces mots grecs sentent furieusement mon oncle Thomas ; je vais parier qu'il y aura mis la main ; car, entre nous, c'est un habile homme. Il sait par cœur une infinité de livres de collége. Tout ce qui me fâche, c'est qu'il en rapporte sans cesse des passages dans la conversation ; ce qui ne plaît pas à tout le monde Outre cela, continua-t-il, mon oncle a traduit des poëtes latins et des auteurs grecs. Il possède l'antiquité, comme on peut le voir par les belles remarques qu'il a faites. Sans lui, nous ne saurions pas que dans la ville d'Athènes les enfants pleuroient quand on leur donnoit le fouet :

nous devons cette découverte à sa profonde érudition.

Après que mon camarade et moi nous eûmes regardé toutes les choses dont je viens de parler, il nous prit envie d'apprendre pourquoi l'on faisoit de pareils préparatifs. Nous allions nous en informer, lorsque, dans un homme qui avoit l'air de l'ordonnateur de la fête, Diego reconnut le seigneur Thomas de la Fuente, que nous joignîmes avec empressement. Le maître d'école ne remit pas d'abord le jeune barbier, tant il le trouva changé depuis dix années. Ne pouvant toutefois le méconnoître, il l'embrassa cordialement, et lui dit d'un air affectueux : Eh! te voilà, Diego, mon cher neveu, te voilà donc de retour dans la ville qui t'a vu naître? Tu viens revoir tes dieux pénates, et le ciel te rend sain et sauf à ta famille. O jour trois et quatre fois heureux! *albo dies notanda lapillo* [1]. Il y a bien des nouvelles, mon ami, poursuivit-il : ton oncle Pedro le bel esprit est devenu la victime de Pluton; il y a trois mois qu'il est mort. Cet avare, pendant sa vie, craignoit de manquer des choses les plus nécessaires : *argenti pallebat amore*. Outre les grosses pensions que quelques grands lui faisoient, il ne dépensoit pas dix pistoles chaque année pour son entretien; il était même servi par un valet qu'il ne nourrissoit point. Ce fou, plus insensé que le grec Aristippe, qui fit jeter

---

[1] Jour digne d'être marqué d'une pierre blanche !

(C'étoit la phrase que Le Sage avoit mise en françois dans la première édition du roman de Gil Blas, et qu'il a remplacée par la citation latine dans l'exemplaire corrigé, sur lequel a été donnée l'édition de 1747.)

La superstition des anciens Romains marquoit les jours qu'on réputoit heureux ou malheureux, par des pierres blanches ou noires,

au milieu de la Libye toutes les richesses que portoient ses esclaves, comme un fardeau qui les incommodoit dans leur marche, entassoit tout l'or et l'argent qu'il pouvoit amasser. Et pour qui ? pour des héritiers qu'il ne vouloit pas voir. Il étoit riche de trente mille ducats, que ton père, ton oncle Bertrand et moi nous avons partagés. Nous sommes en état de bien établir nos enfants. Mon frère Nicolas a déjà disposé de ta sœur Thérèse; il vient de la marier au fils d'un de nos alcades : *connubio junxit stabili propriamque dicavit*[1]. C'est cet hymen, formé sous les plus heureux auspices, que nous célébrons depuis deux jours avec tant d'appareil. Nous avons fait dresser dans la plaine ces pavillons. Les trois héritiers de Pedro ont chacun le sien, et font tour à tour la dépense d'une journée. Je voudrois que tu fusses arrivé plus tôt, tu aurois vu le commencement de nos réjouissances. Avant-hier, jour du mariage, ton père faisoit les frais. Il donna un festin superbe, qui fut suivi d'une course de bague. Ton oncle le mercier mit hier la nappe, et nous régala d'une fête pastorale. Il habilla en bergers dix garçons des mieux faits, et dix jeunes filles; il employa tous les rubans et toutes les aiguillettes de sa boutique à les parer. Cette brillante jeunesse forma diverses danses, et chanta mille chansonnettes tendres et légères. Néanmoins, quoique rien n'ait jamais été plus galant, cela

---

[1] Par les liens sacrés d'un constant hyménée,
Sa fille à cet époux a joint sa destinée.

Tiré des vers de l'Énéide où Junon promet à Éole de lui donner en mariage Déjopée, la plus belle de ses quatorze nymphes. *Énéide*, livre 1.

ne fit pas un grand effet : il faut qu'on n'aime plus comme autrefois la pastorale.

Pour aujourd'hui, continua-t-il, tout roule sur mon compte, et je dois fournir aux bourgeois d'Olmedo un spectacle de mon invention : *Finis coronabit opus* [1]. J'ai fait élever un théâtre, sur lequel, Dieu aidant, je ferai représenter par mes disciples une pièce que j'ai composée; elle a pour titre : *Les Amusements de Muley Bugentuf, roi de Maroc*. Elle sera parfaitement bien jouée, parce que j'ai des écoliers qui déclament comme les comédiens de Madrid. Ce sont des enfants de famille de Peñafiel et de Ségovie, que j'ai en pension chez moi. Les excellents acteurs! Il est vrai que je les ai exercés : leur déclamation paroîtra frappée au coin du maître, *ut ita dicam* [2] ? A l'égard de la pièce, je ne t'en parlerai point; je veux te laisser le plaisir de la surprise. Je dirai simplement qu'elle doit enlever tous les spectateurs. C'est un de ces sujets tragiques qui remuent l'âme par les images de mort qu'ils offrent à l'esprit. Je suis du sentiment d'Aristote : il faut exciter la terreur. Ah! si je m'étois attaché au théâtre, je n'aurois jamais mis sur la scène que des princes sanguinaires, que des héros assassins; je me serois baigné dans le sang. On auroit toujours vu périr dans mes tragédies non-seulement les principaux personnages, mais les gardes mêmes; j'aurois égorgé jusqu'au souffleur : enfin je n'aime que l'effroyable [3]; c'est mon

---

[1] La fin couronnera l'œuvre.
[2] Pour ainsi dire.
[3] *L'effroyable!* ceci regarde les tragédies de Crébillon. C'étoit le poëte tragique le plus accrédité, lorsque Le Sage composoit Gil Blas.

goût. Aussi ces sortes de poëmes entraînent la multitude, entretiennent le luxe et les comédiens, et font rouler tout doucement les auteurs.

Dans le temps qu'il achevoit ces paroles, nous vîmes sortir du village et entrer dans la plaine un grand concours de personnes de l'un et de l'autre sexe. C'étoient les deux époux, accompagnés de leurs parents et de leurs amis, et précédés de dix à douze joueurs d'instruments, qui, jouant tous ensemble, formoient un concert très bruyant. Nous allâmes au-devant d'eux, et Diego se fit connoître. Des cris de joie s'élevèrent aussitôt dans l'assemblée, et chacun s'empressa de courir à lui. Il n'eut pas peu d'affaires à recevoir tous les témoignages d'amitié qu'on lui donna. Toute sa famille et tous ceux mêmes qui étoient présents l'accablèrent d'embrassades; après quoi son père lui dit : Tu sois le bien venu, Diego! Tu retrouves tes parents un peu engraissés, mon ami; je ne t'en dis pas davantage présentement; je t'expliquerai cela tantôt par le menu. Cependant tout le monde s'avança dans la plaine, se rendit sous les tentes, et s'assit autour des tables qu'on y avoit dressées. Je ne quittai pas mon compagnon, et nous dînâmes tous deux avec les nouveaux mariés, qui me parurent bien assortis. Le repas fut assez long, parce que le maître d'école eut la vanité de le vouloir donner à trois services, pour l'emporter sur ses frères qui n'avoient pas fait les choses si magnifiquement.

Atrée et Thyeste avoit été joué en 1707; *Rhadamisthe*, en 1711. On sait la raison que donnoit Crébillon de cette préférence pour le genre terrible : « il n'avoit point eu à choisir; Corneille avoit pris le ciel, Racine la terre : il ne lui restoit plus que l'enfer. »

Après le festin, tous les convives témoignèrent une grande impatience de voir représenter la pièce du seigneur Thomas, ne doutant pas, disoient-ils, que la production d'un aussi beau génie que le sien ne méritât d'être entendue. Nous nous approchâmes du théâtre, au-devant duquel tous les joueurs d'instruments s'étoient déjà placés pour jouer dans les entr'actes. Comme chacun dans un grand silence attendoit qu'on commençât, les acteurs parurent sur la scène; et l'auteur, le poëme à la main, s'assit dans les coulisses, à portée de souffler. Il avoit eu raison de nous dire que la pièce étoit tragique; car dans le premier acte le roi de Maroc, par manière de récréation, tua cent esclaves maures à coups de flèches; dans le second, il coupa la tête à trente officiers portugais qu'un de ses capitaines avoit faits prisonniers de guerre; et dans le troisième enfin, ce monarque, saoul de ses femmes, mit le feu lui-même à un palais isolé où elles étoient enfermées, et le réduisit en cendres avec elles. Les esclaves maures, de même que les officiers portugais, étoient des figures d'osier faites avec beaucoup d'art; et le palais, composé de carton, parut tout embrasé par un feu d'artifice. Cet embrasement, accompagné de mille cris plaintifs qui sembloient sortir du milieu des flammes, dénoua la pièce et ferma le théâtre d'une façon très divertissante. Toute la plaine retentit du bruit des applaudissements que reçut une si belle tragédie; ce qui justifia le bon goût du poëte, et fit connoître qu'il savoit bien choisir ses sujets.

Je m'imaginois qu'il n'y avoit plus rien à voir après *les Amusements de Muley Bugentuf*; mais je me trompois. Des timbales et des trompettes nous annoncèrent un nouveau spectacle : c'étoit la distribution des prix ; car Thomas de la Fuente, pour rendre la fête plus solennelle, avoit fait composer tous ses écoliers, tant externes que pensionnaires, et il devoit ce jour-là donner à ceux qui avoient le mieux réussi, des livres achetés de ses propres deniers à Ségovie. On apporta donc tout à coup sur le théâtre deux longs bancs d'école, avec une armoire à livres, remplie de bouquins proprement reliés. Alors tous les acteurs revinrent sur la scène, et se rangèrent tout autour du seigneur Thomas, qui tenoit aussi bien sa morgue qu'un préfet de collége. Il avoit à la main une feuille de papier où étoient écrits les noms de ceux qui devoient remporter des prix. Il la donna au roi de Maroc, qui commença de la lire à haute voix. Chaque écolier qu'on nommoit alloit respectueusement recevoir un livre des mains du pédant ; puis il étoit couronné de lauriers, et on le faisoit asseoir sur un des deux bancs pour l'exposer aux regards de l'assistance admirative. Quelque envie toutefois qu'eût le maître d'école de renvoyer les spectateurs contents, il ne put en venir à bout, parce qu'ayant distribué presque tous les prix aux pensionnaires, ainsi que cela se pratique, les mères de quelques externes prirent feu là-dessus, et accusèrent le pédant de partialité : de sorte que cette fête, qui jusqu'à ce moment avoit été si glorieuse pour lui, pensa finir aussi mal que le festin des Lapithes.

FIN DU LIVRE SECOND.

LIVRE TROISIÈME.

CHAPITRE PREMIER.

De l'arrivée de Gil Blas à Madrid, et du premier maître qu'il servit dans cette ville.

Portrait singulier d'un riche paresseux.

Je fis quelque séjour chez le jeune barbier. Je me joignis ensuite à un marchand de Ségovie qui passa par Olmedo. Il revenoit, avec quatre mules, de transporter des marchandises à Valladolid, et s'en retournoit à vide. Nous fîmes connoissance sur la route, et il prit tant d'amitié pour moi, qu'il voulut absolument me loger lorsque nous fûmes arrivés à Ségovie. Il me retint deux jours dans sa maison; et quand il me vit prêt à partir pour Madrid par la voie du muletier, il me chargea d'une lettre, en me priant de la rendre en main propre à son adresse, sans me dire que ce fût une lettre de recommandation. Je ne manquai pas de la porter au seigneur Matheo Melendez. C'étoit un marchand de drap qui demeuroit à la porte du Soleil, au coin de la rue des Bahutiers. Il n'eut pas sitôt ouvert le paquet et lu ce qui étoit contenu dedans, qu'il me dit d'un air gracieux: Seigneur Gil Blas, Pedro Palacio, mon correspondant, m'écrit en votre faveur d'une manière si pressante, que je ne puis me dispenser de vous offrir un logement chez moi. De plus, il me prie de vous trouver une bonne condition; c'est une chose dont je me charge avec plaisir. Je suis persuadé qu'il ne me sera pas bien difficile de vous placer avantageusement.

J'acceptai l'offre de Melendez avec d'autant plus de joie, que mes finances diminuoient à vue d'œil; mais je ne lui fus pas long-temps à charge. Au bout de huit jours, il me dit qu'il venoit de me proposer à un cavalier de sa connoissance, qui avoit besoin d'un valet de chambre, et que, selon toutes les apparences, ce poste ne m'échapperoit pas. En effet, ce cavalier étant survenu dans le moment : Seigneur, lui dit Melendez en me montrant, vous voyez le jeune homme dont je vous ai parlé. C'est un garçon qui a de l'honneur et de la morale; je vous en réponds comme de moi-même. Le cavalier me regarda fixement, dit que ma physionomie lui plaisoit, et qu'il me prenoit à son service. Il n'a qu'à me suivre, ajouta-t-il; je vais l'instruire de ses devoirs. A ces mots, il donna le bonjour au marchand, et m'emmena dans la grande rue, tout devant l'église de Saint-Philippe. Nous entrâmes dans une assez belle maison, dont il occupoit une aile; nous montâmes un escalier de cinq ou six marches, puis il m'introduisit dans une chambre fermée de deux bonnes portes qu'il ouvrit, et dont la première avoit au milieu une petite fenêtre grillée. De cette chambre nous passâmes dans une autre, où il y avoit un lit et d'autres meubles qui étoient plus propres que riches.

Si mon nouveau maître m'avoit bien considéré chez Melendez, je l'examinai à mon tour avec beaucoup d'attention. C'étoit un homme de cinquante et quelques années, qui avoit l'air froid et sérieux. Il me parut d'un naturel doux, et je ne jugeai point mal de lui. Il me fit plusieurs questions sur ma famille; et, satisfait de mes réponses : Gil Blas, me dit-il, je te crois un garçon fort raisonnable; je suis bien aise de t'avoir à mon service. De ton côté, tu seras content de ta condition. Je te donnerai par jour six réaux, tant pour ta nourriture et pour ton entretien que pour tes gages, sans préjudice des petits profits que tu pourras faire chez moi. D'ailleurs je ne suis pas difficile à servir; je ne fais point d'ordinaire; je mange en ville. Tu n'auras le matin qu'à nettoyer mes habits, et tu seras libre tout le reste de la journée. Je te recommande seulement d'avoir soin de te retirer le soir de bonne heure, et de m'attendre à ma porte; voilà tout ce que j'exige de toi. Après m'avoir prescrit mon devoir, il tira de sa poche six réaux, qu'il me donna pour commencer à garder les conventions. Nous sortîmes ensuite tous deux; il ferma les portes lui-même, et emportant les clefs : mon ami, me dit-il, ne me suis point; va-t'en où il te plaira, promène-toi dans la ville; mais quand je reviendrai ce soir, que je te retrouve sur cet escalier. En achevant ces paroles il me quitta, et me laissa disposer de moi comme je le jugerois à propos.

En bonne foi, Gil Blas, me dis-je alors à moi-même, tu ne pouvois trouver un meilleur maître! Quoi! tu rencontres un homme qui, pour épousseter ses habits et faire sa chambre le matin, te donne six réaux par jour, avec la liberté de te promener et de te divertir comme un écolier dans les vacances! Vive Dieu! il n'est point de situation plus heureuse. Je ne m'étonne plus si j'avois tant d'envie d'être à Madrid; je pressentois sans doute le bonheur qui m'y attendoit. Je passai le jour à courir les rues, en m'amusant à regarder les choses qui étoient nouvelles pour moi; ce qui ne me donna pas peu d'occupation. Le soir, quand j'eus soupé dans une auberge qui n'étoit pas éloignée de notre maison, je gagnai promptement le lieu où mon maître m'avoit ordonné de me rendre. Il y arriva trois quarts d'heure après moi; il parut content de mon exactitude. Fort bien, me dit-il, cela me plaît; j'aime les domestiques attentifs à leur devoir. A ces mots il ouvrit les portes de son appartement, et les referma sur nous d'abord que nous fûmes entrés. Comme nous étions sans lumière, il prit une pierre à fusil avec de la mèche, et alluma une bougie; je l'aidai ensuite à se déshabiller. Lorsqu'il fut au lit, j'allumai, par son ordre, une lampe qui étoit dans sa cheminée, et j'emportai la bougie dans l'antichambre, où je me couchai dans un petit lit sans rideaux. Il se leva le lendemain matin entre neuf et dix heures; j'époussetai ses habits. Il me compta mes six réaux, et me renvoya jusqu'au soir. Il sortit aussi, non sans avoir grand soin de fermer ses portes; et nous voilà partis l'un et l'autre pour toute la journée.

Tel étoit notre train de vie, que je trouvois très agréable. Ce qu'il y avoit de plus plaisant, c'est que j'ignorois le nom de mon maître. Melendez ne le savoit pas lui-même. Il ne connoissoit ce cavalier que pour un homme qui venoit quelquefois dans sa boutique, et à qui de temps en temps il vendoit du drap. Nos voisins ne purent pas mieux satisfaire ma curiosité; ils m'assurèrent tous que mon maître leur étoit inconnu, bien qu'il demeurât depuis deux ans dans le quartier. Ils me dirent qu'il ne fréquentoit personne dans le voisinage ; et quelques-uns, accoutumés à tirer témérairement des conséquences, concluoient de là que c'étoit un personnage dont on ne pouvoit porter un jugement avantageux. On alla même plus loin dans la suite : on le soupçonna d'être un espion du roi de Portugal, et l'on m'avertit charitablement de prendre mes mesures là-dessus. L'avis me troubla : je me représentai que si la chose étoit véritable, je courois risque de voir les prisons de Madrid, que je ne croyois pas plus agréables que les autres. Mon innocence ne pouvoit me rassurer : mes disgrâces passées me faisoient craindre la justice. J'avois éprouvé deux fois que si elle ne fait pas mourir les innocents, du moins elle observe si mal à leur égard les lois de l'hospitalité ; qu'il est toujours fort triste de faire quelque séjour chez elle.

Je consultai Melendez dans une conjoncture si délicate. Il ne savoit quel conseil me donner. S'il ne pouvoit croire que mon maître fût un espion, il n'avoit pas lieu non plus d'être ferme sur la négative. Je résolus d'observer le patron, et de le quitter si je m'apercevois que ce fût effectivement un ennemi de l'état : mais il me sembla que la prudence et l'agrément de ma condition demandoient que je fusse auparavant bien sûr de mon fait. Je commençai donc à examiner ses actions; et, pour le sonder : Monsieur, lui dis-je un soir en le déshabillant, je ne sais comment il faut vivre pour se mettre à couvert des coups de langue.

Le monde est bien méchant! Nous avons, entre autres, des voisins qui ne valent pas le diable. Les mauvais esprits! Vous ne devineriez jamais de quelle manière ils parlent de nous. Bon! Gil Blas, me répondit-il. Eh! qu'en peuvent-ils dire, mon ami? Ah, vraiment, repris-je, la médisance ne manque point de matière; la vertu même lui fournit des traits. Nos voisins disent que nous sommes des gens dangereux, que nous méritons l'attention de la cour; en un mot, vous passez ici pour un espion du roi de Portugal. En prononçant ces paroles j'envisageai mon maître, comme Alexandre regarda son médecin, et j'employai toute ma pénétration à démêler l'effet que mon rapport produisoit en lui. Je crus remarquer dans mon patron un frémissement qui s'accordoit fort avec les conjectures du voisinage, et je le vis tomber dans une rêverie que je n'expliquai point favorablement. Il se remit pourtant de son trouble, et me dit d'un air assez tranquille : Gil Blas, laissons raisonner nos voisins, sans faire dépendre notre repos de leurs raisonnements. Ne nous mettons point en peine de l'opinion qu'on a de nous, quand nous ne donnons pas sujet d'en avoir une mauvaise.

Il se coucha là-dessus, et je fis la même chose, sans savoir à quoi je devois m'en tenir. Le jour suivant, comme nous nous disposions le matin à sortir, nous entendîmes frapper rudement à la première porte sur l'escalier. Mon maître ouvrit l'autre, et regarda par la petite fenêtre grillée. Il vit un homme bien vêtu, qui lui dit : Seigneur cavalier, je suis alguazil, et je viens ici pour vous dire que monsieur le corrégidor souhaite de vous parler. Que me veut-il? répondit mon patron.

C'est ce que j'ignore, seigneur, répliqua l'alguazil ; mais vous n'avez qu'à l'aller trouver, et vous en serez bientôt instruit. Je suis son serviteur, repartit mon maître ; je n'ai rien à démêler avec lui. En achevant ces mots, il referma brusquement la seconde porte ; puis, s'étant promené quelque temps comme un homme à qui, ce me sembloit, le discours de l'alguazil donnoit beaucoup à penser, il me mit en main mes six réaux, et me dit : Gil Blas, tu peux sortir, mon ami, et aller passer la journée où tu voudras ; pour moi, je ne sortirai pas sitôt, et je n'ai pas besoin de toi ce matin. Il me fit juger par ces paroles qu'il avoit peur d'être arrêté, et que cette crainte l'obligeoit à demeurer dans son appartement. Je l'y laissai ; et, pour voir si je me trompois dans mes soupçons, je me cachai dans un endroit d'où je pouvois le remarquer s'il sortoit. J'aurois eu la patience de me tenir là toute la matinée, s'il ne m'en eût épargné la peine. Mais une heure après, je le vis marcher dans la rue avec un air d'assurance qui confondit d'abord ma pénétration. Loin de me rendre toutefois à ces apparences, je m'en défiai, car il n'avoit point en moi un juge favorable. Je songeai que sa contenance pouvoit être étudiée, je m'imaginai même qu'il n'étoit resté chez lui que pour prendre tout ce qu'il avoit d'or ou de pierreries, et que probablement il alloit, par une prompte fuite, pourvoir à sa sûreté. Je n'espérai plus le revoir, et je doutai si j'irois le soir l'attendre à sa porte, tant j'étois persuadé que dès ce jour-là il sortiroit de la ville pour se sauver du péril qui le menaçoit. Je n'y manquai pas pourtant ; ce qui me surprit, mon maître revint à son ordinaire.

Il se coucha sans faire paroître la moindre inquiétude, et il se leva le lendemain avec autant de tranquillité.

Comme il achevoit de s'habiller, on frappa tout à coup à la porte. Mon maître regarda par la petite grille. Il reconnoît l'alguazil du jour précédent, et lui demande ce qu'il veut. Ouvrez, lui répond l'alguazil; c'est monsieur le corrégidor. A ce nom redoutable mon sang se glaça dans mes veines. Je craignois diablement ces messieurs-là depuis que j'avois passé par leurs mains, et j'aurois voulu dans ce moment être à cent lieues de Madrid. Pour mon patron, il fut moins effrayé que moi, il ouvrit la porte, et reçut le juge avec respect. Vous voyez, lui dit le corrégidor, que je ne viens point chez vous avec une grosse suite; je veux faire les choses sans éclat. Malgré les bruits fâcheux qui courent de vous dans la ville, je crois que vous méritez quelque ménagement. Apprenez-moi comment vous vous appelez, et ce que vous faites à Madrid. Seigneur, lui répondit mon maître, je suis de la Castille-Nouvelle, et je me nomme don Bernard de Castil Blazo. A l'égard de mes occupations, je me promène, je fréquente les spectacles, et je me réjouis tous les jours avec un petit nombre de personnes d'un commerce agréable. Vous avez sans doute, reprit le juge, un gros revenu? Non, seigneur, interrompit mon patron, je n'ai ni rentes, ni terres, ni maisons. Et de quoi vivez-vous donc? répliqua le corrégidor. De ce que je vais vous faire voir, repartit don Bernard. En même temps il leva une tapisserie, ouvrit une porte que je n'avois pas remarquée, puis encore une autre qui étoit derrière, et fit entrer le juge dans un cabinet où il y avoit un grand coffre tout rempli de pièces d'or, qu'il lui montra.

Seigneur, lui dit-il ensuite, vous savez que les Espagnols sont ennemis du travail ; cependant, quelque aversion qu'ils aient pour la peine, je puis dire que j'enchéris sur eux là-dessus : j'ai un fond de parresse qui me rend incapable de tout emploi. Si je voulois ériger mes vices en vertus, j'appellerois ma paresse une indolence philosophique, je dirois que c'est l'ouvrage d'un esprit revenu de tout ce qu'on recherche dans le monde avec ardeur ; mais j'avouerai de bonne foi que je suis paresseux par tempérament, et si paresseux, que s'il me falloit travailler pour vivre, je crois que je me laisserois mourir de faim. Ainsi, pour mener une vie convenable à mon humeur, pour n'avoir pas la peine de ménager mon bien, et plus encore pour me passer d'intendant, j'ai converti en argent comptant tout mon patrimoine, qui consistoit en plusieurs héritages considérables. Il y a dans ce coffre cinquante mille ducats. C'est plus qu'il ne m'en faut pour le reste de mes jours, quand je vivrois au delà d'un siècle, puisque je n'en dépense pas mille chaque année, et que j'ai déjà passé mon dixième lustre. Je ne crains donc point l'avenir, parce que je ne suis adonné, grâces au ciel, à aucune des trois choses qui ruinent ordinairement les hommes. J'aime peu la bonne chère, je ne joue que pour m'amuser, et je suis revenu des femmes. Je n'appréhende point que, dans ma vieillesse, on me compte parmi ces barbons voluptueux à qui les coquettes vendent leurs bontés au poids de l'or.

Que je vous trouve heureux ! lui dit alors le corrégidor. On vous soupçonne bien mal à propos d'être un espion : ce personnage ne convient point à un homme de votre caractère. Allez, don Bernard, ajouta-t-il, continuez de vivre comme vous vivez. Loin de vouloir troubler vos jours tranquilles, je m'en déclare le défenseur; je vous demande votre amitié et vous offre la mienne. Ah! seigneur, s'écria mon maître pénétré de ces paroles obligeantes, j'accepte avec autant de joie que de respect l'offre précieuse que vous me faites. En me donnant votre amitié, vous augmentez mes richesses, et mettez le comble à mon bonheur. Après cette conversation, que l'alguazil et moi nous entendîmes de la porte du cabinet, le corrégidor prit congé de don Bernard, qui ne pouvoit assez à son gré lui marquer de reconnoissance. De mon côté, pour seconder mon maître et l'aider à faire les honneurs de chez lui, j'accablai de civilités l'alguazil : je lui fis mille révérences profondes, quoique dans le fond de mon âme je sentisse pour lui le mépris et l'aversion que tout honnête homme a naturellement pour un alguazil.

CHAPITRE II.

De l'étonnement où fut Gil Blas de rencontrer à Madrid le capitaine Rolando, et des choses curieuses que ce voleur lui raconta.

Bonne action reconnue. — Méchante proposition refusée.

Don Bernard de Castil Blazo, après avoir conduit le corrégidor jusque dans la rue, revint vite sur ses pas fermer son coffre-fort et toutes les portes qui en faisoient la sûreté; puis nous sortîmes l'un et l'autre très satisfaits, lui, de s'être acquis un ami puissant, et moi, de me voir assuré de mes six réaux par jour. L'envie de conter cette aventure à Melendez me fit prendre le chemin de sa maison; mais, comme j'étois près d'y arriver, j'aperçus le capitaine Rolando. Ma surprise fut extrême de le retrouver là, et je ne pus m'empêcher de frémir à sa vue. Il me reconnut aussi, m'aborda gravement, et, conservant encore son air de supériorité, il m'ordonna de le suivre. J'obéis en tremblant, et dis en moi-même : Hélas! il veut sans doute me faire payer tout ce que je lui dois. Où va-t-il me mener? il a peut-être dans cette ville quelque souterrain. Malepeste! si je le croyois, je lui ferois voir tout à l'heure que je n'ai pas la goutte aux pieds. Je marchois donc derrière lui, en donnant toute mon attention au lieu où il s'arrêteroit, résolu de m'en éloigner à toutes jambes, pour peu qu'il me parût suspect.

Rolando dissipa bientôt ma crainte. Il entra dans un fameux cabaret : je l'y suivis. Il demanda du meilleur vin, et dit à l'hôte de nous préparer à dîner. Pendant ce temps-là nous passâmes dans une chambre, où le capitaine, se voyant seul avec moi, me tint ce discours : Tu dois être étonné, Gil Blas, de revoir ici ton ancien commandant, et tu le seras bien davantage encore quand tu sauras ce que j'ai à te raconter. Le jour que je te laissai dans le souterrain, et que je partis avec tous mes cavaliers pour aller vendre à Mansilla les mules et les chevaux que nous avions pris le soir précédent, nous rencontrâmes le fils du corrégidor de Léon, accompagné de quatre hommes à cheval et bien armés, qui suivoient son carrosse. Nous fîmes mordre la poussière à deux de ses gens, et les deux autres s'enfuirent. Alors le cocher, craignant pour son maître, nous cria d'une voix suppliante : Eh! mes chers seigneurs, au nom de Dieu, ne tuez point le fils unique de monsieur le corrégidor de Léon! Ces mots n'attendrirent pas mes cavaliers; au contraire, ils leur inspirèrent une espèce de fureur. Messieurs, nous dit l'un d'entre eux, ne laissons point échapper le fils du plus grand ennemi de nos pareils. Combien son père a-t-il fait mourir de gens de notre profession! Vengeons-les, immolons cette victime à leurs mânes, qui semblent en ce moment nous la demander. Mes autres cavaliers applaudirent à ce sentiment, et mon lieutenant même se préparoit à servir de grand-prêtre dans ce sacrifice, lorsque je lui retins le bras. Arrêtez, lui dis-je; pourquoi sans nécessité vouloir répandre du sang? Contentons-nous de la bourse de ce jeune homme. Puisqu'il ne résiste point, il y auroit de la barbarie à l'égorger. D'ailleurs il n'est point responsable des actions de son père, et son père ne fait que son devoir lorsqu'il nous condamne à la mort, comme nous faisons le nôtre en détroussant les voyageurs.

J'intercédai donc pour le fils du corrégidor, et mon intercession ne lui fut pas inutile. Nous prîmes seulement tout l'argent qu'il avoit, et nous emmenâmes les chevaux des deux hommes que nous avions tués. Nous les vendîmes avec ceux que nous conduisions à Mansilla. Nous nous en retournâmes ensuite au souterrain, où nous arrivâmes le lendemain quelques moments avant le jour. Nous ne fûmes pas peu surpris de trouver la trappe levée, et notre surprise devint encore plus grande lorsque nous vîmes dans la cuisine Léonarde liée. Elle nous mit au fait en deux mots. Le souvenir de ta colique nous fit rire; nous admirâmes comment tu avois pu nous tromper : nous ne t'aurions jamais cru capable de nous jouer un si bon tour, et nous te le pardonnâmes à cause de l'invention. Dès que nous eûmes détaché la cuisinière, je lui donnai ordre de nous apprêter à manger. Cependant nous allâmes soigner nos chevaux à l'écurie, où le vieux nègre, qui n'avoit reçu aucun secours depuis vingt-quatre heures, était à l'extrémité. Nous souhaitions de le soulager, mais il avoit perdu connoissance; et il nous parut si bas, que, malgré notre bonne volonté, nous laissâmes ce pauvre diable entre la vie et la mort. Cela ne nous empêcha pas de nous mettre à table; et, après avoir amplement déjeuné, nous nous retirâmes dans nos chambres, où nous reposâmes toute la journée. A notre réveil, Léonarde nous apprit que Domingo ne vivoit plus. Nous le portâmes dans le caveau où tu dois te souvenir d'avoir couché, et là nous lui fîmes des funérailles comme s'il eût eu l'honneur d'être un de nos compagnons.

Cinq ou six jours après, il arriva que, voulant faire une course, nous rencontrâmes un matin, à la sortie du bois, trois brigades d'archers de la sainte Hermandad, qui sembloient nous attendre pour nous charger. Nous n'en aperçûmes d'abord qu'une. Nous la méprisâmes, bien que supérieure en nombre à notre troupe, et nous l'attaquâmes; mais, dans le temps que nous étions aux mains avec elle, les deux autres, qui avoient trouvé moyen de se tenir cachées, vinrent tout à coup fondre sur nous; de sorte que notre valeur ne nous servit de rien. Il fallut céder à tant d'ennemis. Notre lieutenant et deux de nos cavaliers périrent dans cette occasion. Les deux autres et moi, nous fûmes enveloppés et serrés de si près, que les archers nous prirent; et, tandis que deux brigades nous conduisoient à Léon, la troisième alla détruire notre retraite, qui avoit été découverte de la manière que je vais te le dire. Un paysan de Luceno, en traversant la forêt pour s'en retourner chez lui, aperçut par hasard la trappe de notre souterrain que tu n'avois pas abattue; car c'étoit justement le jour que tu en sortis avec la dame. Il se douta bien que c'étoit notre demeure. Il n'eut pas le courage d'y entrer. Il se contenta d'observer les environs; et, pour mieux remarquer l'endroit, il écorça légèrement avec son couteau quelques arbres voisins, et d'autres encore de distance en distance, jusqu'à ce qu'il fût hors du bois. Il se rendit ensuite à Léon pour faire part de cette découverte au corrégidor, qui en eut d'autant plus de joie, que son fils venoit d'être volé par notre compagnie. Ce juge fit assembler trois brigades pour nous arrêter, et le paysan leur servit de guide.

Mon arrivée dans la ville de Léon y fut un spectacle pour tous les habitants. Quand j'aurois été un général portugais fait prisonnier de guerre, le peuple ne se seroit pas plus empressé de me voir. Le voilà, disoit-on, le voilà, ce fameux capitaine, la terreur de cette contrée ! Il mériteroit d'être démembré avec des tenailles, de même que ses deux camarades. On nous mena devant le corrégidor, qui commença de m'insulter. Eh bien ! me dit-il, scélérat, le ciel, las des désordres de ta vie, t'abandonne à ma justice ! Seigneur, lui répondis-je, si j'ai commis bien des crimes, du moins je n'ai pas la mort de votre fils unique à me reprocher ; j'ai conservé ses jours ; vous m'en devez quelque reconnoissance. Ah ! misérable, s'écria-t-il, c'est bien avec des gens de ton caractère qu'il faut garder un procédé généreux ! Et quand même je voudrois te sauver, le devoir de ma charge ne me le permettroit pas. Lorsqu'il eut parlé de cette sorte, il nous fit enfermer dans un cachot, où il ne laissa pas languir mes compagnons. Ils en sortirent au bout de trois jours pour aller jouer un rôle tragique dans la grande place. Pour moi, je demeurai dans les prisons trois semaines entières. Je crus qu'on ne différoit mon supplice que pour le rendre plus terrible, et je m'attendois enfin à un genre de mort tout nouveau, quand le corrégidor, m'ayant fait ramener en sa présence, me dit : Écoute ton arrêt ! Tu es libre. Sans toi, mon fils unique auroit été assassiné sur les grands chemins. Comme père j'ai voulu reconnoître ce service ; et comme juge, ne pouvant t'absoudre, j'ai écrit à la cour en ta faveur ; j'ai demandé ta grâce, et je l'ai obtenue. Va donc où il te plaira ! Mais, ajouta-t-il, crois moi, profite de cet heureux événement. Rentre en toi-même, et quitte pour jamais le brigandage.

Je fus pénétré de ces paroles, et je pris la route de Madrid, dans la résolution de faire une fin, et de vivre doucement dans cette ville. J'y ai trouvé mon père et ma mère morts, et leur succession entre les mains d'un vieux parent qui m'en a rendu un compte fidèle, comme font tous les tuteurs. Je n'en ai pu tirer que trois mille ducats, ce qui peut-être ne fait pas la quatrième partie de mon bien. Mais que faire à cela ? Je ne gagnerois rien à le chicaner. Pour éviter l'oisiveté, j'ai acheté une charge d'alguazil, que j'exerce comme si toute ma vie je n'eusse fait autre chose. Mes confrères se seroient par bienséance opposés à ma réception, s'ils eussent su mon histoire. Heureusement ils l'ignorent ou feignent de l'ignorer, ce qui est la même chose ; car, dans cet honorable corps, chacun a intérêt de cacher ses faits et gestes. On n'a, Dieu merci, rien à se reprocher les uns aux autres. Au diable soit le meilleur ! Cependant, mon ami, continua Rolando, je veux te découvrir ici le fond de mon âme. La profession que j'ai embrassée n'est guère de mon goût ; elle demande une conduite trop délicate et trop mystérieuse : on n'y sauroit faire que des tromperies secrètes et subtiles. Oh ! je regrette mon premier métier. J'avoue qu'il y a plus de sûreté dans le nouveau ; mais il y a plus d'agrément dans l'autre ; et j'aime la liberté. J'ai bien la mine de me défaire de ma charge, et de partir un beau matin pour aller gagner les montagnes qui sont aux sources du Tage. Je sais qu'il y a dans cet endroit une retraite habitée par une troupe nombreuse, et remplie de sujets catalans : c'est faire son éloge en un mot. Si tu veux m'accompagner, nous irons grossir le nombre de ces grands hommes. Je serai, dans leur compagnie, capitaine en second ; et pour t'y faire recevoir avec agrément, j'assurerai que je t'ai vu dix fois combattre à mes côtés. J'éleverai ta valeur jusqu'aux nues ; je dirai plus de bien de toi qu'un général n'en dit d'un officier qu'il veut avancer Je me garderai bien de dire la supercherie que tu as faite : cela te rendroit suspect ; je tairai l'aventure. Eh bien ! ajouta-t-il, es-tu prêt à me suivre ? J'attends ta réponse.

Chacun a ses inclinations, dis-je alors à Rolando ; vous êtes né pour les entreprises hardies, et moi pour une vie douce et tranquille. Je vous entends, interrompit-il ; la dame que l'amour vous a fait enlever vous tient encore au cœur, et sans doute vous menez avec elle à Madrid cette vie douce que vous aimez. Avouez, monsieur Gil Blas, que vous l'avez mise dans ses meubles, et que vous mangez ensemble les pistoles que vous avez emportées du souterrain. Je lui dis qu'il étoit dans l'erreur, et que, pour le désabuser, je voulois en dînant lui conter l'histoire de la dame ; ce que je fis effectivement ; et je lui appris aussi tout ce qui m'étoit arrivé depuis que j'avois quitté la troupe. Sur la fin du repas, il me remit encore sur les sujets catalans. Il m'avoua même qu'il avoit résolu de les aller joindre, et fit une nouvelle tentative pour m'engager à prendre le même parti. Mais, voyant qu'il ne pouvoit me persuader, il changea tout à coup de contenance et de ton; il me regarda d'un air fier, et me dit fort sérieusement : Puisque tu as le cœur assez bas pour préférer ta condition servile à l'honneur d'entrer dans une compagnie de braves gens, je t'abandonne à la bassesse de tes inclinations. Mais écoute bien les paroles que je vais te dire; qu'elles demeurent gravées dans ta mémoire! Oublie que tu m'as rencontré aujourd'hui, et ne t'entretiens jamais de moi avec personne; car si j'apprends que tu me mêles dans tes discours..... tu me connois : je ne t'en dis pas davantage. A ces mots il appela l'hôte, paya l'écot, et nous nous levâmes de table pour nous en aller.

CHAPITRE III.

Il sort de chez don Bernard de Castil Blazo, et va servir un petit-maître.

Danger d'une mauvaise rencontre. — Portraits d'un intendant et d'un usurier. — Vie débauchée des jeunes gens comme il faut.

Comme nous sortions du cabaret, et que nous prenions congé l'un de l'autre, mon maître passa dans la rue. Il me vit, et je m'aperçus qu'il regarda plus d'une fois le capitaine. Je jugeai qu'il étoit surpris de me rencontrer avec un semblable personnage. Il est certain que la vue de Rolando ne prévenoit point en faveur de ses mœurs. C'étoit un homme fort grand : il avoit le visage long, avec un nez de perroquet; et, quoiqu'il n'eût pas mauvaise mine, il ne laissoit pas d'avoir l'air d'un franc fripon.

Je ne m'étois point trompé dans mes conjectures. Le soir je trouvai don Bernard occupé de la figure du capitaine, et très disposé à croire toutes les belles choses que je lui en aurois pu dire si j'eusse osé parler. Gil Blas, me dit-il, qui est ce grand escogriffe que j'ai vu tantôt avec toi? Je répondis que c'étoit un alguazil, et je m'imaginois que, satisfait de cette réponse, il en demeureroit là : mais il me fit bien d'autres questions; et, comme je lui parus embarrassé, parce que je me souvenois des menaces de Rolando, il rompit tout à coup la conversation et se coucha. Le lendemain matin, lorsque je lui eus rendu mes services ordinaires, il me compta six ducats au lieu de six réaux, et me dit : Tiens, mon ami, voilà ce que je te donne pour m'avoir servi jusqu'à ce jour. Va chercher une autre maison : je ne puis m'accommoder d'un valet qui a de si belles connoissances. Je m'avisai de lui représenter, pour ma justification, que je connoissois cet alguazil, pour lui avoir fourni certains remèdes à Valladolid, dans le temps que j'y exerçois la médecine. Fort bien, reprit mon maître, la défaite est ingénieuse : tu devois me répondre cela hier au soir, et non pas te troubler. Monsieur, lui repartis-je, en vérité, je n'osois vous le dire par discrétion; c'est ce qui a causé mon embarras. Certes, répliqua-t-il en me frappant doucement sur l'épaule, c'est être bien discret! Je ne te croyois pas si rusé. Va, mon enfant, je te donne ton congé : un garçon qui fraye avec des alguazils n'est point du tout mon fait.

J'allai sur-le-champ apprendre cette mauvaise nouvelle à Melendez, qui me dit, pour me consoler, qu'il prétendoit me faire entrer dans une meilleure maison. En effet, quelques jours après, il me dit : Gil Blas, mon ami, vous ne vous attendez pas au bonheur que j'ai à vous annoncer! Vous aurez le poste du monde le plus agréable. Je vais vous mettre auprès de don Mathias de Silva. C'est un homme de la première qualité, un de ces jeunes seigneurs qu'on appelle petits-maîtres. J'ai l'honneur d'être son marchand. Il prend chez moi des étoffes, à crédit à la vérité; mais il n'y a rien à perdre avec ces seigneurs : ils épousent souvent de riches héritières qui payent leurs dettes; et quand cela n'arrive pas, un marchand qui entend son métier, leur vend toujours si cher, qu'il se sauve en ne touchant même que le quart de ses parties. L'intendant de don Mathias, poursuivit-il, est mon intime ami. Allons le trouver. Il doit vous présenter lui-même à son maître, et vous pouvez compter qu'à ma considération il aura beaucoup d'égards pour vous.

Comme nous étions en chemin pour nous rendre à l'hôtel de don Mathias, le marchand me dit : Il est à propos, ce me semble, que je vous apprenne de quel caractère est l'intendant, afin que vous vous régliez là-dessus : il s'appelle Gregorio Rodriguez. Entre nous, c'est un homme de rien, qui, se sentant né pour les affaires, a suivi son génie, et s'est enrichi dans deux maisons ruinées, dont il a été l'intendant. Je vous avertis qu'il est fort vain; il aime à voir ramper devant lui les autres domestiques. C'est à lui qu'ils doivent d'abord s'adresser quand ils ont la moindre grâce à demander à leur maître; car s'il arrive qu'ils l'aient obtenue sans sa participation, il a toujours des détours tous prêts pour faire révoquer la grâce ou pour la rendre inutile. Réglez-vous sur cela, Gil Blas : faites votre cour au seigneur Rodriguez, préférablement à votre maître même, et mettez tout en usage pour lui plaire. Son amitié vous sera d'une grande utilité. Il vous payera vos gages exactement; et, si vous êtes assez adroit pour gagner sa confiance, il pourra vous donner quelques petits os à ronger. Il en a tant ! don Mathias est un jeune seigneur qui ne songe qu'à ses plaisirs, et qui ne veut prendre aucune connoissance de ses propres affaires. Quelle maison pour un intendant!

Lorsque nous fûmes arrivés à l'hôtel, nous demandâmes à parler au seigneur Rodriguez. On nous dit que nous le trouverions dans son appartement. Il y étoit en effet, et nous vîmes avec lui une manière de paysan qui tenoit un sac de toile bleue rempli d'espèces. L'intendant, qui me parut plus pâle et plus jaune qu'une fille fatiguée du célibat, vint au-devant de Melendez en lui tendant les bras : le marchand, de son côté, ouvrit les siens, et ils s'embrassèrent tous deux avec des démonstrations d'amitié, où il y avoit beaucoup plus d'art que de naturel. Après cela il fut question de moi. Rodriguez m'examina depuis les pieds jusqu'à la tête; puis il me dit fort poliment que j'étois tel qu'il falloit être pour convenir à don Mathias, et qu'il se chargeoit avec plaisir de me présenter à ce seigneur. Là-dessus Melendez fit connoître jusqu'à quel point il s'intéressoit pour moi : il pria l'intendant de m'accorder sa protection; et, me laissant avec lui après force compliments, il se retira. Dès qu'il fut sorti, Rodriguez me dit : Je vous conduirai à mon maître d'abord que j'aurai expédié ce bon laboureur. Aussitôt il s'approcha du paysan; et, lui prenant son sac, Talego [1], lui dit-il, voyons si les cinq cents pistoles sont là-dedans. Il compta lui-même les pièces. Il trouva le compte juste, donna quittance de la somme au laboureur, et le renvoya. Il remit ensuite les espèces dans le sac. Alors s'adressant à moi : Nous pouvons présentement, me dit-il, aller au-devant de mon maître. Il sort du lit ordinairement sur le midi; il est près d'une heure; il doit être jour dans son appartement.

Don Mathias venoit en effet de se lever. Il étoit encore en robe de chambre, et renversé dans un fauteuil, sur un bras duquel il avoit une jambe étendue; il se balançoit en râpant du tabac [2]. Il s'entretenoit avec un laquais, qui, remplissant par *interim* l'emploi de valet de chambre, se tenoit là tout prêt à le servir. Seigneur, lui dit l'intendant, voici un jeune homme que je prends la liberté de vous présenter pour remplacer celui que vous chassâtes avant-hier. Melendez,

[1] *Talego*, sac à mettre de l'argent.
[2] A l'époque où Le Sage composoit ce roman, la mode étoit encore que chaque preneur de tabac fût muni d'une râpe, avec du tabac en carotte qu'il mettoit en poudre lui-même.

votre marchand, en répond; il assure que c'est un
garçon de mérite, et je crois que vous en serez fort satisfait. C'est assez, répondit le jeune seigneur; puisque
c'est vous qui le produisez auprès de moi, je le reçois
aveuglément à mon service. Je le fais mon valet de
chambre, c'est une affaire finie. Rodriguez, ajouta-t-il,
parlons d'autres choses. Vous arrivez à propos, j'allois
vous envoyer chercher. J'ai une mauvaise nouvelle à
vous apprendre, mon cher Rodriguez. J'ai joué de malheur cette nuit; avec cent pistoles que j'avois, j'en ai
encore perdu deux cents sur ma parole. Vous savez
de quelle conséquence il est pour des personnes de
condition de s'acquitter de cette sorte de dette. C'est
proprement la seule que le point d'honneur nous
oblige à payer avec exactitude. Aussi ne payons-nous
pas les autres religieusement. Il faut donc trouver deux
cents pistoles tout à l'heure, et les envoyer à la comtesse de Pedrosa. Monsieur, dit l'intendant, cela n'est
pas si difficile à dire qu'à exécuter. Où voulez-vous, s'il
vous plaît, que je prenne cette somme ? Je ne touche
pas un maravédis [1] de vos fermiers, quelque menace
que je puisse leur faire. Cependant il faut que j'entre-
tienne honnêtement votre domestique, et que je sue
sang et eau pour fournir à votre dépense. Il est vrai
que jusqu'ici, grâces au ciel, j'en suis venu à bout; mais
je ne sais plus à quel saint me vouer; je suis réduit à
l'extrémité. Tous ces discours sont inutiles, interrompit don Mathias, et ces détails ne font que m'ennuyer.
Ne prétendez-vous pas, Rodriguez, que je change de

[1] *Maravédis*, très petite monnoie d'Espagne, valant un denier et
demi, et faisant la moitié du *liarte*, qui vaut trois deniers.

conduite, et que je m'amuse à prendre soin de mon bien? L'agréable amusement pour un homme de plaisir comme moi! Patience, répliqua l'intendant, au train que vont les choses, je prévois que vous serez bientôt débarrassé pour toujours de ce soin-là. Vous me fatiguez, repartit brusquement le jeune seigneur; vous m'assassinez. Laissez-moi me ruiner sans que je m'en aperçoive. Il me faut, vous dis-je, deux cents pistoles; il me les faut. Je vais donc, dit Rodriguez, avoir recours au petit vieillard qui vous a déjà prêté de l'argent à grosse usure? Ayez recours, si vous voulez, au diable, répondit don Mathias; pourvu que j'aie deux cents pistoles, je ne me soucie pas du reste.

Dans le moment qu'il prononçoit ces mots d'un air brusque et chagrin, l'intendant sortit; et un jeune homme de qualité, nommé don Antonio de Centellés, entra. Qu'as-tu, mon ami? dit ce dernier à mon maître. Je te trouve l'air nébuleux; je vois sur ton visage une impression de colère! Qui peut t'avoir mis de mauvaise humeur? Je vais parier que c'est ce maroufle qui sort. Oui, répondit don Mathias, c'est mon intendant. Toutes les fois qu'il vient me parler, il me fait passer quelques mauvais quarts d'heure. Il m'entretient de mes affaires; il dit que je mange le fonds de mes revenus..... L'animal! ne diroit-on pas qu'il y perd lui? Mon enfant, reprit don Antonio, je suis dans le même cas. J'ai un homme d'affaires qui n'est pas plus raisonnable que ton intendant. Quand le faquin, pour obéir à mes ordres réitérés, m'apporte de l'argent, vous diriez qu'il donne du sien. Il me fait toujours de grands raisonnements. Monsieur, me dit-il, vous

vous abîmez; vos revenus sont saisis. Je suis obligé de lui couper la parole pour abréger ses sots discours. Le malheur, dit don Mathias, c'est que nous ne saurions nous passer de ces gens-là; c'est un mal nécessaire. J'en conviens, répliqua Centellés.... Mais attends, poursuivit-il en riant de toute sa force, il me vient une idée assez plaisante. Rien n'a jamais été mieux imaginé. Nous pouvons rendre comiques les scènes sérieuses que nous avons avec eux, et nous divertir de ce qui nous chagrine. Écoute : il faut que ce soit moi qui demande à ton intendant tout l'argent dont tu auras besoin. Tu en useras de même avec mon homme d'affaires. Qu'ils raisonnent alors tous deux tant qu'il leur plaira; nous les écouterons de sang-froid. Ton intendant viendra me rendre ses comptes; mon homme d'affaires ira te rendre les siens. Je n'entendrai parler que de tes dissipations; tu ne verras que les miennes. Cela nous réjouira.

Mille traits brillants suivirent cette saillie, et mirent en joie les jeunes seigneurs, qui continuèrent de s'entretenir avec beaucoup de vivacité. Leur conversation fut interrompue par Gregorio Rodriguez, qui rentra suivi d'un petit vieillard qui n'avoit presque point de cheveux, tant il étoit chauve. Don Antonio voulut sortir. Adieu, don Mathias, dit-il; nous nous reverrons tantôt. Je te laisse avec ces messieurs; vous avez sans doute quelque affaire sérieuse à démêler ensemble. Eh! non, non, lui répondit mon maître, demeure; tu n'es pas de trop. Ce discret vieillard que tu vois est un honnête homme qui me prête de l'argent au denier cinq. Comment au denier cinq! s'écria Centellés d'un air étonné. Vive Dieu! je te félicite d'être en si bonnes mains. Je ne suis pas traité si doucement, moi; j'achète l'argent au poids de l'or. J'emprunte d'ordinaire au denier trois. Quelle usure! dit alors le vieil usurier; les fripons! songent-ils qu'il y a un autre monde? Je ne suis plus surpris si l'on déclame tant contre les personnes qui prêtent à intérêts. C'est le profit exorbitant que quelques-uns d'eux tirent de leurs espèces qui nous perd d'honneur et de réputation. Si tous mes confrères me ressembloient nous ne serions pas si décriés; car pour moi, je ne prête uniquement que pour faire plaisir au prochain. Ah! si le temps étoit aussi bon que je l'ai vu autrefois, je vous offrirois ma bourse sans intérêts; et peu sans faut même, quelle que soit aujourd'hui la misère, que je ne me fasse un scrupule de prêter au denier cinq. Mais on diroit que l'argent est rentré dans le sein de la terre : on n'en trouve plus, et sa rareté oblige enfin ma morale à se relâcher.

De combien avez-vous besoin? poursuivit-il en s'adressant à mon maître. Il me faut deux cents pistoles, répondit don Mathias. J'en ai quatre cents dans un sac, répliqua l'usurier; il n'y a qu'à vous en donner la moitié. En même temps il tira de dessous son manteau un sac de toile bleue, qui me parut être le même que le paysan Talego venoit de laisser avec cinq cents pistoles à Rodriguez. Je sus bientôt ce qu'il en falloit penser, et je vis bien que Melendez ne m'avoit pas vanté sans raison le savoir-faire de cet intendant. Le vieillard vida le sac, étala les espèces sur une table, et se mit à les compter. Cette vue alluma la cupidité de mon maître; il fut frappé de la totalité de la somme. Seigneur Descomulgado [1], dit-il à l'usurier, je fais une réflexion judicieuse : Je suis un grand sot. Je n'emprunte que ce qu'il faut pour dégager ma parole, sans songer que je n'ai pas le sou ; je serai obligé demain de recourir encore à vous. Je suis d'avis de rafler les quatre cents pistoles pour vous épargner la peine de revenir. Seigneur, répondit le vieillard, je destinois une partie de cet argent à un bon licencié qui a de gros héritages qu'il emploie charitablement à retirer du monde de petites filles, et à meubler leurs retraites ; mais, puisque vous avez besoin de la somme entière, elle est à votre service, vous n'avez seulement qu'à songer aux assurances.... Oh! pour des assurances, interrompit Rodriguez en tirant de sa poche un papier, vous en aurez de bonnes. Voilà un billet que le seigneur don Mathias n'a qu'à signer. Il vous donne cinq cents pistoles à prendre sur un de ses fermiers, sur Talego, riche laboureur de Mondejar. Cela est bon, répliqua l'usurier : je ne fais point le difficultueux, moi ; pour peu que les propositions qu'on me fait soient raisonnables, je les accepte sans façon dans le moment. Alors l'intendant présenta une plume à mon maître, qui, sans lire le billet, écrivit, en sifflant, son nom au bas.

Cette affaire consommée, le vieillard dit adieu à mon patron, qui courut l'embrasser en lui disant : jusqu'au revoir, seigneur usurier; je suis tout à vous. Je ne sais pas pourquoi vous passez, vous autres, pour des fripons; je vous trouve très nécessaires à l'état ; vous êtes la consolation de mille enfants de famille,

---

[1] *Descomulgado*, excommunié. On voit que ce mot est choisi exprès pour nommer un usurier, *l'âme damnée* d'un intendant.

et la ressource de tous les seigneurs dont la dépense excède les revenus. Tu as raison, s'écria Centellés. Les usuriers sont d'honnêtes gens qu'on ne peut assez honorer, et je veux à mon tour embrasser celui-ci à cause du denier cinq. A ces mots, il s'approcha du vieillard pour l'accoler; et ces deux petits maîtres, pour se divertir, commencèrent à se le renvoyer l'un à l'autre, comme deux joueurs de paume qui pelotent une balle. Après qu'ils l'eurent bien ballotté, ils le laissèrent sortir avec l'intendant, qui méritoit mieux que lui ces embrassades, et même quelque chose de plus.

Lorsque Rodriguez et son âme damnée furent sortis, don Mathias envoya, par le laquais qui étoit avec moi dans la chambre, la moitié de ses pistoles à la comtesse de Pedrosa, et serra l'autre dans une longue bourse brochée d'or et de soie, qu'il portoit ordinairement dans sa poche. Fort satisfait de se revoir en fonds, il dit d'un air gai à don Antonio : que ferons-nous aujourd'hui? tenons conseil là-dessus. C'est parler en homme de bon sens, répondit Centellés; je le veux bien, délibérons. Dans le temps qu'ils alloient rêver à ce qu'ils deviendroient ce jour-là, deux autres seigneurs arrivèrent. C'étoient don Alexo Segiar et don Fernand de Gamboa; l'un et l'autre à peu près de l'âge de mon maître, c'est-à-dire de vingt-huit à trente ans. Ces quatre cavaliers débutèrent par de vives accolades qu'ils se firent; on eût dit qu'ils ne s'étoient point vus depuis dix ans. Après cela, don Fernand, qui étoit un gros réjoui, adressa la parole à don Mathias et à don Antonio : Messieurs, leur dit-il, où dînez-vous aujourd'hui? Si vous n'êtes point engagés, je vais vous me-

ner dans un cabaret où vous boirez du vin des dieux.
J'y ai soupé, et j'en suis sorti ce matin entre cinq et
six heures [1]. Plût au ciel, s'écria mon maître, que
j'eusse passé la nuit aussi sagement! je n'aurois pas
perdu mon argent.

Pour moi, dit Centellés, je me suis donné hier au
soir un divertissement nouveau; car j'aime à changer
de plaisirs. Aussi n'y a-t-il que la variété des amusemens qui rende la vie agréable. Un de mes amis m'entraîna chez un de ces seigneurs qui lèvent les impôts
et font leurs affaires avec celles de l'état. J'y vis de la
magnificence, du bon goût, et le repas me parut assez
bien entendu; mais je trouvai dans les maîtres du logis
un ridicule qui me réjouit. Le partisan, quoique des plus
roturiers de sa compagnie, tranchoit du grand; et sa
femme, bien qu'horriblement laide, faisoit l'adorable,
et disoit mille sottises assaisonnées d'un accent biscayen
qui leur donnoit du relief. Ajoutez à cela qu'il y avoit
à table quatre ou cinq enfants avec un précepteur. Jugez si ce souper de famille me divertit!

Et moi, messieurs, dit don Alexo Segiar, j'ai soupé
chez une comédienne, chez Arsénie. Nous étions six à table: Arsénie, Florimonde avec une coquette de ses amies,
le marquis de Zenette, don Juan de Moncade, et votre

---

[1] Telles étoient à la lettre, vers la fin du règne de Louis XIV, les
mœurs de la belle jeunesse, par opposition à ce vernis d'hypocrisie
et de fausse dévotion qu'on étoit forcé d'affecter pour paroître à la
cour. L'esprit licencieux qui éclata sous la régence ne fit que mettre
au jour cette corruption qui avoit été comprimée, et qui sembla gagner même la bonne compagnie. La première édition de Gil Blas est
de 1715. Le Sage a copié fidèlement ce qu'il voyoit; et il n'y a pas
d'apparence que ces détails soient empruntés d'un auteur espagnol.

serviteur. Nous avons passé la nuit à boire et à dire des gueulées. Quelle volupté ! il est vrai qu'Arsénie et Florimonde ne sont pas de grands génies ; mais elles ont un usage de débauche qui leur tient lieu d'esprit. Ce sont des créatures enjouées, vives, folles : cela ne vaut-il pas mieux cent fois que des femmes raisonnables ?

CHAPITRE IV.

De quelle manière Gil Blas fit connoissance avec les valets des petits-maîtres ; du secret admirable qu'ils lui enseignèrent pour avoir, à peu de frais, la réputation d'homme d'esprit, et du serment singulier qu'ils lui firent faire.

Tels maîtres, tels valets. — Nouveau bourgeois-gentilhomme.

Ces seigneurs continuèrent à s'entretenir de cette sorte, jusqu'à ce que don Mathias, que j'aidois à s'habiller pendant ce temps-là, fût en état de sortir. Alors il me dit de le suivre ; et tous ces petits-maîtres prirent ensemble le chemin du cabaret où don Fernand de Gamboa se proposoit de les conduire. Je commençai donc à marcher derrière eux avec trois autres valets ; car chacun de ces cavaliers avoit le sien. Je remarquai avec étonnement que ces trois domestiques copioient leurs maîtres, et se donnoient les mêmes airs. Je les saluai comme leur nouveau camarade. Il me saluèrent aussi ; et l'un d'entre eux, après m'avoir regardé quelques moments, me dit : Frère, je vois à votre allure que vous n'avez jamais encore servi de jeune seigneur. Hélas! non, lui répondis-je, et il n'y a pas long-temps que je suis à Madrid. C'est ce qu'il me semble, répliqua-t-il; vous sentez la province; vous paroissez timide et embarrassé; il y a de la bourre dans votre action. Mais n'importe, nous vous aurons bientôt dégourdi, sur ma parole. Vous me flattez peut-être? lui dis-je. Non, repartit-il, non; il n'y a point de sot que nous ne puissions façonner; comptez là-dessus.

Il n'eut pas besoin de m'en dire davantage pour me faire comprendre que j'avois pour confrères de bons enfants, et que je ne pouvois être en meilleures mains pour devenir joli garçon. En arrivant au cabaret, nous y trouvâmes un repas tout préparé, que le seigneur don Fernand avoit eu la précaution d'ordonner dès le matin. Nos maîtres se mirent à table, et nous nous disposâmes à les servir. Les voilà qui s'entretiennent avec beaucoup de gaieté. J'avois un extrême plaisir à les entendre. Leur caractère, leurs pensées, leurs expressions me divertissoient. Que de feu! que de saillies d'imagination! Ces gens-là me parurent une espèce nouvelle. Lorsqu'on en fut au fruit, nous leur apportâmes une copieuse quantité de bouteilles des meilleurs vins d'Espagne, et nous les quittâmes pour aller dîner dans une petite salle où l'on nous avoit dressé une table.

Je ne tardai guère à m'apercevoir que les chevaliers de ma quadrille avoient encore plus de mérite que je ne me l'étois imaginé d'abord. Ils ne se contentoient pas de prendre les manières de leurs maîtres; ils en affectoient même le langage; et ces marauds les rendoient si bien, qu'à un air de qualité près c'étoit la même chose. J'admirois leur air libre et aisé : j'étois encore plus charmé de leur esprit, et je désespérois d'être jamais aussi agréable qu'eux. Le valet de don Fernand, attendu que c'étoit son maître qui régaloit les nôtres, fit les honneurs du repas; et, voulant que rien n'y manquât, il appela l'hôte, et lui dit : Monsieur le maître, donnez-nous dix bouteilles de votre plus excellent vin; et, comme vous avez coutume de faire, vous les ajouterez à celles que nos messieurs auront bues. Très volontiers, répondit l'hôte; mais, monsieur Gaspard, vous savez que le seigneur don Fernand me doit déjà bien des repas. Si par votre moyen j'en pouvois tirer quelques espèces.... Oh! interrompit le valet, ne vous mettez point en peine de ce qui vous est dû; je vous en réponds, moi : c'est de l'or en barre que les dettes de mon maître. Il est vrai que quelques discourtois créanciers ont fait saisir nos revenus; mais nous obtiendrons main-levée au premier jour, et nous vous payerons sans examiner le mémoire que vous nous fournirez. L'hôte nous apporta du vin, malgré les saisies; et nous en bûmes en attendant la main-levée. Il falloit voir comme nous nous portions des santés à tous moments, en nous donnant les uns aux autres les surnoms de nos maîtres. Le valet de don Antonio appeloit Gamboa celui de don Fernand, et le valet de don Fernand appeloit Centellés celui de don Antonio : ils me nommoient de même Silva; et nous nous enivrions peu à peu sous ces noms empruntés, tout aussi bien que les seigneurs qui les portoient véritablement.

Quoique je fusse moins brillant que mes convives, ils ne laissèrent pas de me témoigner qu'ils étoient assez contents de moi. Silva, me dit un des plus dessalés, nous ferons quelque chose de toi, mon ami : je m'aperçois que tu as un fonds de génie; mais tu ne sais pas le faire valoir. La crainte de mal parler t'empêche de rien dire au hasard; et toutefois ce n'est qu'en hasardant des discours, que mille gens s'érigent aujourd'hui en beaux esprits. Veux-tu briller? tu n'as qu'à te livrer à ta vivacité, et risquer indifféremment tout ce qui pourra te venir à la bouche : ton étourderie passera pour une noble hardiesse. Quand tu débiterois cent impertinences, pourvu qu'avec cela il t'échappe seulement un bon mot, on oubliera les sottises; on retiendra le trait [1], et l'on concevra une haute opinion de ton mérite. C'est ce que pratiquent si heureusement nos maîtres; et c'est ainsi qu'en doit user tout homme qui vise à la réputation d'un esprit distingué.

Outre que je ne souhaitois que trop de passer pour un beau génie, le secret qu'on m'enseignoit pour y réussir me paroissoit si facile, que je ne crus pas devoir le négliger. Je l'éprouvai sur-le-champ, et le vin que j'avois bu rendit l'épreuve heureuse; c'est-à-dire que je parlai à tort et à travers, et que j'eus le bonheur de mêler parmi beaucoup d'extravagances quelques pointes d'esprit qui m'attirèrent des applaudissements. Ce coup d'essai me remplit de confiance; je redoublai de vivacité pour produire quelque bonne saillie, et le hasard voulut encore que mes efforts ne fussent pas inutiles.

---

[1] *Le trait*, par ellipse, pour signifier *le trait d'esprit :* cette expression heureuse paroît ici employée pour la première fois.

Eh bien! me dit alors celui de mes confrères qui m'avoit adressé la parole dans la rue, ne commences-tu pas à te décrasser? Il n'y a pas deux heures que tu es avec nous, et te voilà déjà tout autre que tu n'étois : tu changeras tous les jours à vue d'œil. Vois ce que c'est que de servir des personnes de qualité! cela élève l'esprit : les conditions bourgeoises ne font pas cet effet. Sans doute, lui répondis-je; aussi je veux désormais consacrer mes services à la noblesse. C'est fort bien dit, s'écria le valet de don Fernand entre deux vins. Il n'appartient pas aux bourgeois de posséder des génies supérieurs comme nous. Allons, messieurs, ajouta-t-il, faisons serment que nous ne servirons jamais ces gredins-là; jurons-en par le Styx! Nous lui applaudîmes; et, le verre à la main, nous fîmes tous ce burlesque serment. Nous demeurâmes à table jusqu'à ce qu'il plût à nos maîtres de se retirer. Ce fut à minuit; ce qui parut à mes camarades un excès de sobriété. Il est vrai que ces seigneurs ne sortoient de si bonne heure du cabaret, que pour aller chez une fameuse coquette qui logeoit dans le quartier de la cour, et dont la maison étoit nuit et jour ouverte aux gens de plaisir. C'étoit une femme de trente-cinq à quarante ans, parfaitement belle encore, amusante, et si consommée dans l'art de plaire, qu'elle vendoit, disoit-on, plus cher les restes de sa beauté qu'elle n'en avoit vendu les prémices. Il y avoit toujours chez elle deux ou trois autres coquettes du premier ordre, qui ne contribuoient pas peu au grand concours de seigneurs qu'on y voyoit. Ils y jouoient l'après-dînée; ils soupoient ensuite, et passoient la nuit à boire et à se réjouir. Nos maîtres demeurèrent là jusqu'au jour, et nous aussi, sans nous ennuyer; car, tandis qu'ils étoient avec les maîtresses, nous nous amusions avec les soubrettes. Enfin, nous nous séparâmes tous au lever de l'aurore, et nous allâmes nous reposer chacun de son côté.

Mon maître s'étant levé à son ordinaire, sur le midi, s'habilla. Il sortit. Je le suivis, et nous entrâmes chez don Antonio Centellés, où nous trouvâmes un certain don Alvaro de Acuna. C'étoit un vieux gentilhomme, un professeur de débauche. Tous les jeunes gens qui vouloient devenir des hommes agréables se mettoient entre ses mains. Il les formoit au plaisir, leur enseignoit à briller dans le monde et à dissiper leur patrimoine. Il n'appréhendoit plus de manger le sien, l'affaire en étoit faite. Après que ces trois cavaliers se furent embrassés, Centellés dit à mon maître : Parbleu, don Mathias, tu ne pouvois arriver ici plus à propos ! Don Alvar vient me prendre pour me mener chez un bourgeois qui donne à dîner au marquis de Zenette et à don Juan de Moncade : je veux que tu sois de la partie. Et comment, dit don Mathias, nomme-t-on ce bourgeois? Il s'appelle Grégorio de Noriega, dit alors don Alvar, et je vais vous apprendre en deux mots ce que c'est que ce jeune homme. Son père, qui est un riche joaillier, est allé négocier des pierreries dans les pays étrangers, et lui a laissé en partant la jouissance d'un gros revenu. Gregorio est un sot qui a une disposition prochaine à manger tout son bien, qui tranche du petit-maître, et veut passer pour homme d'esprit en dépit de la nature. Il m'a prié de le conduire. Je le gouverne; et je puis vous assurer, messieurs, que je le mène bon train. Le fonds de son revenu est déjà bien entamé. Je n'en doute pas, s'écria Centellés; je vois le bourgeois à l'hôpital. Allons, don Mathias, continua-t-il, faisons connoissance avec cet homme-là, et contribuons à le ruiner. J'y consens, répondit mon maître; aussi-bien j'aime à voir renverser la fortune de ces petits seigneurs roturiers qui s'imaginent qu'on les confond avec nous. Rien, par exemple, ne me divertit tant que la disgrâce de ce fils de publicain, à qui le jeu et la vanité de figurer avec les grands ont fait vendre jusqu'à sa maison. Oh! pour celui-là, reprit don Antonio, il ne mérite pas qu'on le plaigne : il n'est pas moins fat dans sa misère qu'il l'étoit dans sa prospérité.

Centellés et mon maître se rendirent avec don Alvar chez Gregorio de Noriega. Nous y allâmes aussi, Mogicon et moi, tous deux ravis de trouver une franche lippée, et de contribuer de notre part à la ruine du bourgeois. En entrant, nous aperçûmes plusieurs hommes occupés à préparer le dîner; et il sortoit des ragoûts qu'ils faisoient une fumée qui prévenoit l'odorat en faveur du goût. Le marquis de Zenette et don Juan de Moncade venoient d'arriver. Le maître du logis me parut un grand benêt. Il affectoit en vain de prendre l'allure des petits-maîtres; c'étoit une très mauvaise copie de ces excellents originaux, ou, pour mieux dire, un imbécille qui vouloit se donner un air délibéré. Représentez-vous un homme de ce caractère entre cinq railleurs qui avoient tous pour but de se moquer de lui, et de l'engager dans de grandes dépenses. Messieurs, dit don Alvar après les premiers compliments, je vous donne le seigneur Gregorio de Noriega pour un cavalier des plus parfaits. Il possède mille belles qualités. Savez-vous qu'il a l'esprit très cultivé? Vous n'avez qu'à choisir : il est également fort sur toutes les matières, depuis la logique la plus fine et la plus serrée jusqu'à l'orthographe. Oh! cela est trop flatteur, interrompit le bourgeois en riant de fort mauvaise grâce. Je pourrois, seigneur Alvaro, vous rétorquer l'argument. C'est vous qui êtes ce qu'on appelle un puits d'érudition. Je n'avois pas dessein, reprit don Alvar, de m'attirer une louange si spirituelle; mais en vérité, messieurs, poursuivit-il, le seigneur Gregorio ne sauroit manquer de s'acquérir du nom dans le monde. Pour moi, dit don Antonio, ce qui me charme en lui, et ce que je mets même au-dessus de l'orthographe, c'est le choix judicieux qu'il fait des personnes qu'il fréquente. Au lieu de se borner au commerce des bourgeois, il ne veut voir que de jeunes seigneurs, sans s'embarrasser de ce qu'il lui en coûtera. Il y a là-dedans une élévation de sentiments qui m'enchante; et voilà ce qu'on appelle dépenser avec goût et avec discernement!

Ces discours ironiques ne firent que précéder mille autres semblables. Le pauvre Gregorio fut accommodé de toutes pièces. Les petits-maîtres lui lançoient tour à tour des traits dont le sot ne sentoit point l'atteinte; au contraire, il prenoit au pied de la lettre tout ce qu'on lui disoit, et il paroissoit fort content de ses convives; il lui sembloit même qu'en le tournant en ridicule, ils lui faisoient encore grâce. Enfin, il leur servit de jouet pendant qu'ils furent à table, et ils y demeurèrent le reste du jour et la nuit toute entière. Nous bûmes à discrétion, de même que nos maîtres ; et nous étions bien conditionnés les uns et les autres, quand nous sortîmes de chez le bourgeois.

CHAPITRE V.

Gil Blas devient homme à bonnes fortunes. Il fait connoissance avec une jolie personne.

Double travestissement. — Reconnoissance comique.

APRÈS quelques heures de sommeil, je me levai en bonne humeur, et me souvenant des avis que Melendez m'avoit donnés, j'allai, en attendant le réveil de mon maître, faire ma cour à notre intendant, dont la vanité me parut un peu flattée de l'attention que j'avois à lui rendre mes respects. Il me reçut d'un air gracieux, et me demanda si je m'accommodois du genre de vie des jeunes seigneurs. Je répondis qu'il étoit nouveau pour moi, mais que je ne désespérois pas de m'y accoutumer dans la suite.

Je m'y accoutumai effectivement, et bientôt même. Je changeai d'humeur et d'esprit. De sage et posé que j'étois auparavant, je devins vif, étourdi, turlupin. Le valet de don Antonio me fit compliment sur ma métamorphose, et me dit que, pour être un illustre, il ne me manquoit plus que d'avoir de bonnes fortunes. Il me représenta que c'étoit une chose absolument nécessaire pour achever un joli homme; que tous nos camarades étoient aimés de quelque belle personne; et que lui, pour sa part, possédoit les bonnes grâces de deux femmes de qualité. Je jugeai que le maraud mentoit. Monsieur Mogicon [1], lui dis-je, vous êtes sans doute un garçon bien fait et fort spirituel, vous avez du mérite; mais je ne comprends pas comment des femmes de qualité, chez qui vous ne demeurez point, ont pu se laisser charmer d'un homme de votre condition. Oh! vraiment, me répondit-il, elles ne savent pas qui je suis. C'est sous les habits de mon maître, et même sous son nom que j'ai fait ces conquêtes. Voici comment. Je m'habille en jeune seigneur, j'en prends les manières; je vais à la promenade; j'agace toutes les femmes que je vois, jusqu'à ce que j'en rencontre une qui réponde à mes mines. Je suis celle-là, et fais si bien que je lui parle. Je me dis don Antonio Centellés. Je demande un rendez-vous, la dame fait des façons; je la presse, elle me l'accorde, *et cætera*. C'est ainsi, mon enfant, continua-t-il, que je me conduis pour avoir de bonnes fortunes, et je te conseille de suivre mon exemple.

J'avois trop d'envie d'être un illustre pour n'écouter pas ce conseil : outre cela, je ne me sentois pas de répugnance pour une intrigue amoureuse. Je formai donc le dessein de me travestir en jeune seigneur, pour aller chercher des aventures galantes. Je n'osois me déguiser dans notre hôtel, de peur que cela ne fût remarqué. Je pris un bel habillement complet dans la

---

[1] *Mogicon*, coup de poing sous le nez; nom d'un valet impudent.

garde-robe de mon maître, et j'en fis un paquet, que j'emportai chez un petit barbier de mes amis, où je jugeai que je pourrois m'habiller et me déshabiller commodément. Là, je me parai le mieux qu'il me fût possible. Le barbier mit aussi la main à mon ajustement; et, quand nous crûmes qu'on n'y pouvoit plus rien ajouter, je marchai vers le pré de Saint-Jérôme, d'où j'étois bien persuadé que je ne reviendrois pas sans avoir trouvé quelque bonne fortune. Mais je ne fus pas obligé de courir si loin pour en ébaucher une des plus brillantes.

Comme je traversois une rue détournée, je vis sortir d'une petite maison, et monter dans un carrosse de louage qui étoit à la porte, une dame richement habillée, et parfaitement bien faite. Je m'arrêtai tout court pour la considérer, et je la saluai d'un air à lui faire comprendre qu'elle ne me déplaisoit pas. De son côté, pour me faire voir qu'elle méritoit encore plus que je ne pensois mon attention, elle leva pour un moment son voile, et offrit à ma vue un visage des plus agréables. Cependant le carrosse partit, et je demeurai dans la rue, un peu étourdi des traits que je venois de voir. La jolie figure! disois-je en moi-même : peste! il faudroit cela pour m'achever. Si les deux dames qui aiment Mogicon sont aussi belles que celle-ci, voilà un faquin bien heureux. Je serois charmé de mon sort si j'avois une pareille maîtresse. En faisant cette réflexion, je jetai les yeux par hasard sur la maison d'où j'avois vu sortir cette aimable personne, et j'aperçus à la fenêtre d'une salle basse une vieille femme qui me fit signe d'entrer.

Je volai aussitôt dans la maison, et je trouvai dans une salle assez propre cette vénérable et discrète vieille, qui, me prenant pour un marquis tout au moins, me salua respectueusement, et me dit : Je ne doute pas, seigneur, que vous n'ayez mauvaise opinion d'une femme qui, sans vous connoître, vous fait signe d'entrer chez elle; mais vous jugerez peut-être plus favorablement de moi, quand vous saurez que je n'en use pas de cette sorte avec tout le monde. Vous me paroissez un seigneur de la cour? Vous ne vous trompez pas, ma mie, interrompis-je en étendant la jambe droite et penchant le corps sur la hanche gauche; je suis, sans vanité, d'une des plus grandes maisons d'Espagne. Vous en avez bien la mine, reprit-elle, et je vous avouerai que j'aime à faire plaisir aux personnes de qualité : c'est mon foible. Je vous ai observé par ma fenêtre. Vous avez regardé très attentivement, ce me semble, une dame qui vient de me quitter. Vous sentiriez-vous du goût pour elle? dites-le-moi confidemment. Foi d'homme de cour! lui répondis-je, elle m'a frappé : je n'ai jamais rien vu de plus piquant que cette créature-là. Faufilez-nous ensemble, ma bonne, et comptez sur ma reconnoissance. Il fait bon rendre ces sortes de services à nous autres grands seigneurs : ce ne sont pas ceux que nous payons le plus mal.

Je vous l'ai déjà dit, répliqua la vieille, je suis toute dévouée aux personnes de condition ; je me plais à leur être utile. Je reçois ici, par exemple, certaines femmes que des dehors de vertu empêchent de voir leurs galants chez elles. Je leur prête ma maison pour concilier leur tempérament avec la bienséance. Fort bien, lui dis-je; et vous venez apparemment de faire ce plaisir à la dame dont il s'agit? Non, répondit-elle, c'est une jeune veuve de qualité qui cherche un amant ; mais elle est si difficile là-dessus, que je ne sais si vous lui conviendrez, malgré tout le mérite que vous pouvez avoir. Je lui ai déjà présenté trois cavaliers bien bâtis, qu'elle a dédaignés. Oh! parbleu, ma chère, m'écriai-je d'un air de confiance, tu n'as qu'à me mettre à ses trousses; je t'en rendrai bon compte, sur ma parole! Je suis curieux d'avoir un tête-à-tête avec une beauté difficile : je n'en ai point encore rencontré de ce caractère-là. Eh bien! me dit la vieille, vous n'avez qu'à venir ici demain à la même heure, vous satisferez votre curiosité. Je n'y manquerai pas, lui repartis-je : nous verrons si un jeune seigneur tel que moi peut rater une conquête.

Je retournai chez le petit barbier, sans vouloir chercher d'autres aventures, et fort impatient de la suite de celle-là. Ainsi, le jour suivant, après m'être encore bien ajusté, je me rendis chez la vieille une heure plus tôt qu'il ne falloit. Seigneur, me dit-elle, vous êtes ponctuel, et je vous en sais bon gré. Il est vrai que la chose en vaut bien la peine. J'ai vu notre jeune veuve, et nous nous sommes fort entretenues de vous. On m'a défendu de parler; mais j'ai pris tant d'amitié pour vous, que je ne puis me taire. Vous avez plu, et vous allez devenir un heureux seigneur. Entre nous, la dame est un morceau tout appétissant : son mari n'a pas vécu long-temps avec elle; il n'a fait que passer comme une ombre ; elle a tout le mérite d'une fille. La bonne vieille, sans doute, vouloit dire d'une de ces filles d'esprit qui savent vivre sans ennui dans le célibat.

L'héroïne du rendez-vous arriva bientôt en carrosse de louage comme le jour précédent, et vêtue de superbes habits. D'abord qu'elle parut dans la salle, je débutai par cinq ou six révérences de petit-maître, accompagnées de leurs plus gracieuses contorsions. Après quoi je m'approchai d'elle d'un air très familier, et lui dis : Ma princesse, vous voyez un seigneur qui en a dans l'aile. Votre image, depuis hier, s'offre incessamment à mon esprit, et vous avez expulsé de mon cœur une duchesse qui commençoit à y prendre pied. Le triomphe est trop glorieux pour moi, répondit-elle en ôtant son voile ; mais je n'en ressens pas une joie pure. Un jeune seigneur aime le changement, et son cœur est, dit-on, plus difficile à garder que la pistole volante. Eh! ma reine, repris-je, laissons là, s'il vous plaît, l'avenir; ne songeons qu'au présent. Vous êtes belle, je suis amoureux. Si mon amour vous est agréable, engageons-nous sans réflexion. Embarquons-nous comme les matelots ; n'envisageons point les périls de la navigation, n'en regardons que les plaisirs.

En achevant ces paroles, je me jetai avec transport aux genoux de ma nymphe; et pour mieux imiter les petits-maîtres, je la pressai d'une manière pétulante de faire mon bonheur. Elle me parut un peu émue de mes instances, mais elle ne crut pas devoir s'y rendre encore, et me repoussant : Arrêtez-vous, me dit-elle, vous êtes trop vif; vous avez l'air libertin. J'ai bien peur que vous ne soyez un petit débauché. Fi donc! madame, m'écriai-je; pouvez-vous haïr ce qu'aiment les femmes hors du commun? Il n'y a plus que quelques bourgeoises qui se révoltent contre la débauche. C'en est trop, reprit-elle, je me rends à une raison si forte. Je vois bien qu'avec vous autres seigneurs les grimaces sont inutiles : il faut qu'une femme fasse la moitié du chemin. Apprenez donc votre victoire, ajouta-t-elle avec une apparence de confusion, comme si sa pudeur eût souffert de cet aveu; vous m'avez inspiré des sentiments que je n'ai jamais eus pour personne, et je n'ai plus besoin que de savoir qui vous êtes, pour me déterminer à vous choisir pour mon amant. Je vous crois un jeune seigneur, et même un honnête homme : cependant je n'en suis point assurée; et quelque prévenue que je sois en votre faveur, je ne veux pas donner ma tendresse à un inconnu.

Je me souvins alors de quelle façon le valet de don Antonio m'avoit dit qu'il sortoit d'un pareil embarras; et voulant à son exemple passer pour mon maître : Madame, dis-je à ma veuve, je ne me défendrai point de vous apprendre mon nom; il est assez beau pour mériter d'être avoué. Avez-vous entendu parler de don Mathias de Silva? Oui, répondit-elle; je vous dirai même que je l'ai vu chez une personne de ma connoissance. Quoique déjà effronté, je fus un peu troublé de cette réponse. Je me rassurai toutefois dans le moment; et, faisant force de génie pour me tirer de là, eh bien! mon ange, repris-je, vous connoissez un seigneur.... que.... je connois aussi.... Je suis de sa maison, puisqu'il faut vous le dire. Son aïeul épousa la belle-sœur d'un oncle de mon père. Nous sommes, comme vous voyez, assez proches parents. Je m'appelle don Cesar.

Je suis fils unique de l'illustre don Fernand de Ribera, qui fut tué, il y a quinze ans, dans une bataille qui se donna sur les frontières de Portugal. Je vous ferois bien un détail de l'action ; elle fut diablement vive ; mais ce seroit perdre des moments précieux que l'amour veut que j'emploie plus agréablement.

Je devins pressant et passionné après ce discours ; ce qui ne me mena pourtant à rien. Les faveurs que ma déesse me laissa prendre ne servirent qu'à me faire soupirer après celles qu'elle me refusa. La cruelle regagna son carrosse, qui l'attendoit à la porte. Je ne laissai pas néanmoins de me retirer très satisfait de ma bonne fortune, bien que je ne fusse pas encore parfaitement heureux. Si, disois-je en moi-même, je n'ai obtenu que des demi-bontés, c'est que ma dame est une personne qualifiée, qui n'a pas cru devoir céder à mes transports dans une première entrevue. La fierté de sa naissance a retardé mon bonheur ; mais il n'est différé que de quelques jours. Il est bien vrai que je me représentai aussi que ce pouvoit être une matoise des plus raffinées. Cependant j'aimai mieux regarder la chose du bon côté que du mauvais, et je conservai l'avantageuse opinion que j'avois conçue de ma veuve. Nous étions convenus en nous quittant de nous revoir le surlendemain ; et l'espérance de parvenir au comble de mes vœux me donnoit un avant-goût des plaisirs dont je me flattois.

L'esprit plein des plus riantes images, je me rendis chez mon barbier. Je changeai d'habit, et j'allai joindre mon maître dans un tripot où je savois qu'il étoit. Je le trouvai engagé au jeu, et je m'aperçus qu'il gagnoit, car il ne ressembloit pas à ces joueurs froids qui s'enrichissent ou se ruinent sans changer de visage. Il étoit railleur et insolent dans la prospérité, et fort bourru dans la mauvaise fortune. Il sortit fort gai du tripot, et prit le chemin du *Théâtre du Prince*. Je le suivis jusqu'à la porte de la comédie; là, me mettant un ducat dans la main, tiens, Gil Blas, me dit-il, puisque j'ai gagné aujourd'hui, je veux que tu t'en ressentes : va-te divertir avec tes camarades, et viens me prendre à minuit chez Arsénie, où je dois souper avec don Alexo Segiar. A ces mots, il rentra, et je demeurai à rêver avec qui je pourrois dépenser mon ducat, selon l'intention du fondateur. Je ne rêvai pas long-temps. Clarin, valet de don Alexo, se présenta tout à coup devant moi. Je le menai au premier cabaret, et nous nous y amusâmes jusqu'à minuit. De là nous nous rendîmes à la maison d'Arsénie, où Clarin avoit ordre aussi de se trouver. Un petit laquais nous ouvrit la porte, et nous fit entrer dans une salle basse, où la femme de chambre d'Arsénie et celle de Florimonde rioient à gorge déployée en s'entretenant ensemble, tandis que leurs maîtresses étoient en haut avec nos maîtres.

L'arrivée de deux vivants qui venoient de bien souper ne pouvoit pas être désagréable à des soubrettes, et à des soubrettes de comédiennes encore : mais quel fut mon étonnement lorsque dans une de ces suivantes je reconnus ma veuve, mon adorable veuve, que je croyois comtesse ou marquise! Elle ne parut pas moins étonnée de voir son cher don Cesar de Ribera changé en valet de petit-maître. Nous nous regardâmes toutefois l'un l'autre sans nous déconcerter; il nous prit même à tous deux une envie de rire, que nous ne pûmes nous empêcher de satisfaire. Après quoi Laure (c'est ainsi qu'elle s'appeloit), me tirant à part tandis que Clarin parloit à sa compagne, me tendit gracieusement la main, et me dit tout bas : Touchez là, seigneur don Cesar; au lieu de nous faire des reproches réciproques, faisons-nous des compliments, mon ami! Vous avez fait votre rôle à ravir, et je ne me suis point mal non plus acquittée du mien. Qu'en dites-vous? Avouez que vous m'avez prise pour une de ces jolies femmes de qualité qui se plaisent à faire des équipées? Il est vrai, lui répondis-je; mais qui que vous soyez, ma reine, je n'ai point changé de sentiment en changeant de forme. Agréez, de grâce, mes services, et permettez que le valet de chambre de don Mathias achève ce que don Cesar a si heureusement commencé. Va, reprit-elle, je t'aime encore mieux dans ton naturel qu'autrement. Tu es en homme ce que je suis en femme: c'est la plus grande louange que je puisse te donner. Je te reçois au nombre de mes adorateurs. Nous n'avons plus besoin du ministère de la vieille : tu peux venir ici me voir librement. Nous autres dames de théâtre, nous vivons sans contrainte et pêle-mêle avec les hommes. Je conviens qu'il y paroît quelquefois; mais le public en rit, et nous sommes faites, comme tu sais, pour le divertir.

Nous en demeurâmes là, parce que nous n'étions pas seuls. La conversation devint générale, vive, enjouée, et pleine d'équivoques claires. Chacun y mit du sien. La suivante d'Arsénie surtout, mon aimable Laure, brilla fort, et fit paroître beaucoup plus d'esprit que de vertu. D'un autre côté, nos maîtres et les comédiennes poussoient souvent de longs éclats de rire que nous entendions; ce qui suppose que leur entretien étoit aussi raisonnable que le nôtre. Si l'on eût écrit toutes les belles choses qui se dirent cette nuit chez Arsénie, on en auroit, je crois, composé un livre très instructif pour la jeunesse. Cependant l'heure de la retraite, c'est-à-dire le jour arriva : il fallut se séparer. Clarin suivit don Alexo, et je me retirai avec don Mathias.

CHAPITRE VI.

De l'entretien de quelques seigneurs sur les comédiens de la troupe du prince.

Satire du Théâtre François sous des noms espagnols. — Application d'une fable de Phèdre.

Ce jour-là mon maître, à son lever, reçut un billet de don Alexo Segiar, qui lui mandoit de se rendre chez lui. Nous y allâmes, et nous trouvâmes avec lui le marquis de Zenette, et un autre jeune seigneur de bonne mine que je n'avois jamais vu. Don Mathias, dit Segiar à mon patron, en lui présentant ce cavalier que je ne connoissois point, vous voyez don Pompeyo de Castro, mon parent. Il est presque dès son enfance à la cour de Pologne. Il arriva hier au soir à Madrid, et il s'en retourne dès demain à Varsovie. Il n'a que cette journée à me donner : je veux profiter d'un temps si précieux, et j'ai cru que pour le lui faire trouver agréable, j'avois besoin de vous et du marquis de Zenette. Là-dessus mon maître et le parent de don Alexo s'embrassèrent, et se firent l'un à l'autre force compliments. Je fus très satisfait de ce que dit don Pompeyo; il me parut avoir l'esprit solide et délié.

On dîna chez Segiar, et ces seigneurs, après le repas, jouèrent pour s'amuser jusqu'à l'heure de la comédie. Alors ils allèrent tous ensemble au *Théâtre du Prince*, voir représenter une tragédie nouvelle, qui avoit pour titre *la Reine de Carthage*. La pièce finie, ils revinrent souper au même endroit où ils avoient dîné; et leur conversation roula d'abord sur le poëme qu'ils venoient d'entendre, ensuite sur les acteurs. Pour l'ouvrage, s'écria don Mathias, je l'estime peu; j'y trouve Énée encore plus fade que dans l'Énéide. Mais il faut convenir que la pièce a été jouée divinement. Qu'en pense le seigneur don Pompeyo? Il n'est pas, ce me semble, de mon sentiment. Messieurs, dit ce cavalier en souriant, je vous ai vus tantôt si charmés de vos acteurs, et particulièrement de vos actrices, que je n'oserois vous avouer que j'en ai jugé tout autrement que vous. C'est fort bien fait, interrompit don Alexo en plaisantant, vos censures seroient ici fort mal reçues. Respectez nos actrices devant les trompettes de leur réputation. Nous buvons tous les jours avec elles; nous les garantissons parfaites : nous en donnerons, si l'on veut, des certificats. Je n'en doute point, lui répondit son parent, vous en donneriez même de leurs vie et mœurs, tant vous me paroissez amis!

Vos comédiennes polonoises, dit en riant le marquis de Zenette, sont sans doute beaucoup meilleures? Oui certainement, répliqua don Pompeyo, elles valent mieux. Il y en a du moins quelques-unes qui n'ont pas le moindre défaut. Celles-là, reprit le marquis, peuvent compter sur vos certificats? Je n'ai point de liaisons avec elles, repartit don Pompeyo. Je ne suis point de leurs débauches : je puis juger de leur mérite sans prévention. En bonne foi, poursuivit-il, croyez-vous avoir une troupe excellente? Non, parbleu, dit le marquis, je ne le crois pas, et je ne veux défendre qu'un très petit nombre d'acteurs : j'abandonne tout le reste. Ne conviendrez-vous pas que l'actrice qui a joué le rôle de Didon est admirable? N'a-t-elle pas représenté cette reine avec toute la noblesse et tout l'agrément convenable à l'idée que nous en avons? Et n'avez-vous pas admiré avec quel art elle attache un spectateur, et lui fait sentir les mouvements de toutes les passions qu'elle exprime? On peut dire qu'elle est consommée dans les raffinements de la déclamation. Je demeure d'accord, dit don Pompeyo, qu'elle sait émouvoir et toucher; jamais comédienne n'eut plus d'entrailles, et c'est une belle représentation; mais ce n'est point une actrice sans défaut. Deux ou trois choses m'ont choqué dans son jeu. Veut-elle marquer de la surprise? elle roule les yeux d'une manière outrée; ce qui sied mal à une princesse. Ajoutez à cela qu'en grossissant le son de sa voix, qui est naturellement doux, elle en corrompt la douceur, et forme un creux assez désagréable. D'ailleurs il m'a semblé, dans plus d'un endroit de la pièce, qu'on pouvoit la soupçonner de ne pas trop bien entendre ce qu'elle disoit. J'aime mieux pourtant croire qu'elle étoit distraite, que de l'accuser de manquer d'intelligence.

A ce que je vois, dit alors don Mathias au censeur, vous ne seriez pas homme à faire des vers à la louange de nos comédiennes? Pardonnez-moi, répondit don Pompeyo. Je découvre beaucoup de talent au travers de leurs défauts. Je vous dirai même que je suis enchanté de l'actrice qui a fait la suivante dans les intermèdes [1]. Le beau naturel! avec quelle grâce elle occupe la scène! A-t-elle quelque bon mot à débiter, elle l'assaisonne d'un souris malin et plein de charmes, qui lui donne un nouveau prix. On pourroit lui reprocher qu'elle se livre quelquefois un peu trop à son feu, et passe les bornes d'une honnête hardiesse; mais il ne faut pas être si sévère. Je voudrois seulement qu'elle se corrigeât d'une mauvaise habitude. Souvent, au milieu d'une scène, dans un endroit sérieux, elle interrompt tout à coup l'action, pour céder à une folle envie de rire qui lui prend. Vous me direz que le parterre l'applaudit dans ces moments mêmes : cela est heureux.

Et que pensez-vous des hommes? interrompit le marquis : vous devez tirer sur eux à cartouches, puisque vous n'épargnez pas les femmes. Non, dit don Pompeyo; j'ai trouvé quelques jeunes acteurs qui promettent, et je suis surtout assez content de ce gros comédien qui a joué le rôle du premier ministre de Didon. Il récite très naturellement, et c'est ainsi qu'on déclame en Pologne. Si vous êtes satisfait de ceux-là, dit Segiar,

---

[1] Éloge de mademoiselle Desmares.

vous devez être charmé de celui qui a fait le personnage d'Énée. Ne vous a-t-il pas paru un grand comédien, un acteur original? Fort original, répondit le censeur; il a des tons qui lui sont particuliers, et il en a de bien aigus. Presque toujours hors de la nature, il précipite les paroles qui renferment le sentiment, et appuie sur les autres; il fait même des éclats sur des conjonctions. Il m'a fort diverti, et particulièrement lorsqu'il exprimoit à son confident la violence qu'il se faisoit d'abandonner sa princesse : on ne sauroit témoigner de la douleur plus comiquement. Tout beau, cousin! répliqua don Alexo; tu nous ferois croire à la fin qu'on n'est pas de trop bon goût à la cour de Pologne. Sais-tu bien que l'acteur dont nous parlons est un sujet rare? N'as-tu pas entendu les battements de mains qu'il a excités? Cela prouve qu'il n'est pas si mauvais. Cela ne prouve rien, repartit don Pompeyo. Messieurs, ajouta-t-il, laissons-là, je vous prie, les applaudissements du parterre; il en donne souvent aux acteurs fort mal à propos. Il applaudit même plus rarement au vrai mérite qu'au faux, comme Phèdre nous l'apprend par une fable ingénieuse. Permettez-moi de vous la rapporter : la voici.

Tout le peuple d'une ville s'étoit assemblé dans une grande place, pour voir jouer des pantomimes. Parmi ces acteurs, il y en avoit un qu'on applaudissoit à chaque moment. Ce bouffon, sur la fin du jeu, voulut fermer le théâtre par un spectacle nouveau. Il parut seul sur la scène, se baissa, se couvrit la tête de son manteau, et se mit à contrefaire le cri d'un cochon de lait. Il s'en acquitta de manière qu'on s'imagina qu'il en avoit un véritablement sous ses habits. On lui cria de secouer son manteau et sa robe; ce qu'il fit : et, comme il ne se trouva rien dessous, les applaudissements se renouvelèrent avec plus de fureur dans l'assemblée. Un paysan, qui étoit du nombre des spectateurs, fut choqué de ces témoignages d'admiration. Messieurs, s'écria-t-il, vous avez tort d'être charmés de ce bouffon; il n'est pas si bon acteur que vous le croyez. Je sais mieux faire que lui le cochon de lait; et, si vous en doutez, vous n'avez qu'à revenir ici demain à la même heure. Le peuple, prévenu en faveur du pantomime, se rassembla le jour suivant en plus grand nombre, et plutôt pour siffler le paysan que pour voir ce qu'il savoit faire. Les deux rivaux parurent sur le théâtre. Le bouffon commença, et fut encore plus applaudi que le jour précédent. Alors le villageois, s'étant baissé à son tour et enveloppé de son manteau, tira l'oreille à un véritable cochon qu'il tenoit sous son bras, et lui fit pousser des cris perçants. Cependant l'assistance ne laissa pas de donner le prix au pantomime, et chargea de huées le paysan, qui, montrant tout à coup le cochon de lait aux spectateurs : Messieurs, leur dit-il, ce n'est pas moi que vous sifflez, c'est le cochon lui-même. Voyez quels juges vous êtes ! [1]

Cousin, dit don Alexo, ta fable est un peu vive ! Néanmoins, malgré ton cochon de lait, nous n'en démordrons pas. Changeons de matière, poursuivit-il; celle-ci m'ennuie. Tu pars donc demain, quelque envie

[1] Tout le monde connoît cette fable de Phèdre. Elle n'a jamais été rendue en françois avec plus de précision et de vérité que dans ce passage de Gil Blas.

que j'aie de te posséder plus long-temps ? Je voudrois, répondit son parent, pouvoir faire ici un plus long séjour; mais je ne le puis, je vous l'ai déjà dit; je suis venu à la cour d'Espagne pour une affaire d'état. Je parlai hier, en arrivant, au premier ministre; je dois le voir encore demain matin, et je partirai un moment après pour m'en retourner à Varsovie. Te voilà devenu Polonois, répliqua Segiar, et, selon toutes les apparences, tu ne reviendras point demeurer à Madrid! Je crois que non, repartit don Pompeyo; j'ai le bonheur d'être aimé du roi de Pologne; j'ai beaucoup d'agréments à sa cour. Quelque bonté pourtant qu'il ait pour moi, croiriez-vous que j'ai été sur le point de sortir pour jamais de ses états? Eh! par quelle aventure? dit le marquis. Contez-nous cela, je vous prie. Très volontiers, répondit don Pompeyo; et c'est en même temps mon histoire dont je vais vous faire le récit.

CHAPITRE VII.

Histoire de don Pompeyo de Castro.

Jalousie odieuse. — Duel singulier. — Combat de générosité.

DON Alexo, poursuivit-il, sait qu'au sortir de mon enfance je voulus prendre le parti des armes, et que, voyant notre pays tranquille, j'allai en Pologne, à qui les Turcs venoient alors de déclarer la guerre. Je me fis présenter au roi, qui me donna de l'emploi dans son armée. J'étois un cadet des moins riches d'Espagne, ce qui m'imposoit la nécessité de me signaler par des exploits qui m'attirassent l'attention du général. Je fis si bien mon devoir, qu'après une assez longue guerre, la paix ayant été faite, le roi, sur les bons témoignages que les officiers généraux lui rendirent de moi, me gratifia d'une pension considérable. Sensible à la générosité de ce monarque, je ne perdois pas une occasion de lui en témoigner ma reconnoissance par mon assiduité. J'étois devant lui à toutes les heures où il est permis de se présenter à ses regards. Par cette conduite, je me fis insensiblement aimer de ce prince, et j'en reçus de nouveaux bienfaits.

Un jour que je me distinguai dans une course de bague, et dans un combat de taureaux qui la précéda, toute la cour loua ma force et mon adresse; et lorsque, comblé d'applaudissements, je fus de retour chez moi, j'y trouvai un billet par lequel on me mandoit qu'une dame dont la conquête devoit plus me flatter que tout l'honneur que je m'étois acquis ce jour-là, souhaitoit de m'entretenir, et que je n'avois, à l'entrée de la nuit, qu'à me rendre à certain lieu qu'on me marquoit. Cette lettre me fit plus de plaisir que toutes les louanges qu'on m'avoit données, et je m'imaginai que la personne qui m'écrivoit devoit être une femme de la première qualité. Vous jugez bien que je volai au rendez-vous! Une vieille, qui m'y attendoit pour me servir de guide, m'introduisit par une petite porte du jardin dans une grande maison, et m'enferma dans un riche cabinet, en me disant : demeurez ici; je vais avertir ma maîtresse de votre arrivée. J'aperçus bien des choses précieuses dans ce cabinet qu'éclairoient une grande quantité de bougies; mais je n'en considérai la magnificence que pour me confirmer dans l'opinion que j'avois déjà conçue de la noblesse de la dame. Si tout ce que je voyois sembloit m'assurer que ce ne pouvoit être qu'une personne du premier rang, quand elle parut elle acheva de me le persuader par son air noble et majestueux. Cependant ce n'étoit pas ce que je pensois.

Seigneur cavalier, me dit-elle, après la démarche que je fais en votre faveur, il seroit inutile de vouloir vous cacher que j'ai de tendres sentiments pour vous. Le mérite que vous avez fait paroître aujourd'hui devant toute la cour ne me les a point inspirés; il en précipite seulement le témoignage. Je vous ai vu plus d'une fois, je me suis informée de vous, et le bien qu'on m'en a dit m'a déterminée à suivre mon penchant. Ne croyez pas, poursuivit-elle, avoir fait la conquête d'une altesse; je ne suis que la veuve d'un simple officier des gardes du roi; mais ce qui rend votre victoire glorieuse, c'est la préférence que je vous donne sur un des plus grands seigneurs du royaume. Le prince de Radzivill m'aime, et n'épargne rien pour me plaire. Il n'y peut toutefois réussir, et je ne souffre ses empressements que par vanité.

Quoique je visse bien à ce discours que j'avois affaire à une coquette, je ne laissai pas de savoir bon gré de cette aventure à mon étoile. Dona Hortensia (c'est ainsi que se nommoit la dame) étoit encore dans sa première jeunesse, et sa beauté m'éblouit. De plus, on m'offroit la possession d'un cœur qui se refusoit aux soins d'un prince : quel triomphe pour un cavalier espagnol! Je me prosternai aux pieds d'Hortense, pour la remercier de ses bontés. Je lui dis tout ce qu'un homme galant pouvoit lui dire, et elle eut lieu d'être satisfaite des transports de reconnoissance que je fis éclater. Aussi nous séparâmes-nous tous deux les meilleurs amis du monde, après être convenus que nous nous verrions tous les soirs que le prince ne pourroit venir chez elle; ce qu'on promit de me faire savoir très exactement. On n'y manqua pas, et je devins enfin l'Adonis de cette nouvelle Vénus.

Mais les plaisirs de la vie ne sont pas d'éternelle durée. Quelques mesures que prît la dame pour dérober la connoissance de notre commerce à mon rival, il ne laissa pas d'apprendre tout ce qu'il nous importoit fort qu'il ignorât : une servante mécontente le mit au fait. Ce seigneur, naturellement généreux, mais fier, jaloux et violent, fut indigné de mon audace. La colère et la jalousie lui troublèrent l'esprit; et, ne consultant que sa fureur, il résolut de se venger de moi d'une manière infâme. Une nuit que j'étois chez Hortense, il vint m'attendre à la petite porte du jardin, avec tous ses valets armés de bâtons. Dès que je sortis, il me fit saisir par ces misérables, et leur ordonna de m'assommer. Frappez, leur dit-il; que le téméraire périsse sous vos coups! c'est ainsi que je veux punir son insolence. Il n'eut pas achevé ces paroles, que ses gens m'assaillirent tous ensemble, et me donnèrent tant de coups de bâton, qu'ils m'étendirent sans sentiment sur la place; après quoi ils se retirèrent avec leur maître, pour qui cette cruelle exécution avoit été un spectacle bien doux. Je demeurai le reste de la nuit dans l'état où ils m'avoient mis. A la pointe du jour il passa près de moi quelques personnes qui, s'apercevant que je respirois encore, eurent la charité de me porter chez un chirurgien. Par bonheur mes blessures ne se trouvèrent pas mortelles, et je tombai entre les mains d'un habile homme qui me guérit en deux mois parfaitement. Au bout de ce temps-là je reparus à la cour, et repris mes premières brisées, excepté que je ne retournai plus chez Hortense, qui de son côté ne fit aucune démarche pour me revoir, parce que le prince, à ce prix-là, lui avoit pardonné son infidélité.

Comme mon aventure n'étoit ignorée de personne, et que je ne passois pas pour un lâche, tout le monde s'étonnoit de me voir aussi tranquille que si je n'eusse pas reçu un affront; car je ne disois pas ce que je pensois, et je semblois n'avoir aucun ressentiment. On ne savoit que s'imaginer de ma fausse insensibilité. Les uns croyoient que, malgré mon courage, le rang de l'offenseur me tenoit en respect et m'obligeoit à dévorer l'offense; les autres, avec plus de raison, se défioient de mon silence, et regardoient comme un calme trompeur la situation paisible où je paroissois être. Le roi jugea, comme ces derniers, que je n'étois pas homme à laisser un outrage impuni, et que je ne manquerois pas de me venger sitôt que j'en trouverois une occasion favorable. Pour savoir s'il devinoit ma pensée, il me fit entrer un jour dans son cabinet, où il me dit: Don Pompeyo, je sais l'accident qui vous est arrivé, et je suis surpris, je l'avoue, de votre tranquillité: vous dissimulez certainement. Sire, lui répondis-je, j'ignore qui peut être l'offenseur; j'ai été attaqué la nuit par des gens inconnus : c'est un malheur dont il faut bien que je me console. Non, non, répliqua le roi, je ne suis point la dupe de ce discours peu sincère; on m'a tout dit. Le prince de Radzivill vous a mortellement offensé. Vous êtes noble et Castillan; je sais à quoi ces deux qualités vous engagent. Vous avez formé la résolution de vous venger. Faites-moi confidence du parti que vous avez pris; je le veux. Ne craignez point de vous repentir de m'avoir confié votre secret.

Puisque votre majesté me l'ordonne, lui repartis-je, il faut donc que je lui découvre mes sentiments. Oui, seigneur, je songe à tirer vengeance de l'affront qu'on m'a fait. Tout homme qui porte un nom pareil au mien en est comptable à sa race. Vous savez l'indigne traitement que j'ai reçu; et je me propose d'assassiner le prince pour me venger d'une manière qui réponde à l'offense. Je lui plongerai un poignard dans le sein, ou lui casserai la tête d'un coup de pistolet, et je me sauverai, si je puis, en Espagne; voilà quel est mon dessein.

Il est violent, dit le roi; néanmoins je ne saurois le condamner. Après le cruel outrage que Radzivill vous a fait, il est digne du châtiment que vous lui réservez. Mais n'exécutez pas sitôt votre entreprise; laissez-moi chercher un tempérament pour vous accommoder tous deux. Ah! seigneur, m'écriai-je avec chagrin, pourquoi m'avez-vous obligé de vous révéler mon secret? Quel tempérament peut.... Si je n'en trouve pas qui vous satisfasse, interrompit-il, vous pourrez faire ce que vous avez résolu. Je ne prétends point abuser de la confidence que vous m'avez faite : je ne trahirai point votre honneur; soyez sans inquiétude là-dessus.

J'étois assez en peine de savoir par quel moyen le roi prétendoit terminer cette affaire à l'amiable; voici comme il s'y prit. Il entretint en particulier mon rival. Prince, lui dit-il, vous avez offensé don Pompeyo de Castro. Vous n'ignorez pas que c'est un homme d'une naissance illustre, un cavalier que j'aime, et qui m'a bien servi. Vous lui devez une satisfaction. Je ne suis pas d'humeur à la lui refuser, répondit le prince. S'il se plaint de mon emportement, je suis prêt à lui en faire raison par la voie des armes. Il faut une autre réparation, reprit le roi; un gentilhomme espagnol entend trop bien le point d'honneur pour vouloir se battre noblement avec un lâche assassin. Je ne puis vous appeler autrement; et vous ne sauriez expier l'indignité de votre action qu'en présentant vous-même un bâton à votre ennemi, et qu'en vous offrant à ses coups. O ciel! s'écria mon rival : quoi! sire, vous voulez qu'un homme de mon rang s'abaisse, qu'il s'humilie devant un simple cavalier, et qu'il en reçoive même des coups de bâton! Non, repartit le monarque, j'obligerai don Pompeyo à me promettre qu'il ne vous frappera point. Demandez-lui seulement pardon de votre violence en lui présentant un bâton; c'est tout ce que j'exige de vous. Et c'est trop attendre de moi, sire, interrompit brusquement Radzivill : j'aime mieux demeurer exposé aux traits cachés que son ressentiment me prépare. Vos jours me sont chers, dit le roi, et je voudrois que cette affaire n'eût point de mauvaises suites. Pour la finir avec moins de désagrément pour vous, je serai seul témoin de cette satisfaction que je vous ordonne de faire à l'Espagnol.

Le roi eut besoin de tout le pouvoir qu'il avoit sur le prince, pour obtenir de lui qu'il fît une démarche si mortifiante. Ce monarque pourtant en vint à bout : ensuite il m'envoya chercher. Il me conta l'entretien qu'il venoit d'avoir avec mon ennemi, et me demanda si je serois content de la réparation dont ils étoient convenus tous deux. Je répondis qu'oui; et je donnai ma parole que bien loin de frapper l'offenseur, je ne prendrois pas même le bâton qu'il me présenteroit. Cela étant réglé de cette sorte, le prince et moi nous nous trouvâmes un jour à certaine heure chez le roi, qui s'enferma dans son cabinet avec nous. Allons, dit-il à Radzivill, reconnoissez votre faute, et méritez qu'on vous la pardonne ! Alors mon ennemi me fit des excuses, et me présenta un bâton qu'il avoit à la main. Don Pompeyo, me dit le monarque en ce moment, prenez ce bâton, et que ma présence ne vous empêche pas de satisfaire votre honneur outragé ! Je vous rends la parole que vous m'avez donnée de ne point frapper votre ennemi. Non, seigneur, lui répondis-je, il suffit qu'il se mette en état de recevoir des coups de bâton : un Espagnol offensé n'en demande pas davantage. Eh bien ! reprit le roi, puisque vous êtes content de cette satisfaction, vous pouvez présentement tous deux suivre la franchise d'un procédé régulier. Mesurez vos épées, pour terminer noblement votre querelle. C'est ce que je désire avec ardeur, s'écria le prince d'un ton brusque; et cela seul est capable de me consoler de la honteuse démarche que je viens de faire.

A ces mots, il sortit plein de rage et de confusion; et deux heures après il m'envoya dire qu'il m'attendoit dans un endroit écarté. Je m'y rendis, et je trouvai ce seigneur disposé à se bien battre. Il n'avoit pas quarante-cinq ans ; il ne manquoit ni de courage ni d'adresse : on peut dire que la partie étoit égale entre nous. Venez, don Pompeyo, me dit-il, finissons ici notre différend. Nous devons l'un et l'autre être en fureur, vous du traitement que je vous ai fait, et moi de vous en avoir demandé pardon. En achevant ces paroles, il mit si brusquement l'épée à la main, que je n'eus pas le temps de lui répondre. Il me poussa d'abord très vivement; mais j'eus le bonheur de parer tous les coups qu'il me porta. Je le poussai à mon tour : je sentis que j'avois affaire à un homme qui savoit aussi bien se défendre qu'attaquer; et je ne sais ce qu'il en seroit arrivé, s'il n'eût pas fait un faux pas en reculant, et ne fût tombé à la renverse. Je m'arrêtai aussitôt, et dis au prince : Relevez-vous ! Pourquoi m'épargner ? répondit-il ; votre pitié me fait injure. Je ne veux point, lui répliquai-je, profiter de votre malheur; je ferois tort à ma gloire. Encore une fois, relevez-vous, et continuons notre combat.

Don Pompeyo, dit-il en se relevant, après ce trait de générosité l'honneur ne me permet pas de me battre contre vous. Que diroit-on de moi si je vous perçois le cœur? Je passerois pour un lâche d'avoir arraché la vie à un homme qui me la pouvoit ôter. Je ne puis donc plus m'armer contre vos jours, et je sens que la reconnoissance fait succéder de doux transports aux mouvements furieux qui m'agitoient. Don Pompeyo, continua-t-il, cessons de nous haïr l'un l'autre. Passons même plus avant; soyons amis. Ah! seigneur, m'écriai-je, j'accepte avec joie une proposition si agréable. Je vous voue une amitié sincère; et, pour commencer à vous en donner des marques, je vous promets de ne plus remettre le pied chez dona Hortensia, quand elle voudroit me revoir. C'est moi, dit-il, qui vous cède cette dame; il est plus juste que je vous l'abandonne puisqu'elle a naturellement de l'inclination pour vous. Non, non, interrompis-je; vous l'aimez. Les bontés qu'elle auroit pour moi pourroient vous faire de la peine; je les sacrifie à votre repos. Ah! trop généreux Castillan, reprit Radzivill en me serrant entre ses bras, vos sentiments me charment. Qu'ils produisent de remords dans mon âme! Avec quelle douleur, avec quelle honte je me rappelle l'outrage que vous avez reçu! La satisfaction que je vous en ai faite dans la chambre du roi me paroît trop légère en ce moment. Je veux mieux réparer cette injure; et pour en effacer entièrement l'infamie, je vous offre une de mes nièces, dont je puis disposer. C'est une riche héritière, qui n'a pas quinze ans, et qui est encore plus belle que jeune.

Je fis là-dessus au prince tous les compliments que l'honneur d'entrer dans son alliance me put inspirer, et j'épousai sa nièce peu de jours après. Toute la cour félicita ce seigneur d'avoir fait la fortune d'un cavalier qu'il avoit couvert d'ignominie, et mes amis se réjouirent avec moi de l'heureux dénoûment d'une aventure qui devoit avoir une plus triste fin. Depuis ce temps, messieurs, je vis agréablement à Varsovie; je suis aimé de mon épouse, et j'en suis encore amoureux. Le prince Radzivill me donne tous les jours de nouveaux témoignages d'amitié, et j'ose me vanter d'être assez bien dans l'esprit du roi de Pologne. L'importance du voyage que je fais par son ordre à Madrid m'assure de son estime.

CHAPITRE VIII.

Quel accident obligea Gil Blas à chercher une nouvelle condition.

Faux billets doux. — Imposture justement punie.

Telle fut l'histoire que don Pompeyo raconta, et que nous entendîmes, le valet de don Alexo et moi, bien qu'on eût pris la précaution de nous renvoyer avant qu'il en commençât le récit. Au lieu de nous retirer nous nous étions arrêtés à la porte, que nous avions laissée entr'ouverte, et de là nous n'en avions pas perdu un mot. Après cela ces seigneurs continuèrent de boire; mais ils ne poussèrent pas la débauche jusqu'au jour, attendu que don Pompeyo, qui devoit parler le matin au premier ministre, étoit bien aise auparavant de se reposer un peu. Le marquis de Zenette et mon maître embrassèrent ce cavalier, lui dirent adieu, et le laissèrent avec son parent.

Nous nous couchâmes pour le coup avant le lever de l'aurore, et don Mathias, à son réveil, me chargea d'un nouvel emploi. Gil Blas, me dit-il, prends du papier et de l'encre pour écrire deux ou trois lettres que je veux te dicter; je te fais mon secrétaire. Bon!

dis-je en moi-même, surcroît de fonctions. Comme laquais je suis mon maître partout; comme valet de chambre je l'habille, et j'écrirai sous lui comme secrétaire : le ciel en soit loué! Je vais, comme la triple Hécate, faire trois personnages différents. Tu ne sais pas, continua-t-il, quel est mon dessein? Le voici : mais sois discret, il y va de ta vie. Comme je trouve quelquefois des gens qui me vantent leurs bonnes fortunes, je veux, pour leur damer le pion, avoir dans mes poches de fausses lettres de femmes que je leur lirai. Cela me divertira pour un moment, et plus heureux que ceux de mes pareils qui ne font des conquêtes que pour avoir le plaisir de les publier, j'en publierai que je n'aurai pas eu la peine de faire. Mais, ajouta-t-il, déguise ton écriture de manière que les billets ne paroissent pas tous d'une même main.

Je pris donc du papier, une plume et de l'encre, et je me mis en devoir d'obéir à don Mathias, qui me dicta d'abord un poulet dans ces termes : « Vous ne « vous êtes point trouvé cette nuit au rendez-vous. Ah! « don Mathias, que direz-vous pour vous justifier? « Quelle étoit mon erreur! et que vous me punissez « bien d'avoir eu la vanité de croire que tous les « amusements et toutes les affaires du monde devoient « céder au plaisir de voir dona Clara de Mendoce! » Après ce billet il m'en fit écrire un autre, comme d'une femme qui lui sacrifioit un prince; et un autre enfin, par lequel une dame lui mandoit que si elle étoit assurée qu'il fût discret, elle feroit avec lui le voyage de Cythère. Il ne se contentoit pas de me dicter de si belles lettres, il m'obligeoit de mettre au bas des noms de personnes qualifiées. Je ne pus m'empêcher de lui témoigner que je trouvois cela très délicat; mais il me pria de ne lui donner des avis que lorsqu'il m'en demanderoit. Je fus obligé de me taire et d'expédier ses commandements. Cela fait il se leva, et je l'aidai à s'habiller. Il mit les lettres dans ses poches; il sortit ensuite. Je le suivis et nous allâmes dîner chez don Juan de Moncade, qui régaloit ce jour-là cinq ou six cavaliers de ses amis.

On y fit grande chère, et la joie, qui est le meilleur assaisonnement des festins, régna dans le repas. Tous les convives contribuèrent à égayer la conversation, les uns par des plaisanteries, et les autres en racontant des histoires dont ils se disoient les héros. Mon maître ne perdit pas une si belle occasion de faire valoir les lettres qu'il m'avoit fait écrire. Il les lut à haute voix, et d'un air si imposant, qu'à l'exception de son secrétaire tout le monde peut-être en fut la dupe. Parmi les cavaliers devant qui se faisoit effrontément cette lecture, il y en avoit un qu'on appeloit don Lope de Velasco. Celui-ci, homme fort grave, au lieu de se réjouir comme les autres des prétendues bonnes fortunes du lecteur, lui demanda froidement si la conquête de doña Clara lui avoit coûté beaucoup. Moins que rien lui répondit don Mathias; elle a fait toutes les avances. Elle me voit à la promenade; je lui plais. On me suit par son ordre; on apprend qui je suis. Elle m'écrit et me donne rendez-vous chez elle à une heure de la nuit où tout reposoit dans sa maison. Je m'y trouvai; on m'introduisit dans son appartement.... Je suis trop discret pour vous dire le reste.

A ce récit laconique, le seigneur de Velasco fit paroître une grande altération sur son visage. Il ne fut pas difficile de s'apercevoir de l'intérêt qu'il prenoit à la dame en question. Tous ces billets, dit-il à mon maître en le regardant d'un air furieux, sont absolument faux, et surtout celui que vous vous vantez d'avoir reçu de doña Clara de Mendoce. Il n'y a point en Espagne de fille plus réservée qu'elle. Depuis deux ans un cavalier, qui ne vous cède ni en naissance ni en mérite personnel, met tout en usage pour s'en faire aimer. A peine en a-t-il obtenu les plus innocentes faveurs; mais il peut se flatter que si elle étoit capable d'en accorder d'autres, ce ne seroit qu'à lui seul. Eh! qui vous dit le contraire? interrompit don Mathias d'un air railleur. Je conviens avec vous que c'est une fille très honnête. De mon côté, je suis un fort honnête garçon. Par conséquent vous devez être persuadé qu'il ne s'est rien passé entre nous que de très honnête. Ah! c'en est trop, interrompit don Lope à son tour; laissons là les railleries. Vous êtes un imposteur. Jamais doña Clara ne vous a donné de rendez-vous la nuit. Je ne puis souffrir que vous osiez noircir sa réputation. Je suis aussi trop discret pour vous dire le reste. En achevant ces mots, il rompit en visière à toute la compagnie, et se retira d'un air qui me fit juger que cette affaire pourroit bien avoir de mauvaises suites. Mon maître, qui étoit assez brave pour un seigneur de son caractère, méprisa les menaces de don Lope. Le fat! s'écria-t-il en faisant un éclat de rire. Les chevaliers errants soutenoient la beauté de leurs maîtresses; il veut, lui, soutenir la sagesse de la sienne : cela me paroît encore plus extravagant.

La retraite de Velasco, à laquelle Moncade avoit en vain voulu s'opposer, ne troubla point la fête. Les cavaliers, sans y faire beaucoup d'attention, continuèrent de se réjouir, et ne se séparèrent qu'à la pointe du jour suivant. Nous nous couchâmes, mon maître et moi, sur les cinq heures du matin. Le sommeil m'accabloit, et je comptois de bien dormir; mais je comptois sans mon hôte, ou plutôt sans notre portier, qui vint me réveiller une heure après, pour me dire qu'il y avoit à la porte un garçon qui me demandoit. Ah! maudit portier, m'écriai-je en bâillant, songez-vous que je viens de me mettre au lit tout à l'heure? Dites à ce garçon que je repose, et qu'il revienne tantôt. Il veut, me répliqua-t-il, vous parler en ce moment; il assure que la chose presse. A ces mots je me levai; je mis seulement mon haut-de-chausses et mon pourpoint, et j'allai, en jurant, trouver le garçon qui m'attendoit. Ami, lui dis-je, apprenez-moi, s'il vous plaît, quelle affaire pressante me procure l'honneur de vous voir de si grand matin. J'ai, me répondit-il, une lettre à donner en main propre au seigneur don Mathias, et il faut qu'il la lise tout présentement; cela est de la dernière conséquence pour lui : je vous prie de m'introduire dans sa chambre. Comme je crus qu'il s'agissoit d'une affaire importante, je pris la liberté d'aller réveiller mon maître. Pardon, lui dis-je, si j'interromps votre repos; mais l'importance.... Que me veux-tu? interrompit-il brusquement. Seigneur, lui dit alors le garçon qui m'accompagnoit, c'est une lettre que j'ai à vous rendre de la part de don Lope de Velasco. Don Mathias prit le billet, l'ouvrit; et après l'avoir lu, dit au valet de don Lope : Mon enfant, je ne me leverois jamais avant midi, quelque partie de plaisir qu'on me pût proposer ; juge si je me leverai à six heures du matin pour me battre ! Tu peux dire à ton maître que s'il est encore à midi et demi dans l'endroit où il m'attend, nous nous y verrons ; va lui porter cette réponse. A ces mots il s'enfonça dans son lit, et ne tarda guère à se rendormir.

Il se leva et s'habilla fort tranquillement entre onze heures et midi ; puis il sortit, en me disant qu'il me dispensoit de le suivre ; mais j'étois trop tenté de voir ce qu'il deviendroit, pour lui obéir. Je marchai sur ses pas jusqu'au pré de Saint-Jérôme, où j'aperçus don Lope de Velasco, qui l'attendoit de pied ferme. Je me cachai pour les observer tous deux ; et voici ce que je remarquai de loin. Ils se joignirent, et commencèrent à se battre un moment après. Leur combat fut long. Ils se poussèrent tour à tour l'un l'autre avec beaucoup d'adresse et de vigueur. Cependant la victoire se déclara pour don Lope : il perça mon maître, l'étendit par terre, et s'enfuit fort satisfait de s'être si bien vengé. Je courus au malheureux don Mathias ; je le trouvai sans connoissance et presque déjà sans vie. Ce spectacle m'attendrit, et je ne pus m'empêcher de pleurer une mort à laquelle, sans y penser, j'avois servi d'instrument. Néanmoins, malgré ma douleur, je ne laissai pas de songer à mes petits intérêts. Je m'en retournai promptement à l'hôtel sans rien dire ; je fis un paquet de mes hardes, où je mis par mégarde quelques nippes de mon maître ; et quand j'eus porté cela chez le barbier, où mon habit d'homme à bonnes fortunes étoit encore, je répandis dans la ville l'accident funeste dont j'avois été témoin. Je le contai à qui voulut l'entendre ;

et surtout je ne manquai pas d'aller l'annoncer à Rodriguez. Il en parut moins affligé qu'occupé des mesures qu'il avoit à prendre là-dessus. Il assembla ses domestiques, leur ordonna de le suivre, et nous nous rendîmes tous au pré de Saint-Jérôme. Nous enlevâmes don Mathias, qui respiroit encore, mais qui mourut trois heures après qu'on l'eut transporté chez lui. Ainsi périt le seigneur don Mathias de Silva, pour s'être avisé de lire mal à propos des billets doux supposés.

CHAPITRE IX.

Quelle personne il alla servir après la mort de don Mathias de Silva.

En sortant de chez un seigneur, entrée chez une comédienne. — Tout se compense.

Quelques jours après les funérailles de don Mathias, tous ses domestiques furent payés et congédiés. J'établis mon domicile chez le petit barbier, avec qui je commençois à vivre dans une étroite liaison. Je m'y promettois plus d'agrément que chez Melendez. Comme je ne manquois pas d'argent, je ne me hâtai point de chercher une nouvelle condition; d'ailleurs j'étois devenu difficile sur cela. Je ne voulois plus servir que des personnes hors du commun; encore avois-je résolu de bien examiner les postes qu'on m'offriroit. Je ne croyois pas le meilleur trop bon pour moi, tant le valet d'un jeune seigneur me paroissoit alors préférable aux autres valets!

En attendant que la fortune me présentât une maison telle que je m'imaginois la mériter, je pensai que je ne pouvois mieux faire que de consacrer mon oisiveté à ma belle Laure, que je n'avois point vue depuis que nous nous étions si plaisamment détrompés. Je n'osai m'habiller en don Cesar de Ribera; je ne pouvois, sans passer pour un extravagant, mettre cet habit que pour me déguiser. Mais, outre que le mien n'avoit pas encore l'air trop malpropre, j'étois bien chaussé et bien coiffé. Je me parai donc, à l'aide du barbier, d'une manière qui tenoit un milieu entre don Cesar et Gil Blas. Dans cet état je me rendis à la maison d'Arsénie. Je trouvai Laure seule dans la même salle où je lui avois déjà parlé. Ah! c'est vous, s'écria-t-elle aussitôt qu'elle m'aperçut; je vous croyois perdu. Il y a sept ou huit jours que je vous ai permis de me venir voir: vous n'abusez point, à ce que je vois, des libertés que les dames vous donnent.

Je m'excusai sur la mort de mon maître, sur les occupations que j'avois eues; et j'ajoutai fort poliment que, dans mes embarras mêmes, mon aimable Laure avoit toujours été présente à ma pensée. Cela étant, me dit-elle, je ne vous ferai plus de reproches, et je vous avouerai que j'ai aussi songé à vous. D'abord que j'ai appris le malheur de don Mathias, j'ai formé un projet qui ne vous déplaira peut-être point. Il y a long-temps que j'entends dire à ma maîtresse qu'elle veut avoir chez elle une espèce d'homme d'affaires, un garçon qui entende bien l'économie, et qui tienne un registre exact des sommes qu'on lui donnera pour faire la dépense de la maison. J'ai jeté les yeux sur votre seigneurie; il me semble que vous ne remplirez point mal cet emploi. Je sens, lui répondis-je, que je m'en acquitterai à merveille. J'ai lu les Économiques d'Aristote; et pour tenir des registres, c'est mon fort.... Mais, mon enfant, poursuivis-je, une difficulté m'empêche d'entrer au service d'Arsénie. Quelle difficulté? me dit Laure. J'ai juré, lui répliquai-je, de ne plus servir de bourgeois; j'en ai même juré par le Styx! Si Jupiter n'osoit violer ce serment, jugez si un valet doit le respecter! Qu'appelles-tu des bourgeois? repartit fièrement la soubrette : pour qui prends-tu les comédiennes ? Les prends-tu pour des avocates ou pour des procureuses? Oh! sache, mon ami, que les comédiennes sont nobles, archinobles par les alliances qu'elles contractent avec les grands seigneurs.

Sur ce pied-là, lui dis-je, mon infante, je puis accepter la place que vous me destinez; je ne dérogerai point. Non, sans doute, répondit-elle : passer de chez un petit-maître au service d'une héroïne de théâtre, c'est être toujours dans le même monde. Nous allons de pair avec les gens de qualité. Nous avons des équipages comme eux, nous faisons aussi bonne chère, et dans le fond on doit nous confondre ensemble dans la vie civile. En effet, ajouta-t-elle, à considérer un marquis et un comédien dans le cours d'une journée, c'est presque la même chose. Si le marquis, pendant les trois quarts du jour, est par son rang au-dessus du comédien, le comédien, pendant l'autre quart, s'élève encore davantage au-dessus du marquis par un rôle d'empereur ou de roi qu'il représente. Cela fait, ce me semble, une compensation de noblesse et de grandeur qui nous égale aux personnes de la cour. Oui vraiment, repris-je, vous êtes de niveau, sans contredit, les uns aux autres. Peste! les comédiens ne sont pas des maroufles, comme je le croyois, et vous me donnez une forte envie de servir de si honnêtes gens. Eh bien! repartit-elle, tu n'as qu'à revenir dans deux jours. Je ne te demande que ce temps-là pour disposer ma maîtresse à te prendre : je lui parlerai en ta faveur. J'ai quelque ascendant sur son esprit; je suis persuadée que je te ferai entrer ici.

Je remerciai Laure de sa bonne volonté. Je lui témoignai que j'en étois pénétré de reconnoissance, et je l'en assurai avec des transports qui ne lui permirent pas d'en douter. Nous eûmes tous deux un assez long entretien, qui auroit encore duré, si un petit laquais ne fût venu dire à ma princesse qu'Arsénie la demandoit. Nous nous séparâmes. Je sortis de chez la comédienne, dans la douce espérance d'y avoir bientôt bouche à cour, et je ne manquai pas d'y retourner deux jours après. Je t'attendois, me dit la suivante, pour t'assurer que tu es commensal dans cette maison. Viens, suis-moi; je vais te présenter à ma maîtresse. A ces paroles, elle me mena dans un appartement composé de cinq à six pièces de plain pied, toutes plus richement meublées les unes que les autres.

Quel luxe! quelle magnificence! Je me crus chez une vice-reine, ou, pour mieux dire, je m'imaginai voir toutes les richesses du monde amassées dans un même lieu. Il est vrai qu'il y en avoit de plusieurs nations, et qu'on pouvoit définir cet appartement le temple d'une déesse où chaque voyageur apportoit pour offrande quelques raretés de son pays. J'aperçus la divinité assise sur un gros carreau de satin; je la trouvai charmante, et grasse de la fumée des sacrifices. Elle étoit dans un déshabillé galant, et ses belles mains s'occupoient à préparer une coiffure nouvelle pour jouer son rôle ce jour-là. Madame, lui dit la soubrette, voici l'économe en question; je puis vous assurer que vous ne sauriez avoir un meilleur sujet. Arsénie me regarda très attentivement, et j'eus le bonheur de ne lui pas déplaire. Comment donc, Laure, s'écria-t-elle, mais voilà un fort joli garçon! je prévois que je m'accommoderai bien de lui. Ensuite m'adressant la parole: Mon enfant, ajouta-t-elle, vous me convenez, et je n'ai qu'un mot à vous dire : vous serez content de moi si je le suis de vous. Je lui répondis que je ferois tous mes efforts pour la servir à son gré. Comme je vis que nous étions d'accord, je sortis sur-le-champ pour aller chercher mes hardes, et je revins m'installer dans cette maison.

CHAPITRE X.

Qui n'est pas plus long que le précédent.

Soubrette médisante. — Repas de seigneurs et de comédiens. — Doit-on
dire troupe ou compagnie ?

Il étoit à peu près l'heure de la comédie ; ma maîtresse me dit de la suivre avec Laure au théâtre. Nous entrâmes dans sa loge, où elle ôta son habit de ville, et en prit un autre plus magnifique pour paroître sur la scène. Quand le spectacle commença, Laure me conduisit et se plaça près de moi dans un endroit d'où je pouvois voir et entendre parfaitement bien les acteurs. Ils me déplurent pour la plupart, à cause sans doute que don Pompeyo m'avoit prévenu contre eux. On ne laissoit pas d'en applaudir plusieurs, et quelques-uns de ceux-là me firent souvenir de la fable du cochon.

Laure m'apprenoit le nom des comédiens et des comédiennes à mesure qu'ils s'offroient à nos yeux. Elle ne se contentoit pas de les nommer ; la médisante en faisoit de jolis portraits ! Celui-ci, disoit-elle, a le cerveau creux ; celui-là est un insolent. Cette mignonne que vous voyez, et qui a l'air plus libre que gracieux, s'appelle Rosarda : mauvaise acquisition pour la compagnie ! on devroit mettre cela dans la troupe qu'on lève par ordre du vice-roi de la Nouvelle-Espagne, et qu'on va faire incessamment partir pour l'Amérique. Regardez bien cet astre lumineux qui s'avance, ce beau soleil couchant : c'est Casilda. Si, depuis qu'elle a des amants, elle avoit exigé de chacun d'eux une pierre de taille pour en bâtir une pyramide, comme fit autrefois une princesse d'Égypte, elle en pourroit faire élever une qui iroit jusqu'au troisième ciel. Enfin Laure déchira tout le monde par des médisances. Ah! la méchante langue! Elle n'épargna pas même sa maîtresse.

Cependant j'avouerai mon foible; j'étois charmé de ma soubrette, quoique son caractère ne fût pas moralement bon. Elle médisoit avec un agrément qui me faisoit aimer jusqu'à sa malignité. Elle se levoit dans les entr'actes pour aller voir si Arsénie n'avoit pas besoin de ses services; mais au lieu de venir promptement reprendre sa place, elle s'amusoit derrière le théâtre à recueillir les fleurettes des hommes qui la cajoloient. Je la suivis une fois pour l'observer, et je remarquai qu'elle avoit bien des connoissances. Je comptai jusqu'à trois comédiens qui l'arrêtèrent l'un après l'autre pour lui parler, et ils me parurent s'entretenir avec elle très familièrement. Cela ne me plut point; et pour la première fois de ma vie je sentis ce que c'est que d'être jaloux. Je retournai à ma place si rêveur et si triste, que Laure s'en aperçut aussitôt qu'elle m'eut rejoint. Qu'as-tu, Gil Blas ? me dit-elle avec étonnement; quelle humeur noire s'est emparée de toi depuis que je t'ai quitté? Tu as l'air sombre et chagrin. Ma princesse, lui répondis-je, ce n'est pas sans raison; vos allures sont un peu vives. Je viens de vous voir avec des comédiens.... Ah! le plaisant sujet de tristesse! interrompit-elle en riant. Quoi! cela te fait de la peine? Oh! vraiment tu n'es pas au bout; tu verras bien d'autres choses parmi nous. Il faut que tu t'accoutumes à nos manières aisées. Point de jalousie, mon enfant! les jaloux, chez le peuple comique, passent pour des ridicules. Aussi n'y en a-t-il presque point. Les pères, les maris, les frères, les oncles et les cousins sont les gens du monde les plus commodes, et souvent même ce sont eux qui établissent leurs familles.

Après m'avoir exhorté à ne prendre ombrage de personne et à regarder tout tranquillement, elle me déclara que j'étois l'heureux mortel qui avoit trouvé le chemin de son cœur. Puis elle m'assura qu'elle m'aimeroit toujours uniquement. Sur cette assurance, dont je pouvois douter sans passer pour un esprit trop défiant, je lui promis de ne plus m'alarmer, et je lui tins parole. Je la vis, dès le soir même, s'entretenir en particulier et rire avec des hommes. A l'issue de la comédie, nous nous en retournâmes avec notre maîtresse au logis, où Florimonde arriva bientôt avec trois vieux seigneurs et un comédien qui y venoient souper. Outre Laure et moi, il y avoit pour domestiques dans cette maison une cuisinière, un cocher et un petit laquais. Nous nous joignîmes tous cinq pour préparer le repas. La cuisinière, qui n'étoit pas moins habile que la dame Jacinte, apprêta les viandes avec le cocher. La femme de chambre et le petit laquais mirent le couvert, et je dressai le buffet, composé de la plus belle vaisselle d'argent et de plusieurs vases d'or, autres offrandes que la déesse du temple avoit reçues. Je le parai de bouteilles de différents vins, et je servis d'échanson, pour montrer à ma maîtresse que j'étois un homme à tout. J'admirois la contenance des comédiennes pendant le repas, elles faisoient les dames d'importance; elles s'imaginoient être des femmes du premier rang. Bien loin de traiter d'*Excellence* les seigneurs, elles ne leur donnoient pas même de la *Seigneurie;* elles les appeloient simplement par leur nom. Il est vrai que c'étoient eux qui les gâtoient et qui les rendoient si vaines, en se familiarisant un peu trop avec elles. Le comédien, de son côté, comme un acteur accoutumé à faire le héros, vivoit avec eux sans façon; il buvoit à leur santé, et tenoit, pour ainsi dire, le haut bout. Parbleu, dis-je en moi-même, quand Laure m'a démontré que le marquis et le comédien sont égaux pendant le jour, elle pouvoit ajouter qu'ils le sont encore davantage pendant la nuit, puisqu'ils la passent toute entière à boire ensemble.

Arsénie et Florimonde étoient naturellement enjouées. Il leur échappa mille discours hardis, entremêlés de menues faveurs et de minauderies qui furent bien savourées par ces vieux pécheurs. Tandis que ma maîtresse en amusoit un par un badinage innocent, son amie, qui se trouvoit entre les deux autres, ne faisoit point avec eux la Susanne. Dans le temps que je considérois ce tableau, qui n'avoit que trop de charmes pour un vieil adolescent, on apporta le fruit. Alors je mis sur la table des bouteilles de liqueurs et des verres, et je disparus pour aller souper avec Laure qui m'attendoit. Eh bien! Gil Blas, me dit-elle, que penses-tu de ces seigneurs que tu viens de voir? Ce sont sans doute, lui répondis-je, des adorateurs d'Arsénie et de Florimonde. Non, reprit-elle, ce sont de vieux voluptueux qui vont chez les coquettes sans s'y attacher. Ils n'exigent d'elles qu'un peu de complaisance, et ils sont assez généreux pour bien payer les petites bagatelles qu'on leur accorde. Grâces au ciel, Florimonde et ma maîtresse sont à présent sans amants; je veux dire qu'elles n'ont pas de ces amants qui s'érigent en maris et veulent faire tous les plaisirs d'une maison, parce qu'ils en font toute la dépense. Pour moi, j'en suis bien aise, et je soutiens qu'une coquette sensée doit fuir ces sortes d'engagements. Pourquoi se donner un maître? Il vaut mieux gagner sou à sou un équipage, que de l'avoir tout d'un coup à ce prix-là.

Lorsque Laure étoit en train de parler, et elle y étoit presque toujours, les paroles ne lui coûtoient rien. Quelle volubilité de langue! Elle me conta mille aventures arrivées aux actrices de la troupe du prince; et je conclus de tous ses discours que je ne pouvois être mieux placé pour connoître parfaitement les vices. Malheureusement j'étois dans un âge où ils ne font guère d'horreur; et il faut ajouter que la soubrette savoit si bien peindre les déréglements, que je n'y envisageois que des délices. Elle n'eut pas le temps de m'apprendre seulement la dixième partie des exploits des comédiennes; car il n'y avoit pas plus de trois heures qu'elle en parloit. Les seigneurs et le comédien se retirèrent avec Florimonde, qu'ils conduisirent chez elle.

Après qu'ils furent sortis, ma maîtresse me dit en me mettant de l'argent entre les mains: Tenez, Gil Blas, voilà dix pistoles pour aller demain matin à la provision. Cinq ou six de nos messieurs et de nos dames doivent dîner ici; ayez soin de nous faire faire bonne chère. Madame, lui répondis-je, avec cette somme je promets d'apporter de quoi régaler toute la troupe même. Mon ami, reprit Arsénie, corrigez, s'il vous plaît, vos expressions : sachez qu'il ne faut point dire la troupe, il faut dire la compagnie. On dit bien une troupe de bandits, une troupe de gueux, une troupe d'auteurs; mais apprenez qu'on doit dire une compagnie de comédiens : les acteurs de Madrid surtout méritent bien qu'on appelle leur corps une compagnie. Je demandai pardon à ma maîtresse de m'être servi d'un terme si peu respectueux; je la suppliai très humblement d'excuser mon ignorance. Je lui protestai que dans la suite, quand je parlerois de messieurs les comédiens de Madrid d'une manière collective, je dirois toujours la compagnie. [1]

CHAPITRE XI.

Comment les comédiens vivoient ensemble, et de quelle manière ils traitoient les auteurs.

Modèle de vanité dans un ancien acteur.

JE me mis donc en campagne le lendemain matin pour commencer l'exercice de mon emploi d'économe. C'étoit un jour maigre; j'achetai, par ordre de ma maîtresse, de bons poulets gras, des lapins, des perdreaux, et d'autres petits pieds. Comme messieurs les

---

[1] Cette discussion sur le choix de ces mots de *troupe* ou de *compagnie*, en parlant des comédiens, avoit été souvent répétée. Il y avoit à cet égard des anecdotes fort connues. Le premier président de Harlay avoit dit aux comédiens qu'il rendroit compte à sa *troupe* de ce qu'ils lui demandoient au nom de leur *compagnie*.

comédiens ne sont pas contents des manières de l'Église à leur égard., ils n'en observent pas avec exactitude les commandements. J'apportai au logis plus de viandes qu'il n'en faudroit à douze honnêtes gens pour bien passer les trois jours du carnaval. La cuisinière eut de quoi s'occuper toute la matinée. Pendant qu'elle préparoit le dîner, Arsénie se leva, et demeura jusqu'à midi à sa toilette. Alors les seigneurs Rosimiro et Ricardo, comédiens, arrivèrent. Il survint ensuite deux comédiennes, Constance et Celinaura; et un moment après parut Florimonde, accompagnée d'un homme qui avoit tout l'air d'un *señor cavallero* des plus lestes. Il avoit les cheveux galamment noués, un chapeau relevé d'un bouquet de plumes feuille-morte, un haut-de-chausses bien étroit, et l'on voyoit aux ouvertures de son pourpoint une chemise fine avec une fort belle dentelle. Ses gants et son mouchoir étoient dans la concavité de la garde de son épée, et il portoit son manteau avec une grâce toute particulière.

Néanmoins, quoiqu'il eût bonne mine et fût très bien fait, je trouvai d'abord en lui quelque chose de singulier. Il faut, dis-je en moi-même, que ce gentilhomme-là soit un original. Je ne me trompois point; c'étoit un caractère marqué. Dès qu'il entra dans l'appartement d'Arsénie, il courut, les bras ouverts, embrasser les actrices et les acteurs l'un après l'autre, avec des démonstrations plus outrées que celles des petits-maîtres. Je ne changeai point de sentiment lorsque je l'entendis parler, il appuyoit sur toutes les syllabes, et prononçoit ses paroles d'un ton emphatique, avec des gestes et des yeux accommodés au sujet. J'eus la curiosité de demander à Laure ce que c'étoit que ce cavalier. Je te pardonne, me dit-elle ce mouvement curieux : il est impossible de voir et d'entendre pour la première fois le seigneur Carlos Alonso de la Ventoleria ¹, sans avoir l'envie qui te presse ; je vais te le peindre au naturel. Premièrement, c'est un homme qui a été comédien. Il a quitté le théâtre par fantaisie, et s'en est depuis repenti par raison. As-tu remarqué ses cheveux noirs? ils sont teints aussi-bien que ses sourcils et sa moustache. Il est plus vieux que Saturne; cependant, comme au temps de sa naissance ses parents ont négligé de faire écrire son nom sur les registres de sa paroisse, il profite de leur négligence, et se dit plus jeune qu'il n'est de vingt bonnes années pour le moins. D'ailleurs c'est le personnage d'Espagne le plus rempli de lui-même. Il a passé les douze premiers lustres de sa vie dans une ignorance crasse; mais pour devenir savant, il a pris un précepteur qui lui a montré à épeler en grec et en latin. De plus, il sait par cœur une infinité de bons contes qu'il a récités tant de fois comme de son cru, qu'il est parvenu à se figurer qu'ils en sont effectivement. Il les fait venir dans la conversation, et on peut dire que son esprit brille aux dépens de sa mémoire. Au reste, on dit que c'est un grand acteur. Je veux le croire pieusement ; je t'avouerai toutefois

---

¹ Il est impossible de ne pas voir que ce portrait s'applique au fameux acteur François-Michel Baron, qui avoit quitté le théâtre en 1696; il y remonta depuis, à l'âge de soixante-huit ans. Le Sage en fait ici un grand ignorant. Cependant on a de Baron des pièces de théâtre; mais on croit qu'elles sont d'un jésuite de beaucoup d'esprit (le père La Rue), qui ne pouvoit les donner sous son nom. *Voyez* encore la note suivante.

qu'il ne me plaît point. Je l'entends quelquefois déclamer ici ; et je lui trouve, entre autres défauts, une prononciation trop affectée, avec une voix tremblante qui donne un air antique et ridicule à sa déclamation.

Tel fut le portrait que ma soubrette me fit de cet histrion honoraire ; et véritablement je n'ai jamais vu de mortel d'un maintien plus orgueilleux. Il faisoit aussi le beau parleur. Il ne manqua pas de tirer de son sac deux ou trois contes qu'il débita d'un air imposant et bien étudié. D'une autre part, les comédiennes et les comédiens, qui n'étoient point venus là pour se taire, ne furent pas muets. Ils commencèrent à s'entretenir de leurs camarades absents d'une manière peu charitable, à la vérité ; mais c'est une chose qu'il faut pardonner aux comédiens comme aux auteurs. La conversation s'échauffa donc contre le prochain. Vous ne savez pas, mesdames, dit Rosimiro, un nouveau trait de Cesarino, notre cher confrère. Il a ce matin acheté des bas de soie, des rubans, et des dentelles qu'il s'est fait apporter à l'assemblée par un petit page, comme de la part d'une comtesse. Quelle friponnerie ! dit le seigneur de la Ventoleria, en souriant d'un air fat et vain. De mon temps on était de meilleure foi ; nous ne songions point à composer de pareilles fables. Il est vrai que les femmes de qualité nous en épargnaient l'invention ; elles faisoient elles-mêmes les emplettes ; elles avoient cette fantaisie-là [1]. Parbleu, dit Ricardo du même ton, cette fantaisie les tient bien encore ; et s'il

---

[1] Ce trait de fatuité convient parfaitement à Baron, dont on a dit, au sujet de sa comédie de l'*Homme à bonnes fortunes*, qu'il étoit dans cette pièce le héros, l'auteur et l'acteur.

étoit permis de s'expliquer là-dessus....... Mais il faut taire ces sortes d'aventures, surtout quand des personnes d'un certain rang y sont intéressées.

Messieurs, interrompit Florimonde, laissez-là de grâce, vos bonnes fortunes; elles sont connues de toute la terre. Parlons d'Isménie. On dit que ce seigneur qui a fait tant de dépense pour elle vient de lui échapper. Oui vraiment, s'écria Constance; et je vous dirai de plus qu'elle perd un petit homme d'affaires qu'elle auroit indubitablement ruiné. Je sais la chose d'original. Son mercure a fait un *quiproquo* : il a porté au seigneur un billet qu'elle écrivoit à l'homme d'affaires, et a remis à l'homme d'affaires une lettre qui s'adressoit au seigneur. Voilà de grandes pertes, ma mignonne, reprit Florimonde. Oh! pour celle du seigneur, repartit Constance, elle est peu considérable. Le cavalier a mangé presque tout son bien; mais le petit homme d'affaires ne faisoit que d'entrer sur les rangs. Il n'a point encore passé par les mains des coquettes : c'est un sujet à regretter.

Ils s'entretinrent à peu près de cette sorte avant le dîner, et leur entretien roula sur la même matière lorsqu'ils furent à table. Comme je ne finirois point, si j'entreprenois de rapporter tous les autres discours pleins de médisance ou de fatuité que j'entendis, le lecteur trouvera bon que je les supprime, pour lui conter de quelle façon fut reçu un pauvre diable d'auteur qui arriva chez Arsénie sur la fin du repas.

Notre petit laquais vint dire tout haut à ma maîtresse : Madame, un homme en linge sale, crotté jusqu'à l'échine, et qui, sauf votre respect, a tout l'air d'un poëte, demande à vous parler. Qu'on le fasse monter, répondit Arsénie. Ne bougeons, messieurs ; c'est un auteur. Effectivement c'en étoit un dont on avoit accepté une tragédie, et qui apportoit un rôle à ma maîtresse. Il s'appeloit Pedro de Moya. Il fit en entrant cinq ou six profondes révérences à la compagnie, qui ne se leva ni même ne le salua point. Arsénie répondit seulement par une simple inclination de tête aux civilités dont il l'accabloit. Il s'avança dans la chambre d'un air tremblant et embarrassé. Il laissa tomber ses gants et son chapeau. Il les ramassa, s'approcha de ma maîtresse, et lui présentant un papier plus respectueusement qu'un plaideur ne présente un placet à son juge : Madame, lui dit-il, agréez de grâce le rôle que je prends la liberté de vous offrir. Elle le reçut d'une manière froide et méprisante, et ne daigna pas même répondre au compliment.

Cela ne rebuta point notre auteur, qui, se servant de l'occasion pour distribuer d'autres personnages, en donna un à Rosimiro et un autre à Florimonde, qui n'en usèrent pas plus honnêtement avec lui qu'Arsénie. Au contraire, le comédien, fort obligeant de son naturel, comme ces messieurs le sont pour la plupart, l'insulta par de piquantes railleries. Pedro de Moya les sentit. Il n'osa toutefois les relever, de peur que sa pièce n'en pâtît. Il se retira sans rien dire, mais vivement touché, à ce qu'il me parut, de la réception que l'on venoit de lui faire. Je crois que dans son dépit il ne manqua pas d'apostropher en lui-même les comédiens comme ils le méritoient ; et les comédiens, de leur côté, quand il fut sorti, commencèrent à parler des auteurs avec beaucoup de respect. Il me semble, dit Florimonde, que le seigneur Pedro de Moya ne s'en va pas fort satisfait.

Eh! madame, s'écria Rosimiro, de quoi vous inquiétez-vous? Les auteurs sont-ils dignes de notre attention? Si nous allions de pair avec eux, ce seroit le moyen de les gâter. Je connois ces petits messieurs, je les connois; ils s'oublieroient bientôt. Traitons-les toujours en esclaves, et ne craignons point de lasser leur patience. Si leurs chagrins les éloignent de nous quelquefois, la fureur d'écrire nous les ramène, et ils sont encore trop heureux que nous voulions bien jouer leurs pièces. Vous avez raison, dit Arsénie; nous ne perdons que les auteurs dont nous faisons la fortune. Pour ceux-là, sitôt que nous les avons bien placés, l'aise les gagne, et ils ne travaillent plus. Heureusement la compagnie s'en console, et le public n'en souffre point.

On applaudit à ces beaux discours; et il se trouva que les auteurs, malgré les mauvais traitements qu'ils recevoient des comédiens, leur en devoient encore de reste. Ces histrions les mettoient au-dessous d'eux, et certes ils ne pouvoient les mépriser davantage.

CHAPITRE XII.

Gil Blas se met dans le goût du théâtre ; il s'abandonne aux délices de la vie comique, et s'en dégoûte peu de temps après.

Comédiens, mauvais juges des pièces de théâtre.

Les convives demeurèrent à table jusqu'à ce qu'il fallût aller au théâtre. Alors ils s'y rendirent tous. Je les suivis, et je vis encore la comédie ce jour-là. J'y pris tant de plaisir, que je résolus de la voir tous les jours. Je n'y manquai pas, et insensiblement je m'accoutumai aux acteurs. Admirez la force de l'habitude ! J'étois particulièrement charmé de ceux qui brailloient et gesticuloient le plus sur la scène, et je n'étois pas seul dans ce goût-là.

La beauté des pièces ne me touchoit pas moins que la manière dont on les représentoit. Il y en avoit quelques-unes qui m'enlevoient, et j'aimois, entre autres, celles où l'on faisoit paroître tous les cardinaux ou les douze pairs de France. Je retenois des morceaux de ces poëmes incomparables. Je me souviens que j'appris par cœur en deux jours une comédie entière qui avoit pour titre *La Reine des Fleurs*. La Rose, qui étoit la reine, avoit pour confidente la Violette, et pour écuyer le Jasmin. Je ne trouvois rien de plus ingénieux que ces ouvrages, qui me sembloient faire beaucoup d'honneur à l'esprit de notre nation. [1]

---

[1] Ici la scène est en Espagne, et la critique touche directement aux

Je ne me contentois pas d'orner ma mémoire des plus beaux traits de ces chefs-d'œuvres dramatiques; je m'attachai à me perfectionner le goût; et, pour y parvenir sûrement, j'écoutois avec une avide attention tout ce que disoient les comédiens. S'ils louoient une pièce, je l'estimois; leur paroissoit-elle mauvaise? je la méprisois. Je m'imaginois qu'ils se connoissoient en pièces de théâtre, comme les joailliers en diamants. Néanmoins la tragédie de Pedro de Moya eut un très grand succès, quoiqu'ils eussent jugé qu'elle ne réussiroit point. Cela ne fut pas capable de me rendre leurs jugements suspects, et j'aimai mieux penser que le public n'avoit pas le sens commun, que de douter de l'infaillibilité de la compagnie. Mais on m'assura de toutes parts qu'on applaudissoit ordinairement les pièces nouvelles dont les comédiens n'avoient pas bonne opinion, et qu'au contraire celles qu'ils recevoient avec applaudissement étoient presque toujours sifflées. On me dit que c'étoit une de leurs règles de juger si mal des ouvrages, et là-dessus on me cita mille succès de pièces qui avoient démenti leurs décisions. J'eus besoin de toutes ces preuves pour me désabuser.

Je n'oublierai jamais ce qui arriva un jour qu'on représentoit pour la première fois une comédie nouvelle. Les comédiens l'avoient trouvée froide et en-

pieces du théâtre castillan, sans aucune application au théâtre et au goût françois. Ce fut Michel Cervantes qui introduisit le premier sur la scène espagnole des figures morales, pour personnifier allégoriquement les sentiments de l'âme. Cette innovation eut beaucoup de succès, mais ce succès n'a pas franchi les limites des Pyrénées.

nuyeuse; ils avoient même jugé qu'on ne l'acheveroit pas. Dans cette pensée, ils en jouèrent le premier acte, qui fut fort applaudi. Cela les étonna. Ils jouent le second acte; le public le reçoit encore mieux que le premier. Voilà mes acteurs déconcertés! Comment diable! dit Rosimiro, cette comédie prend! Enfin ils jouent le troisième acte, qui plut encore davantage. Je n'y comprends rien, dit Ricardo; nous avons cru que cette pièce ne seroit pas goûtée; voyez le plaisir qu'elle fait à tout le monde! Messieurs, dit alors un comédien fort naïvement, c'est qu'il y a dedans mille traits d'esprit que nous n'avons pas remarqués. [1]

Je cessai donc de regarder les comédiens comme d'excellents juges, et je devins un juste appréciateur de leur mérite. Ils justifioient parfaitement tous les ridicules qu'on leur donnoit dans le monde. Je voyois des actrices et des acteurs que les applaudissements avoient gâtés, et qui, se considérant comme des objets d'admiration, s'imaginoient faire grâce au public lorsqu'ils jouoient. J'étois choqué de leurs défauts; mais par malheur je trouvai un peu trop à mon gré leur façon de vivre, et je me plongeai dans la débauche. Comment aurois-je pu m'en défendre? Tous les discours que j'entendois parmi eux étoient pernicieux pour la jeunesse, et je ne voyois rien qui ne contribuât à me corrompre. Quand je n'aurois pas su ce qui se passoit chez Casilda, chez Constance et chez les autres comédiennes, la maison d'Arsénie toute seule n'étoit que

---

[1] La scène ici revient en France. Le trait plaisant de cette pièce, dont les comédiens avoient mal auguré et dont la réussite les confondit d'étonnement, est une anecdote connue au Théâtre François. Il s'agissoit d'un des ouvrages les plus piquans de Dufresny.

trop capable de me perdre. Outre les vieux seigneurs dont j'ai parlé, il y venoit des petits-maîtres, des enfants de famille que les usuriers mettoient en état de faire de la dépense; et quelquefois on y recevoit aussi des traitants, qui, bien loin d'être payés, comme dans leurs assemblées, pour leur droit de présence, payoient là pour avoir droit d'être présents.

Florimonde, qui demeuroit dans une maison voisine, dînoit et soupoit tous les jours avec Arsénie. Elles paroissoient toutes deux dans une union qui surprenoit bien des gens. On étoit étonné que des coquettes fussent en si bonne intelligence, et l'on s'imaginoit qu'elles se brouilleroient tôt ou tard pour quelque cavalier; mais on connoissoit mal ces amies parfaites. Une solide amitié les unissoit. Au lieu d'être jalouses comme les autres femmes, elles vivoient en commun. Elles aimoient mieux partager les dépouilles des hommes que de s'en disputer sottement les soupirs.

Laure, à l'exemple de ces deux illustres associées, profitoit aussi de ses beaux jours. Elle m'avoit bien dit que je verrois de belles choses. Cependant je ne fis point le jaloux; j'avois promis de prendre là-dessus l'esprit de la compagnie. Je dissimulai pendant quelques jours. Je me contentois de lui demander le nom des hommes avec qui je la voyois en conversation particulière. Elle me répondoit toujours que c'étoit un oncle ou un cousin. Qu'elle avoit de parents! Il falloit que sa famille fût plus nombreuse que celle du roi Priam. La soubrette ne s'en tenoit pas même à ses oncles et à ses cousins; elle alloit encore quelquefois amorcer des étrangers et faire la veuve de qualité chez la bonne vieille dont j'ai parlé. Enfin Laure, pour en donner au lecteur une idée juste et précise, étoit aussi jeune, aussi jolie et aussi coquette que sa maîtresse, qui n'avoit point d'autre avantage sur elle que celui de divertir publiquement le public.[1]

Je cédai au torrent pendant trois semaines. Je me livrai à toutes sortes de voluptés. Mais je dirai en même temps qu'au milieu des plaisirs je sentois souvent naître en moi des remords qui venoient de mon éducation, et qui mêloient une amertume à mes délices. La débauche ne triompha point de ces remords; au contraire, ils augmentoient à mesure que je devenois plus débauché; et, par un effet de mon heureux naturel, les désordres de la vie comique commencèrent à me faire horreur. Ah! misérable, me dis-je à moi-même, est-ce ainsi que tu remplis l'attente de ta famille? N'est-ce pas assez de l'avoir trompée en prenant un autre parti que celui de précepteur? Ta condition servile te doit-elle empêcher de vivre en honnête homme? Te convient-il d'être avec des gens si vicieux? L'envie, la colère et l'avarice règnent chez les uns, la pudeur est bannie de chez les autres; ceux-ci s'abandonnent à l'intempérance et à la paresse, et l'orgueil de ceux-là va jusqu'à l'insolence. C'en est fait; je ne veux pas demeurer plus long-temps avec les sept péchés mortels.

[1] Gil Blas va prendre un parti sage, et nous allons oublier Laure pendant assez long-temps; Gil Blas la reverra sur le théâtre de Grenade, livre VII, chapitre VI; et comme elle a la manie d'être la parente de tout le monde, Gil Blas sera surpris de se trouver son frère. Elle aura pris le nom d'Estelle, et figurera de nouveau à Tolède, à Madrid, etc., livre XII, chapitres I, II et III.

FIN DU LIVRE TROISIÈME.

LIVRE QUATRIÈME.

CHAPITRE PREMIER.

Gil Blas ne pouvant s'accoutumer aux mœurs des comédiennes quitte le service d'Arsénie, et trouve une plus honnête maison.

Bonne résolution récompensée. — Vieux militaire conteur. —
Présomption galante d'un valet.

Un reste d'honneur et de religion, que je ne laissois pas de conserver parmi des mœurs si corrompues, me fit résoudre non seulement à quitter Arsénie, mais à rompre même tout commerce avec Laure, que je ne pouvois pourtant cesser d'aimer, quoique je susse bien qu'elle me faisoit mille infidélités. Heureux qui peut ainsi profiter des moments de raison qui viennent troubler les plaisirs dont il est trop occupé! Un beau matin je fis mon paquet, et, sans compter avec Arsénie, qui ne me devoit à la vérité presque rien, sans prendre congé de ma chère Laure, je sortis de cette maison où l'on ne respiroit qu'un air de débauche. Je n'eus pas plus tôt fait cette bonne action que le ciel m'en récompensa. Je rencontrai l'intendant de feu don Mathias mon maître; je le saluai : il me reconnut, et s'arrêta pour me demander qui je servois. Je lui répondis que depuis un instant j'étois hors de condition; qu'après avoir demeuré près d'un mois chez Arsénie, dont les mœurs ne me convenoient point, je venois d'en sortir de mon propre mouvement, pour sauver mon innocence. L'intendant, comme s'il eût été scrupuleux de son naturel, approuva ma délicatesse, et me dit qu'il vouloit me placer lui-même avantageusement, puisque j'étois un garçon si plein d'honneur. Il accomplit sa promesse, et me mit dès ce jour-là chez don Vincent de Guzman, dont il connoissoit l'homme d'affaires.

Je ne pouvois entrer dans une meilleure maison; aussi ne me suis-je point repenti dans la suite d'y avoir demeuré. Don Vincent étoit un vieux seigneur fort riche, qui vivoit heureux depuis plusieurs années sans procès et sans femme, les médecins lui ayant ôté la sienne, en voulant la défaire d'une toux qu'elle auroit encore pu conserver long-temps si elle n'eût pas pris leurs remèdes. Au lieu de songer à se remarier, il s'étoit donné tout entier à l'éducation d'Aurore, sa fille unique, qui entroit alors dans sa vingt-sixième année, et pouvoit passer pour une personne accomplie. Avec une beauté peu commune, elle avoit un esprit excellent et très cultivé. Son père étoit un petit génie; mais il avoit le talent de bien gouverner ses affaires. Il avoit un défaut qu'on doit pardonner aux vieillards : il aimoit à parler, et principalement de guerre et de combats. Si par malheur on venoit à toucher cette corde en sa présence, il embouchoit dans le moment la trompette héroïque, et ses auditeurs se trouvoient trop heureux quand ils en étoient quittes pour la relation de deux siéges et de trois batailles. Comme il avoit consumé les deux tiers de sa vie dans le service, sa mémoire étoit une source inépuisable de faits divers, qu'on n'entendoit pas toujours avec autant de plaisir qu'il les racontoit. Ajoutez à cela qu'il étoit bègue et diffus; ce qui ne rendoit pas sa manière de conter fort agréable. Au reste, je n'ai point vu de seigneur d'un si bon caractère; il avoit l'humeur égale; il n'étoit ni entêté ni capricieux : j'admirois cela dans un homme de qualité. Quoiqu'il fût bon ménager de son bien, il vivoit honorablement. Son domestique étoit composé de plusieurs valets, et de trois femmes qui servoient Aurore. Je reconnus bientôt que l'intendant de don Mathias m'avoit procuré un bon poste, et je ne songeai qu'à m'y maintenir. Je m'attachai à connoître le terrain; j'étudiai les inclinations des uns et des autres; puis, réglant ma conduite là-dessus, je ne tardai guère à prévenir en ma faveur mon maître et tous les domestiques.

Il y avoit déjà plus d'un mois que j'étois chez don Vincent, lorsque je crus m'apercevoir que sa fille me distinguoit de tous les valets du logis. Toutes les fois que ses yeux venoient à s'arrêter sur moi, il me sembloit y remarquer une sorte de complaisance que je ne voyois point dans les regards qu'elle laissoit tomber sur les autres. Si je n'eusse pas fréquenté des petits-maîtres et des comédiens, je ne me serois jamais avisé de m'imaginer qu'Aurore pensât à moi; mais je m'étois un peu gâté parmi ces messieurs, chez qui les dames même les plus qualifiées ne sont pas toujours dans un trop bon prédicament. Si, disois-je, on en croit quelques-uns de ces histrions, il prend quelquefois à des femmes de qualité certaines fantaisies dont ils profitent, que sais-je si ma maîtresse n'est point sujette à ces fantaisies-là? Mais non, ajoutai-je un moment après, je ne puis me le persuader. Ce n'est point une de ces Messalines qui, démentant la fierté de leur naissance, abaissent indignement leurs regards jusque dans la poussière, et se déshonorent sans rougir : c'est plutôt une de ces filles vertueuses, mais tendres, qui, satisfaites des bornes que leur vertu prescrit à leur tendresse, ne se font pas un scrupule d'inspirer et de sentir une passion délicate qui les amuse sans péril.

Voilà comme je jugeois de ma maîtresse, sans savoir précisément à quoi je devois m'arrêter. Cependant, lorsqu'elle me voyoit elle ne manquoit pas de me sourire et de témoigner de la joie. On pouvoit, sans passer pour fat, donner dans de si belles apparences; aussi n'y eut-il pas moyen de m'en défendre. Je crus Aurore fortement éprise de mon mérite, et je ne me regardai plus que comme un de ces heureux domestiques à qui l'amour rend la servitude si douce [1]. Pour paroître en quelque façon moins indigne du bien que ma bonne fortune me vouloit procurer, je commençai d'avoir plus de soin de ma personne que je n'en avois eu jusqu'alors. Je m'attachai à chercher ce qui pouvoit me donner quelque agrément. Je dépensai en linge, en pommades et en essences tout ce que j'avois d'argent. La première chose que je faisois le matin, c'étoit de me parer et de me parfumer, pour

[1] On trouve le pendant de ces illusions présomptueuses et galantes dans le récit de celles que Jean-Jacques Rousseau se faisoit à lui-même, lorsqu'il versoit à boire à la comtesse de Solar. Ce morceau des *Confessions* revient précisément à ce chapitre de Gil Blas.

n'être point en négligé s'il falloit me présenter devant ma maîtresse. Avec cette attention que j'apportois à m'ajuster, et les autres mouvements que je me donnois pour plaire, je me flattois que mon bonheur n'étoit pas fort éloigné.

Parmi les femmes d'Aurore, il y en avoit une qu'on appeloit Ortiz. C'étoit une vieille personne qui demeuroit depuis plus de vingt années chez don Vincent. Elle avoit élevé sa fille, et conservoit encore la qualité de duègne; mais elle n'en remplissoit plus l'emploi pénible. Au contraire, au lieu d'éclairer comme autrefois les actions d'Aurore, elle ne s'occupoit alors qu'à les cacher. Enfin elle possédoit toute la confiance de sa maîtresse. Un soir, la dame Ortiz, ayant trouvé l'occasion de me parler sans qu'on pût nous entendre, me dit tout bas que si j'étois sage et discret, je n'avois qu'à me rendre à minuit dans le jardin, qu'on m'apprendroit là des choses que je ne serois pas fâché de savoir. Je répondis à la duègne, en lui serrant la main, que je ne manquerois pas d'y aller; et nous nous séparâmes vite, de peur d'être surpris. Je ne doutai plus que je n'eusse fait une tendre impression sur la fille de don Vincent, et j'en ressentis une joie que je n'eus pas peu de peine à contenir. Que le temps me dura depuis ce moment jusqu'au souper, quoiqu'on soupât de fort bonne heure, et depuis le souper jusqu'au coucher de mon maître! Il me sembloit que tout se faisoit ce soir-là dans la maison avec une lenteur extraordinaire. Pour surcroît d'ennui, lorsque don Vincent fut retiré dans son appartement, au lieu de songer à se reposer, il se mit à rebattre ses campagnes de

Portugal, dont il m'avoit déjà souvent étourdi. Mais, ce qu'il n'avoit point encore fait, et ce qu'il me gardoit pour ce soir-là, il me nomma tous les officiers qui s'étoient distingués de son temps; il me raconta même leurs exploits. Que je souffris à l'écouter jusque au bout! Il acheva pourtant de parler, et se coucha. Je passai aussitôt dans une petite chambre où étoit mon lit, et d'où l'on descendoit dans le jardin par un escalier dérobé. Je me frottai tout le corps de pommade, je pris une chemise blanche après l'avoir bien parfumée; et, quand je n'eus rien oublié de tout ce qui me parut pouvoir contribuer à flatter l'entêtement de ma maîtresse, j'allai au rendez-vous.

Je n'y trouvai point Ortiz. Je jugeai qu'ennuyée de m'attendre elle avoit regagnée son appartement, et que l'heure du berger étoit passée. Je m'en pris à don Vincent : mais comme je maudissois ses campagnes, j'entendis sonner dix heures. Je crus que l'horloge alloit mal, et qu'il étoit impossible qu'il ne fût pas du moins une heure après minuit. Cependant je me trompois si bien, qu'un gros quart d'heure après je comptai encore dix heures à une autre horloge. Fort bien, dis-je alors en moi-même; je n'ai plus que deux heures entières à garder le mulet. On ne se plaindra pas du moins de mon peu d'exactitude. Que vais-je devenir jusqu'à minuit? Promenons-nous dans ce jardin, et songeons au rôle que je dois jouer : il est assez nouveau pour moi. Je ne suis point encore fait aux fantaisies des femmes de qualité. Je sais de quelle manière on en use avec les grisettes et les comédiennes. Vous les abordez d'un air familier et vous brusquez sans façon l'aventure; mais il faut une autre manœuvre avec une personne de condition. Il faut, ce me semble, que le galant soit poli, complaisant, tendre et respectueux, sans pourtant être timide. Au lieu de vouloir hâter son bonheur par ses emportements, il doit l'attendre d'un moment de foiblesse.

C'est ainsi que je raisonnois, et je me promettois bien de tenir cette conduite avec Aurore. Je me représentois qu'en peu de temps j'aurois le plaisir de me voir aux pieds de cette aimable dame, et de lui dire milles choses passionnées. Je rappelai même dans ma mémoire tous les endroits de nos pièces de théâtre dont je pouvois me servir dans notre tête-à-tête, et me faire honneur. Je comptois [1] de les bien appliquer, et j'espérois qu'à l'exemple de quelques comédiens de ma connoissance, je passerois pour avoir de l'esprit quoique je n'eusse que de la mémoire. En m'occupant de toutes ces pensées, qui amusoient plus agréablement mon impatience que les récits militaires de mon maître, j'entendis sonner onze heures. Bon, dis-je alors, je n'ai plus que soixante minutes à attendre; armons-nous de patience. Je pris courage, et me replongeai dans ma rêverie, tantôt en continuant de me promener, et tantôt assis dans un cabinet de verdure qui étoit au bout du jardin. L'heure enfin que j'attendois depuis si long-temps, minuit sonna. Quelques instants après, Ortiz, aussi

---

[1] *Je comptois de....* je faisois compte *de....* je me proposois, je croyois être sûr *de....* Exemple de l'emploi de la préposition *de*, après le verbe *compter*, dans le sens de *se flatter, s'imaginer*, etc. On supprimeroit aujourd'hui la préposition. *Compter*, alors, veut dire *croire*, et semble plus affirmatif. Cette remarque ne se trouve dans aucun de nos dictionnaires.

ponctuelle mais moins impatiente que moi, parut. Seigneur Gil Blas, me dit-elle en m'abordant, combien y a-t-il que vous êtes ici? Deux heures, lui répondis-je. Ah! vraiment, reprit-elle en faisant un éclat de rire à mes dépens, vous êtes bien exact : c'est un plaisir de vous donner des rendez-vous la nuit. Il est vrai, continua-t-elle d'un air sérieux, que vous ne sauriez trop payer le bonheur que j'ai à vous annoncer. Ma maîtresse veut avoir un entretien particulier avec vous, et elle m'a ordonné de vous introduire dans son appartement où elle vous attend. Je ne vous en dirai pas davantage, le reste est un secret que vous ne devez apprendre que de sa propre bouche. Suivez-moi ; je vais vous conduire. A ces mots la duègne me prit la main; et, par une petite porte dont elle avoit la clef, elle me mena mystérieusement dans la chambre de sa maîtresse.

CHAPITRE II.

Comment Aurore reçut Gil Blas, et quel entretien ils eurent ensemble.

Attente trompée. — Deux rendez-vous bien différents l'un de l'autre. — Jeune personne d'un caractère prononcé.

Je trouvai Aurore en déshabillé; cela me fit plaisir. Je la saluai fort respectueusement, et de la meilleure grâce qu'il me fut possible. Elle me reçut d'un air riant, me fit asseoir auprès d'elle malgré moi, et ce qui acheva de me ravir, elle dit à son ambassadrice de passer dans une autre chambre et de nous laisser seuls. Après cela, m'adressant la parole : Gil Blas, me dit-elle, vous avez dû vous apercevoir que je vous regarde favorablement, et vous distingue de tous les autres domestiques de mon père; et, quand mes regards ne vous auroient point fait juger que j'ai quelque bonne volonté pour vous, la démarche que je fais cette nuit ne vous permettroit pas d'en douter.

Je ne lui donnai pas le temps de m'en dire davantage. Je crus qu'en homme poli je devois épargner à sa pudeur la peine de s'expliquer plus formellement. Je me levai avec transport; et, me jetant aux pieds d'Aurore, comme un héros de théâtre qui se met à genoux devant sa princesse, je m'écriai d'un ton de déclamateur : Ah! madame, l'ai-je bien entendu! est-ce à moi que ce discours s'adresse? seroit-il possible que Gil Blas, jusqu'ici le jouet de la fortune et le rebut de la nature entière, eût le bonheur de vous avoir inspiré des sentiments.... Ne parlez pas si haut, interrompit en riant ma maîtresse; vous allez réveiller mes femmes qui dorment dans la chambre prochaine. Levez-vous, reprenez votre place, et m'écoutez jusqu'au bout sans me couper la parole. Oui, Gil Blas, poursuivit-elle en reprenant son sérieux, je vous veux du bien; et, pour vous prouver que je vous estime, je vais vous faire confidence d'un secret d'où dépend le repos de ma vie. J'aime un jeune cavalier beau, bien fait, et d'une naissance illustre. Il se nomme don Luis Pacheco. Je le vois quelquefois à la promenade et aux spectacles; mais je ne lui ai jamais parlé. J'ignore même de quel caractère il est, et s'il n'a point de mauvaises qualités.

C'est de quoi pourtant je voudrois bien être instruite. J'aurois besoin d'un homme qui s'enquît soigneusement de ses mœurs, et m'en rendît un compte fidèle. Je fais choix de vous préférablement à tous nos autres domestiques. Je crois que je ne risque rien à vous charger de cette commission. J'espère que vous vous en acquitterez avec tant d'adresse et de discrétion, que je ne me repentirai point de vous avoir mis dans ma confidence.

Ma maîtresse cessa de parler en cet endroit pour entendre ce que je lui répondrois là-dessus. J'avois d'abord été déconcerté d'avoir pris si désagréablement le change : mais je me remis promptement l'esprit ; et, surmontant la honte que cause toujours la témérité quand elle est malheureuse, je témoignai à la dame tant de zèle pour ses intérêts, je me dévouai avec tant d'ardeur à son service, que si je ne lui ôtai pas la pensée que je m'étois follement flatté de lui avoir plu, du moins je lui fis connoître que je savois bien réparer une sottise. Je ne demandai que deux jours pour lui rendre bon compte de don Luis. Après quoi la dame Ortiz, que sa maîtresse rappela, me remena dans le jardin, et me dit d'un air railleur en me quittant : Bonsoir, Gil Blas ; je ne vous recommande point de vous trouver de bonne heure au premier rendez-vous, je connois trop votre ponctualité là-dessus pour en être en peine.

Je retournai dans ma chambre, non sans quelque dépit de voir mon attente trompée. Je fus néanmoins assez raisonnable pour m'en consoler. Je fis réflexion qu'il me convenoit mieux d'être le confident de ma maîtresse que son amant. Je songeai même que cela pourroit me mener à quelque chose; que les courtiers d'amour étoient ordinairement bien payés de leurs peines; et je me couchai dans la résolution de faire ce qu'Aurore exigeoit de moi. Je sortis pour cet effet le lendemain. La demeure d'un cavalier tel que don Luis ne fut pas difficile à découvrir. Je m'informai de lui dans le voisinage; mais les personnes à qui je m'adressai ne purent pleinement satisfaire ma curiosité; ce qui m'obligea le jour suivant à recommencer mes perquisitions. Je fus plus heureux. Je rencontrai par hasard dans la rue un garçon de ma connoissance : nous nous arrêtâmes pour nous parler. Il passa dans ce moment un de ses amis qui nous aborda, et nous dit qu'il venoit d'être chassé de chez don Joseph Pacheco, père de don Luis, pour un quartaut de vin qu'on l'accusoit d'avoir bu. Je ne perdis pas une si belle occasion de m'informer de tout ce que je souhaitois d'apprendre; et je fis tant par mes questions que je m'en retournai au logis fort content d'être en état de tenir parole à ma maîtresse. C'étoit la nuit prochaine que je devois la revoir, à la même heure et de la même manière que la première fois. Je n'eus pas ce soir-là tant d'inquiétude; et, bien loin de souffrir impatiemment les discours de mon vieux patron, je le remis sur ses campagnes. J'attendis minuit avec la plus grande tranquillité du monde; et ce ne fut qu'après l'avoir entendu sonner à plusieurs horloges, que je descendis dans le jardin, sans me pommader et me parfumer : je me corrigeai encore de cela.

Je trouvai au rendez-vous la très fidèle duègne, qui me reprocha malicieusement que j'avois bien rabattu de ma diligence. Je ne lui répondis point, et je me laissai conduire à l'appartement d'Aurore, qui me demanda, dès que je parus, si je m'étois bien informé de don Luis, et si j'avois appris bien des choses. Oui, madame, lui dis-je, et j'ai de quoi satisfaire votre curiosité. Je vous dirai premièrement qu'il est sur le point de partir pour s'en retourner à Salamanque achever ses études. C'est, à ce qu'on m'a dit, un jeune cavalier rempli d'honneur et de probité. Pour du courage il n'en sauroit manquer, puisqu'il est gentilhomme et Castillan. De plus, il a beaucoup d'esprit et les manières fort agréables; mais ce qui peut-être ne sera guère de votre goût, et ce que je ne puis pourtant me dispenser de vous dire, c'est qu'il tient un peu trop de la nature des jeunes seigneurs; il est diablement libertin. Savez-vous qu'à son âge il a déjà eu à bail deux comédiennes? Que m'apprenez-vous? reprit Aurore. Quelles mœurs! Mais êtes-vous bien assuré, Gil Blas, qu'il mène une vie si licencieuse? Oh! je n'en doute pas, madame, lui repartis-je. Un valet qu'on a chassé de chez lui ce matin me l'a dit; et les valets sont fort sincères quand ils s'entretiennent des défauts de leurs maîtres. D'ailleurs il fréquente don Alexo Segiar, don Antonio Centellés et don Fernand de Gamboa : cela seul prouve démonstrativement son libertinage. C'est assez, Gil Blas, dit alors ma maîtresse en soupirant; je vais, sur votre rapport, combattre mon indigne amour. Quoiqu'il ait déjà de profondes racines dans mon cœur, je ne désespère pas de l'en arracher. Allez, poursuivit-elle en me mettant entre les mains une petite bourse qui n'étoit pas vide, voilà ce que je vous donne pour vos peines. Gardez-vous bien de révéler mon secret ; songez que je l'ai confié à votre silence.

J'assurai ma maîtresse que j'étois l'Harpocrate [1] des valets confidents, et qu'elle pouvoit demeurer tranquille là-dessus. Après cette assurance, je me retirai, fort impatient de savoir ce qu'il y avoit dans la bourse. J'y trouvai vingt pistoles. Aussitôt je pensai qu'Aurore m'en auroit sans doute donné davantage si je lui eusse annoncé une nouvelle agréable, puisqu'elle en payoit si bien une chagrinante. Je me repentis de n'avoir pas imité les gens de justice, qui fardent quelquefois la vérité dans leurs procès verbaux. J'étois fâché d'avoir détruit, dans sa naissance, une galanterie qui m'eût été très utile dans la suite, si je ne me fusse pas sottement piqué d'être sincère. J'avois pourtant la consolation de me voir dédommagé de la dépense que j'avois faite si mal à propos en pommades et en parfums.

[1] C'étoit, chez les anciens, le dieu du silence. Il avoit un doigt sur la bouche. Les Égyptiens le plaçoient à la porte des temples, parce que les mystères de leur religion étoient des doctrines secrètes.

CHAPITRE III.

Du grand changement qui arriva chez don Vincent, et de l'étrange résolution que l'amour fit prendre à la belle Aurore.

Dispute de deux médecins ; mort du malade. — Travestissement hardi. — Tableau tragique et mystérieux.

Il arriva peu de temps après cette aventure que le seigneur don Vincent tomba malade. Quand il n'auroit pas été dans un âge fort avancé, les symptômes de sa maladie parurent si violents, qu'on eût craint un événement funeste. Dès le commencement du mal, on fit venir les deux plus fameux médecins de Madrid. L'un s'appeloit le docteur Andros [1], et l'autre le docteur Oquetos [2]. Ils examinèrent attentivement le malade, et convinrent tous deux, après une exacte observation, que les humeurs étoient en fougue ; mais ils ne s'accordèrent qu'en cela l'un et l'autre. L'un vouloit qu'on purgeât le malade dès ce jour-là, et l'autre étoit d'avis qu'on différât la purgation. Il faut, dit Andros, se hâter de purger les humeurs, quoique crues, pendant qu'elles sont dans une agitation violente de

---

[1] *Andros*, foible déguisement du nom de Nicolas Andry, doyen de la faculté de médecine de Paris, mort en cette ville en 1742, auteur d'un grand nombre d'ouvrages sur la *médecine*, la *saignée*, les *aliments du carême*, etc.

[2] *Oquetos*, autre voile transparent qui cache mal le nom de Philippe Hecquet, doyen encore plus célèbre de la même faculté, mort en 1737.

flux et de reflux, de peur qu'elles ne se fixent sur quelque partie noble. Oquetos soutint au contraire qu'il falloit attendre que les humeurs fussent cuites, avant que d'employer le purgatif. Mais votre méthode, reprit le premier, est directement opposée à celle du prince de la médecine. Hippocrate avertit de purger dans la plus ardente fièvre dès les premiers jours, et dit en termes formels qu'il faut être prompt à purger quand les humeurs sont en *orgasme*, c'est-à-dire en fougue. Oh! c'est ce qui vous trompe, repartit Oquetos. Hippocrate, par le mot d'*orgasme*, n'entend pas la fougue; il entend plutôt la coction des humeurs. [1]

Là-dessus nos docteurs s'échauffent. L'un rapporte le texte grec, et cite tous les auteurs qui l'ont expliqué comme lui; l'autre, s'en fiant à une traduction latine, le prend sur un ton encore plus haut. Qui des deux croire? Don Vincent n'étoit pas homme à décider la question. Cependant, se voyant obligé d'opter, il donna sa confiance à celui des deux qui avoit le plus expédié de malades; je veux dire au plus vieux. Aussitôt Andros, qui étoit le plus jeune, se retira, non sans lancer à son ancien quelques traits railleurs sur l'*orgasme*. Voilà donc Oquetos triomphant. Comme il

---

[1] Il est très certain qu'il y eut une controverse très vive entre Andry et Hecquet, sur ce qu'il faut entendre au juste par *orgasme*, mot grec, équivalent à *turgescence*, ou à *gonflement des humeurs*. On fit à ce sujet des livres pour et contre, comme on se dispute aujourd'hui sur le système de *sthénie*, ou d'*asthénie*, ou bien de *stimulus* et contre-*stimulus*, du docteur Brown. Les pièces de ces deux procès sont assez curieuses, mais trop longues pour une note. Elles prêtent au ridicule dont Le Sage se plaît à charger ici la querelle sur le vrai sens d'*orgasme*.

étoit dans les principes du docteur Sangrado, il commença par faire saigner abondamment le malade, attendant, pour le purger, que les humeurs fussent cuites; mais la mort, qui craignoit sans doute qu'une purgation si sagement différée ne lui enlevât sa proie, prévint la coction et emporta mon maître. Telle fut la fin du seigneur don Vincent, qui perdit la vie parce que son médecin ne savoit pas le grec.

Aurore, après avoir fait à son père des funérailles dignes d'un homme de sa naissance, entra dans l'administration de son bien. Devenue maîtresse de ses volontés, elle congédia quelques domestiques, en leur donnant des récompenses proportionnées à leurs services, et se retira bientôt à un château qu'elle avoit sur les bords du Tage, entre Sacedon et Buendia. Je fus du nombre de ceux qu'elle retint et qui la suivirent à la campagne; j'eus même le bonheur de lui devenir nécessaire. Malgré le rapport fidèle que je lui avois fait de don Luis, elle aimoit encore ce cavalier; ou plutôt, n'ayant pu vaincre son amour, elle s'y étoit entièrement abandonnée. Elle n'avoit plus besoin de prendre des précautions pour me parler en particulier. Gil Blas, me dit-elle en soupirant, je ne puis oublier don Luis; quelque effort que je fasse pour le bannir de ma pensée, il s'y présente sans cesse, non tel que tu me l'as peint, plongé dans toutes sortes de désordres, mais tel que je voudrois qu'il fût, tendre, amoureux, constant. Elle s'attendrit en disant ces paroles, et ne put s'empêcher de répandre quelques larmes. Peu s'en fallut que je ne pleurasse aussi, tant je fus touché de ses pleurs. Je ne pouvois mieux lui faire ma cour, que de paroître si sensible à ses peines. Mon ami, continuat-elle après avoir essuyé ses beaux yeux, je vois que tu es d'un très bon naturel, et je suis si satisfaite de ton zèle, que je te promets de le bien récompenser. Ton secours, mon cher Gil Blas, m'est plus nécessaire que jamais. Il faut que je te découvre un dessein qui m'occupe; tu vas le trouver fort bizarre. Apprends que je veux partir au plus tôt pour Salamanque. Là je prétends me déguiser en cavalier, et, sous le nom de don Félix, faire connoissance avec Pacheco; je tâcherai de gagner sa confiance et son amitié; je lui parlerai souvent d'Aurore de Guzman, dont je passerai pour cousin. Il souhaitera peut-être de la voir, et c'est où je l'attends. Nous aurons deux logements à Salamanque : dans l'un, je serai don Félix; dans l'autre, Aurore; et, m'offrant aux yeux de don Luis, tantôt travestie en homme, tantôt sous mes habits naturels, je me flatte que je pourrai peu à peu l'amener à la fin que je me propose. Je demeure d'accord, ajouta-t-elle, que mon projet est extravagant; mais ma passion m'entraîne, et l'innocence de mes intentions achève de m'étourdir sur la démarche que je veux hasarder.

J'étois fort du sentiment d'Aurore sur la nature de son dessein. Il me paroissoit insensé. Cependant, quelque déraisonnable que je le trouvasse, je me gardai bien de faire le pédagogue. Au contraire je commençai à dorer la pilule, et j'entrepris de prouver que ce projet fou n'étoit qu'un jeu d'esprit agréable et sans conséquence. Je ne me souviens plus de ce que je lui dis pour lui prouver cela; mais elle se rendit à mes raisons, les amants étant bien aises qu'on flatte leurs plus folles imaginations. Nous ne regardâmes donc plus cette entreprise téméraire que comme une comédie dont il ne falloit songer qu'à bien concerter la représentation. Nous choisîmes nos acteurs dans le domestique, puis nous distribuâmes les rôles; ce qui se passa sans clameurs et sans querelles, parce que nous n'étions pas des comédiens de profession. Il fut résolu que la dame Ortiz feroit la tante d'Aurore, sous le nom de dona Ximena de Guzman; qu'on lui donneroit un valet et une suivante; et qu'Aurore, travestie en cavalier, m'auroit pour valet de chambre, avec une de ses femmes, déguisée en page, pour la servir en particulier. Les personnages ainsi réglés, nous retournâmes à Madrid, où nous apprîmes que don Luis étoit encore, mais qu'il ne tarderoit guère à partir pour Salamanque. Nous fîmes faire en diligence les habits dont nous avions besoin. Lorsqu'ils furent achevés, ma maîtresse les fit emballer promptement, attendu que nous ne devions les mettre qu'en temps et lieu. Puis, laissant le soin de sa maison à son homme d'affaires, elle partit dans un carrosse à quatre mules, et prit le chemin du royaume de Léon, avec tous ceux de ses domestiques qui avoient quelque rôle à jouer dans cette pièce.

Nous avions déjà traversé la Castille vieille, quand l'essieu du carrosse se rompit. C'étoit entre Avila et Villaflor, à trois ou quatre cents pas d'un château qu'on apercevoit au pied d'une montagne. La nuit approchoit, et nous étions fort embarrassés. Mais il passa par hasard auprès de nous un paysan qui nous tira d'embarras, sans qu'il y mît beaucoup du sien. Il nous apprit que le château qui s'offroit à notre vue appartenoit à dona Elvira, veuve de don Pedro de Pinarès; et il nous dit tant de bien de cette dame, que ma maîtresse m'envoya au château demander de sa part un logement pour cette nuit. Elvire ne démentit point le rapport du paysan; il est vrai que je m'acquittai de ma commission d'une manière qui l'auroit déterminée à nous recevoir dans son château quand elle n'auroit pas été la personne du monde la plus polie; elle me reçut d'un air gracieux, et fit à mon compliment la réponse que je désirois là-dessus. Nous nous rendîmes tous au château, où les mules traînèrent doucement le carrosse. Nous rencontrâmes à la porte la veuve de don Pèdre, qui venoit au-devant de ma maîtresse. Je passerai sous silence les discours que la civilité obligea de tenir de part et d'autre en cette occasion. Je dirai seulement qu'Elvire étoit une vieille dame qui savait mieux que femme du monde remplir les devoirs de l'hospitalité. Elle conduisit Aurore dans un appartement superbe, où, la laissant reposer quelques moments, elle vint donner son attention jusqu'aux moindres choses qui nous regardoient. Ensuite, quand le souper fut prêt, elle ordonna qu'on servît dans la chambre d'Aurore, où toutes deux elles se mirent à table. La veuve de don Pèdre n'étoit pas de ces personnes qui font mal les honneurs d'un repas, en prenant un air rêveur ou chagrin. Elle avoit l'humeur gaie, et soutenoit agréablement la conversation. Elle s'exprimoit noblement et en beaux termes : j'admirois son esprit, et le tour fin qu'elle donnoit à ses pensées. Aurore en paroissoit aussi charmée que moi. Elles lièrent amitié l'une avec l'autre, et se promirent réciproquement d'avoir ensemble un commerce de lettres. Comme

notre carrosse ne pouvoit être raccommodé que le jour
suivant, et que nous courions risque de partir fort
tard, il fut arrêté que nous demeurerions au château
le lendemain. On nous servit à notre tour des viandes
avec profusion, et nous ne fûmes pas plus mal couchés
que nous avions été régalés.

Le jour d'après, ma maîtresse trouva de nouveaux
charmes dans l'entretien d'Elvire. Elles dînèrent dans
une grande salle où il y avoit plusieurs tableaux. On
en remarquoit un, entre autres, dont les figures étoient
merveilleusement bien représentées; mais il offroit aux
yeux un spectacle bien tragique. Un cavalier mort, couché à la renverse et noyé dans son sang, y étoit peint;
et tout mort qu'il paroissoit, il avoit un air menaçant.
On voyoit auprès de lui une jeune dame dans une
autre attitude, quoiqu'elle fût aussi étendue par terre.
Elle avoit une épée plongée dans son sein, et rendoit
les derniers soupirs, en attachant ses regards mourants
sur un jeune homme qui sembloit avoir une douleur mortelle de la perdre. Le peintre avoit encore
chargé son tableau d'une figure qui n'échappa point
à mon attention C'étoit un vieillard de bonne mine,
qui, vivement touché des objets qui frappoient sa
vue, ne s'y montroit pas moins sensible que le jeune
homme. On eût dit que ces images sanglantes leur
faisoient sentir à tous deux les mêmes atteintes, mais
qu'ils en recevoient différemment les impressions. Le
vieillard, plongé dans une profonde tristesse, en paroissoit comme accablé, au lieu qu'il y avoit de la fureur mêlée avec l'affliction du jeune homme. Toutes
ces choses étoient peintes avec des expressions si fortes,

que nous ne pouvions nous lasser de les regarder. Ma maîtresse demanda quelle triste histoire ce tableau représentoit. Madame, lui dit Elvire, c'est une peinture fidèle des malheurs de ma famille. Cette réponse piqua la curiosité d'Aurore, qui témoigna un si grand désir d'en savoir davantage, que la veuve de don Pèdre ne put se dispenser de lui promettre la satisfaction qu'elle souhaitoit. Cette promesse, qui se fit devant Ortiz, ses deux compagnes et moi, nous arrêta tous quatre dans la salle après le repas. Ma maîtresse voulut nous renvoyer; mais Elvire, qui s'aperçut bien que nous mourions d'envie d'entendre l'explication du tableau, eut la bonté de nous retenir, en disant que l'histoire qu'elle alloit raconter n'étoit pas de celles qui demandent du secret. Un moment après elle commença son récit dans ces termes.

CHAPITRE IV.

LE MARIAGE DE VENGEANCE,

NOUVELLE.[1]

Amour violent d'un jeune prince. — Caractère d'un ministre inflexible. — Vertu et malheur de sa fille.

ROGER, roi de Sicile, avoit un frère et une sœur. Ce frère, appelé Mainfroi, se révolta contre lui, et alluma dans le royaume une guerre qui fut dangereuse et sanglante : mais il eut le malheur de perdre deux

---

[1] Cet épisode de Gil Blas, fondé en partie sur l'histoire, a fait naître deux tragédies : savoir, *Tancrède* et *Sigismonde*, en anglois,

batailles et de tomber entre les mains du roi, qui se contenta de lui ôter la liberté, pour le punir de sa révolte. Cette clémence ne servit qu'à faire passer Roger pour un barbare dans l'esprit d'une partie de ses sujets. Ils disoient qu'il n'avoit sauvé la vie à son frère que pour exercer sur lui une vengeance lente et inhumaine. Tous les autres, avec plus de fondement, n'imputoient les traitements durs que Mainfroi souffroit dans sa prison, qu'à sa sœur Mathilde. Cette princesse avoit en effet toujours haï ce prince, et ne cessa point de le persécuter tant qu'il vécut. Elle mourut peu de temps après lui, et l'on regarda sa mort comme une juste punition de ses sentiments dénaturés.

Mainfroi laissa deux fils ; ils étoient encore dans

par Thomson (le chantre des Saisons); l'autre, intitulée *Blanche et Guiscard*, par feu Saurin. La tragédie angloise, traduite par La Place, remplit les Mercures de France des mois de janvier et février 1761. Saurin l'a imitée. « La dernière scène de cette tragédie présente
« le tableau qui, dans *Gil Blas*, excite la curiosité de doña Aurore,
« et occasionne le récit de la Nouvelle. L'auteur tragique a suivi
« presque entièrement la marche du romancier. Enrique, dont il a
« fait Guiscard, est de même élevé par Siffredi ; seulement il n'ap-
« prend le secret de sa naissance qu'au moment de la mort du roi.
« Constance, dans la tragédie, est la sœur et non la nièce du roi
« auquel succède Guiscard. Au reste, l'auteur a rendu tous les autres
« détails racontés dans la Nouvelle, ce qui l'a obligé de renfermer un
« grand nombre d'événements dans un court espace de temps. »
Extrait de l'avertissement qui précède la tragédie de Blanche et Guiscard.
La pièce de Saurin, jouée pour la première fois le 27 septembre 1763, réussit moins pourtant par le mérite de l'ouvrage que par le talent des acteurs. L'avertissement de l'auteur finit par cet aveu modeste :

« Il seroit à souhaiter, pour ceux qui me liront et pour moi, qu'on
« pût imprimer avec la pièce le jeu inimitable de mademoiselle
« Clairon ; elle n'a jamais été plus admirable. »

l'enfance. Roger eut quelque envie de s'en défaire, de crainte que, parvenus à un âge plus avancé, le désir de venger leur père ne les portât à relever un parti qui n'étoit pas si bien abattu, qu'il ne pût causer de nouveaux troubles dans l'état. Il communiqua son dessein au sénateur Léontio Siffredi son ministre, qui ne l'approuva point, et qui, pour l'en détourner, se chargea de l'éducation du prince Enrique, qui étoit l'aîné, et lui conseilla de confier au connétable de Sicile la conduite du plus jeune, qu'on appeloit don Pèdre. Roger, persuadé que ses neveux seroient élevés par ces deux hommes dans la soumission qu'ils lui devoient, les leur abandonna, et prit soin lui-même de Constance sa nièce. Elle étoit de l'âge d'Enrique, et fille unique de la princesse Mathilde. Il lui donna des femmes et des maîtres, et n'épargna rien pour son éducation.

Léontio Siffredi avoit un château à deux petites lieues de Palerme, dans un lieu nommé Belmonte. C'étoit là que ce ministre s'attachoit à rendre Enrique digne de monter un jour sur le trône de Sicile. Il remarqua d'abord dans ce prince des qualités si aimables, qu'il s'y attacha comme s'il n'avoit point eu d'enfant : il avoit pourtant deux filles. L'aînée, qu'on nommoit Blanche, plus jeune d'une année que le prince, étoit pourvue d'une beauté parfaite : et la cadette, appelée Porcie, après avoir en naissant causé la mort de sa mère, étoit encore au berceau. Blanche et le prince Enrique sentirent de l'amour l'un pour l'autre dès qu'ils furent capables d'aimer ; mais ils n'avoient pas la liberté de s'entretenir en particulier. Le prince néanmoins ne laissa pas quelquefois d'en trouver l'occasion; il sut même si bien profiter de ces moments précieux, qu'il engagea la fille de Siffredi à lui permettre d'exécuter un projet qu'il méditoit. Il arriva justement dans ce temps-là que Léontio fut obligé, par ordre du roi, de faire un voyage dans une province des plus reculées de l'île. Pendant son absence, Enrique fit faire une ouverture au mur de son appartement qui répondoit à la chambre de Blanche. Cette ouverture étoit couverte d'une coulisse de bois qui se fermoit et s'ouvroit sans qu'elle parût, parce qu'elle étoit si étroitement jointe au lambris, que les yeux ne pouvoient apercevoir l'artifice. Un habile architecte, que le prince avoit mis dans ses intérêts, fit cet ouvrage avec autant de diligence que de secret. [1]

L'amoureux Enrique s'introduisoit par là quelquefois dans la chambre de sa maîtresse; mais il n'abusoit point de ses bontés. Si elle avoit eu l'imprudence de lui permettre une entrée secrète dans son appartement, du moins ce n'avoit été que sur les assurances qu'il lui avoit données qu'il n'exigeroit jamais d'elle que les faveurs les plus innocentes. Une nuit il la trouva fort inquiète; elle avoit appris que Roger étoit très malade, et qu'il venoit de mander Siffredi, comme grand chancelier du

---

[1] Ces ouvertures en coulisses, qui communiquent en secret d'un appartement dans un autre, ont été quelquefois pratiquées dans le monde (la cheminée tournante du maréchal de Richelieu), et transportées sur le théâtre avec plus ou moins de succès, mais surtout dans les comédies. L'*Esprit follet* de Hauteroche est fondé sur cet artifice qui produit des scènes plaisantes dans cette comédie; mais qui ne donne lieu ici qu'à des événements tragiques. Dans la tragédie de Saurin, Guiscard lui-même dit à Blanche :

J'ai su me procurer une secrète entrée.

royaume, pour le rendre dépositaire de ses dernières volontés. Elle se représentoit déjà sur le trône son cher Enrique; et, craignant de le perdre dans ce haut rang, cette crainte lui causoit une étrange agitation; elle avoit même les larmes aux yeux lorsqu'il parut devant elle. Vous pleurez, madame, lui dit-il : que dois-je penser de la tristesse où je vous vois plongée? Seigneur, lui répondit Blanche, je ne puis vous cacher mes alarmes; le roi votre oncle cessera bientôt de vivre, et vous allez remplir sa place. Quand j'envisage combien votre nouvelle grandeur va vous éloigner de moi, je vous avoue que j'ai de l'inquiétude. Un monarque voit les choses d'un autre œil qu'un amant; et ce qui faisoit tous ses désirs quand il reconnoissoit un pouvoir au-dessus du sien, ne le touche que foiblement sur le trône. Soit pressentiment, soit raison, je sens s'élever dans mon cœur des mouvements qui m'agitent et que ne peut calmer toute la confiance que je dois à vos bontés. Je ne me défie point de la fermeté de vos sentiments; je ne me défie que de mon bonheur. Adorable Blanche, répliqua le prince, vos craintes sont obligeantes et justifient mon attachement à vos charmes; mais l'excès où vous portez vos défiances offense mon amour, et, si je l'ose dire, l'estime que vous me devez. Non, non, ne pensez pas que ma destinée puisse être séparée de la vôtre; croyez plutôt que vous seule ferez toujours ma joie et mon bonheur. Perdez donc une crainte vaine : faut-il qu'elle trouble des moments si doux? Ah! seigneur, reprit la fille de Léontio, dès que vous serez couronné, vos sujets pourront vous demander pour reine une princesse descendue d'une longue suite de rois, et dont l'hymen éclatant joigne de nouveaux états aux vôtres ; et peut-être, hélas ! répondrez-vous à leur attente, même aux dépens de vos plus doux vœux. Eh ! pourquoi, reprit Enrique avec emportement, pourquoi, trop prompte à vous tourmenter, vous faire une image affligeante de l'avenir ? Si le ciel dispose du roi mon oncle, et me rend maître de la Sicile, je jure de me donner à vous dans Palerme, en présence de toute ma cour. J'en atteste tout ce qu'on reconnoît de plus sacré parmi nous.

Les protestations d'Enrique rassurèrent un peu la fille de Siffredi. Le reste de leur entretien roula sur la maladie du roi. Enrique fit voir la bonté de son naturel ; il plaignit le sort de son oncle, quoiqu'il n'eût pas sujet d'en être fort touché ; et la force du sang lui fit regretter un prince dont la mort lui promettoit une couronne. Blanche ne savoit pas encore tous les malheurs qui la menaçoient. Le connétable de Sicile, qui l'avoit rencontrée comme elle sortoit de l'appartement de son père, un jour qu'il étoit venu au château de Belmonte pour quelques affaires importantes, en avoit été frappé. Il en fit dès le lendemain la demande à Siffredi, qui agréa sa recherche ; mais la maladie de Roger étant survenue dans ce temps là, ce mariage demeura suspendu, et Blanche n'en avoit point entendu parler.

Un matin, comme Enrique achevoit de s'habiller, il fut surpris de voir entrer dans son appartement Léontio suivi de Blanche. Seigneur, lui dit ce ministre, la nouvelle que je vous apporte aura de quoi vous affliger ; mais la consolation qui l'accompagne doit modérer votre douleur. Le roi votre oncle vient de mourir ; il vous laissé, par sa mort, héritier de son sceptre. La Sicile vous est soumise. Les grands du royaume attendent vos ordres à Palerme : ils m'ont chargé de les recevoir de votre bouche; et je viens, seigneur, avec ma fille, vous rendre les premiers et les plus sincères hommages que vous doivent vos nouveaux sujets. Le prince, qui savoit bien que Roger, depuis deux mois, étoit atteint d'une maladie qui le détruisoit peu à peu, ne fut pas étonné de cette nouvelle. Cependant, frappé du changement subit de sa condition, il sentit naître dans son cœur mille mouvements confus. Il rêva quelque temps, puis rompant le silence, il adressa ces paroles à Léontio : Sage Siffredi, je vous regarde toujours comme mon père. Je ferai gloire de me régler par vos conseils, et vous régnerez plus que moi dans la Sicile. A ces mots, s'approchant d'une table sur laquelle étoit une écritoire, et prenant une feuille blanche, il écrivit son nom au bas de la page. Que voulez-vous faire, seigneur? lui dit Siffredi. Vous marquer ma reconnoissance et mon estime, répondit Enrique. Ensuite ce prince présenta la feuille à Blanche, et lui dit : Recevez, madame, ce gage de ma foi, et de l'empire que je vous donne sur mes volontés. Blanche la prit en rougissant, et fit cette réponse au prince. Seigneur, je reçois avec respect les grâces de mon roi; mais je dépends d'un père, et vous trouverez bon, s'il vous plaît, que je remette votre billet entre ses mains, pour en faire l'usage que sa prudence lui conseillera.

Elle donna effectivement à son père la signature d'Enrique. Alors Siffredi remarqua ce qui jusqu'à ce moment étoit échappé à sa pénétration. Il démêla les sentiments du prince, et lui dit : Votre majesté n'aura point de reproche à me faire. Je n'abuserai point de la confiance.... Mon cher Léontio, interrompit Enrique, ne craignez point d'en abuser. Quelque usage que vous fassiez de mon billet, j'en approuverai la disposition. Mais allez, continua-t-il, retournez à Palerme, ordonnez-y les apprêts de mon couronnement, et dites à mes sujets que je vais sur vos pas recevoir le serment de leur fidélité, et les assurer de mon affection. Ce ministre obéit aux ordres de son nouveau maître, et prit avec sa fille le chemin de Palerme.

Quelques heures après leur départ, le prince partit aussi de Belmonte, plus occupé de son amour que du haut rang où il alloit monter. Lorsqu'on le vit arriver dans la ville, on poussa mille cris de joie; il entra parmi les acclamations du peuple dans le palais où tout étoit déjà prêt pour la cérémonie. Il y trouva la princesse Constance vêtue de longs habillements de deuil. Elle paroissoit fort touchée de la mort de Roger. Comme ils se devoient un compliment réciproque sur la mort de ce monarque, ils s'en acquittèrent l'un et l'autre avec esprit, mais avec un peu plus de froideur de la part d'Enrique que de celle de Constance, qui, malgré les démêlés de leur famille, n'avoit pu haïr ce prince. Il se plaça sur le trône, et la princesse s'assit à ses côtés, sur un fauteuil un peu moins élevé. Les grands du royaume prirent leur place, chacun selon son rang. La cérémonie commença; et Léontio, comme grand chancelier de l'état et dépositaire du testament du feu roi, en ayant fait l'ouverture, se mit à le lire à haute voix. Cet acte contenoit en substance que

Roger, se voyant sans enfant, nommoit pour son successeur le fils aîné de Mainfroi, à condition qu'il épouseroit la princesse Constance, et que, s'il refusoit sa main, la couronne de Sicile, à son exclusion, tomberoit sur la tête de l'infant don Pèdre son frère, à la même condition.

Ces paroles surprirent étrangement Enrique. Il en sentit une peine inconcevable, et cette peine devint encore plus vive lorsque Léontio, après avoir achevé la lecture du testament, dit à toute l'assemblée : Seigneurs, ayant rapporté les dernières intentions du feu roi à notre nouveau monarque, ce généreux prince consent d'honorer de sa main la princesse Constance sa cousine. A ses mots Enrique interrompit le chancelier. Léontio, lui dit-il, souvenez-vous de l'écrit que Blanche vous.... Seigneur, interrompit avec précipitation Siffredi, sans donner le temps au prince de s'expliquer, le voici. Les grands du royaume, poursuivit-il en montrant le billet à l'assemblée, y verront, par l'auguste seing de votre majesté, l'estime que vous faites de la princesse, et la déférence que vous avez pour les dernières volontés du feu roi votre oncle.

Ayant achevé ces paroles, il se mit à lire le billet dans les termes dont il l'avoit rempli lui-même. Le nouveau roi y faisoit à ses peuples, dans la forme la plus authentique, une promesse d'épouser Constance, conformément aux intentions de Roger. La salle retentit de longs cris de joie. Vive notre magnanime roi Enrique! s'écrièrent tous ceux qui étoient présents. Comme on n'ignoroit pas l'aversion que ce prince avoit toujours marquée pour la princesse, on avoit craint, avec raison, qu'il ne se révoltât contre la condition du testament, et ne causât des mouvements dans le royaume; mais la lecture du billet, en rassurant là-dessus les grands et le peuple, excitoit ces acclamations générales qui déchiroient en secret le cœur du monarque.

Constance, qui, par l'intérêt de sa gloire et par un sentiment de tendresse, y prenoit plus de part que personne, choisit ce temps pour l'assurer de sa reconnoissance. Le prince eut beau vouloir se contraindre, il reçut le compliment de la princesse avec tant de trouble, il étoit dans un si grand désordre, qu'il ne put même lui répondre ce que la bienséance exigeoit de lui. Enfin, cédant à la violence qu'il se faisoit, il s'approcha de Siffredi, que le devoir de sa charge obligeoit de se tenir assez près de sa personne, et lui dit tout bas : Que faites-vous, Léontio? L'écrit que j'ai mis entre les mains de votre fille n'étoit point destiné pour cet usage. Vous trahissez....

Seigneur, interrompit encore Siffredi d'un ton ferme, songez à votre gloire. Si vous refusez de suivre les volontés du roi votre oncle, vous perdez la couronne de Sicile. Il n'eut pas achevé de parler ainsi, qu'il s'éloigna du roi, pour l'empêcher de lui répliquer. Enrique demeura dans un embarras extrême; il se sentoit agité de mille mouvements contraires. Il étoit irrité contre Siffredi; il ne pouvoit se résoudre à quitter Blanche; et, partagé entre elle et l'intérêt de sa gloire, il fut assez long-temps incertain du parti qu'il avoit à prendre. Il se détermina pourtant, et crut avoir trouvé le moyen de conserver la fille de Siffredi sans renoncer au trône. Il feignit de vouloir se soumettre aux volontés de Roger, se proposant, tandis qu'on solliciteroit à Rome la dispense de son mariage avec sa cousine, de gagner par ses bienfaits les grands du royaume, et d'établir si bien sa puissance, qu'on ne pût l'obliger à remplir la condition du testament.

Dès qu'il eut formé ce dessein, il devint plus tranquille; et, se tournant vers Constance, il lui confirma ce que le grand chancelier avoit lu devant toute l'assemblée. Mais, au moment même qu'il se trahissoit jusqu'à lui offrir sa foi, Blanche arriva dans la salle du conseil. Elle y venoit, par ordre de son père, rendre ses devoirs à la princesse; et ses oreilles, en entrant, furent frappées des paroles d'Enrique. Outre cela Léontio, ne voulant pas qu'elle pût douter de son malheur, lui dit en la présentant à Constance : Ma fille, rendez vos hommages à votre reine; souhaitez-lui les douceurs d'un règne florissant et d'un heureux hyménée. Ce coup terrible accabla l'infortunée Blanche. Elle entreprit inutilement de cacher sa douleur; son visage rougit et pâlit successivement, et tout son corps frissonna. Cependant la princesse n'en eut aucun soupçon; elle attribua le désordre de son compliment à l'embarras d'une jeune personne élevée dans un désert, et peu accoutumée à la cour. Il n'en fut pas ainsi du jeune roi : la vue de Blanche lui fit perdre contenance, et le désespoir qu'il remarquoit dans ses yeux le mettoit hors de lui-même. Il ne doutoit pas que, jugeant sur les apparences, elle ne le crût infidèle. Il auroit eu moins d'inquiétude s'il eût pu lui parler; mais comment en trouver les moyens, lorsque toute la Sicile, pour ainsi dire, avoit les yeux sur lui? D'ailleurs, le cruel Siffredi lui en ôta l'espérance. Ce ministre, qui lisoit dans le cœur de ces deux amants, et vouloit prévenir les malheurs que la violence de leur amour pouvoit causer dans l'état, fit adroitement sortir sa fille de l'assemblée, et reprit avec elle le chemin de Belmonte, résolu, pour plus d'une raison, de la marier au plus tôt.

Lorsqu'ils y furent arrivés, il lui fit connoître toute l'horreur de sa destinée. Il lui déclara qu'il l'avoit promise au connétable. Juste ciel! s'écria-t-elle, emportée par un mouvement de douleur que la présence de son père ne put réprimer, à quels affreux supplices réserviez-vous la malheureuse Blanche? Son transport même fut si violent, que toutes les puissances de son âme en furent suspendues. Son corps se glaça; et, devenant froide et pâle, elle tomba évanouie entre les bras de son père. Il fut touché de l'état où il la voyoit. Néanmoins, quoiqu'il ressentît vivement ses peines, sa première résolution n'en fut point ébranlée. Blanche reprit enfin ses esprits, plus par le vif ressentiment de sa douleur, que par l'eau que Siffredi lui jeta sur le visage: et, lorsqu'en ouvrant ses yeux languissants elle l'aperçut qui s'empressoit à la secourir : Seigneur, lui dit-elle d'une voix presque éteinte, j'ai honte de vous laisser voir ma foiblesse; mais la mort, qui ne peut tarder à finir mes tourments, va bientôt vous délivrer d'une malheureuse fille qui a pu disposer de son cœur sans votre aveu. Non, ma chère Blanche, répondit Léontio, vous ne mourrez point, et votre vertu reprendra sur vous son empire. La recherche du connétable vous fait honneur; c'est le parti le plus considérable de l'état.... J'estime sa personne et son mérite, interrompit Blanche;

mais, seigneur, le roi m'avoit fait espérer.... Ma fille, interrompit à son tour Siffredi, je sais tout ce que vous pouvez dire là-dessus. Je n'ignore pas votre tendresse pour ce prince, et je ne la désapprouverois pas dans d'autres conjonctures. Vous me verriez même ardent à vous assurer la main d'Enrique, si l'intérêt de sa gloire et celui de l'état ne l'obligeoient pas à la donner à Constance. C'est à la condition seule d'épouser cette princesse que le feu roi l'a désigné son successeur. Voulez-vous qu'il vous préfère à la couronne de Sicile? Croyez que je gémis avec vous du coup mortel qui vous frappe. Cependant, puisque nous ne pouvons aller contre les destinées, faites un effort généreux · il y va de votre gloire de ne pas laisser voir à tout le royaume que vous vous êtes flattée d'une espérance frivole. Votre sensibilité pour le roi donneroit même lieu à des bruits désavantageux pour vous, et le seul moyen de vous en préserver, c'est d'épouser le connétable. Enfin, Blanche, il n'est plus temps de délibérer. Le roi vous cède pour un trône, il épouse Constance. Le connétable a ma parole; dégagez-la, je vous en prie; et s'il est nécessaire, pour vous y résoudre, que je me serve de mon autorité, je vous l'ordonne.

En achevant ces paroles il la quitta pour lui laisser faire ses réflexions sur ce qu'il venoit de lui dire. Il espéroit qu'après avoir pesé les raisons dont il s'étoit servi pour soutenir sa vertu contre le penchant de son cœur, elle se détermineroit d'elle-même à se donner au connétable. Il ne se trompa point : mais combien en coûta-t-il à la triste Blanche pour prendre cette résolution! Elle étoit dans l'état du monde le plus digne de pitié. La douleur de voir ses pressentiments sur l'infidélité d'Enrique tournés en certitude, et d'être contrainte, en le perdant, de se livrer à un homme qu'elle ne pouvoit aimer, lui causoit des transports d'affliction si violents, que tous ses moments devenoient pour elle des supplices nouveaux. Si mon malheur est certain, s'écrioit-elle, comment y puis-je résister sans mourir ? Impitoyable destinée, pourquoi me repaissois-tu des plus douces espérances, si tu devois me précipiter dans un abîme de maux ? Et toi, perfide amant, tu te donnes à une autre, quand tu me promets une éternelle fidélité. As-tu donc pu sitôt mettre en oubli la foi que tu m'as jurée ? Pour te punir de m'avoir si cruellement trompée, fasse le ciel que le lit conjugal, que tu vas souiller par un parjure, soit moins le théâtre de tes plaisirs que de tes remords ! que les caresses de Constance versent un poison dans ton cœur infidèle ! puisse ton hymen devenir aussi affreux que le mien ! Oui, traître, je vais épouser le connétable, que je n'aime point, pour me venger de moi-même, pour me punir d'avoir si mal choisi l'objet de ma folle passion. Puisque ma religion me défend d'attenter à ma vie, je veux que les jours qui me restent à vivre ne soient qu'un tissu malheureux de peines et d'ennuis. Si tu conserves encore pour moi quelque sentiment d'amour, ce sera me venger aussi de toi, que de me jeter à tes yeux entre les bras d'un autre ; et si tu m'as entièrement oubliée, la Sicile du moins pourra se vanter d'avoir produit une femme qui s'est punie elle-même d'avoir trop légèrement disposé de son cœur.

Ce fut dans une pareille situation que cette triste

victime de l'amour et du devoir passa la nuit qui précéda son mariage avec le connétable. Siffredi, la trouvant le lendemain prête à faire ce qu'il souhaitoit, se hâta de profiter de cette disposition favorable. Il fit venir le connétable à Belmonte le jour même, et le maria secrètement avec sa fille dans la chapelle du château. Quelle journée pour Blanche? Ce n'étoit point assez de renoncer à une couronne; de perdre un amant aimé, et de se donner à un objet haï; il falloit encore qu'elle contraignît ses sentiments devant un mari prévenu pour elle de la passion la plus ardente, et naturellement jaloux. Cet époux, charmé de la posséder, étoit sans cesse à ses genoux. Il ne lui laissoit pas seulement la triste consolation de pleurer en secret ses malheurs. La nuit arrivée, la fille de Léontio sentit redoubler son affliction. Mais que devint-elle lorsque ses femmes, après l'avoir déshabillée, la laissèrent seule avec le connétable? Il lui demanda respectueusement la cause de l'abattement où elle sembloit être. Cette question embarrassa Blanche, qui feignit de se trouver mal. Son époux y fut d'abord trompé; mais il ne demeura pas long-temps dans cette erreur. Comme il étoit véritablement inquiet de l'état où il la voyoit, et qu'il la pressoit de se mettre au lit, ses instances, qu'elle expliqua mal, présentèrent à son esprit une image si cruelle, que, ne pouvant plus se contraindre, elle donna un libre cours à ses soupirs et à ses larmes. Quelle vue pour un homme qui s'étoit cru au comble de ses vœux! Il ne douta plus que l'affliction de sa femme ne renfermât quelque chose de sinistre pour son amour. Néanmoins, quoique cette connoissance le mît dans une situation presque aussi déplorable que celle de Blanche, il eut assez de force sur lui pour cacher ses soupçons. Il redoubla ses empressements, et continua de presser son épouse de se coucher, l'assurant qu'il lui laisseroit prendre tout le repos dont elle avoit besoin. Il s'offrit même d'appeler ses femmes, si elle jugeoit que leur secours pût apporter quelque soulagement à son mal. Blanche s'étant rassurée sur cette promesse, lui dit que le sommeil seul lui étoit nécessaire dans la foiblesse où elle se sentoit. Il feignit de la croire. Ils se mirent tous deux au lit, et passèrent une nuit bien différente de celle que l'amour et l'hyménée accordent à deux amants charmés l'un de l'autre.

Pendant que la fille de Siffredi se livroit à sa douleur, le connétable cherchoit en lui-même ce qui pouvoit lui rendre son mariage si rigoureux. Il jugeoit bien qu'il avoit un rival; mais quand il vouloit le découvrir, il se perdoit dans ses idées. Il savoit seulement qu'il étoit le plus malheureux de tous les hommes. Il avoit déjà passé les deux tiers de la nuit dans ces agitations, lorsqu'un bruit sourd frappa ses oreilles. Il fut surpris d'entendre quelqu'un traîner lentement ses pas dans la chambre. Il crut se tromper; car il se souvint qu'il avoit fermé la porte lui-même, après que les femmes de Blanche furent sorties. Il ouvrit le rideau pour s'éclaircir par ses propres yeux de la cause du bruit qu'il entendoit; mais la lumière qu'on avoit laissée dans la cheminée s'étoit éteinte : et bientôt il ouït une voix foible et languissante qui appela Blanche à plusieurs reprises. Alors ses soupçons jaloux le transportèrent de fureur; et, son honneur alarmé l'obligeant à se lever pour prévenir un affront ou pour en tirer vengeance, il prit son épée, il marcha du côté que la voix lui sembloit partir. Il sent une épée nue qui s'oppose à la sienne. Il avance, on se retire. Il poursuit, on se dérobe à sa poursuite. Il cherche celui qui semble le fuir par tous les endroits de la chambre, autant que l'obscurité le peut permettre, et ne le trouve plus. Il s'arrête; il écoute, et n'entend plus rien. Quel enchantement! Il s'approche de la porte, dans la pensée qu'elle avoit favorisé la fuite de ce secret ennemi de son honneur; mais elle étoit fermée au verrou comme auparavant. Ne pouvant rien comprendre à cette aventure, il appela ceux de ses gens qui étoient le plus à portée d'entendre sa voix; et, comme il ouvrit la porte pour cela, il en ferma le passage, et se tint sur ses gardes, craignant de laisser échapper ce qu'il cherchoit.

À ses cris redoublés, quelques domestiques accoururent avec des flambeaux. Il prend une bougie, et fait une nouvelle recherche dans la chambre en tenant son épée nue. Il n'y trouva toutefois personne, ni aucune marque apparente qu'on y fût entré. Il n'aperçut point de porte secrète, ni d'ouverture par où l'on eût pu passer; il ne pouvoit pourtant s'aveugler lui-même sur les circonstances de son malheur. Il demeura dans une étrange confusion de pensées. De recourir à Blanche, elle avoit trop d'intérêt à déguiser la vérité, pour qu'il en dût attendre le moindre éclaircissement. Il prit le parti d'aller ouvrir son cœur à Léontio, après avoir renvoyé ses gens, en leur disant qu'il croyoit avoir entendu quelque bruit dans la chambre, et qu'il s'étoit trompé. Il rencontra son beau-père qui sortoit de son appartement au bruit qu'il avoit ouï, et lui racontant ce qui venoit de se passer, il fit ce récit avec toutes les marques d'une extrême agitation et d'une profonde tristesse.

Siffredi fut surpris de l'aventure. Quoiqu'elle ne lui parût pas naturelle, il ne laissa pas de la croire véritable, et jugeant tout possible à l'amour du roi, cette pensée l'affligea vivement. Mais, bien loin de flatter les soupçons jaloux de son gendre, il lui représenta d'un air d'assurance que cette voix qu'il s'imaginoit avoir entendue, et cette épée qui s'étoit opposée à la sienne, ne pouvoient être que des fantômes d'une imagination séduite par la jalousie; qu'il étoit impossible que quelqu'un fût entré dans la chambre de sa fille: qu'à l'égard de la tristesse qu'il avoit remarquée dans son épouse, quelque indisposition l'avoit peut-être causée; que l'honneur ne devoit point être responsable des altérations du tempérament; que le changement d'état d'une fille accoutumée à vivre dans un désert, et qui se voit brusquement livrée à un homme qu'elle n'a pas eu le temps de connoître et d'aimer, pouvoit bien être la cause de ces pleurs, de ces soupirs et de cette vive affliction dont il se plaignoit; que l'amour dans le cœur des filles d'un sang noble ne s'allumoit que par le temps et par les services; qu'il l'exhortoit à calmer ses inquiétudes, à redoubler sa tendresse et ses empressements pour disposer Blanche à devenir plus sensible; et qu'il le prioit enfin de retourner vers elle, persuadé que ses défiances et son trouble offensoient sa vertu.

Le connétable ne répondit rien aux raisons de son

beau-père, soit qu'en effet il commençât à croire qu'il pouvoit s'être trompé dans le désordre où étoit son esprit, soit qu'il jugeât plus à propos de dissimuler, que d'entreprendre inutilement de convaincre le vieillard d'un événement si dénué de vraisemblance. Il retourna dans l'appartement de sa femme, se remit auprès d'elle, et tâcha d'obtenir du sommeil quelque relâche à ses inquiétudes. Blanche, de son côté, la triste Blanche n'étoit pas plus tranquille; elle n'avoit que trop entendu les mêmes choses que son époux, et ne pouvoit prendre pour illusion une aventure dont elle savoit le secret et les motifs. Elle étoit surprise qu'Enrique cherchât à s'introduire dans son appartement, après avoir donné si solennellement sa foi à la princesse Constance. Au lieu de s'applaudir de cette démarche et d'en sentir quelque joie, elle la regardoit comme un nouvel outrage, et son cœur en étoit tout enflammé de colère.

Tandis que la fille de Siffredi, prévenue contre le jeune roi, le croyoit le plus coupable des hommes, ce malheureux prince, plus épris que jamais de Blanche, souhaitoit de l'entretenir pour la rassurer contre les apparences qui le condamnoient. Il seroit venu plus tôt à Belmonte pour cet effet, si tous les soins dont il avoit été obligé de s'occuper le lui eussent permis; mais il n'avoit pu avant cette nuit se dérober à sa cour. Il connoissoit trop bien les détours d'un lieu où il avoit été élevé, pour être en peine de se glisser dans le château de Siffredi, et même il conservoit encore la clef d'une porte secrète par où l'on entroit dans les jardins. Ce fut par là qu'il gagna son ancien appartement, et qu'ensuite il passa dans la chambre de

Blanche. Imaginez-vous quel dut être l'étonnement de ce prince d'y trouver un homme et de sentir une épée opposée à la sienne. Peu s'en fallut qu'il n'éclatât, et ne fît punir à l'heure même l'audacieux qui osoit lever sa main sacrilége sur son propre roi; mais le ménagement qu'il devoit à la fille de Léontio suspendit son ressentiment. Il se retira de la même manière qu'il étoit venu; et, plus troublé qu'auparavant, il reprit le chemin de Palerme. Il y arriva quelques moments devant le jour, et s'enferma dans son appartement. Il étoit trop agité pour y prendre du repos. Il ne songeoit qu'à retourner à Belmonte. Sa sûreté, son honneur et surtout son amour ne lui permettoient pas de différer l'éclaircissement de toutes les circonstances d'une si cruelle aventure.

Dès qu'il fut jour, il commanda son équipage de chasse; et, sous prétexte de prendre ce divertissement, il s'enfonça dans la forêt de Belmonte avec ses piqueurs et quelques-uns de ses courtisans. Il suivit quelque temps la chasse pour cacher son dessein; et, lorsqu'il vit que chacun couroit avec ardeur à la queue des chiens, il s'écarta de tout le monde, et prit seul le chemin du château de Léontio. Il connoissoit trop les routes de la forêt pour pouvoir s'y égarer; et, son impatience ne lui permettant pas de ménager son cheval, il eut en peu de temps parcouru tout l'espace qui le séparoit de l'objet de son amour. Il cherchoit dans son esprit quelque prétexte plausible pour se procurer un entretien secret avec la fille de Siffredi, quand, traversant une petite route qui aboutissoit à une des portes du parc, il aperçut auprès de lui deux femmes assises qui s'entretenoient au pied d'un arbre. Il ne douta point que ces personnes ne fussent du château, et cette vue lui causa de l'émotion ; mais il fut bien plus agité, lorsque ces femmes s'étant tournées de son côté au bruit que son cheval faisoit en courant, il reconnut sa chère Blanche. Elle s'étoit échappée du château avec Nise, celle de ses femmes qui avoit le plus de part à sa confiance, pour pleurer du moins son malheur en liberté.

Il vola, il se précipita pour ainsi dire à ses pieds ; et, voyant dans ses yeux tous les signes de la plus profonde affliction, il en fut attendri. Belle Blanche, lui dit-il, suspendez les mouvements de votre douleur. Les apparences, je l'avoue, me peignent coupable à vos yeux ; mais quand vous serez instruite du dessein que j'ai formé pour vous, ce que vous regardez comme un crime vous paroîtra une preuve de mon innocence et de l'excès de mon amour. Ces paroles qu'Enrique croyoit capables de modérer l'affliction de Blanche ne servirent qu'à la redoubler. Elle voulut répondre ; mais les sanglots étouffèrent sa voix. Le prince, étonné de son saisissement, lui dit : Quoi ! madame, je ne puis calmer votre trouble ? Par quel malheur ai-je perdu votre confiance, moi qui mets en péril ma couronne et même ma vie pour me conserver à vous ? Alors la fille de Léontio, faisant un effort sur elle pour s'expliquer, lui dit : Seigneur, vos promesses ne sont plus de saison. Rien désormais ne peut lier ma destinée à la vôtre. Ah ! Blanche, interrompit brusquement Enrique, quelles paroles cruelles me faites-vous entendre ? Qui peut vous enlever à mon amour ? qui voudra s'opposer à la fureur d'un roi qui mettroit en feu toute la Sicile, plutôt que de vous laisser ravir à ses espérances ? Tout votre pouvoir, seigneur, reprit languissamment la fille de Siffredi, devient inutile contre les obstacles qui nous séparent. Je suis femme du connétable.

Femme du connétable ! s'écria le prince en reculant de quelques pas. Il ne put continuer, tant il fut saisi. Accablé de ce coup imprévu, ses forces l'abandonnèrent. Il se laissa tomber au pied d'un arbre qui se trouva derrière lui. Il étoit pâle, tremblant, défait, et n'avoit de libre que les yeux, qu'il attacha sur Blanche d'une manière à lui faire comprendre combien il étoit sensible au malheur qu'elle lui annonçoit. Elle le regardoit de son côté d'un air qui lui faisoit assez connoître que ses mouvemens étoient peu différents des siens; et ces deux amants infortunés gardoient entre eux un silence qui avoit quelque chose d'affreux. Enfin le prince, revenant un peu de son désordre par un effort de courage, reprit la parole, et dit à Blanche en soupirant : Madame, qu'avez-vous fait ? Vous m'avez perdu, et vous vous êtes perdue vous-même par votre crédulité.

Blanche fut piquée de ce que le prince sembloit lui faire des reproches lorsqu'elle croyoit avoir les plus fortes raisons de se plaindre de lui. Quoi ! seigneur, répondit-elle, vous ajoutez la dissimulation à l'infidélité ! Vouliez-vous que je démentisse mes yeux et mes oreilles, et que, malgré leur rapport, je vous crusse innocent ? Non, seigneur, je vous l'avoue, je ne suis point capable de cet effort de raison. Cependant, madame, répliqua le roi, ces témoins qui vous paroissent si fidèles vous en ont imposé. Ils ont aidé eux-mêmes à vous trahir; et il n'est pas moins vrai que je suis innocent et fidèle, qu'il est vrai que vous êtes l'épouse du connétable. Eh quoi! seigneur, reprit-elle, je ne vous ai point entendu confirmer à Constance le don de votre main et de votre cœur? vous n'avez point assuré les grands de l'état que vous rempliriez les volontés du feu roi? et la princesse n'a pas reçu les hommages de vos nouveaux sujets en qualité de reine et d'épouse du prince Enrique? Mes yeux étoient-ils donc fascinés? Dites, dites plutôt, infidèle, que vous n'avez pas cru que Blanche dût balancer dans votre cœur l'intérêt d'un trône; et, sans vous abaisser à feindre ce que vous ne sentez plus, et ce que vous n'avez peut-être jamais senti, avouez que la couronne de Sicile vous a paru plus assurée avec Constance qu'avec la fille de Léontio. Vous avez raison, seigneur : un trône éclatant ne m'étoit pas plus dû que le cœur d'un prince tel que vous. J'étois trop vaine d'oser prétendre à l'un et à l'autre, mais vous ne deviez pas m'entretenir dans cette erreur. Vous savez les alarmes que je vous ai témoignées sur votre perte; qui me sembloit presque infaillible pour moi. Pourquoi m'avez-vous rassurée? Falloit-il dissiper mes craintes? J'aurois accusé le sort plutôt que vous, et du moins vous auriez conservé mon cœur, au défaut d'une main qu'un autre n'eût jamais obtenue de moi. Il n'est plus temps présentement de vous justifier. Je suis l'épouse du connétable; et, pour m'épargner la suite d'un entretien qui fait rougir ma gloire, souffrez, seigneur, que, sans manquer au respect que je vous dois, je quitte un prince qu'il ne m'est plus permis d'écouter.

A ces mots elle s'éloigna d'Enrique avec toute la précipitation dont elle pouvoit être capable dans l'état où elle se trouvoit. Arrêtez, madame, s'écria-t-il, ne désespérez point un prince plus disposé à renverser un trône que vous lui reprochez de vous avoir préféré, qu'à répondre à l'attente de ses nouveaux sujets. Ce sacrifice est présentement inutile, repartit Blanche. Il falloit me ravir au connétable avant que de faire éclater des transports si généreux. Puisque je ne suis plus libre, il m'importe peu que la Sicile soit réduite en cendres, et à qui vous donniez votre main. Si j'ai eu la foiblesse de laisser surprendre mon cœur, du moins j'aurai la fermeté d'en étouffer les mouvements, et de faire voir au nouveau roi de Sicile que l'épouse du connétable n'est plus l'amante du prince Enrique. En parlant de cette sorte, comme elle touchoit à la porte du parc, elle y entra brusquement avec Nise; et, fermant après elle cette porte, elle laissa le prince accablé de douleur. Il ne pouvoit revenir du coup que Blanche lui avoit porté par la nouvelle de son mariage. Injuste Blanche, s'écrioit-il, vous avez perdu la mémoire de notre engagement! Malgré mes serments et les vôtres, nous sommes séparés! L'idée que je m'étois faite de posséder vos charmes n'étoit donc qu'une vaine illusion! Ah! cruelle, que j'achète chèrement l'avantage de vous avoir fait approuver mon amour!

Alors l'image du bonheur de son rival vint s'offrir à son esprit avec toutes les horreurs de la jalousie; et cette passion prit sur lui tant d'empire pendant quelques moments, qu'il fut sur le point d'immoler à son ressentiment le connétable et Siffredi même. La raison toutefois calma peu à peu la violence de ses transports. Cependant l'impossibilité où il se voyoit d'ôter à Blanche les impressions qu'elle avoit de son infidélité le mettoit au désespoir. Il se flattoit de les effacer s'il pouvoit l'entretenir en liberté. Pour y parvenir, il jugea qu'il falloit éloigner le connétable; et il se résolut à le faire arrêter comme un homme suspect dans les conjonctures où l'état se trouvoit. Il en donna l'ordre au capitaine de ses gardes, qui se rendit à Belmonte, s'assura de sa personne à l'entrée de la nuit, et le mena au château de Palerme.

Cet incident répandit à Belmonte la consternation. Siffredi partit sur-le-champ pour aller répondre au roi de l'innocence de son gendre, et lui représenter les suites fâcheuses d'un pareil emprisonnement. Ce prince, qui s'étoit bien attendu à cette démarche de son ministre, et qui vouloit au moins se ménager une libre entrevue avec Blanche avant que de relâcher le connétable, avoit expressément défendu que personne lui parlât jusqu'au lendemain. Mais Léontio, malgré cette défense, fit si bien, qu'il entra dans la chambre du roi. Seigneur, dit-il en se présentant devant lui, s'il est permis à un sujet respectueux et fidèle de se plaindre de son maître, je viens me plaindre à vous de vous-même. Quel crime a commis mon gendre? Votre majesté a-t-elle bien réfléchi sur l'opprobre éternel dont elle couvre ma famille, et sur les suites d'un emprisonnement qui peut aliéner de votre service les personnes qui remplissent les postes de l'état les plus importants? J'ai des avis certains, répondit le roi, que le connétable a des intelligences criminelles avec l'infant don Pèdre. Des intelligences criminelles! interrompit avec surprise Léontio. Ah! seigneur, ne le croyez pas : l'on abuse votre majesté. La trahison n'eut jamais d'entrée dans la famille de Siffredi ; et il suffit au connétable qu'il soit mon gendre, pour être à couvert de tout soupçon. Le connétable est innocent ; mais des vues secrètes vous ont porté à le faire arrêter.

Puisque vous me parlez si ouvertement, repartit le roi, je vais vous parler de la même manière. Vous vous plaignez de l'emprisonnement du connétable! Eh! n'ai-je point à me plaindre de votre cruauté? C'est vous, barbare Siffredi, qui m'avez ravi mon repos, et réduit, par vos soins officieux, à envier le sort des plus vils mortels ; car ne vous flattez pas que j'entre dans vos idées. Mon mariage avec Constance est vainement résolu.... Quoi! seigneur, interrompit en frémissant Léontio, vous pourriez ne point épouser la princesse, après l'avoir flattée de cette espérance aux yeux de tous vos peuples! Si je trompe leur attente, répliqua le roi, ne vous en prenez qu'à vous. Pourquoi m'avez-vous mis dans la nécessité de leur promettre ce que je ne pouvois leur accorder? Qui vous obligeoit à remplir du nom de Constance un billet que j'avois fait à votre fille? Vous n'ignoriez pas mon intention : falloit-il tyranniser le cœur de Blanche en lui faisant épouser un homme qu'elle n'aimoit pas? Et quel droit avez-vous sur le mien, pour en disposer en faveur d'une princesse que je hais? Avez-vous oublié qu'elle est fille de cette cruelle Mathilde qui, foulant aux pieds les droits du sang et de l'humanité, fit expirer mon père dans les rigueurs d'une dure captivité? Et je l'épouserois! Non, Siffredi, perdez cette espérance; avant que de voir allumer le flambeau de cet affreux hymen, vous verrez toute la Sicile en flammes, et ses sillons inondés de sang.

L'ai-je bien entendu? s'écria Léontio. Ah! seigneur, que me faites-vous envisager? Quelles terribles menaces! Mais je m'alarme mal à propos, continua-t-il en changeant de ton. Vous chérissez trop vos sujets pour leur procurer une si triste destinée. Vous ne vous laisserez point surmonter par l'amour; vous ne ternirez pas vos vertus en tombant dans les foiblesses des hommes ordinaires. Si j'ai donné ma fille au connétable, je ne l'ai fait, seigneur, que pour acquérir à votre majesté un sujet vaillant, qui pût appuyer de son bras et de l'armée, dont il dispose, vos intérêts contre ceux du prince don Pèdre. J'ai cru qu'en le liant à ma famille par des nœuds si étroits........ Eh! ce sont ces nœuds, s'écria le prince Enrique, ce sont ces funestes nœuds qui m'ont perdu. Cruel ami, pourquoi me porter un coup si sensible? Vous avois-je chargé de ménager mes intérêts aux dépens de mon cœur? Que ne me laissiez-vous soutenir mes droits moi-même? Manqué-je de courage pour réduire ceux de mes sujets qui voudront s'y opposer? J'aurois bien su punir le connétable, s'il m'eût désobéi. Je sais que les rois ne sont pas des tyrans, que le bonheur de leurs peuples est leur premier devoir; mais doivent-ils être les esclaves de leurs sujets? Et du moment que le ciel les choisit pour gouverner, perdent-ils le droit que la nature accorde à tous les hommes de disposer de leurs affections? Ah!

s'ils n'en peuvent jouir comme les derniers des mortels, reprenez, Siffredi, cette souveraine puissance que vous m'avez voulu assurer aux dépens de mon repos.

Vous ne pouvez ignorer, seigneur, répliqua le ministre, que c'est au mariage de la princesse que le feu roi votre oncle attache la succession de la couronne. Et quel droit, repartit Enrique, avoit-il lui-même d'établir cette disposition? Avoit-il reçu cette indigne loi du roi Charles son frère, lorsqu'il lui succéda? Deviez-vous avoir la foiblesse de vous soumettre à une condition si injuste? Pour un grand chancelier, vous êtes bien mal instruit de nos usages. En un mot, quand j'ai promis ma main à Constance, cet engagement n'a pas été volontaire. Je ne prétends point tenir ma promesse; et si don Pèdre fonde sur mon refus l'espérance de monter au trône, sans engager les peuples dans un démêlé qui coûteroit trop de sang, l'épée pourra décider entre nous qui des deux sera le plus digne de régner. Léontio n'osa le presser davantage, et se contenta de lui demander à genoux la liberté de son gendre; ce qu'il obtint. Allez, lui dit le roi; retournez à Belmonte, le connétable vous y suivra bientôt. Le ministre sortit, et regagna Belmonte, persuadé que son gendre marcheroit incessamment sur ses pas. Il se trompoit. Enrique vouloit voir Blanche cette nuit, et pour cet effet il remit au lendemain matin l'élargissement de son époux.

Pendant ce temps-là, le connétable faisait de cruelles réflexions. Son emprisonnement lui avoit ouvert les yeux sur la véritable cause de son malheur. Il s'abandonna tout entier à sa jalousie, et, démentant la fidélité qui l'avoit jusqu'alors rendu si recommandable, il ne respira plus que vengeance. Comme il jugeoit bien que le roi ne manqueroit pas cette nuit d'aller trouver Blanche, pour les surprendre ensemble, il pria le gouverneur du château de Palerme de le laisser sortir de prison, l'assurant qu'il y rentreroit le lendemain avant le jour. Le gouverneur, qui lui étoit tout dévoué, y consentit d'autant plus facilement, qu'il avoit déjà su que Siffredi avoit obtenu sa liberté, et même il lui fit donner un cheval pour se rendre à Belmonte. Le connétable y étant arrivé, attacha son cheval à un arbre, entra dans le parc par une petite porte dont il avoit la clef, et fut assez heureux pour se glisser dans le château sans rencontrer personne. Il gagna l'appartement de sa femme, et se cacha dans l'antichambre, derrière un paravent qu'il y trouva sous sa main. Il se proposoit d'observer de là tout ce qui se passeroit, et de paroître subitement dans la chambre de Blanche, au moindre bruit qu'il y entendroit. Il en vit sortir Nise, qui venoit de quitter sa maîtresse pour se retirer dans un cabinet où elle couchoit.

La fille de Siffredi, qui avoit pénétré sans peine le motif de l'emprisonnement de son mari, jugeoit bien qu'il ne reviendroit pas cette nuit à Belmonte, quoique son père lui eût dit que le roi l'avoit assuré que le connétable partiroit bientôt après lui. Elle ne doutoit pas qu'Enrique ne voulût profiter de la conjoncture pour la voir et l'entretenir en liberté. Dans cette pensée, elle attendoit ce prince, pour lui reprocher une action qui pouvoit avoir de terribles suites pour elle. Effectivement, peu de temps après la retraite de Nise, la coulisse s'ouvrit, et le roi vint se jeter aux genoux de Blanche. Madame, lui dit-il, ne me condamnez point sans m'entendre. Si j'ai fait emprisonner le connétable, songez que c'étoit le seul moyen qui me restoit pour me justifier. N'imputez donc qu'à vous seule cet artifice. Pourquoi ce matin refusiez-vous de m'entendre ? Hélas ! demain votre époux sera libre, et je ne pourrai plus vous parler. Écoutez-moi donc pour la dernière fois. Si votre perte rend mon sort déplorable, accordez-moi du moins la triste consolation de vous apprendre que je ne me suis point attiré ce malheur par mon infidélité. Si j'ai confirmé à Constance le don de ma main, c'est que je ne pouvois m'en dispenser dans la situation où votre père avoit réduit les choses. Il falloit tromper la princesse, pour votre intérêt et pour le mien, pour vous assurer la couronne et la main de votre amant. Je me promettois d'y réussir ; j'avois déjà pris des mesures pour rompre cet engagement ; mais vous avez détruit mon ouvrage, et, disposant de vous trop légèrement, vous avez préparé une éternelle douleur à deux cœurs qu'un parfait amour auroit rendus contents.

Il acheva ce discours avec des signes si visibles d'un véritable désespoir, que Blanche en fut touchée. Elle ne douta plus de son innocence : elle en eut d'abord de la joie, ensuite le sentiment de son infortune en devint plus vif. Ah ! seigneur, dit-elle au prince, après la disposition que le destin a faite de nous, vous me causez une peine nouvelle en m'apprenant que vous n'étiez pas coupable. Qu'ai-je fait, malheureuse ? mon ressentiment m'a séduite ; je me suis crue abandonnée; et dans mon dépit j'ai reçu la main du connétable, que mon père m'a présentée. J'ai fait le crime et nos malheurs. Hélas! dans le temps que je vous accusois de me tromper, c'étoit donc moi, trop crédule amante, qui rompois des nœuds que j'avois juré de rendre éternels? Vengez-vous, seigneur, à votre tour. Haïssez l'ingrate Blanche.... Oubliez.... Eh! le puis-je, madame? interrompit tristement Enrique : le moyen d'arracher de mon cœur une passion que votre injustice même ne sauroit éteindre! Il faut pourtant vous faire cet effort, seigneur, reprit en soupirant la fille de Siffredi.... Et serez-vous capable de cet effort, vous-même? répliqua le roi. Je ne me promets pas d'y réussir, repartit-elle; mais je n'épargnerai rien pour en venir à bout. Ah! cruelle, dit le prince, vous oublierez facilement Enrique, puisque vous pouvez en former le dessein. Quelle est donc votre pensée? dit Blanche d'un ton plus ferme. Vous flattez-vous que je puisse vous permettre de continuer à me rendre des soins? Non, seigneur, renoncez à cette espérance. Si je n'étois pas née pour être reine, le ciel ne m'a pas non plus formée pour écouter un amour illégitime. Mon époux est comme vous, seigneur, de la noble maison d'Anjou; et quand ce que je lui dois n'opposeroit pas un obstacle insurmontable à vos galanteries, ma gloire m'empêcheroit de les souffrir. Je vous conjure de vous retirer : il ne faut plus nous voir. Quelle barbarie! s'écria le roi. Ah! Blanche, est-il possible que vous me traitiez avec tant de rigueur? Ce n'est donc point assez pour m'accabler que vous soyez entre les bras du connétable, vous voulez encore m'interdire votre vue, la seule consolation qui me reste? Fuyez plutôt, répondit la fille de Siffredi en versant quelques larmes; la vue de ce qu'on a tendrement aimé n'est plus un bien lorsqu'on a perdu l'espérance de le posséder. Adieu, seigneur, fuyez-moi; vous devez cet effort à votre gloire et à ma réputation. Je vous le demande aussi pour mon repos; car enfin, quoique ma vertu ne soit point alarmée des mouvements de mon cœur, le souvenir de votre tendresse me livre des combats si cruels, qu'il m'en coûte trop pour les soutenir.

Elle prononça ces paroles avec tant de vivacité, qu'elle renversa, sans y penser, un flambeau qui étoit sur une table derrière elle; la bougie s'éteignit en tombant. Blanche la ramasse; et, pour la rallumer, elle ouvre la porte de l'antichambre, et gagne le cabinet de Nise, qui n'étoit pas encore couchée: puis elle revient avec de la lumière. Le roi, qui attendoit son retour, ne la vit pas plus tôt, qu'il se remit à la presser de souffrir son attachement. A la voix de ce prince, le connétable, l'épée à la main, entra brusquement dans la chambre presque en même temps que son épouse; et s'avançant vers Enrique avec tout le ressentiment que sa rage lui inspiroit: C'en est trop, tyran, lui cria-t-il, ne crois pas que je sois assez lâche pour endurer l'affront que tu fais à mon honneur. Ah! traître, lui répondit le roi en se mettant en défense, ne t'imagine pas toi-même pouvoir impunément exécuter ton dessein. A ces mots, ils commencèrent un combat qui fut trop vif pour durer long-temps. Le connétable, craignant que Siffredi et ses domestiques n'accourussent trop vite aux cris que poussoit Blanche, et ne s'opposassent à sa vengeance, ne se ménagea point. Sa fureur lui ôta le jugement; il prit si mal ses mesures, qu'il s'enferra lui-même dans l'épée de son ennemi; elle lui entra dans le corps jusqu'à la garde. Il tomba, et le roi s'arrêta dans le moment.

La fille de Léontio, touchée de l'état où elle voyoit son époux, et surmontant la répugnance naturelle qu'elle avoit pour lui, se jeta à terre et s'empressa de le secourir. Mais ce malheureux époux étoit trop prévenu contre elle pour se laisser attendrir aux témoignages qu'elle lui donnoit de sa douleur et de sa compassion. La mort, dont il sentoit les approches, ne put étouffer les transports de sa jalousie. Il n'envisagea, dans ces derniers moments, que le bonheur de son rival; et cette idée lui parut si affreuse, que, rappelant tout ce qui lui restoit de force, il leva son épée qu'il tenoit encore, et la plongea dans le sein de Blanche. Meurs, lui dit-il en la perçant; meurs, infidèle épouse, puisque les nœuds de l'hyménée n'ont pu me conserver une foi que tu m'avois jurée sur les autels! Et toi, poursuivit-il, Enrique, ne t'applaudis point de ta destinée! Tu ne saurois jouir de mon malheur; je meurs content. En achevant de parler de cette sorte, il expira; et son visage, tout couvert qu'il étoit des ombres de la mort, avoit encore quelque chose de fier et de terrible. Celui de Blanche offroit un spectacle bien différent. Le coup qui l'avoit frappée étoit mortel. Elle tomba sur le corps mourant de son époux; et le sang de l'innocente victime se confondoit avec celui de son meurtrier, qui avoit si brusquement exécuté sa cruelle résolution, que le roi n'en avoit pu prévenir l'effet.

Ce prince infortuné fit un cri en voyant tomber Blanche ; et, plus frappé qu'elle du coup qui l'arrachoit à la vie, il se mit en devoir de lui rendre les mêmes soins qu'elle avoit voulu prendre, et dont elle avoit été si mal récompensée. Mais elle lui dit d'une voix mourante : Seigneur, votre peine est inutile ; je suis la victime que le sort impitoyable demandoit. Puisse-t-elle apaiser sa colère, et assurer le bonheur de votre règne ! Comme elle achevoit ces paroles, Léontio, attiré par les cris qu'elle avoit poussés, arriva dans la chambre ; et, saisi des objets qui se présentoient à ses yeux, il demeura immobile. Blanche, sans l'apercevoir, continua de parler au roi. Adieu, prince, lui dit-elle, conservez chèrement ma mémoire ; ma tendresse et mes malheurs vous y obligent. N'ayez point de ressentiment contre mon père. Ménagez ses jours et sa douleur, et rendez justice à son zèle. Surtout faites-lui connoître mon innocence ; c'est ce que je vous recommande plus que toute autre chose. Adieu, mon cher Enrique.... je meurs.... recevez mon dernier soupir.

À ces mots, elle mourut. Le roi garda quelque temps un morne silence. Ensuite il dit à Siffredi, qui paroissoit dans un accablement mortel : Voyez, Léontio, contemplez votre ouvrage ; considérez dans ce tragique événement le fruit de vos soins officieux et de votre zèle pour moi. Le vieillard ne répondit rien, tant il étoit pénétré de douleur. Mais pourquoi m'arrêter à décrire des choses qu'aucuns termes ne peuvent exprimer ? Il suffit de dire qu'ils firent l'un et l'autre les plaintes du monde les plus touchantes, dès que leur affliction leur permit de faire éclater leurs mouvements.

Le roi conserva toute sa vie un tendre souvenir de son amante. Il ne put se résoudre à épouser Constance. L'infant don Pèdre se joignit à cette princesse, et tous deux ils n'épargnèrent rien pour faire valoir la disposition du testament de Roger; mais ils furent enfin obligés de céder au prince Enrique, qui vint à bout de ses ennemis. Pour Siffredi, le chagrin qu'il eut d'avoir causé tant de malheurs le détacha du monde, et lui rendit insupportable le séjour de sa patrie. Il abandonna la Sicile; et, passant en Espagne avec Porcie, la fille qui lui restoit, il acheta ce château. Il vécut ici près de quinze années après la mort de Blanche, et il eut, avant que de mourir, la consolation de marier Porcie. Elle épousa don Jérôme de Silva, et je suis l'unique fruit de ce mariage. Voilà, poursuivit la veuve de don Pedro de Pinarès, l'histoire de ma famille, et un fidèle récit des malheurs qui sont représentés dans ce tableau, que Léontio, mon aïeul, fit faire pour laisser à sa postérité un monument de cette funeste aventure.

CHAPITRE V.

De ce que fit Aurore de Guzman lorsqu'elle fut à Salamanque.

Suite d'intrigues. — Rivale sacrifiée. — Fourberies regardées comme des traits d'esprit.

Ortiz, ses compagnes et moi, après avoir entendu cette histoire, nous sortîmes de la salle, où nous laissâmes Aurore avec Elvire. Elles y passèrent le reste de la journée à s'entretenir. Elles ne s'ennuyoient point l'une avec l'autre ; et le lendemain, quand nous partîmes, elles eurent autant de peine à se quitter, que deux amies qui se sont fait une douce habitude de vivre ensemble.

Enfin nous arrivâmes sans accident à Salamanque. Nous y louâmes d'abord une maison toute meublée ; et la dame Ortiz, ainsi que nous en étions convenus, prit le nom de dona Kimena de Guzman. Elle avoit été trop long-temps duègne pour n'être pas une bonne actrice. Elle sortit un matin avec Aurore, une femme de chambre et un valet, et se rendit à un hôtel garni où nous avions appris que Pacheco logeoit ordinairement. Elle demanda s'il y avoit quelque appartement à louer. On lui répondit qu'oui, et on lui en montra un assez propre, qu'elle arrêta. Elle donna même de l'argent d'avance à l'hôtesse, en lui disant que c'étoit pour un de ses neveux qui venoit de Tolède étudier à Salamanque, et qui devoit arriver ce jour-là.

La duègne et ma maîtresse, après s'être assurées de ce logement, revinrent sur leurs pas; et la belle Aurore, sans perdre de temps, se travestit en cavalier. Elle couvrit ses cheveux noirs d'une fausse chevelure blonde, se teignit les sourcils de la même couleur, et s'ajusta de sorte qu'elle pouvoit fort bien passer pour un jeune seigneur. Elle avoit l'action libre et aisée; et, à la réserve de son visage, qui étoit un peu trop beau pour un homme, rien ne trahissoit son déguisement. La suivante, qui devoit lui servir de page, s'habilla aussi, et nous n'appréhendions point qu'elle fît mal son personnage : outre qu'elle n'étoit pas des plus jolies, elle avoit un petit air effronté qui convenoit fort à son rôle. L'après-dîner, ces deux actrices se trouvant en état de paroître sur la scène, c'est-à-dire dans l'hôtel garni, j'en pris le chemin avec elles. Nous y allâmes tous trois en carrosse, et nous y portâmes toutes les hardes dont nous avions besoin.

L'hôtesse, appelée Bernarda Ramirez, nous reçut avec beaucoup de civilité, et nous conduisit à notre appartement, où nous commençâmes à l'entretenir. Nous convînmes de la nourriture qu'elle auroit soin de nous fournir, et de ce que nous lui donnerions pour cela tous les mois. Nous lui demandâmes ensuite si elle avoit bien des pensionnaires. Je n'en ai pas présentement, nous répondit-elle : je n'en manquerois point si j'étois d'humeur à prendre toute sorte de personnes; mais je ne veux que de jeunes seigneurs. J'en attends ce soir un qui vient de Madrid ici achever ses études. C'est don Luis Pacheco, un cavalier de vingt ans tout au plus; si vous ne le connoissez pas personnellement,

vous pouvez en avoir entendu parler. Non, dit Aurore :
je n'ignore pas qu'il est d'une illustre famille ; mais je
ne sais quel homme c'est, et vous me ferez plaisir de
me l'apprendre, puisque je dois demeurer avec lui.
Seigneur, reprit l'hôtesse en regardant ce faux cavalier, c'est une figure toute brillante ; il est fait à peu
près comme vous. Ah ! que vous serez bien ensemble
l'un et l'autre ! Par saint Jacques ! je pourrai me vanter
d'avoir chez moi les deux plus gentils seigneurs d'Espagne. Ce don Luis, répliqua ma maîtresse, a sans
doute en ce pays-ci des bonnes fortunes ? Oh ! je vous
en assure, repartit la vieille ; c'est un vert galant, sur
ma parole : il n'a qu'à se montrer pour faire des conquêtes. Il a charmé, entre autres, une dame qui a de
la jeunesse et de la beauté : on la nomme Isabelle. C'est
la fille d'un vieux docteur en droit. Elle est si entêtée,
qu'elle en perdra l'esprit assurément. Et dites-moi, ma
bonne, interrompit Aurore avec précipitation, est-il de
son côté fort amoureux d'elle ? Il l'aimoit, répondit Bernarda Ramirez, avant son départ pour Madrid : mais
je ne sais s'il l'aime encore ; car il est un peu sujet à
caution. Il court de femme en femme, comme tous les
jeunes cavaliers ont coutume de faire.

La bonne veuve n'avoit pas achevé de parler, que
nous entendîmes du bruit dans la cour. Nous regardâmes
aussitôt par la fenêtre, et nous aperçûmes deux hommes
qui descendoient de cheval. C'étoit don Luis Pacheco
lui-même, qui arrivoit de Madrid avec un valet de
chambre. La vieille nous quitta pour aller le recevoir ;
et ma maîtresse se disposa, non sans émotion, à jouer le
rôle de don Félix. Nous vîmes bientôt entrer dans

notre appartement don Luis encore tout botté. Je viens d'apprendre, dit-il en saluant Aurore, qu'un jeune seigneur tolédan est logé dans cet hôtel; il veut bien que je lui témoigne la joie que j'ai de loger avec lui? Pendant que ma maîtresse répondoit à ce compliment, Pacheco me parut surpris de trouver un cavalier si aimable. Aussi ne put-il s'empêcher de lui dire qu'il n'en avoit jamais vu de si beau ni de si bien fait. Après force discours pleins de politesse de part et d'autre, don Luis se retira dans l'appartement qui lui étoit destiné.

Tandis qu'il y faisoit ôter ses bottes, et changeoit d'habit et de linge, une espèce de page qui le cherchoit pour lui rendre une lettre, rencontra par hasard Aurore sur l'escalier. Il la prit pour don Luis; et lui remettant le billet dont il étoit chargé : Tenez, seigneur cavalier, lui dit-il, quoique je ne connoisse pas le seigneur Pacheco, je ne crois pas avoir besoin de vous demander si vous l'êtes; sur le portrait qu'on m'a fait de ce seigneur, je suis persuadé que je ne me trompe point. Non, mon ami, répondit ma maîtresse avec une présence d'esprit admirable, vous ne vous trompez pas assurément. Vous vous acquittez de vos commissions à merveille. Vous avez fort bien deviné que je suis don Luis Pacheco. Allez, j'aurai soin de faire tenir ma réponse. Le page disparut; et Aurore, s'enfermant avec sa suivante et moi, ouvrit la lettre, et nous lut ces paroles : « Je viens d'apprendre que « vous êtes à Salamanque. Avec quelle joie j'ai reçu « cette nouvelle! J'en ai pensé devenir folle. Mais ai- « mez-vous encore Isabelle? Hâtez-vous de l'assurer

« que vous n'avez point changé. Je crois qu'elle mourra
« de plaisir si elle vous retrouve fidèle. »

Le billet est passionné, dit Aurore ; il marque une âme bien éprise. Cette dame est une rivale qui doit m'alarmer. Il faut que je n'épargne rien pour en détacher don Luis, et pour empêcher même qu'il ne la revoie. L'entreprise, je l'avoue, est difficile ; cependant je ne désespère pas d'en venir à bout. Ma maîtresse se mit à rêver là-dessus ; et un moment après elle ajouta : Je vous les garantis brouillés en moins de vingt-quatre heures. En effet, Pacheco s'étant un peu reposé dans son appartement, vint nous retrouver dans le nôtre, et renoua l'entretien avec Aurore avant le souper. Seigneur cavalier, lui dit-il en plaisantant, je crois que les maris et les amants ne doivent pas se réjouir de votre arrivée à Salamanque ; vous allez leur causer de l'inquiétude. Pour moi, je tremble pour mes conquêtes. Écoutez, lui répondit ma maîtresse sur le même ton, votre crainte n'est pas mal fondée. Don Félix de Mendoce est un peu redoutable, je vous en avertis. Je suis déjà venu dans ce pays-ci ; je sais que les femmes n'y sont pas insensibles. Quelle preuve en avez-vous ? interrompit don Luis avec vivacité. Une preuve démonstrative, repartit la fille de don Vincent ; il y a un mois que je passai par cette ville : je m'y arrêtai huit jours, et je vous dirai confidemment que j'enflammai la fille d'un vieux docteur en droit.

Je m'aperçus, à ces paroles, que don Luis se troubla. Peut-on sans indiscrétion, reprit-il, vous demander le nom de la dame ? Comment, sans indiscrétion ? s'écria le faux don Félix ; pourquoi vous ferois-je un mystère de cela? Me croyez-vous plus discret que les autres seigneurs de mon âge? Ne me faites point cette injustice-là. D'ailleurs l'objet, entre nous, ne mérite pas tant de ménagement; ce n'est qu'une petite bourgeoise. Vous savez bien qu'un homme de qualité ne s'occupe pas sérieusement d'une grisette, et qu'il croit même lui faire honneur en la déshonorant. Je vous apprendrai donc sans façon que la fille du docteur se nomme Isabelle. Et le docteur, interrompit impatiemment Pacheco, s'appelleroit-il le seigneur Murcia de la Llana [1]? Justement, répliqua ma maîtresse. Voici une lettre qu'elle m'a fait tenir tout à l'heure; lisez-la, et vous verrez si la dame me veut du bien. Don Luis jeta les yeux sur le billet; et, reconnoissant l'écriture, il demeura confus et interdit. Que vois-je? poursuivit alors Aurore d'un air étonné; vous changez de couleur? Je crois, Dieu me pardonne, que vous prenez intérêt à cette personne. Ah! que je me veux de mal de vous avoir parlé avec tant de franchise!

Je vous en sais très-bon gré, moi, dit don Luis avec un transport mêlé de dépit et de colère. La perfide! la volage! Don Félix, que ne vous dois-je point! Vous me tirez d'une erreur que j'aurois peut-être conservée encore long-temps. Je m'imaginois être aimé, que dis-je, aimé? je croyois être adoré d'Isabelle. J'avois quelque estime pour cette créature-là, et je vois bien que ce n'est qu'une coquette digne de tout mon mépris. J'approuve votre ressentiment, dit Aurore en marquant à son tour de l'indignation. La fille d'un

---

[1] *Llana*, *á la llana*, simplement, naïvement, sans tromperie.

docteur en droit devroit bien se contenter d'avoir pour amant un jeune seigneur aussi aimable que vous l'êtes. Je ne puis excuser son inconstance; et bien loin d'agréer le sacrifice qu'elle me fait de vous, je prétends, pour la punir, dédaigner désormais ses bontés. Pour moi, reprit Pacheco, je ne la reverrai de ma vie; c'est la seule vengeance que j'en dois tirer. Vous avez raison, s'écria le faux Mendoce. Néanmoins, pour lui faire connoître jusqu'à quel point nous la méprisons tous deux, je suis d'avis que nous lui écrivions chacun un billet insultant. J'en ferai un paquet que je lui enverrai pour réponse à sa lettre. Mais avant que nous en venions à cette extrémité, consultez votre cœur; le sentez-vous assez détaché de votre infidèle pour ne craindre pas de vous repentir un jour de lui avoir rompu en visière? Non, non, interrompit don Luis, je n'aurai jamais cette foiblesse; et je consens que, pour mortifier l'ingrate, nous fassions ce que vous me proposez.

Aussitôt j'allai chercher du papier et de l'encre, et ils se mirent à composer l'un et l'autre des billets fort obligeants pour la fille du docteur Murcia de la Llana. Pacheco surtout ne pouvoit trouver de termes assez forts à son gré pour exprimer ses sentiments, et il déchira cinq ou six lettres commencées, parce qu'elles ne lui parurent pas assez dures. Il en fit pourtant une dont il fut content, et dont il avoit sujet de l'être. Elle contenoit ces paroles : « Apprenez à vous con« noître, ma reine, et n'ayez plus la vanité de croire « que je vous aime. Il faut un autre mérite que le « vôtre pour m'attacher. Vous n'êtes pas même assez

« agréable pour m'amuser quelques moments. Vous « n'êtes propre qu'à faire l'amusement des derniers « écoliers de l'université. » Il écrivit donc ce billet gracieux; et lorsque Aurore eut achevé le sien, qui n'étoit guère moins offensant, elle les cacheta tous deux, y mit une enveloppe, et me donnant le paquet, Tiens, Gil Blas, me dit-elle, fais en sorte qu'Isabelle reçoive cela ce soir. Tu m'entends bien? ajouta-t-elle en me faisant des yeux un signe que je compris parfaitement. Oui, seigneur, lui répondis-je, vous serez servi comme vous le souhaitez.

Je sortis en même temps; et quand je fus dans la rue, je me dis : Oh çà! monsieur Gil Blas, on met votre génie à l'épreuve; vous faites donc le valet dans cette comédie? Eh bien! mon ami, montrez que vous avez assez d'esprit pour remplir un rôle qui en demande beaucoup. Le seigneur don Félix s'est contenté de vous faire un signe. Il compte, comme vous voyez, sur votre intelligence. A-t-il tort? Non. Je conçois ce qu'il attend de moi. Il veut que je fasse tenir seulement le billet de don Luis; c'est ce que signifie ce signe-là; rien n'est plus intelligible. Persuadé que je ne me trompois pas, je ne balançai point à défaire le paquet. Je tirai la lettre de Pacheco, et je la portai chez le docteur Murcia, dont j'eus bientôt appris la demeure. Je trouvai à la porte de sa maison le petit page qui étoit venu à l'hôtel garni. Frère, lui dis-je, ne seriez-vous point par hasard domestique de la fille de monsieur le docteur Murcia? Il me répondit qu'oui, d'un air qui marquoit assez qu'il étoit dans l'habitude de porter et de recevoir des lettres galantes. Vous avez, lui répliquai-je, la physionomie si officieuse, que j'ose vous prier de rendre ce billet doux à votre maîtresse.

Le petit page me demanda de quelle part je l'apportois, et je ne lui eus pas sitôt reparti que c'étoit de celle de don Luis Pacheco, qu'il me dit : Cela étant, suivez-moi ; j'ai ordre de vous faire entrer ; Isabelle veut vous entretenir. Je me laissai introduire dans un cabinet, où je ne tardai guère à voir paroître la señora. Je fus frappé de la beauté de son visage : je n'ai point vu de traits plus délicats. Elle avoit un air mignon et enfantin ; mais cela n'empêchoit pas que, depuis trente bonnes années pour le moins, elle ne marchât sans lisière. Mon ami, me dit-elle d'un air riant, appartenez-vous à don Luis Pacheco ? Je lui répondis que j'étois son valet de chambre depuis trois semaines. Ensuite je lui remis le billet fatal dont j'étois chargé. Elle le relut deux ou trois fois : il sembloit qu'elle se défiât du rapport de ses yeux. Effectivement elle ne s'attendoit à rien moins qu'à une pareille réponse. Elle éleva ses regards vers le ciel, se mordit les lèvres, et pendant quelque temps sa contenance rendit témoignage des peines de son cœur. Puis tout à coup m'adressant la parole : Mon ami, me dit-elle, don Luis est-il devenu fou depuis notre séparation ? je ne comprends rien à son procédé. Apprenez-moi, si vous le savez, pourquoi il m'écrit si galamment. Quel démon peut l'agiter ? S'il veut rompre avec moi, ne sauroit-il le faire sans m'outrager par des lettres si brutales ?

Madame, lui dis-je en affectant un air plein de sincérité, mon maître a tort assurément ; mais il a été en quelque façon forcé de le faire. Si vous me promettiez de garder le secret, je vous découvrirois tout le mystère. Je vous le promets, interrompit-elle avec précipitation ; ne craignez point que je vous commette : expliquez-vous hardiment. Eh bien! repris-je, voici le fait en deux mots : Un moment après votre lettre reçue, il est entré dans notre hôtel une dame couverte d'une mante des plus épaisses. Elle a demandé le seigneur Pacheco ; lui a parlé quelque temps en particulier; et, sur la fin de la conversation, j'ai entendu qu'elle lui a dit : Vous me jurez que vous ne la reverrez jamais; ce n'est pas tout, il faut, pour ma satisfaction, que vous lui écriviez tout à l'heure un billet que je vais vous dicter : j'exige cela de vous. Don Luis a fait ce qu'elle désiroit; puis, me mettant le papier entre les mains : Informe-toi, m'a-t-il dit, où demeure le docteur Murcia de la Llana, et fais adroitement tenir ce poulet à sa fille Isabelle.

Vous voyez bien, madame, poursuivis-je, que cette lettre désobligeante est l'ouvrage d'une rivale, et que par conséquent mon maître n'est pas si coupable. Oh ciel! s'écria-t-elle, il l'est encore plus que je ne pensois. Son infidélité m'offense plus que les mots piquants que sa main a tracés. Ah! l'infidèle! il a pu former d'autres nœuds !... Mais, ajouta-t-elle en prenant un air fier, qu'il s'abandonne sans contrainte à son nouvel amour; je ne prétends point le traverser. Dites-lui, je vous prie, qu'il n'avoit pas besoin de m'insulter pour m'obliger à laisser le champ libre à ma rivale, et que je méprise trop un amant volage pour avoir la moindre envie de le rappeler. A ce discours, elle me congédia, et se retira fort irritée contre don Luis.

Je sortis de chez le docteur Murcia de la Llana fort satisfait de moi, et je compris que si je voulois me mettre dans le génie, je deviendrois un habile fourbe. Je m'en retournai à notre hôtel, où je trouvai les seigneurs Mendoce et Pacheco qui soupoient ensemble et s'entretenoient comme s'ils se fussent connus de longue main. Aurore s'aperçut, à mon air content, que je ne m'étois point mal acquitté de ma commission. Te voilà donc de retour, Gil Blas, me dit-elle ; rends-nous compte de ton message. Il fallut encore payer d'esprit. Je dis que j'avois donné le paquet en main propre, et qu'Isabelle, après avoir lu les deux billets doux qu'il contenoit, au lieu d'en paroître déconcertée, s'étoit mise à rire comme une folle, en disant : Par ma foi, les jeunes seigneurs ont un joli style ; il faut avouer que les autres personnes n'écrivent pas si agréablement. C'est fort bien se tirer d'embarras, s'écria ma maîtresse ; et voilà certainement une coquette des plus consommées dans son art. Pour moi, dit don Luis, je ne reconnois point Isabelle à ces traits-là ; il faut qu'elle ait changé de caractère pendant mon absence. J'aurois jugé d'elle aussi tout autrement, reprit Aurore. Convenons qu'il y a des femmes qui savent prendre toutes sortes de formes. J'en ai aimé une de celles-là, et j'en ai été long-temps la dupe. Gil Blas vous le dira, elle avoit un air de sagesse à tromper toute la terre. Il est vrai, dis-je en me mêlant à la conversation, que c'étoit un minois à piper les plus fins ; j'y aurois moi-même été attrapé.

Le faux Mendoce et Pacheco firent de grands éclats de rire en m'entendant parler ainsi ; et loin de trouver mauvais que je prisse la liberté de me joindre à leur entretien, ils m'adressèrent souvent la parole pour se réjouir de mes réponses. Nous continuâmes à nous entretenir des femmes qui ont l'art de se masquer; et le résultat de tous nos discours fut qu'Isabelle demeura dûment atteinte et convaincue d'être une franche coquette. Don Luis protesta de nouveau qu'il ne la reverroit jamais; et don Félix, à son exemple, jura qu'il auroit toujours pour elle un parfait mépris. Ensuite de ces protestations, ils se lièrent d'amitié tous deux, et se promirent mutuellement de n'avoir rien de caché l'un pour l'autre. Ils passèrent l'après-soupée à se dire des choses gracieuses, et enfin ils se séparèrent pour s'aller reposer chacun dans son appartement. Je suivis Aurore dans le sien, où je lui rendis un compte exact de l'entretien que j'avois eu avec la fille du docteur; je n'oubliai pas la moindre circonstance; j'en dis même plus qu'il n'y en avoit, pour mieux faire ma cour à ma maîtresse, qui fut charmée de mon rapport. Peu s'en fallut qu'elle ne m'embrassât de joie. Mon cher Gil Blas, me dit-elle, je suis enchantée de ton esprit. Quand on a le malheur d'être engagée dans une passion qui nous oblige de recourir à des stratagèmes, quel avantage d'avoir dans ses intérêts un garçon aussi spirituel que toi! Courage, mon ami, nous venons d'écarter une rivale qui pouvoit nous embarrasser; cela ne va pas mal. Mais, comme les amants sont sujets à d'étranges retours, je suis d'avis de brusquer l'aventure, et de mettre en jeu dès demain Aurore de Guzman. J'approuvai cette pensée, et laissant le seigneur don Félix avec son page, je me retirai dans un cabinet où étoit mon lit.

CHAPITRE VI.

Quelles ruses Aurore mit en usage pour se faire aimer de don Luis Pacheco.

Affiches de livres. — Philosophe ivrogne. — Heureux dénoûment d'une intrigue hardie.

Les deux nouveaux amis se rassemblèrent le lendemain matin; ce fut leur premier soin. Ils commencèrent la journée par des embrassades qu'Aurore fut obligée de donner et de recevoir, pour bien jouer le rôle de don Félix. Ils allèrent ensemble se promener dans la ville, et je les accompagnai avec Chilindron[1], valet de don Luis. Nous nous arrêtâmes auprès de l'Université, pour regarder quelques affiches de livres qu'on venoit d'attacher à la porte. Plusieurs personnes s'amusoient aussi à les lire, et j'aperçus parmi celles-là un petit homme qui disoit son sentiment sur ces ouvrages affichés. Je remarquai qu'on l'écoutoit avec une extrême attention, et je jugeai en même temps qu'il croyoit mériter qu'on l'écoutât. Il paroissoit vain, et il avoit l'esprit décisif, comme l'ont la plupart des petits hommes. Cette *nouvelle traduction d'Horace*, disoit-il, que vous voyez annoncée au public en si gros caractères, est un ouvrage en prose composé par un vieil auteur du collége. C'est un livre fort estimé des écoliers; ils en ont con-

---

[1] *Chilindron* est le nom d'un jeu de cartes assez plaisant, usité en Espagne.

sumé eux seuls quatre éditions. Il n'y a pas un honnête homme qui en ait acheté un exemplaire [1]. Il ne portoit pas des jugements plus avantageux des autres livres ; il les frondoit tous sans charité. C'étoit apparemment quelque auteur [2]. Je n'aurois pas été fâché de l'entendre jusqu'au bout : mais il me fallut suivre don Luis et don Félix, qui, ne prenant pas plus de plaisir à ses discours que d'intérêt aux livres qu'il critiquoit, s'éloignèrent de lui et de l'Université.

Nous revînmes à notre hôtel à l'heure du dîner. Ma maîtresse se mit à table avec Pacheco, et fit adroitement tomber la conversation sur sa famille. Mon père, dit-elle, est un cadet de la maison de Mendoce, qui s'est établi à Tolède, et ma mère est propre sœur de dona Kimena de Guzman, qui, depuis quelques jours, est venue à Salamanque pour une affaire importante, avec sa nièce Aurore, fille unique de don Vincent de Guzman, que vous avez peut-être connu. Non, répondit don Luis, mais on m'en a souvent parlé, ainsi que d'Aurore votre cousine. Dois-je croire ce qu'on dit de cette jeune dame? On assure que rien n'égale son esprit et sa beauté. Pour de l'esprit, reprit don Félix, elle n'en manque pas ; elle l'a même assez cultivé. Mais ce n'est point une si belle personne ; on trouve que nous nous ressemblons beaucoup. Si cela est, s'écria

---

[1] Cette *traduction d'Horace*, si bien vendue dans les colléges et si peu connue dans le monde, étoit celle qu'avoit donnée le père Tarteron, jésuite. (A Paris et à Amsterdam, 1710.)

[2] Cet *auteur* qui disoit du mal de tous les *livres affichés* étoit le caustique Boindin, censeur impitoyable, et qui déchiroit tout le monde. Voltaire l'a représenté sous le nom de *M. Bardou, qui toujours parle, arguë et contredit*.

Pacheco, elle justifie sa réputation. Vos traits sont réguliers, votre teint est parfaitement beau; votre cousine doit être charmante. Je voudrois bien la voir et l'entretenir. Je m'offre à satisfaire votre curiosité, repartit le faux Mendoce, et même dès ce jour. Je vous mène cette après-dînée chez ma tante.

Ma maîtresse changea tout à coup de matière, et parla de choses indifférentes. L'après-midi, pendant qu'ils se disposoient tous deux à sortir pour aller chez dona Kimena, je pris les devants, et courus avertir la duègne de se préparer à cette visite. Je revins ensuite sur mes pas pour accompagner don Félix, qui conduisit enfin chez sa tante le seigneur don Luis. Mais à peine furent-ils entrés dans la maison, qu'ils rencontrèrent la dame Chimène, qui leur fit signe de ne point faire de bruit. Paix, paix, leur dit-elle d'une voix basse, vous réveillerez ma nièce. Elle a depuis hier une migraine effroyable qui ne fait que de la quitter, et la pauvre enfant repose depuis un quart d'heure. Je suis fâché de ce contre-temps, dit Mendoce en affectant un air mortifié; j'espérois que nous verrions ma cousine. J'avois fait fête de ce plaisir à mon ami Pacheco. Ce n'est pas une affaire si pressée, répondit en souriant Ortiz, vous pouvez la remettre à demain. Les cavaliers eurent une conversation fort courte avec la vieille, et se retirèrent.

Don Luis nous mena chez un jeune gentilhomme de ses amis qu'on appeloit don Gabriel de Pedros. Nous y passâmes le reste de la journée; nous y soupâmes même, et nous n'en sortîmes que sur les deux heures après minuit, pour nous en retourner au logis. Nous avions peut-être fait la moitié du chemin, lorsque nous rencontrâmes sous nos pieds, dans la rue, deux hommes étendus par terre. Nous jugeâmes que c'étoient des malheureux qu'on venoit d'assassiner, et nous nous arrêtâmes pour les secourir s'il en étoit encore temps. Comme nous cherchions à nous instruire, autant que l'obscurité de la nuit nous le pouvoit permettre, de l'état où ils se trouvoient, la patrouille arriva. Le commandant nous prit d'abord pour des assassins, et nous fit environner par ses gens; mais il eut meilleure opinion de nous lorsqu'il nous eut entendus parler, et qu'à la faveur d'une lanterne sourde il vit les traits de Mendoce et de Pacheco. Ses archers, par son ordre, examinèrent les deux hommes que nous nous imaginions avoir été tués; et il se trouva que c'étoit un gros licencié avec son valet, tous deux pris de vin, ou plutôt ivres-morts. Messieurs, s'écria un des archers, je reconnois ce gros vivant. Eh! c'est le seigneur licencié Guyomar [1], recteur de notre université. Tel que vous le voyez, c'est un grand personnage, un génie supérieur. Il n'y a point de philosophe qu'il ne terrasse dans une dispute;

---

[1] *Guyomar*, ce nom retourné désigne Dagoumer (Guillaume), célèbre professeur au collége d'Harcourt, et recteur de l'Université de Paris, auteur d'un Cours de philosophie, etc. etc. Dans le Dictionnaire de l'abbé Ladvocat, il est dit que ce Dagoumer est le Guyomar de Gil Blas.

Plus tard, Le Sage auroit trouvé dans la conduite d'un autre professeur de l'Université le sujet d'une allusion plus piquante et plus singulière. Un recteur, nommé Montempuis, se déguisa en femme pour aller voir jouer Zaïre. Il n'avoit pu tenir à tout ce qu'on disoit du charme des vers de Voltaire et du jeu enchanteur de mademoiselle Gaussin. Suivant le préjugé du temps, un personnage grave ne pouvoit assister aux représentations de nos chefs-d'œuvre dramatiques. Celui-ci, pour se mettre en femme, s'affubla de deux il a un flux de bouche sans pareil. C'est dommage qu'il aime un peu trop le vin, le procès et la grisette. Il revient de souper de chez son Isabelle, où, par malheur, son guide s'est enivré comme lui. Ils sont tombés l'un et l'autre dans le ruisseau. Avant que le bon licencié fût recteur, cela lui arrivoit assez souvent. Les honneurs, comme vous voyez, ne changent pas toujours les mœurs. Nous laissâmes ces ivrognes entre les mains de la patrouille, qui eut soin de les porter chez eux. Nous regagnâmes notre hôtel, et chacun ne songea qu'à se reposer.

Don Félix et don Luis se levèrent sur le midi; et, s'étant tous deux rejoints, Aurore de Guzman fut la première chose dont ils s'entretinrent. Gil Blas, me dit ma maîtresse, va chez ma tante dona Kimena, et lui demande de ma part si nous pouvons aujourd'hui, le seigneur Pacheco et moi, voir ma cousine. Je sortis pour m'acquitter de cette commission, ou plutôt pour concerter avec la duègne ce que nous avions à faire; et, quand nous eûmes pris ensemble de justes mesures, je vins rejoindre le faux Mendoce. Seigneur, lui dis-je, votre cousine Aurore se porte à merveille; elle m'a

---

lourds paniers; mais peu accoutumé à cet équipage bizarre, il attacha mal ses paniers, qui tombèrent et le trahirent à la descente de son fiacre et à la porte du spectacle. Dieu sait comme il fut bafoué! on fit un malin vaudeville, dont le refrain étoit :

> Doit-on dire mademoiselle,
> Ou bien monsieur de Montempuis?

On pouvoit plaisanter de cette mascarade. Il eût mieux valu réformer cette prévention barbare qui ne permettoit pas à un homme de lettres d'aller, comme tout autre, jouir du plaisir le plus noble que les lettres puissent donner au public assemblé.

chargé elle-même de vous témoigner de sa part que votre visite ne lui sauroit être que très agréable; et dona Kimena m'a dit d'assurer le seigneur Pacheco qu'il sera toujours parfaitement bien reçu chez elle sous vos auspices.

Je m'aperçus que ces dernières paroles firent plaisir à don Luis. Ma maîtresse le remarqua de même, et en conçut un heureux présage. Un moment avant le dîner, le valet de la señora Kimena parut, et dit à don Félix : Seigneur, un homme de Tolède est venu vous demander chez madame votre tante, et y a laissé ce billet. Le faux Mendoce l'ouvrit, et y trouva ces mots qu'il lut à haute voix : *Si vous avez envie d'apprendre des nouvelles de votre père et des choses de conséquence pour vous, ne manquez pas, aussitôt la présente reçue, de vous rendre au Cheval noir, auprès de l'Université.* Je suis, dit-il, trop curieux de savoir ces choses importantes, pour ne pas satisfaire ma curiosité tout à l'heure. Sans adieu, Pacheco, continua-t-il; si je ne suis point de retour ici dans deux heures, vous pourrez aller seul chez ma tante : j'irai vous y rejoindre dans l'après-dînée. Vous savez ce que Gil Blas vous a dit de la part de dona Kimena; vous êtes en droit de faire cette visite. Il sortit en parlant de cette sorte, et m'ordonna de le suivre.

Vous vous imaginez bien qu'au lieu de prendre la route du Cheval noir, nous enfilâmes celle de la maison où étoit Ortiz. D'abord que nous y fûmes arrivés, nous nous préparâmes à représenter notre pièce; Aurore ôta sa chevelure blonde, lava et frotta ses sourcils, mit un habit de femme, et devint une belle brune, telle qu'elle l'étoit naturellement. On peut dire que son déguisement la changeoit à un point, qu'Aurore et don Félix paroissoient deux personnes différentes; il sembloit même qu'elle fût beaucoup plus grande en femme qu'en homme : il est vrai que ses chappins [1], car elle en avoit d'une hauteur excessive, n'y contribuoient pas peu. Lorsqu'elle eut ajouté à ses charmes tous les secours que l'art pouvoit leur prêter, elle attendit don Luis avec une agitation mêlée de crainte et d'espérance. Tantôt elle se fioit à son esprit et à sa beauté, et tantôt elle appréhendoit de n'en faire qu'un essai malheureux. Ortiz, de son côté, se prépara de son mieux à seconder ma maîtresse. Pour moi, comme il ne falloit pas que Pacheco me vît dans cette maison, et que, semblable aux acteurs qui ne paroissent qu'au dernier acte d'une pièce, je ne devois me montrer que sur la fin de la visite, je sortis aussitôt que j'eus dîné.

Enfin, tout étoit en état quand don Luis arriva. Il fut reçu très agréablement de la dame Chimène, et il eut avec Aurore une conversation de deux ou trois heures; après quoi j'entrai dans la chambre où ils étoient, et m'adressant au cavalier : Seigneur, lui dis-je, don Félix mon maître ne viendra point ici d'aujourd'hui; il vous prie de l'excuser; il est avec trois hommes de Tolède, dont il ne peut se débarrasser. Ah! le petit libertin! s'écria dona Kimena; il est sans doute en débauche. Non, madame, repris-je, il s'entretient avec eux d'affaires fort sérieuses. Il a un véritable chagrin de ne pouvoir se rendre ici; il m'a chargé de vous le

[1] *Chappin*, claque, espèce de sandale que les femmes espagnoles mettent par-dessus leurs souliers.

dire, aussi-bien qu'à dona Aurora. Oh! je ne reçois point ses excuses, dit ma maîtresse en plaisantant : il sait que j'ai été indisposée; il devoit marquer un peu plus d'empressement pour les personnes à qui le sang le lie. Pour le punir, je ne le veux voir de quinze jours. Eh! madame, dit alors don Luis, ne formez point une si cruelle résolution; don Félix est assez à plaindre de ne vous avoir pas vue.

Ils plaisantèrent quelque temps là-dessus; ensuite Pacheco se retira. La belle Aurore change aussitôt de forme, et reprend son habit de cavalier. Elle retourne à l'hôtel garni le plus promptement qu'il lui est possible. Je vous demande pardon, cher ami, dit-elle à don Luis, de ne vous avoir pas été trouver chez ma tante; mais je n'ai pu me défaire des personnes avec qui j'étois. Ce qui me console, c'est que vous avez eu du moins tout le loisir de satisfaire vos désirs curieux. Eh bien! que pensez-vous de ma cousine? dites-le-moi sans complaisance. J'en suis enchanté, répondit Pacheco. Vous aviez raison de dire que vous vous ressemblez tous deux. Je n'ai jamais vu de traits plus semblables; c'est le même tour de visage; vous avez les mêmes yeux, la même bouche, le même son de voix. Il y a pourtant quelque différence : Aurore est plus grande que vous; elle est brune, et vous êtes blond, vous êtes enjoué, elle est sérieuse; voilà tout ce qui vous distingue l'un de l'autre. Pour de l'esprit, continua-t-il, je ne crois pas qu'une substance céleste puisse en avoir plus que votre cousine. En un mot, c'est une personne d'un mérite infini.

Le seigneur Pacheco prononça ces dernières paroles

avec tant de vivacité, que don Félix lui dit en souriant : Ami, je me repens de vous avoir fait faire connoissance avec doña Kimena ; et si vous m'en croyez, vous n'irez plus chez elle; je vous le conseille pour votre repos. Aurore de Guzman pourroit vous faire voir du pays, et vous inspirer une passion....

Je n'ai pas besoin de la revoir, interrompit-il, pour en devenir amoureux; l'affaire en est faite. J'en suis fâché pour vous, répliqua le faux Mendoce; car vous n'êtes pas un homme à vous attacher, et ma cousine n'est pas une Isabelle, je vous en avertis. Elle ne s'accommoderoit pas d'un amant qui n'auroit pas des vues légitimes. Des vues légitimes! repartit don Luis; peut-on en avoir d'autres sur une fille de son sang? C'est me faire une offense que de me croire capable de jeter sur elle un œil profane; connoissez-moi mieux, mon cher Mendoce : hélas! je m'estimerois le plus heureux de tous les hommes, si elle approuvoit ma recherche et vouloit lier sa destinée à la mienne.

En le prenant sur ce ton-là, reprit don Félix, vous m'intéressez à vous servir. Oui, j'entre dans vos sentimens. Je vous offre mes bons offices auprès d'Aurore, et je veux dès demain essayer de gagner ma tante, qui a beaucoup de crédit sur son esprit. Pacheco rendit mille grâces au cavalier qui lui faisoit de si belles promesses, et nous nous aperçûmes avec joie que notre stratagème ne pouvoit aller mieux. Le jour suivant nous augmentâmes encore l'amour de don Luis par une nouvelle invention. Ma maîtresse, après avoir été trouver doña Kimena comme pour la rendre favorable à ce cavalier, vint le rejoindre. J'ai parlé à ma tante, lui dit-elle, et je n'ai pas eu peu de peine à la mettre dans vos intérêts. Elle étoit furieusement prévenue contre vous. Je ne sais qui vous a fait passer dans son esprit pour un libertin; mais il est constant que quelqu'un lui a fait de vous un portrait désavantageux; heureusement j'ai entrepris votre apologie, et j'ai pris si vivement votre parti, que j'ai détruit enfin la mauvaise impression qu'on lui avoit donnée de vos mœurs.

Ce n'est pas tout, poursuivit Aurore, je veux que vous ayez, en ma présence, un entretien avec ma tante; nous acheverons de vous assurer son appui. Pacheco témoigna une extrême impatience d'entretenir dona Kimena, et cette satisfaction lui fut accordée le lendemain matin. Le faux Mendoce le conduisit à la dame Ortiz, et ils eurent tous trois une conversation où don Luis fit voir qu'en peu de temps il s'étoit laissé fort enflammer. L'adroite Kimena feignit d'être touchée de toute la tendresse qu'il faisoit paroître, et promit au cavalier de faire tous ses efforts pour engager sa nièce à l'épouser. Pacheco se jeta aux pieds d'une si bonne tante, pour la remercier de ses bontés. Là-dessus don Félix demanda si sa cousine étoit levée. Non, répondit la duègne, elle repose encore, et vous ne sauriez la voir présentement; mais revenez cette après-dînée, et vous lui parlerez à loisir. Cette réponse de la dame Chimène redoubla, comme vous pouvez croire, la joie de don Luis, qui trouva le reste de la matinée bien long. Il regagna l'hôtel garni avec Mendoce, qui ne prenoit pas peu de plaisir à l'observer, et à remarquer en lui toutes les apparences d'un véritable amour.

Ils ne s'entretinrent que d'Aurore; et, lorsqu'ils eurent dîné, don Félix dit à Pacheco : Il me vient une idée. Je suis d'avis d'aller chez ma tante quelques moments avant vous; je veux parler en particulier à ma cousine, et découvrir, s'il est possible, dans quelle disposition son cœur est à votre égard. Don Luis approuva cette pensée; il laissa sortir son ami, et ne partit qu'une heure après lui. Ma maîtresse profita si bien de ce temps-là, qu'elle étoit habillée en femme quand son amant arriva. Je croyois, dit ce cavalier après avoir salué Aurore et la duègne, je croyois trouver ici don Félix. Vous le verrez dans un instant, répondit dona Kimena; il écrit dans mon cabinet. Pacheco parut se payer de cette défaite, et lia conversation avec les dames. Cependant, malgré la présence de l'objet aimé, il s'aperçut que les heures s'écouloient sans que Mendoce se montrât; et, comme il ne put s'empêcher d'en témoigner quelque surprise, Aurore changea tout à coup de contenance, se mit à rire, et dit à don Luis : Est-il possible que vous n'ayez pas encore le moindre soupçon de la supercherie qu'on vous fait? Une fausse chevelure blonde et des sourcils teints me rendent-ils si différente de moi-même, qu'on puisse jusque-là s'y tromper? Désabusez-vous donc, Pacheco, continua-t-elle en reprenant son sérieux; apprenez que don Félix de Mendoce et Aurore de Guzman ne sont qu'une même personne.

Elle ne se contenta pas de le tirer de cette erreur; elle avoua la foiblesse qu'elle avoit pour lui, et toutes les démarches qu'elle avoit faites pour l'amener au point où elle le vouloit. Don Luis ne fut pas moins charmé que surpris de ce qu'il venoit d'entendre ; il se jeta aux pieds de ma maîtresse, et lui dit avec transport : Ah! belle Aurore, croirai-je en effet que je suis l'heureux mortel pour qui vous avez eu tant de bontés? Que puis-je faire pour les reconnoître? Un éternel amour ne sauroit assez les payer. Ces paroles furent suivies de mille autres discours tendres et passionnés; après quoi les amants parlèrent des mesures qu'ils avoient à prendre pour parvenir à l'accomplissement de leurs désirs. Il fut résolu que nous partirions tous incessamment pour Madrid, où nous dénouerions notre comédie par un mariage. Ce dessein fut presque aussitôt exécuté que conçu; don Luis, quinze jours après, épousa ma maîtresse, et leurs noces donnèrent lieu à des fêtes et à des réjouissances infinies.

CHAPITRE VII.

Gil Blas change de condition, et il passe au service de don Gonzale Pacheco.

Portrait d'un vieux libertin. — Autre vieillard plus franc. — Coquette réservée. — Soubrette habile. — Bon valet congédié.

Trois semaines après ce mariage, ma maîtresse voulut récompenser les services que je lui avois rendus. Elle me fit présent de cent pistoles, et me dit : Gil Blas, mon ami, je ne vous chasse point de chez moi; je vous laisse la liberté d'y demeurer tant qu'il vous plaira; mais un oncle de mon mari, don Gonzale Pacheco, souhaite de vous avoir pour valet de chambre. Je lui ai parlé si avantageusement de vous, qu'il m'a témoigné que je lui ferois plaisir de vous donner à lui. C'est un seigneur de la vieille cour, ajouta-t-elle, un homme d'un très bon caractère; vous serez parfaitement bien auprès de lui.

Je remerciai Aurore de ses bontés; et, comme elle n'avoit plus besoin de moi, j'acceptai d'autant plus volontiers le poste qui se présentoit, que je ne sortois point de la famille. J'allai donc un matin, de la part de la nouvelle mariée, chez le seigneur don Gonzale. Il étoit encore au lit, quoiqu'il fût près de midi. Lorsque j'entrai dans sa chambre, je le trouvai qui prenoit un bouillon qu'un page venoit de lui apporter. Le vieillard avoit la moustache en papillotes, les yeux presque éteints, avec un visage pâle et décharné. C'étoit un de ces vieux garçons qui ont été fort libertins dans leur jeunesse, et qui ne sont guère plus sages dans un âge plus avancé. Il me reçut agréablement, et me dit que si je voulois le servir avec autant de zèle que j'avois servi sa nièce, je pouvois compter qu'il me feroit un heureux sort. Sur cette assurance, je promis d'avoir pour lui le même attachement que j'avois eu pour elle, et dès ce moment il me retint à son service.

Me voilà donc à un nouveau maître, et Dieu sait quel homme c'étoit! Quand il se leva, je crus voir la résurrection du Lazare. Imaginez-vous un grand corps si sec, qu'en le voyant à nu on auroit fort bien pu apprendre l'ostéologie. Il avoit les jambes si menues, qu'elles me parurent encore très fines après qu'il eut

mis trois ou quatre paires de bas l'une sur l'autre.
Outre cela, cette momie vivante étoit asthmatique,
et toussoit à chaque parole qui lui sortoit de la bouche.
Il prit d'abord du chocolat. Il demanda ensuite du papier et de l'encre, écrivit un billet qu'il cacheta, et le
fit porter à son adresse par le page qui lui avoit donné
un bouillon; puis se tournant de mon côté : Mon ami,
me dit-il, c'est toi que je prétends désormais charger
de mes commissions, et particulièrement de celles
qui regarderont dona Eufrasia. Cette dame est une
jeune personne que j'aime et dont je suis tendrement
aimé.

Bon Dieu! dis-je aussitôt en moi-même; eh! comment les jeunes gens pourront-ils s'empêcher de croire
qu'on les aime, puisque ce vieux penard s'imagine
qu'on l'idolâtre? Gil Blas, poursuivit-il, je te menerai
chez elle dès aujourd'hui : j'y soupe presque tous les
soirs. Tu verras une personne tout aimable, tu seras
charmé de son air sage et retenu. Bien loin de ressembler à ces petites étourdies qui donnent dans la jeunesse
et s'engagent sur les apparences, elle a l'esprit déjà
mûr et judicieux; elle veut des sentiments dans un
homme, et préfère aux figures les plus brillantes un
amant qui sait aimer. Le seigneur don Gonzale ne
borna point là l'éloge de sa maîtresse : il entreprit de
la faire passer pour l'abrégé de toutes les perfections;
mais il avoit un auditeur assez difficile à persuader
là-dessus. Après toutes les manœuvres que j'avois vu
faire aux comédiennes, je ne croyois pas les vieux
seigneurs fort heureux en amour. Je feignis pourtant,
par complaisance, d'ajouter foi à tout ce que me dit

mon maître; je fis plus, je vantai le discernement et le bon goût d'Eufrasie. Je fus même assez impudent pour avancer qu'elle ne pouvoit avoir de galant plus aimable. Le bonhomme ne sentit point que je lui donnois de l'encensoir par le nez; au contraire, il s'applaudit de mes paroles : tant il est vrai qu'un flatteur peut tout risquer avec les grands! ils se prêtent jusqu'aux flatteries les plus outrées.

Le vieillard, après avoir écrit, s'arracha quelques poils de la barbe avec des pincettes; puis il se lava les yeux, pour ôter une épaisse chassie dont ils étoient pleins. Il lava aussi ses oreilles, ensuite ses mains; et, quand il eut fait toutes ses ablutions, il teignit en noir sa moustache, ses sourcils et ses cheveux. Il fut plus long-temps à sa toilette qu'une vieille douairière qui s'étudie à cacher l'outrage des années. Comme il achevoit de s'ajuster, il entra un autre vieillard de ses amis, qu'on nommoit le comte d'Asumar. Quelle différence il y avoit entre eux! Celui-ci laissoit voir ses cheveux blancs, s'appuyoit sur un bâton, et sembloit se faire honneur de sa vieillesse, au lieu de vouloir paroître jeune. Seigneur Pacheco, dit-il en entrant, je viens vous demander à dîner. Soyez le bien venu, comte, répondit mon maître. En même temps ils s'embrassèrent l'un l'autre, s'assirent, et commencèrent à s'entretenir en attendant qu'on servît.

Leur conversation roula d'abord sur une course de taureaux qui s'étoit faite depuis peu de jours. Ils parlèrent des cavaliers qui y avoient montré le plus d'adresse et de vigueur; et là-dessus le vieux comte, tel que Nestor, à qui toutes les choses présentes donnoient occasion de louer les choses passées, dit en soupirant : Hélas! je ne vois point aujourd'hui d'hommes comparables à ceux que j'ai vus autrefois, ni les tournois ne se font pas avec autant de magnificence qu'on les faisoit dans ma jeunesse. Je riois en moi-même de la prévention du bon seigneur d'Asumar, qui ne s'en tint pas aux tournois; je me souviens, quand il fut à table et qu'on apporta le fruit, qu'il dit en voyant de fort belles pêches qu'on avoit servies : De mon temps, les pêches étoient bien plus grosses qu'elles ne le sont à présent; la nature s'affoiblit de jour en jour. Sur ce pied-là, dis-je alors en moi-même en souriant, les pêches du temps d'Adam devoient être d'une grosseur merveilleuse.

Le comte d'Asumar demeura presque jusqu'au soir avec mon maître, qui ne se vit pas plus tôt débarrassé de lui, qu'il sortit en me disant de le suivre. Nous allâmes chez Eufrasie, qui logeoit à cent pas de notre maison, et nous la trouvâmes dans un appartement des plus propres. Elle étoit galamment habillée, et avoit un air de jeunesse qui me la fit prendre pour une mineure, bien qu'elle eût trente bonnes années pour le moins. Elle pouvoit passer pour jolie, et j'admirai bientôt son esprit. Ce n'étoit pas une de ces coquettes qui n'ont qu'un babil brillant avec des manières libres : elle avoit de la modestie dans son action comme dans ses discours, et elle parloit le plus spirituellement du monde, sans paroître se donner pour spirituelle. Je la considérois avec un extrême étonnement. O ciel! disois-je, est-il possible qu'une personne qui se montre si réservée soit capable de vivre dans le libertinage? Je m'imaginois que toutes les femmes galantes devoient être effrontées.

J'étois surpris d'en voir une modeste en apparence, sans faire réflexion que ces créatures savent se composer et se conformer au caractère des gens riches et des seigneurs qui tombent entre leurs mains. Ces payeurs veulent-ils de l'emportement, elles sont vives et pétulantes. Aiment-ils la retenue, elles se parent d'un extérieur sage et vertueux. Ce sont de vrais caméléons qui changent de couleur suivant l'humeur et le génie des hommes qui les approchent.

Don Gonzale n'étoit pas du goût des seigneurs qui demandent des beautés hardies; il ne pouvoit souffrir celles-là, et il falloit, pour le piquer, qu'une femme eût un air de vestale: aussi Eufrasie, se réglant là-dessus, faisoit voir que les bonnes comédiennes n'étoient pas toutes à la comédie. Je laissai mon maître avec sa nymphe, et je descendis dans une salle où je trouvai une vieille femme de chambre, que je reconnus pour une soubrette qui avoit été suivante d'une comédienne. De son côté elle me remit, et nous fîmes une scène de reconnoissance digne d'être employée dans une pièce de théâtre : Eh! vous voilà, seigneur Gil Blas! me dit cette soubrette transportée de joie; vous êtes donc sorti de chez Arsénie, comme moi de chez Constance? Oh vraiment, lui répondis-je, il y a long-temps que je l'ai quittée; j'ai même servi depuis une fille de condition. La vie des personnes de théâtre n'est guère de mon goût. Je me suis donné mon congé moi-même, sans daigner avoir le moindre éclaircissement avec Arsénie. Vous avez bien fait, reprit la soubrette nommée Béatrix. J'en ai usé à peu près de la même manière avec Constance. Un beau matin je lui rendis mes comptes froidement;

elle les reçut sans me dire une syllabe, et nous nous séparâmes assez cavalièrement.

Je suis ravi, lui dis-je, que nous nous retrouvions dans une maison plus honorable. Dona Eufrasia me paroît une façon de femme de qualité, et je la crois d'un très bon caractère. Vous ne vous trompez pas, me répondit la vieille suivante, elle a de la naissance, ce qui se voit assez par ses manières; et pour son humeur, je puis vous assurer qu'il n'y en a point de plus égale ni de plus douce. Elle n'est point de ces maîtresses emportées et difficiles qui trouvent à redire à tout, qui crient sans cesse, tourmentent leurs domestiques, et dont le service, en un mot, est un enfer. Je ne l'ai pas encore entendue gronder une seule fois, tant elle aime la douceur! Quand il m'arrive de ne pas faire les choses à sa fantaisie, elle me reprend sans colère, et jamais il ne lui échappe de ces épithètes dont les dames violentes sont si libérales. Mon maître, repris-je, est aussi fort doux; il se familiarise avec moi et me traite comme son égal plutôt que comme son laquais; en un mot, c'est le meilleur de tous les humains; et sur ce pied-là nous sommes, vous et moi, beaucoup mieux que nous n'étions chez nos comédiennes. Mille fois mieux, repartit Béatrix; je menois une vie tumultueuse, au lieu que je vis présentement dans la retraite. Il ne vient pas d'autre homme ici que le seigneur don Gonzale. Je ne verrai que vous dans ma solitude, et j'en suis bien aise. Il y a long-temps que j'ai de l'affection pour vous; et j'ai plus d'une fois envié le bonheur de Laure de vous avoir pour ami; mais enfin j'espère que je ne serai pas moins heureuse qu'elle. Si je n'ai pas sa jeunesse et sa beauté, en récompense je hais la coquetterie, ce que les hommes ne sauroient assez payer; je suis une tourterelle pour la fidélité.

Comme la bonne Béatrix étoit une de ces personnes qui sont obligées d'offrir leurs faveurs, parce qu'on ne les leur demanderoit pas, je ne fus nullement tenté de profiter de ses avances. Je ne voulus pas pourtant qu'elle s'aperçût que je la méprisois, et même j'eus la politesse de lui parler de manière qu'elle ne perdît pas toute espérance de m'engager à l'aimer. Je m'imaginai donc que j'avois fait la conquête d'une vieille suivante, et je me trompai encore dans cette occasion. La soubrette n'en usoit pas ainsi avec moi seulement pour mes beaux yeux : son dessein étoit de m'inspirer de l'amour pour me mettre dans les intérêts de sa maîtresse, pour qui elle se sentoit si zélée, qu'elle ne s'embarrassoit point de ce qu'il lui en coûteroit pour la servir. Je reconnus mon erreur dès le lendemain matin, que je portai, de la part de mon maître, un billet doux à Eufrasie. Cette dame me fit un accueil gracieux, me dit mille choses obligeantes; et la femme de chambre aussi s'en mêla. L'une admiroit ma physionomie; l'autre me trouvoit un air de sagesse et de prudence. A les entendre, le seigneur don Gonzale possédoit en moi un trésor. En un mot, elles me louèrent tant, que je me défiai des louanges qu'elles me donnèrent. J'en pénétrai le motif; mais je les reçus en apparence avec toute la simplicité d'un sot, et par cette contre-ruse je trompai les friponnes, qui levèrent enfin le masque.

Écoute, Gil Blas, me dit Eufrasie, il ne tiendra qu'à toi de faire ta fortune. Agissons de concert, mon ami.

Don Gonzale est vieux et d'une santé si délicate, que la moindre fièvre, aidée d'un bon médecin, l'emportera. Ménageons les moments qui lui restent, et faisons en sorte qu'il me laisse la meilleure partie de son bien. Je t'en ferai bonne part, je te le promets; et tu peux compter sur cette promesse, comme si je te la faisois par-devant tous les notaires de Madrid. Madame, lui répondis-je, disposez de votre serviteur. Vous n'avez qu'à me prescrire la conduite que je dois tenir, et vous serez satisfaite. Eh bien! reprit-elle, il faut observer ton maître, et me rendre compte de tous ses pas. Quand vous vous entretiendrez tous deux, ne manque pas de faire tomber la conversation sur les femmes, et de là prends, mais avec art, occasion de lui dire du bien de moi; occupe-le d'Eufrasie autant qu'il te sera possible. Ce n'est pas tout ce que j'exige de toi, mon ami; je te recommande encore d'être fort attentif à ce qui se passe dans la famille des Pacheco. Si tu t'aperçois que quelque parent de don Gonzale ait de grandes assiduités auprès de lui, et couche en joue sa succession, tu m'en avertiras aussitôt : je ne t'en demande pas davantage; je le coulerai à fond en peu de temps. Je connois les divers caractères des parents de ton maître : je sais quels portraits ridicules on lui peut faire d'eux, et j'ai déjà mis assez mal dans son esprit tous ses neveux et ses cousins.

Je jugeai par ces instructions, et par d'autres qu'y joignit Eufrasie, que cette dame étoit de celles qui s'attachent aux vieillards généreux. Elle avoit depuis peu obligé don Gonzale à vendre une terre dont elle avoit touché l'argent. Elle tiroit de lui tous les jours de bonnes nippes, et de plus elle espéroit qu'il ne l'oublieroit pas dans son testament. Je feignis de m'engager volontiers à faire tout ce qu'on attendoit de moi; et pour ne rien dissimuler, je doutai, en m'en retournant au logis, si je contribuerois à tromper mon maître, ou si j'entreprendrois de le détacher de sa maîtresse. Ce dernier parti me paroissoit plus honnête que l'autre, et je me sentois plus de penchant à remplir mon devoir qu'à le trahir. D'ailleurs Eufrasie ne m'avoit rien promis de positif, et cela peut-être étoit cause qu'elle n'avoit pas corrompu ma fidélité. Je me résolus donc à servir don Gonzale avec zèle, et je me persuadai que si j'étois assez heureux pour l'arracher à son idole, je serois mieux payé de cette bonne action que des mauvaises que je pourrois faire.

Pour parvenir à la fin que je me proposois, je me montrai tout dévoué au service de doña Eufrasia. Je lui fis accroire que je parlois d'elle incessamment à mon maître, et là-dessus je lui débitois des fables qu'elle prenoit pour argent comptant. Je m'insinuai si bien dans son esprit, qu'elle me crut entièrement dans ses intérêts. Pour mieux lui en imposer encore, j'affectai de paroître amoureux de Béatrix, qui, ravie à son âge de voir un jeune homme à ses trousses, ne se soucioit guère d'être trompée, pourvu que je la trompasse bien [1]. Lorsque nous étions auprès de nos princesses,

---

[1] Saint-Lambert a placé cette idée dans une chanson sur sa maîtresse:

> Dans le sein des faveurs de la beauté que j'aime,
> Je déteste les traits dont l'amour m'a frappé.
> Mon rival, plus heureux, goûte un bonheur suprême;
> On nous trompe tous deux; mais il est mieux trompé.

mon maître et moi, cela faisoit deux tableaux différents dans le même goût. Don Gonzale, sec et pâle comme je l'ai peint, avoit l'air d'un agonisant quand il vouloit faire les doux yeux; et mon infante, à mesure que je me montrois plus passionné, prenoit des manières enfantines, et faisoit tout le manége d'une vieille coquette : aussi avoit-elle quarante ans d'école pour le moins. Elle s'étoit raffinée au service de quelques-unes de ces héroïnes de galanterie qui savent plaire jusque dans leur vieillesse, et qui meurent chargées des dépouilles de deux ou trois générations.

Je ne me contentois pas d'aller tous les soirs avec mon maître chez Eufrasie, j'y allois quelquefois tout seul pendant le jour, et je m'attendois toujours à trouver dans cette maison quelque jeune galant caché; mais à quelque heure que j'y entrasse, je n'y rencontrois jamais d'homme, pas même de femme d'un air équivoque. Je n'y découvrois pas la moindre trace d'infidélité ; ce qui ne m'étonnoit pas peu, car quoique Béatrix m'eût assuré que sa maîtresse ne recevoit aucune visite masculine, je ne pouvois penser qu'une si jolie dame fût exactement fidèle à don Gonzale. En quoi certes je ne faisois pas un jugement téméraire; et la belle Eufrasie, comme vous le verrez bientôt, pour attendre plus patiemment la succession de mon maître, s'étoit pourvue d'un amant plus convenable à une femme de son âge.

Un matin, je portois à mon ordinaire un billet doux à la princesse. J'aperçus, tandis que j'étois dans sa chambre, les pieds d'un homme caché derrière une tapisserie. Je me gardai bien de faire connoître que je les voyois, et, sitôt que j'eus fait ma commission, je sortis sans faire semblant de les avoir remarqués ; mais, quoique cet objet dût peu me surprendre, et que la chose ne roulât pas sur mon compte, je ne laissai pas d'en être fort ému. Ah ! perfide, disois-je avec indignation, scélérate Eufrasie ! tu n'es pas satisfaite d'imposer à un bon vieillard en lui persuadant que tu l'aimes ; il faut que tu te livres à un autre pour mettre le comble à ta trahison ! Que j'étois fat, quand j'y pense, de raisonner de la sorte ! Il falloit plutôt rire de cette aventure, et la regarder comme une compensation des ennuis et des langueurs qu'il y avoit dans le commerce de mon maître. J'aurois du moins mieux fait de n'en dire mot, que de me servir de cette occasion pour faire le bon valet. Mais au lieu de modérer mon zèle, j'entrai avec chaleur dans les intérêts de don Gonzale, et lui fis un fidèle rapport de ce que j'avois vu ; j'ajoutai même à cela qu'Eufrasie m'avoit voulu séduire. Je ne dissimulai rien de tout ce qu'elle m'avoit dit, et il ne tint qu'à lui de connoître parfaitement sa maîtresse. Il me fit quelques questions comme s'il n'eût pas entièrement ajouté foi à ce que je venois de lui rapporter ; mais telles furent mes réponses, qu'elles lui ôtèrent la satisfaction d'en pouvoir douter. Il en fut frappé malgré le sang-froid qu'il conservoit dans toute autre chose, et une petite émotion de colère qui parut sur son visage sembla présager que la dame de lui seroit pas impunément infidèle. C'est assez, Gil Blas, me dit-il ; je suis très sensible à l'attachement que je te vois à mon service, et ta fidélité me plaît. Je vais tout à l'heure chez Eufrasie. Je veux l'accabler de reproches, et rompre avec l'ingrate. A ces mots, il sortit effectivement pour se rendre chez elle; et il me dispensa de le suivre, pour m'épargner le mauvais rôle que j'aurois eu à jouer pendant leur éclaircissement.

J'attendis le plus impatiemment du monde que mon maître fût de retour. Je ne doutois point qu'ayant un aussi grand sujet qu'il en avoit de se plaindre de sa nymphe, il ne revînt détaché de ses attraits, ou tout au moins résolu d'y renoncer. Dans cette pensée, je m'applaudissois de mon ouvrage. Je me représentois le plaisir qu'auroient les héritiers naturels de don Gonzale, quand ils apprendroient que leur parent n'étoit plus le jouet d'une passion si contraire à leurs intérêts. Je me flattois qu'ils m'en tiendroient compte, et qu'enfin j'allois me distinguer des autres valets de chambre, qui sont ordinairement plus disposés à maintenir leurs maîtres dans la débauche qu'à les en retirer. J'aimois l'honneur, et je pensois avec plaisir que je passerois pour le coryphée des domestiques; mais une idée si agréable s'évanouit quelques heures après. Mon patron arriva. Mon ami, me dit-il, je viens d'avoir un entretien très vif avec Eufrasie. Je l'ai traitée d'ingrate et de perfide; je l'ai accablée de reproches. Sais-tu bien ce qu'elle m'a répondu? que j'avois tort d'écouter des valets. Elle soutient que tu m'as fait un faux rapport. Tu n'es, si on l'en croit, qu'un imposteur, qu'un valet dévoué à mes neveux, pour l'amour de qui tu n'épargnerois rien pour me brouiller avec elle. J'ai vu couler de ses yeux des pleurs, mais des pleurs véritables. Elle m'a juré, par ce qu'il y a de plus sacré, qu'elle ne t'a fait aucune proposition, et qu'elle ne voit pas un homme. Béatrix, qui me paroît une bonne fille, incapable de mentir, m'a protesté la même chose ; de sorte que malgré moi ma colère s'est apaisée.

Eh quoi ! monsieur, interrompis-je avec douleur, doutez-vous de ma sincérité ? vous défiez-vous.... Non, mon enfant, interrompit-il à son tour ; je te rends justice. Je ne te crois point d'accord avec mes neveux. Je suis persuadé que mon intérêt seul te touche, et je t'en sais bon gré : mais, après tout, les apparences sont trompeuses ; peut-être n'as-tu pas vu effectivement ce que tu t'imaginois voir ; et, dans ce cas, juge jusqu'à quel point ton accusation doit être désagréable à Eufrasie ! Quoi qu'il en soit, c'est une femme que je ne puis m'empêcher d'aimer ; c'est mon sort : il faut même que je lui fasse le sacrifice qu'elle exige de mon amour, et ce sacrifice est de te donner ton congé. J'en suis fâché, mon pauvre Gil Blas, poursuivit-il, et je t'assure que je n'y ai consenti qu'à regret : mais je ne saurois faire autrement ; compâtis à ma foiblesse ; ce qui doit te consoler c'est que je ne te renverrai pas sans récompense. De plus, je prétends te placer chez une dame de mes amies, où tu seras fort agréablement.

Je fus bien mortifié de voir tourner ainsi mon zèle contre moi. Je maudis Eufrasie, et déplorai la foiblesse de don Gonzale de s'en être laissé posséder. Le bon vieillard sentoit assez qu'en me congédiant pour plaire seulement à sa maîtresse, il ne faisoit pas une action des plus viriles ; aussi, pour compenser sa mollesse et me mieux faire avaler la pilule, il me donna cinquante ducats, et me mena le jour suivant chez la marquise de Chaves, à laquelle il dit en ma présence que j'étois un jeune homme qui n'avoit que de bonnes qualités, qu'il m'aimoit, et que des raisons de famille ne lui permettant pas de me retenir à son service, il la prioit de me prendre au sien. Elle me reçut dès ce moment au nombre de ses domestiques; si bien que je me trouvai tout à coup dans une nouvelle maison.

CHAPITRE VIII.

De quel caractère étoit la marquise de Chaves, et quelles personnes alloient ordinairement chez elle.

Bureau d'esprit. — Originaux qui s'y rencontrent. — Succès d'un charlatan prétendu magicien.

La marquise de Chaves étoit une veuve de trente-cinq ans, belle, grande et bien faite; elle jouissoit d'un revenu de dix mille ducats, et n'avoit point d'enfants. Je n'ai jamais vu de femme plus sérieuse, ni qui parlât moins. Cela ne l'empêchoit pas de passer pour la dame de Madrid la plus spirituelle. Le grand concours de personnes de qualités et de gens de lettres qu'on voyoit chez elle tous les jours contribuoit peut-être plus que son mérite à lui donner cette réputation. C'est une chose que je ne déciderai point. Je me contenterai de dire que son nom emportoit une idée de génie supérieur, et que sa maison étoit appelée par excellence, dans la ville, le bureau des ouvrages d'esprit. [1]

---

[1] Ce bureau d'esprit réunit beaucoup de traits qui peignent la maison de la marquise de Lambert. Elle avoit été élevée par le

Effectivement, on y lisoit chaque jour, tantôt des poëmes dramatiques, et tantôt d'autres poésies. Mais on n'y faisoit guère que des lectures sérieuses; les pièces comiques y étoient méprisées. On n'y regardoit la meilleure comédie, ou le roman le plus ingénieux et le plus égayé, que comme une foible production qui ne méritoit aucune louange; au lieu que le moindre ouvrage sérieux, une ode, une églogue, un sonnet, y passoit pour le plus grand effort de l'esprit humain. Il arrivoit souvent que le public ne confirmoit pas les jugements du bureau, et que même il siffloit quelquefois impoliment les pièces qu'on y avoit fort applaudies.

J'étois maître de salle dans cette maison; c'est-à-dire que mon emploi consistoit à tout préparer dans l'appartement de ma maîtresse pour recevoir la compagnie, à ranger des chaises pour les hommes et des carreaux pour les femmes : après quoi je me tenois à la porte de la chambre, pour annoncer [1] et introduire les personnes qui arrivoient. Le premier jour, à mesure que je les faisois entrer, le gouverneur des pages, qui par hasard étoit alors dans l'antichambre avec moi, me les dépeignoit agréablement. Il se nommoit André Molina. Il étoit naturellement froid et railleur, et ne manquoit pas d'esprit. D'abord un évêque se présenta.

célèbre Bachaumont; on a d'elle de bons ouvrages. Cette dame tenoit un cercle respectable; mais Le Sage, écrivain comique, étoit un peu piqué de ce que la seule Thalie ne fût pas digne d'être admise dans ce temple des Muses, et il marquoit ici son dépit personnel.

[1] M. Smollett, qui a traduit Gil Blas en langue angloise, a placé ici une note sur le rôle du domestique qui prononce tout haut le nom des personnes qui entrent. Il l'appelle *the Announcer,* mais nous ne disons *l'Annonceur* qu'en parlant d'un comédien.

Je l'annonçai ; et, quand il fut entré, le gouverneur me dit : Ce prélat est d'un caractère assez plaisant. Il a quelque crédit à la cour ; mais il voudroit bien persuader qu'il en a beaucoup. Il fait des offres de services à tout le monde, et ne sert personne. Un jour il rencontre chez le roi un cavalier qui le salue ; il l'arrête, l'accable de civilités, et lui serrant la main : Je suis, lui dit-il, tout acquis à votre seigneurie. Mettez-moi, de grâce, à l'épreuve, je ne mourrai point content si je ne trouve une occasion de vous obliger. Le cavalier le remercia d'une manière pleine de reconnoissance ; et, quand ils furent tous deux séparés, le prélat dit à un de ses officiers qui le suivoit : Je crois connoître cet homme-là ; j'ai une idée confuse de l'avoir vu quelque part.

Un moment après l'évêque, le fils d'un grand parut ; et lorsque je l'eus introduit dans la chambre de ma maîtresse : Ce seigneur, me dit Molina, est encore un original. Imaginez-vous qu'il entre souvent dans une maison pour traiter d'une affaire importante avec le maître du logis, qu'il quitte sans se souvenir de lui en parler. Mais, ajouta le gouverneur en voyant arriver deux femmes, voici dona Angela de Peñafiel et dona Margarita de Montalvan. Ce sont deux dames qui ne se ressemblent nullement. Dona Margarita se pique d'être philosophe ; elle va tenir tête aux plus profonds docteurs de Salamanque, et jamais ses raisonnements ne céderont à leurs raisons. Pour dona Angela, elle ne fait point la savante quoiqu'elle ait l'esprit cultivé. Ses discours ont de la justesse, ses pensées sont fines, ses expressions délicates, nobles et naturelles. Ce dernier caractère est aimable, dis-je à Molina; mais l'autre ne convient guère, ce me semble, au beau sexe. Pas trop, répondit-il en souriant; il y a même bien des hommes qu'il rend ridicules. Madame la marquise, notre maîtresse, continua-t-il, est aussi un peu grippée de philosophie [1]. Qu'on va disputer ici aujourd'hui ! Dieu veuille que la religion ne soit pas intéressée dans la dispute.

Comme il achevoit ces mots, nous vîmes entrer un homme sec, qui avoit l'air grave et renfrogné. Mon gouverneur ne l'épargna point. Celui-ci, me dit-il, est un de ces esprits sérieux qui veulent passer pour de grands génies, à la faveur de leur silence ou de quelques sentences tirées de Senèque, et qui ne sont que de sots personnages, à les examiner fort sérieusement. Il vint ensuite un cavalier d'assez belle taille, qui avoit la mine grecque; c'est-à-dire le maintien plein de suffisance. Je demandai qui c'étoit. C'est un poëte dramatique, me dit Molina. Il a fait cent mille vers en sa vie, qui ne lui ont pas rapporté quatre sous; mais, en récompense, il vient, avec six lignes de prose, de se faire un établissement considérable.

J'allois m'éclaircir de la nature d'une fortune faite à si peu de frais, quand j'entendis un grand bruit sur l'escalier. Bon, s'écria le gouverneur, voici le licencié Campanario [2]. Il s'annonce lui-même avant qu'il paroisse. Il se met à parler dès la porte de la rue, et en voilà jusqu'à ce qu'il soit sorti de la maison. En effet

---

[1] *Grippée*, entêtée, entichée. Ce mot, très familier, a été un temps à la mode.

[2] *Campanario*, clocher; carillon.

tout retentissoit de la voix du bruyant licencié, qui entra enfin dans l'antichambre avec un bachelier de ses amis, et qui ne déparla point tant que dura sa visite. Le seigneur Campanario, dis-je à Molina, est apparemment un beau génie. Oui, répondit mon gouverneur, c'est un homme qui a des saillies brillantes, des expressions détournées; il est réjouissant. Mais, outre que c'est un parleur impitoyable, il ne laisse pas de se répéter; et, pour n'estimer les choses qu'autant qu'elles valent, je crois que l'air agréable et comique dont il assaisonne ce qu'il dit en fait le plus grand mérite. La meilleure partie de ses traits ne feroit pas grand honneur à un recueil de bons mots.

Il vint encore d'autres personnes dont Molina me fit de plaisants portraits. Il n'oublia pas de me peindre aussi la marquise, et sa peinture fut de mon goût. Je vous donne, me dit-il, notre patronne pour un esprit assez uni, malgré sa philosophie. Elle n'est point d'une humeur difficile, et on a peu de caprices à essuyer en la servant. C'est une femme de qualité des plus raisonnables que je connoisse; elle n'a même aucune passion. Elle est sans goût pour le jeu comme pour la galanterie, et n'aime que la conversation. Sa vie seroit bien ennuyeuse pour la plupart des dames. Le gouverneur, par cet éloge, me prévint en faveur de ma maîtresse. Cependant, quelques jours après, je ne pus m'empêcher de la soupçonner de n'être pas si ennemie de l'amour, et je vais dire sur quel fondement je conçus ce soupçon.

Un matin, pendant qu'elle étoit à sa toilette, il se présenta devant moi un petit homme de quarante ans, désagréable de sa figure, plus crasseux que l'auteur Pedro de Moya, et fort bossu par-dessus le marché. Il me dit qu'il vouloit parler à madame la marquise. Je lui demandai de quelle part. De la mienne, répondit-il fièrement. Dites-lui que je suis le cavalier dont elle s'entretint hier avec dona Anna de Velasco. Je l'introduisis dans l'appartement de ma maîtresse, et je l'annonçai. La marquise fit aussitôt une exclamation, et dit avec un transport de joie qu'il pouvoit entrer. Elle ne se contenta pas de le recevoir favorablement, elle obligea toutes ses femmes à sortir de la chambre ; de sorte que le petit bossu, plus heureux qu'un honnête homme, y demeura seul avec elle. Les soubrettes et moi, nous rîmes un peu de ce beau tête-à-tête qui dura près d'une heure ; après quoi ma patronne congédia le bossu, en lui faisant des civilités qui marquoient qu'elle étoit très contente de lui.

Elle avoit effectivement pris tant de plaisir à son entretien, qu'elle me dit le soir en particulier : Gil Blas, quand le bossu reviendra, faites-le entrer dans mon appartement le plus secrètement que vous pourrez. Ce commandement, je l'avoue, me donna d'étranges soupçons ; néanmoins, suivant l'ordre de la marquise, dès que le petit homme revint, et ce fut le lendemain matin, je le conduisis par un escalier dérobé jusque dans la chambre de madame. Je fis pieusement la même chose deux ou trois fois, et je conclus de là que la marquise avoit des inclinations bizarres, ou que le bossu faisoit le personnage d'un entremetteur.

Ma foi, disois-je, prévenu de cette opinion, si ma maîtresse aime quelque homme bien fait, je le lui pardonne; mais si elle est entêtée de ce magot, franchement je ne puis excuser cette dépravation de goût. Que je jugeois mal de la patronne! Le petit bossu se mêloit de magie; et, comme on avoit vanté son savoir à la marquise, qui se prêtoit volontiers aux prestiges des charlatans, elle avoit des entretiens particuliers avec lui. Il faisoit voir dans le verre, montroit à tourner le sas [1], et révéloit, pour de l'argent, tous les mystères de la cabale; ou bien, pour parler plus juste, c'étoit un fripon qui subsistoit aux dépens des personnes trop crédules; et l'on disoit qu'il avoit sous contribution plusieurs femmes de qualité. [2]

[1] Le sas est un tamis qu'un charlatan sait faire tourner et arrêter sur la personne qu'on soupçonne, etc.

[2] C'étoit un foible assez commun chez les femmes de qualité du siècle de Louis XIV, que la croyance à la magie et la fureur de consulter les diseurs de bonne aventure. Les histoires de la Voisin n'avoient été que trop célèbres. En 1672, La Fontaine avoit fait sa fable des *Devineresses*. (Livre VII, fable 15.) En 1700, la Duverger étoit une devineresse fort en vogue à Paris. Dancourt en parle expressément dans une comédie qui fut jouée cette année-là :

LA GREFFIÈRE.

« Qu'on blâme les devineresses tant qu'on voudra, je suis fort con-
« tente de la Duverger, pour moi.

LISETTE.

« Comment donc, madame?

LA GREFFIÈRE.

« Nous y voilà parvenues, ma pauvre Lisette: nous y touchons du
« bout du doigt, ma chère enfant.

LISETTE.

« Et à quoi, madame ?

LA GREFFIÈRE.

« A cet heureux temps que la Duverger m'a tant promis à la fin du
« siècle, et à mon bonheur. » (*Les Bourgeoises de qualité*, acte II, scène 3.)

CHAPITRE IX.

Par quel incident Gil Blas sortit de chez la marquise de Chaves, et ce qu'il devint.

Duel pour une suivante. — Rencontre d'un jeune homme. — Grotte remarquable d'un hermite.

Il y avoit six mois que je demeurois chez la marquise de Chaves, et j'étois fort content de ma condition. Mais la destinée que j'avois à remplir ne me permit pas de faire un plus long séjour dans la maison de cette dame, ni même à Madrid. Voici l'aventure qui m'obligea de m'en éloigner.

Parmi les femmes de ma maîtresse, il y en avoit une qu'on appeloit Porcie. Outre qu'elle étoit jeune et belle, je la trouvai d'un si bon caractère, que je m'y attachai, sans savoir qu'il me faudroit disputer son cœur. Le secrétaire de la marquise, homme fier et jaloux, étoit épris de ma belle. Il ne s'aperçut pas plus tôt de mon amour, que, sans chercher à s'éclaircir de quel œil Porcie me voyoit, il résolut de me faire tirer l'épée. Pour cet effet, il me donna rendez-vous un matin dans un endroit écarté. Comme c'étoit un petit homme qui m'arrivoit à peine aux épaules, et qui me paroissoit très foible, je ne le crus pas un rival fort dangereux. Je me rendis avec confiance au lieu où il m'avoit appelé. Je comptois bien de remporter une victoire aisée, et de m'en faire un mérite auprès de Porcie; mais l'événement ne répondit point à mon attente. Le petit secrétaire, qui avoit deux ou trois ans de salle, me désarma comme un enfant; et me présentant la pointe de son épée : Prépare-toi, me dit-il, à recevoir le coup de la mort, ou bien donne-moi ta parole d'honneur que tu sortiras aujourd'hui de chez la marquise de Chaves, et que tu ne penseras plus à Porcie. Je lui fis volontiers cette promesse, et je la tins sans répugnance. Je me faisois une peine de paroître devant les domestiques de notre hôtel, après avoir été vaincu, et surtout devant la belle Hélène qui avoit fait le sujet de notre combat. Je ne retournai au logis que pour y prendre tout ce que j'avois de nippes et d'argent, et dès le même jour je marchai vers Tolède, la bourse assez bien garnie, et le dos chargé d'un paquet composé de toutes mes hardes. Quoique je ne me fusse point engagé à quitter le séjour de Madrid, je jugeai à propos de m'en écarter, du moins pour quelques années. Je formai la résolution de parcourir l'Espagne, et de m'arrêter de ville en ville. L'argent que j'ai, disois-je, me menera loin : je ne le dépenserai pas indiscrètement, et, quand je n'en aurai plus, je me remettrai à servir. Un garçon fait comme je suis trouvera des conditions de reste quand il lui plaira d'en chercher; je n'aurai qu'à choisir.

J'avois particulièrement envie de voir Tolède; j'y arrivai au bout de trois jours. J'allai loger dans une bonne hôtellerie, où je passai pour un cavalier d'importance, à la faveur de mon habit d'homme à bonnes fortunes, dont je ne manquai pas de me parer; et, par des airs de petit-maître que j'affectai de me donner, il dépendit de moi de lier commerce avec de jolies femmes qui demeuroient dans mon voisinage : mais ayant appris qu'il falloit débuter chez elles par une grande dépense, cela brida mes désirs, et me sentant toujours du goût pour les voyages, après avoir vu tout ce qu'on voit de curieux à Tolède, j'en partis un jour au lever de l'aurore, et pris le chemin de Cuença, dans le dessein d'aller en Aragon. J'entrai la seconde journée dans une hôtellerie que je trouvai sur la route ; et, dans le temps que je commençois à m'y rafraîchir, il survint une troupe d'archers de la sainte Hermandad. Ces messieurs demandèrent du vin, se mirent à boire, et j'entendis qu'en buvant ils faisoient le portrait d'un jeune homme qu'ils avoient ordre d'arrêter. Le cavalier, disoit l'un d'entre eux, n'a pas plus de vingt-trois ans ; il a de longs cheveux noirs, une belle taille, le nez aquilin, et il est monté sur un cheval bai-brun.

Je les écoutai sans paroître faire quelque attention à ce qu'ils disoient, et véritablement je ne m'en souciois guère. Je les laissai dans l'hôtellerie, et continuai mon chemin. Je n'eus pas fait un demi-quart de lieue, que je rencontrai un jeune cavalier fort bien fait, et monté sur un cheval châtain. Par ma foi, dis-je en moi-même, voici l'homme que les archers cherchent, ou je suis bien trompé. Il a une longue chevelure noire et le nez aquilin ; c'est assurément lui qu'on veut pincer. Il faut que je lui rende un bon office. Seigneur, lui dis-je, permettez-moi de vous demander si vous n'avez point sur les bras quelque affaire d'honneur. Le jeune homme, sans me répondre, jeta les yeux sur moi, et parut surpris de ma question. Je l'assurai que ce n'étoit point par curiosité que je venois de lui adresser ces paroles. Il en fut bien persuadé quand je lui eus rapporté tout ce que j'avois entendu dans l'hôtellerie. Généreux inconnu, me dit-il, je ne vous dissimulerai point que j'ai sujet de croire qu'effectivement c'est à moi que ces archers en veulent; ainsi je vais suivre une autre route pour les éviter. Je suis d'avis, lui répliquai-je, que nous cherchions un endroit où vous soyez sûrement, et où nous puissions nous mettre à couvert d'un orage que je vois dans l'air, et qui va bientôt tomber. En même temps nous découvrîmes et gagnâmes une allée d'arbres assez touffus, qui nous conduisit au pied d'une montagne, où nous trouvâmes un hermitage.

C'étoit une grande et profonde grotte que le temps avoit percée dans la montagne; et la main des hommes y avoit ajouté un avant-corps de logis bâti de rocailles et de coquillages, et tout couvert de gazon. Les environs étoient parsemés de mille sortes de fleurs qui parfumoient l'air; et l'on voyoit auprès de la grotte une petite ouverture dans la montagne, par où sortoit avec bruit une source d'eau qui couroit se répandre dans une prairie. Il y avoit à l'entrée de cette maison solitaire un bon hermite qui paroissoit accablé de vieillesse. Il s'appuyoit d'une main sur un bâton, et de l'autre il tenoit un rosaire à gros grains, de vingt dixaines pour le moins. Il avoit la tête enfoncée dans un bonnet de laine brune à longues oreilles, et sa barbe, plus blanche que la neige, lui descendoit jusqu'à la ceinture. Nous nous approchâmes de lui. Mon père, lui dis-je, voulez-vous bien que nous vous demandions un asile contre l'orage qui nous menace? Venez, mes enfants, répondit l'anachorète après m'avoir regardé avec attention ; cet hermitage vous est ouvert, et vous y pourrez demeurer tant qu'il vous plaira. Pour votre cheval, ajouta-t-il en nous montrant l'avant-corps de logis, il sera fort bien là. Le cavalier qui m'accompagnoit y fit entrer son cheval, et nous suivîmes le vieillard dans la grotte.

Nous n'y fûmes pas plus tôt, qu'il tomba une grosse pluie, entremêlée d'éclairs et de coups de tonnerre épouvantables. L'hermite se mit à genoux devant une image de saint Pacôme [1] qui étoit collée contre le mur, et nous en fîmes autant à son exemple. Cependant le tonnerre cessa. Nous nous levâmes ; mais comme la pluie continuoit, et que la nuit n'étoit pas fort éloignée, le vieillard nous dit : Mes enfants, je ne vous conseille pas de vous remettre en chemin par ce temps-là, à moins que vous n'ayez des affaires bien pressantes. Nous répondîmes, le jeune homme et moi, que nous n'en avions point qui nous défendissent de nous arrêter, et que si nous n'appréhendions pas de l'incommoder, nous le priions de nous laisser passer la nuit dans son hermitage. Vous ne m'incommoderez point, répliqua l'hermite. C'est vous seuls qu'il faut plaindre. Vous serez fort mal couchés, et je n'ai à vous offrir qu'un repas d'anachorète.

Après avoir ainsi parlé, le saint homme nous fit asseoir à une petite table, et nous présentant quelques ciboules, avec un morceau de pain et une cruche d'eau :

---

[1] Saint Pacôme, célèbre parmi les pères du désert, peupla la Thébaïde de saints solitaires, et eut sous sa conduite plus de cinq mille moines.

Mes enfants, reprit-il, vous voyez mes repas ordinaires : mais je veux aujourd'hui faire un excès pour l'amour de vous. A ces mots, il alla prendre un peu de fromage et deux poignées de noisettes qu'il étala sur la table. Le jeune homme, qui n'avoit pas grand appétit, ne fit guère d'honneur à ces mets. Je m'aperçois, lui dit l'hermite, que vous êtes accoutumés à de meilleures tables que la mienne, ou plutôt que la sensualité a corrompu votre goût naturel. J'ai été comme vous dans le monde. Les viandes les plus délicates, les ragoûts les plus exquis n'étoient pas trop bons pour moi; mais depuis que je vis dans la solitude, j'ai rendu à mon goût toute sa pureté. Je n'aime présentement que les racines, les fruits, le lait, en un mot, que ce qui faisoit toute la nourriture de nos premiers pères.

Tandis qu'il parloit de la sorte, le jeune homme tomba dans une profonde rêverie. L'hermite s'en aperçut. Mon fils, lui dit-il, vous avez l'esprit embarrassé? Ne puis-je savoir ce qui vous occupe? Ouvrez-moi votre cœur. Ce n'est point par curiosité que je vous en presse, c'est la seule charité qui m'anime. Je suis dans un âge à donner des conseils, et vous êtes peut-être dans une situation à en avoir besoin. Oui, mon père, répondit le cavalier en soupirant, j'en ai besoin sans doute, et je veux suivre les vôtres, puisque vous avez la bonté de me les offrir. Je crois que je ne risque rien à me découvrir à un homme tel que vous. Non, mon fils, dit le vieillard, vous n'avez rien à craindre; on peut me faire toute sorte de confidences. Alors le cavalier lui parla dans ces termes.

CHAPITRE X.

Histoire de don Alphonse et de la belle Séraphine.

Enfant exposé. — Duel sanglant. — Jeune personne enlevée. — Veuve aimable et généreuse. — Lettre foudroyante.

Je ne vous déguiserai rien, mon père, non plus qu'à ce cavalier qui m'écoute : après la générosité qu'il a fait paroître, j'aurois tort de me défier de lui. Je vais vous apprendre mes malheurs. Je suis de Madrid, et voici mon origine. Un officier de la garde allemande, nommé le baron de Steinbach, rentrant un soir dans sa maison, aperçut au pied de l'escalier un paquet de linge blanc. Il le prit et l'emporta dans l'appartement de sa femme, où il se trouva que c'étoit un enfant nouveau-né, enveloppé dans une toilette fort propre, avec un billet par lequel on assuroit qu'il appartenoit à des personnes de qualité qui se feroient connoître un jour; et l'on ajoutoit qu'il avoit été baptisé et nommé Alphonse. Je suis cet enfant malheureux, et c'est tout ce que je sais. Victime de l'honneur ou de l'infidélité, j'ignore si ma mère ne m'a point exposé seulement pour cacher de honteuses amours, ou si, séduite par un amant parjure, elle s'est trouvée dans la cruelle nécessité de me désavouer.

Quoi qu'il en soit, le baron et sa femme furent touchés de mon sort; et comme ils n'avoient point d'enfants, ils se déterminèrent à m'élever sous le nom de don Alphonse. A mesure que j'avançois en âge, ils se sentoient attacher à moi. Mes manières flatteuses et complaisantes excitoient à tous moments leurs caresses. Enfin j'eus le bonheur de m'en faire aimer. Ils me donnèrent toute sorte de maîtres. Mon éducation devint leur unique étude; et, loin d'attendre impatiemment que mes parents se découvrissent, il sembloit au contraire qu'ils souhaitassent que ma naissance demeurât toujours inconnue. Dès que le baron me vit en état de porter les armes, il me mit dans le service. Il obtint pour moi une enseigne, me fit faire un petit équipage; et, pour mieux m'animer à chercher les occasions d'acquérir de la gloire, il me représenta que la carrière de l'honneur étoit ouverte à tout le monde, et que je pouvois dans la guerre me faire un nom d'autant plus glorieux, que je ne le devrois qu'à moi seul. En même temps il me révéla le secret de ma naissance, qu'il m'avoit caché jusque-là. Comme je passois pour son fils dans Madrid, et que j'avois cru l'être effectivement, je vous avouerai que cette confidence me fit beaucoup de peine. Je ne pouvois et ne puis encore y penser sans honte. Plus mes sentiments semblent m'assurer d'une noble origine, plus j'ai de confusion de me voir abandonné des personnes à qui je dois le jour.

J'allai servir dans les Pays-Bas, mais la paix se fit fort peu de temps après; et, l'Espagne se trouvant sans ennemis, mais non sans envieux, je revins à Madrid, où je reçus du baron et de sa femme de nouvelles marques de tendresse. Il y avoit déjà deux mois que j'étois de retour, lorsqu'un petit page entra dans ma chambre un matin, et me présenta un billet à peu près conçu dans ces termes : *Je ne suis ni laide ni mal faite, et cependant vous me voyez souvent à mes fenêtres sans m'agacer. Ce procédé répond mal à votre air galant ; et j'en suis si piquée, que je voudrois bien, pour m'en venger, vous donner de l'amour.*

Après avoir lu ce billet, je ne doutai point qu'il ne fût d'une veuve appelée Léonor, qui demeuroit vis-à-vis de notre maison, et qui avoit la réputation d'être fort coquette. Je questionnai là-dessus le petit page, qui voulut d'abord faire le discret ; mais, pour un ducat que je lui donnai, il satisfit ma curiosité. Il se chargea même d'une réponse par laquelle je mandois à sa maîtresse que je reconnoissois mon crime, et que je sentois déjà qu'elle étoit à demi vengée.

Je ne fus pas insensible à cette façon de conquête. Je ne sortis point le reste de la journée, et j'eus grand soin de me tenir à mes fenêtres pour observer la dame, qui n'oublia pas de se montrer aux siennes. Je lui fis des mines. Elle y répondit ; et dès le lendemain elle me manda par son petit page, que si je voulois la nuit prochaine me trouver dans la rue entre onze heures et minuit, je pourrois l'entretenir à la fenêtre d'une salle basse. Quoique je ne me sentisse pas fort amoureux d'une veuve si vive, je ne laissai pas de lui faire une réponse très passionnée, et d'attendre la nuit avec autant d'impatience que si j'eusse été bien touché. Lorsqu'elle fut venue, j'allai me promener au Prado [1] jusqu'à l'heure du rendez-vous. Je n'y étois pas encore arrivé, qu'un homme monté sur un beau cheval mit

---

[1] *Prado* veut dire *pré* ; mais ce mot, à Madrid, désigne une promenade publique plantée d'arbres comme le Parc à Londres.

tout à coup pied à terre auprès de moi; et m'abordant d'un air brusque : Cavalier, me dit-il, n'êtes vous pas fils du baron de Steinbach? Oui, lui répondis-je. C'est donc vous, reprit-il, qui devez cette nuit entretenir Léonor à sa fenêtre? J'ai vu ses lettres et vos réponses; son page me les a montrées; et je vous ai suivi ce soir depuis votre maison jusqu'ici, pour vous apprendre que vous avez un rival dont la vanité s'indigne d'avoir un cœur à disputer avec vous. Je crois qu'il n'est pas besoin de vous en dire davantage. Nous sommes dans un endroit écarté; battons-nous, à moins que, pour éviter le châtiment que je vous apprête, vous ne me promettiez de rompre tout commerce avec Léonor. Sacrifiez-moi les espérances que vous avez conçues, ou bien je vais vous ôter la vie. Il falloit, lui dis-je, demander ce sacrifice, et non pas l'exiger. J'aurois pu l'accorder à vos prières; mais je le refuse à vos menaces.

Eh bien! répliqua-t-il après avoir attaché son cheval à un arbre, battons-nous donc. Il ne convient point à une personne de ma qualité de s'abaisser à prier un homme de la vôtre. La plupart même de mes pareils, à ma place, se vengeroient de vous d'une manière moins honorable. Je me sentis choqué de ces dernières paroles; et voyant qu'il avoit déjà tiré son épée, je tirai aussi la mienne. Nous nous battîmes avec tant de furie, que le combat ne dura pas long-temps. Soit qu'il s'y prît avec trop d'ardeur, soit que je fusse plus adroit que lui, je le perçai bientôt d'un coup mortel. Je le vis chanceler et tomber. Alors, ne songeant plus qu'à me sauver, je montai sur son propre cheval, et pris la route de Tolède. Je n'osai pas retourner chez le baron de Steinbach, jugeant bien que mon aventure ne feroit que l'affliger ; et, quand je me représentois tout le péril où j'étois, je croyois ne pouvoir assez tôt m'éloigner de Madrid.

En faisant là-dessus les plus tristes réflexions, je marchai le reste de la nuit et toute la matinée. Mais sur le midi il fallut m'arrêter pour faire reposer mon cheval et laisser passer la chaleur, qui devenoit insupportable. Je demeurai dans un village jusqu'au coucher du soleil; après quoi, voulant aller tout d'une traite à Tolède, je continuai mon chemin. J'avois déjà gagné Illescas et deux lieues par delà, lorsque environ sur le minuit, un orage pareil à celui d'aujourd'hui vint me surprendre au milieu de la campagne. Je m'approchai des murs d'un jardin que je découvris à quelques pas de moi; et, ne trouvant pas d'abri plus commode, je me rangeai avec mon cheval, le mieux qu'il me fut possible, auprès de la porte d'un cabinet qui étoit au bout du mur, et au-dessus de laquelle il y avoit un balcon. Comme je m'appuyois contre la porte, je sentis qu'elle étoit ouverte ; ce que j'attribuai à la négligence des domestiques. Je mis pied à terre; et, moins par curiosité que pour être mieux à couvert de la pluie, qui ne laissoit pas de m'incommoder sous le balcon, j'entrai dans le bas du cabinet avec mon cheval que je tirois par la bride.

Je m'attachai, pendant l'orage, à observer les lieux où j'étois ; et, quoique je n'en pusse guère juger qu'à la faveur des éclairs, je connus bien que c'étoit une maison qui ne devoit point appartenir à des personnes du commun. J'attendois toujours que la pluie cessât, pour me remettre en chemin; mais une grande lumière que j'aperçus de loin me fit prendre une autre résolution. Je laissai mon cheval dans le cabinet, dont j'eus soin de fermer la porte; je m'avançai vers cette lumière, persuadé que l'on étoit encore sur pied dans cette maison, et résolu d'y demander un logement pour cette nuit. Après avoir traversé quelques allées, j'arrivai près d'un salon dont je trouvai aussi la porte ouverte. J'y entrai; et, quand j'en eus vu toute la magnificence à la faveur d'un beau lustre de cristal où il y avoit quelques bougies, je ne doutai point que je ne fusse chez un grand seigneur. Le pavé en étoit de marbre, le lambris fort propre et artistement doré, la corniche admirablement bien travaillée, et le plafond me parut l'ouvrage des plus habiles peintres. Mais ce que je regardai particulièrement, ce fut une infinité de bustes de héros espagnols, que soutenoient des escabellons de marbre jaspé qui régnoient autour du salon. J'eus le loisir de considérer toutes ces choses; car j'avois beau de temps en temps prêter une oreille attentive, je n'entendois aucun bruit, ni ne voyois paroître personne.

Il y avoit à l'un des côtés du salon une porte qui n'étoit que poussée; je l'entr'ouvris, et j'aperçus une enfilade de chambres dont la dernière seulement étoit éclairée. Que dois-je faire? dis-je alors en moi-même. M'en retournerai-je, ou serai-je assez hardi pour pénétrer jusqu'à cette chambre? Je pensois bien que le parti le plus judicieux c'étoit de retourner sur mes pas; mais je ne pus résister à ma curiosité, ou, pour mieux dire, à la force de mon étoile qui m'entraînoit. Je m'a-

vance, je traverse les chambres; et j'arrive à celle où
il y avoit de la lumière, c'est-à-dire une bougie qui
brûloit sur une table de marbre dans un flambeau de
vermeil. Je remarquai d'abord un ameublement d'été
très propre et très galant; mais bientôt, jetant les
yeux sur un lit dont les rideaux étoient à demi ouverts
à cause de la chaleur, je vis un objet qui attira mon
attention toute entière. C'étoit une jeune dame qui,
malgré le bruit du tonnerre qui venoit de se faire entendre, dormoit d'un profond sommeil. Je m'approchai d'elle tout doucement; et, à la clarté que la bougie
me prêtoit, je démêlai un teint et des traits qui m'é-
blouirent. Mes esprits tout à coup se troublèrent à sa
vue. Je me sentis saisir, transporter; mais, quelques
mouvements qui m'agitassent, l'opinion que j'avois de
la noblesse de son sang m'empêcha de former une
pensée téméraire, et le respect l'emporta sur le sentiment. Pendant que je m'enivrois du plaisir de la contempler, elle se réveilla.

Imaginez-vous quelle fut sa surprise de voir dans sa
chambre et au milieu de la nuit un homme qu'elle ne
connoissoit point. Elle frémit en m'apercevant, et fit
un grand cri. Je m'efforçai de la rassurer; et mettant
un genou à terre : Madame, lui dis-je, ne craignez
rien; je ne viens point ici pour vous nuire. J'allois continuer; mais elle étoit si effrayée, qu'elle ne m'écouta
point. Elle appelle ses femmes à plusieurs reprises; et,
comme personne ne lui répondoit, elle prend une robe
de chambre légère qui étoit au pied de son lit, se lève
brusquement, et passe dans les chambres que j'avois
traversées, en appelant encore les filles qui la servaient,

aussi-bien qu'une sœur cadette qu'elle avoit sous sa conduite. Je m'attendois à voir arriver tous les valets, et j'avois lieu d'appréhender que, sans vouloir m'entendre, ils ne me fissent un mauvais traitement; mais, par bonheur pour moi, elle eut beau crier, il ne vint à ses cris qu'un vieux domestique qui ne lui auroit pas été d'un grand secours si elle eût eu quelque chose à craindre. Néanmoins, devenue un peu plus hardie par sa présence, elle me demanda fièrement qui j'étois, par où et pourquoi j'avois eu l'audace d'entrer dans sa maison. Je commençai alors à me justifier; et je ne lui eus pas sitôt dit que j'avois trouvé la porte du cabinet du jardin ouverte, qu'elle s'écria dans le moment : Juste ciel! quel soupçon me vient dans l'esprit!

En disant ces paroles, elle alla prendre la bougie sur la table; elle parcourut toutes les chambres l'une après l'autre, et elle n'y vit ni ses femmes ni sa sœur; elle remarqua même qu'elles avoient emporté toutes leurs hardes. Ses soupçons ne lui paroissant alors que trop bien éclaircis, elle vint à moi avec beaucoup d'émotion, et me dit : Perfide, n'ajoute pas la feinte à la trahison. Ce n'est point le hasard qui t'a fait entrer ici : tu es de la suite de don Fernand de Leyva, et tu as part à son crime. Mais n'espère pas m'échapper; il me reste encore assez de monde pour t'arrêter. Madame, lui dis-je, ne me confondez point avec vos ennemis. Je ne connois point don Fernand de Leyva; j'ignore même qui vous êtes. Je suis un malheureux qu'une affaire d'honneur oblige à s'éloigner de Madrid; et je jure, par tout ce qu'il y a de plus sacré, que, sans l'orage qui m'a surpris, je ne serois point venu chez vous.

Jugez donc de moi plus favorablement : au lieu de me croire complice du crime qui vous offense, croyez-moi plutôt disposé à vous venger. Ces derniers mots, et le ton dont je les prononçai, apaisèrent la dame, qui sembla ne plus me regarder comme son ennemi : mais si elle perdit sa colère, ce ne fut que pour se livrer à sa douleur. Elle se mit à pleurer amèrement. Ses larmes m'attendrirent; et je n'étois guère moins affligé qu'elle, bien que je ne susse pas encore le sujet de son affliction. Je ne me contentai pas de pleurer avec elle; impatient de venger son injure, je me sentis saisir d'un mouvement de fureur. Madame, m'écriai-je, quel outrage avez-vous reçu? Parlez : j'épouse votre ressentiment. Voulez-vous que je coure après don Fernand et que je lui perce le cœur? Nommez-moi tous ceux qu'il faut vous immoler : commandez. Quelques périls, quelques malheurs qui soient attachés à votre vengeance, cet inconnu, que vous croyez d'accord avec vos ennemis, va s'y exposer pour vous.

Ce transport surprit la dame, et arrêta le cours de ses pleurs. Ah! seigneur, me dit-elle, pardonnez ce soupçon à l'état cruel où je me vois. Ces sentiments généreux détrompent Séraphine; ils m'ôtent jusqu'à la honte d'avoir un étranger pour témoin d'un affront fait à ma famille. Oui, noble inconnu, je reconnois mon erreur, et je ne rejette pas votre secours; mais je ne demande point la mort de don Fernand. Eh bien! madame, repris-je, quels services pouvez-vous attendre de moi? Seigneur, repartit Séraphine, voici de quoi je me plains. Don Fernand de Leyva est amoureux de ma sœur Julie, qu'il a vue par hasard à Tolède, où nous demeurons ordinairement. Il y a trois mois qu'il en fit la demande au comte de Polan mon père, qui lui refusa son aveu, à cause d'une vieille inimitié qui règne entre nos maisons. Ma sœur n'a pas encore quinze ans; elle aura eu la foiblesse de suivre les mauvais conseils de mes femmes, que don Fernand a sans doute gagnées; et ce cavalier, averti que nous étions toutes seules en cette maison de campagne, a pris ce temps pour enlever Julie. Je voudrois du moins savoir quelle retraite il lui a choisie, afin que mon père et mon frère, qui sont à Madrid depuis deux mois, puissent prendre des mesures là-dessus. Au nom de Dieu, ajouta-t-elle, donnez-vous la peine de parcourir les environs de Tolède; faites une exacte recherche de cet enlèvement : que ma famille vous ait cette obligation-là.

La dame ne songeoit pas que l'emploi dont elle me chargeoit ne convenoit guère à un homme qui ne pouvoit trop tôt sortir de Castille; mais comment y auroit-elle fait réflexion? je n'y pensois pas moi-même. Charmé du bonheur de me voir nécessaire à la plus aimable personne du monde, j'acceptai la commission avec transport, et promis de m'en acquitter avec autant de zèle que de diligence. En effet je n'attendis pas qu'il fût jour pour aller accomplir ma promesse; je quittai sur-le-champ Séraphine, en la conjurant de me pardonner la frayeur que je lui avois causée, et l'assurant qu'elle auroit bientôt de mes nouvelles. Je sortis par où j'étois entré, mais si occupé de la dame, qu'il ne me fut pas difficile de juger que j'en étois déjà fort épris. Je m'en aperçus encore mieux à l'empressement que j'avois de courir pour elle, et aux amoureuses chimères que je formai. Je me représentois que Séraphine, quoique possédée de sa douleur, avoit remarqué mon amour naissant, et qu'elle ne l'avoit peut-être pas vu sans plaisir. Je m'imaginois même que si je pouvois lui porter des nouvelles certaines de sa sœur, et que l'affaire tournât au gré de ses souhaits, j'en aurois tout l'honneur.

Don Alphonse interrompit en cet endroit le fil de son histoire, et dit au vieil hermite : Je vous demande pardon, mon père, si, trop plein de ma passion, je m'étends sur des circonstances qui vous ennuient sans doute. Non, mon fils, répondit l'anachorète, elles ne m'ennuient pas; je suis même bien aise de savoir jusqu'à quel point vous êtes épris de cette jeune dame dont vous m'entretenez : je réglerai là-dessus mes conseils.

L'esprit échauffé de ces flatteuses images, reprit le jeune homme, je cherchai pendant deux jours le ravisseur de Julie; mais j'eus beau faire toutes les perquisitions imaginables, il ne me fut pas possible d'en découvrir les traces. Très mortifié de n'avoir recueilli aucun fruit de mes recherches, je retournai chez Séraphine, que je me peignois dans une extrême inquiétude. Cependant elle étoit plus tranquille que je ne pensois. Elle m'apprit qu'elle avoit été plus heureuse que moi; qu'elle savoit ce que sa sœur étoit devenue; qu'elle avoit reçu une lettre de don Fernand même, qui lui mandoit qu'après avoir secrètement épousé Julie, il l'avoit conduite dans un couvent de Tolède. J'ai envoyé sa lettre à mon père, poursuivit Séraphine.

J'espère que la chose pourra se terminer à l'amiable, et qu'un mariage solennel éteindra bientôt la haine qui sépare depuis si long-temps nos maisons.

Lorsque la dame m'eut instruit du sort de sa sœur, elle parla de la fatigue qu'elle m'avoit causée, et du péril où elle pouvoit m'avoir imprudemment jeté en m'engageant à poursuivre un ravisseur, sans se souvenir que je lui avois dit qu'une affaire d'honneur me faisoit prendre la fuite. Elle m'en fit des excuses dans les termes les plus obligeants. Comme j'avois besoin de repos, elle me mena dans le salon, où nous nous assîmes tous deux. Elle avoit une robe de chambre de taffetas blanc à raies noires, avec un petit chapeau de la même étoffe et des plumes noires; ce qui me fit juger qu'elle pouvoit être veuve. Mais elle me paroissoit si jeune, que je ne savois ce que j'en devois penser.

Si j'avois envie de m'en éclaircir, elle n'en avoit pas moins de savoir qui j'étois. Elle me pria de lui apprendre mon nom, ne doutant pas, disoit-elle, à mon air noble, et encore plus à la pitié généreuse qui m'avoit fait entrer si vivement dans ses intérêts, que je ne fusse d'une famille considérable. La question m'embarrassa : je rougis, je me troublai; et j'avouerai que, trouvant moins de honte à mentir qu'à dire la vérité, je répondis que j'étois fils du baron de Steinbach, officier de la garde allemande. Dites-moi encore, reprit la dame, pourquoi vous êtes sorti de Madrid. Je vous offre par avance tout le crédit de mon père, aussi-bien que celui de mon frère don Gaspard. C'est la moindre marque de reconnoissance que je puisse donner à un cavalier qui, pour me servir, a négligé jusqu'au soin de sa propre vie. Je ne fis point de difficulté de lui raconter toutes les circonstances de mon combat : elle donna le tort au cavalier que j'avois tué, et promit d'intéresser pour moi toute sa maison.

Quand j'eus satisfait sa curiosité, je la priai de contenter la mienne. Je lui demandai si sa foi étoit libre ou engagée. Il y a trois ans, répondit-elle, que mon père me fit épouser don Diègue de Lara, et je suis veuve depuis quinze mois. Madame, lui dis-je, quel malheur vous a sitôt enlevé votre époux? Je vais vous l'apprendre, seigneur, repartit la dame, pour répondre à la confiance que vous venez de me marquer.

Don Diègue de Lara, poursuivit-elle, étoit un cavalier fort bien fait; mais, quoiqu'il eût pour moi une passion violente, et que chaque jour il mît en usage pour me plaire tout ce que l'amant le plus tendre et le plus vif fait pour se rendre agréable à ce qu'il aime, quoiqu'il eût mille bonnes qualités, il ne put toucher mon cœur. L'amour n'est pas toujours l'effet des empressements ni du mérite connu. Hélas! ajouta-t-elle, une personne que nous ne connoissons point nous enchante souvent dès la première vue. Je ne pouvois donc l'aimer. Plus confuse que charmée des témoignages de sa tendresse, et forcée d'y répondre sans penchant, si je m'accusois en secret d'ingratitude, je me trouvois aussi fort à plaindre. Pour son malheur et pour le mien, il avoit encore plus de délicatesse que d'amour. Il démêloit dans mes actions et dans mes discours mes mouvements les plus cachés. Il lisoit au fond de mon âme. Il se plaignoit à tous moments de mon indifférence, et s'estimoit d'autant plus malheureux de ne pouvoir me plaire, qu'il savoit bien qu'aucun rival ne l'en empêchoit : car j'avois à peine seize ans; et, avant que de m'offrir sa foi, il avoit gagné toutes mes femmes, qui l'avoient assuré que personne ne s'étoit encore attiré mon attention. Oui, Séraphine, me disoit-il souvent, je voudrois que vous fussiez prévenue pour un autre, et que cela seul fût la cause de votre insensibilité pour moi. Mes soins et votre vertu triompheroient de cet entêtement; mais je désespère de vaincre votre cœur, puisqu'il ne s'est pas rendu à tout l'amour que je vous ai témoigné. Fatiguée de l'entendre répéter les mêmes discours, je lui disois qu'au lieu de troubler son repos et le mien par trop de délicatesse, il feroit mieux de s'en remettre au temps. Effectivement, à l'âge que j'avois, je n'étois guère propre à goûter les raffinemens d'une passion si délicate; et c'étoit le parti que don Diègue devoit prendre : mais, voyant qu'une année entière s'étoit écoulée sans qu'il fût plus avancé qu'au premier jour, il perdit patience, ou plutôt il perdit la raison, et, feignant d'avoir à la cour une affaire importante, il partit pour aller servir dans les Pays-Bas en qualité de volontaire; et bientôt il trouva dans les périls ce qu'il y cherchoit, c'est-à-dire la fin de sa vie et de ses tourments.

Après que la dame eut fait ce récit, le caractère singulier de son mari devint le sujet de notre entretien. Nous fûmes interrompus par l'arrivée d'un courrier qui vint remettre à Séraphine une lettre du comte de Polan. Elle me demanda permission de la lire; et je remarquai qu'en la lisant elle devenoit pâle et tremblante. Après l'avoir lue, elle leva les yeux au ciel, poussa un long soupir, et son visage en un moment fut couvert de larmes. Je ne vis point tranquillement sa douleur. Je me troublai; et comme si j'eusse pressenti le coup qui m'alloit frapper, une crainte mortelle vint glacer mes esprits. Madame, lui dis-je d'une voix presque éteinte, puis-je vous demander quels malheurs vous annonce ce billet? Tenez, seigneur, me répondit tristement Séraphine en me donnant la lettre; lisez vous-même ce que mon père m'écrit. Hélas! vous n'y êtes que trop intéressé.

A ces mots, qui me firent frémir, je pris la lettre en tremblant, et j'y trouvai ces paroles : *Don Gaspard, votre frère, se battit hier au Prado. Il reçut un coup d'épée dont il est mort aujourd'hui; et il a déclaré, en mourant, que le cavalier qui l'a tué est fils du baron de Steinbach, officier de la garde allemande. Pour surcroît de malheur, le meurtrier m'est échappé. Il a pris la fuite; mais en quelque lieu qu'il aille se cacher, je n'épargnerai rien pour le découvrir. Je vais écrire à quelques gouverneurs qui ne manqueront pas de le faire arrêter s'il passe par les villes de leur juridiction, et je vais, par d'autres lettres, achever de lui fermer tous les chemins.*

Le comte DE POLAN.

Figurez-vous dans quel désordre ce billet jeta tous mes sens. Je demeurai quelques moments immobile et sans avoir la force de parler. Dans mon accablement j'envisage ce que la mort de don Gaspard a de cruel pour mon amour. J'entre tout à coup dans un vif désespoir. Je me jetai aux pieds de Séraphine, et lui présentant mon épée nue : Madame, lui dis-je, épargnez au comte de Polan le soin de chercher un homme qui pourroit se dérober à ses coups. Vengez vous-même votre frère, immolez-lui son meurtrier de votre propre main : frappez. Que ce même fer qui lui a ôté la vie devienne funeste à son malheureux ennemi. Seigneur, me répondit Séraphine un peu émue de mon action, j'aimois don Gaspard; quoique vous l'ayez tué en brave homme, et qu'il se soit attiré lui-même son malheur, vous devez être persuadé que j'entre dans le ressentiment de mon père. Oui, don Alphonse, je suis votre ennemie, et je ferai contre vous tout ce que le sang et l'amitié peuvent exiger de moi : mais je n'abuserai point de votre mauvaise fortune; elle a beau vous livrer à ma vengeance; si l'honneur m'arme contre vous, il me défend aussi de me venger lâchement. Les droits de l'hospitalité doivent être inviolables, et je ne veux point payer d'un assassinat le service que vous m'avez rendu. Fuyez; échappez, si vous pouvez, à nos poursuites et à la rigueur des lois, et sauvez votre tête du péril qui la menace.

Eh quoi! madame, repris-je, vous pouvez vous-même vous venger, et vous vous en remettez à des lois qui tromperont peut-être votre ressentiment! Ah! percez plutôt un misérable qui ne mérite pas que vous l'épargniez. Non, madame, ne gardez point avec moi un procédé si noble et si généreux. Savez-vous qui je suis? Tout Madrid me croit fils du baron de Steinbach, et je ne suis qu'un malheureux qu'il a élevé chez lui par pitié. J'ignore même quels sont les auteurs de ma naissance. N'importe, interrompit Séraphine avec précipitation, comme si mes dernières paroles lui eussent fait une nouvelle peine, quand vous seriez le dernier des hommes, je ferai ce que l'honneur me prescrit. Eh bien ! madame, lui dis-je, puisque la mort d'un frère n'est pas capable de vous exciter à répandre mon sang, je veux irriter votre haine par un nouveau crime dont j'espère que vous n'excuserez point l'audace. Je vous adore : je n'ai pu voir vos charmes sans en être ébloui, et, malgré l'obscurité de mon sort, j'avois formé l'espérance d'être à vous. J'étois assez amoureux, ou plutôt assez vain pour me flatter que le ciel, qui peut-être me fait grâce en me cachant mon origine, me la découvriroit un jour, et que je pourrois sans rougir vous apprendre mon nom. Après cet aveu qui vous outrage, balancerez-vous encore à me punir ?

Ce téméraire aveu, répliqua la dame, m'offenseroit sans doute dans un autre temps ; mais je le pardonne au trouble qui vous agite. D'ailleurs, dans la situation où je suis moi-même, je fais peu d'attention aux discours qui vous échappent. Encore une fois, don Alphonse, ajouta-t-elle en versant quelques larmes, partez, éloignez-vous d'une maison que vous remplissez de douleur ; chaque moment que vous y demeurez augmente mes peines. Je ne résiste plus, madame, repartis-je en me relevant ; il faut m'éloigner de vous ; mais ne pensez pas que, soigneux de conserver une vie qui vous est odieuse, j'aille chercher un asile où je puisse être en sûreté. Non, non, je me dévoue à votre ressentiment. Je vais attendre avec impatience à Tolède le destin que vous me préparez ; et me livrant à vos poursuites, j'avancerai moi-même la fin de mes malheurs.

Je me retirai en achevant ces paroles. On me donna mon cheval, et je me rendis à Tolède, où je demeurai huit jours, et où véritablement je pris si peu de soin de me cacher, que je ne sais comment je n'ai point été arrêté, car je ne puis croire que le comte de Polan, qui ne songe qu'à me fermer tous les passages, n'ait pas jugé que je pouvois passer par Tolède. Enfin je sortis hier de cette ville, où il sembloit que je m'ennuyasse d'être en liberté; et, sans tenir de route assurée, je suis venu jusqu'à cet hermitage, comme un homme qui n'auroit rien eu à craindre. Voilà, mon père, ce qui m'occupe. Je vous prie de m'aider de vos conseils.[1]

CHAPITRE XI.

Quel homme c'étoit que le vieil hermite, et comment Gil Blas s'aperçut qu'il étoit en pays de connoissance.

Voleurs qui se démasquent. — Propositions dangereuses. — Repas sur l'herbe dans un bois.

Quand don Alphonse eut achevé le triste récit de ses malheurs, le vieil hermite lui dit : Mon fils, vous avez eu bien de l'imprudence de demeurer si long-temps à Tolède. Je regarde d'un autre œil que vous tout ce que vous m'avez raconté, et votre amour pour

[1] On trouvera la suite de l'histoire de don Alphonse et de la belle Séraphine, ci-après, livre v, chap. II, et livre VI, chap. III.

Séraphine me paroît une pure folie. Croyez-moi, ne vous aveuglez point, il faut oublier cette jeune dame qui ne sauroit être à vous. Cédez de bonne grâce aux obstacles qui vous séparent d'elle, et vous livrez à votre étoile, qui, selon toutes les apparences, vous promet bien d'autres aventures. Vous trouverez sans doute quelque jeune personne qui fera sur vous la même impression, et dont vous n'aurez pas tué le frère.

Il alloit ajouter à cela beaucoup d'autres choses pour exhorter don Alphonse à prendre patience, lorsque nous vîmes entrer dans l'hermitage un autre hermite chargé d'une besace fort enflée. Il revenoit de faire une copieuse quête dans la ville de Cuença. Il paroissoit plus jeune que son compagnon, et il avoit une barbe rousse et fort épaisse. Soyez le bienvenu, frère Antoine, lui dit le vieil anachorète : quelles nouvelles apportez-vous de la ville? D'assez mauvaises, répondit le frère rousseau en lui mettant entre les mains un papier plié en forme de lettre; ce billet va vous en instruire. Le vieillard l'ouvrit, et, après l'avoir lu avec toute l'attention qu'il méritoit, il s'écria : Dieu soit loué! puisque la mèche est découverte, nous n'avons qu'à prendre notre parti. Changeons de style, poursuivit-il, seigneur don Alphonse, en adressant la parole au jeune cavalier; vous voyez un homme en butte comme vous aux caprices de la fortune. On me mande de Cuença, qui est une ville à une lieue d'ici, qu'on m'a noirci dans l'esprit de la justice, dont tous les suppôts doivent dès demain se mettre en campagne pour venir dans cet hermitage s'assurer de ma personne. Mais ils ne trouveront point le lièvre au gîte. Ce n'est pas la première fois que je me suis vu dans de pareils embarras. Grâces à Dieu, je m'en suis presque toujours tiré en homme d'esprit. Je vais me montrer sous une nouvelle forme; car, tel que vous me voyez, je ne suis rien moins qu'un hermite et qu'un vieillard.

En parlant de cette manière, il se dépouilla de la longue robe qu'il portoit; et l'on vit dessous un pourpoint de serge noire avec des manches tailladées. Puis il ôta son bonnet, détacha un cordon qui tenoit sa barbe postiche, et prit tout à coup la figure d'un homme de vingt-huit à trente ans. Le frère Antoine, à son exemple, quitta son habit d'hermite, se défit, de la même manière que son compagnon, de sa barbe rousse, et tira d'un vieux coffre de bois à demi pourri, une méchante soutanelle dont il se revêtit. Mais représentez-vous ma surprise, lorsque je reconnus dans le vieil anachorète le seigneur don Raphaël, et dans le frère Antoine, mon très cher et très fidèle valet Ambroise de Lamela. Vive Dieu! m'écriai-je aussitôt, je suis ici, à ce que je vois, en pays de connoissance. Cela est vrai, seigneur Gil Blas, me dit don Raphaël en riant, vous retrouvez deux de vos amis lorsque vous vous y attendiez le moins. Je conviens que vous avez quelque sujet de vous plaindre de nous; mais oublions le passé, et rendons grâces au ciel qui nous rassemble. Ambroise et moi nous vous offrons nos services; ils ne sont point à mépriser. Ne nous croyez pas de méchantes gens. Nous n'attaquons, nous n'assassinons personne; nous ne cherchons seulement qu'à vivre aux dépens d'autrui; et si voler est une action injuste, la nécessité en corrige l'injustice. Associez-vous avec nous, et vous menerez une vie errante. C'est un genre de vie fort agréable, quand on sait se conduire prudemment. Ce n'est pas que, malgré toute notre prudence, l'enchaînement des causes secondes ne soit tel quelquefois, qu'il nous arrive de mauvaises aventures. N'importe, nous en trouvons les bonnes meilleures. Nous sommes accoutumés à la variété des temps, aux alternatives de la fortune.

Seigneur cavalier, poursuivit le faux hermite en parlant à don Alphonse, nous vous faisons la même proposition, et je ne crois pas que vous deviez la rejeter dans la situation où vous paroissez être; car, sans parler de l'affaire qui vous oblige à vous cacher, vous n'avez pas sans doute beaucoup d'argent? Non, vraiment, dit don Alphonse, et cela, je l'avoue, augmente mes chagrins. Eh bien! reprit don Raphaël, ne nous quittez donc point. Vous ne sauriez mieux faire que de vous joindre à nous. Rien ne vous manquera, et nous rendrons inutiles toutes les recherches de vos ennemis. Nous connoissons presque toute l'Espagne, pour l'avoir parcourue. Nous savons où sont les bois, les montagnes, tous les endroits propres à servir d'asile contre les brutalités de la justice. Don Alphonse les remercia de leur bonne volonté; et, se trouvant effectivement sans argent, sans ressource, il se résolut à les accompagner. Je m'y déterminai aussi, parce que je ne voulus point quitter ce jeune homme, pour qui je me sentis naître beaucoup d'inclination.

Nous convînmes tous quatre d'aller ensemble, et de ne nous point séparer. Cela étant arrêté entre nous, il fut mis en délibération si nous partirions à l'heure même, ou si nous donnerions auparavant quelque atteinte à une outre [1] pleine d'un excellent vin que le frère Antoine avoit apportée de la ville de Cuença le jour précédent; mais Raphaël, comme celui qui avoit le plus d'expérience, représenta qu'il falloit, avant toutes choses, penser à notre sûreté; qu'il étoit d'avis que nous marchassions toute la nuit pour gagner un bois fort épais qui étoit entre Villardesa et Almodabar; que nous ferions halte en cet endroit, où, nous voyant sans inquiétude, nous passerions la journée à nous reposer. Cet avis fut approuvé. Alors les faux hermites firent deux paquets de toutes les hardes et provisions qu'ils avoient, et les mirent en équilibre sur le cheval de don Alphonse. Cela se fit avec une extrême diligence; après quoi nous nous éloignâmes de l'hermitage, laissant en proie à la justice les deux robes d'hermite, avec la barbe blanche et la barbe rousse, deux grabats, une table, un mauvais coffre, deux vieilles chaises de paille et l'image de saint Pacôme.

Nous marchâmes toute la nuit, et nous commencions à nous sentir fort fatigués, lorsqu'à la pointe du jour nous aperçûmes le bois où tendoient nos pas. La vue du port donne une vigueur nouvelle aux matelots lassés d'une longue navigation. Nous prîmes courage, et nous arrivâmes enfin au bout de notre carrière avant le lever du soleil. Nous nous enfonçâmes dans le plus épais du bois, et nous nous arrêtâmes dans un endroit

[1] L'outre est une peau de bouc cousue et préparée, dans laquelle les Espagnols mettent communément du vin ou des liqueurs, à l'exemple des anciens. Dans les *Métamorphoses*, ou l'*Ane* d'Apulée, il y a un combat plaisant contre trois outres enchantées que l'on prend pour des hommes. Ils sont tués. Le meurtrier, poursuivi criminellement, est reconnu enfin coupable de trois outricides.

fort agréable, sur un gazon entouré de plusieurs gros chênes, dont les branches entrelacées formoient une voûte que la chaleur du jour ne pouvoit percer. Nous débridâmes le cheval pour le laisser paître, après l'avoir déchargé. Nous nous assîmes; nous tirâmes de la besace du frère Antoine quelques grosses pièces de pain avec plusieurs morceaux de viandes rôties, et nous nous mîmes à nous en escrimer comme à l'envi l'un de l'autre. Néanmoins, quelque appétit que nous eussions, nous cessions souvent de manger pour donner des accolades à l'outre, qui ne faisoit que passer des bras de l'un entre les bras de l'autre.

Sur la fin du repas, don Raphaël dit à don Alphonse: Seigneur cavalier, après la confidence que vous m'avez faite, il est juste que je vous raconte aussi l'histoire de ma vie avec la même sincérité. Vous me ferez plaisir, répondit le jeune homme; et à moi particulièrement, m'écriai-je. J'ai une extrême curiosité d'entendre vos aventures; je ne doute pas qu'elles ne soient dignes d'être écoutées. Je vous en réponds, répliqua Raphaël, et je prétends bien les écrire un jour. Ce sera l'amusement de ma vieillesse; car je suis encore jeune, et je veux grossir le volume. Mais nous sommes fatigués; délassons-nous par quelques heures de sommeil. Pendant que nous dormirons tous trois, Ambroise veillera de peur de surprise, et tantôt à son tour il dormira. Quoique nous soyons, ce me semble, ici fort en sûreté, il est toujours bon de se tenir sur ses gardes. En achevant ces mots, il s'étendit sur l'herbe. Don Alphonse fit la même chose. Je suivis leur exemple; et Lamela se mit en sentinelle.

Don Alphonse, au lieu de prendre quelque repos, s'occupa de ses malheurs, et je ne pus fermer l'œil. Pour don Raphaël, il s'endormit bientôt. Mais il se réveilla une heure après; et, nous voyant disposés à l'écouter, il dit à Lamela : Mon ami Ambroise, tu peux présentement goûter la douceur du sommeil. Non, non, répondit Lamela, je n'ai point envie de dormir; et, bien que je sache tous les événements de votre vie, ils sont si instructifs pour les personnes de notre profession [1], que je serai bien aise de les entendre encore raconter. Aussitôt don Raphaël commença dans ces termes l'histoire de sa vie.

[1] Ambroise, par ces mots, caractérise bien d'avance l'histoire singulière qui remplira le livre v, et qui est selon lui instructive.... pour les fripons. C'est un des morceaux de Gil Blas les plus piquants, à double titre, par la variété des tableaux qu'il présente et la rapidité de la narration. Le vice s'y montre dépeint d'une touche légère ; mais sa franchise audacieuse inspire elle-même au lecteur bien des réflexions. La morale directe ne seroit pas si amusante, ni peut-être si efficace.

FIN DU LIVRE QUATRIÈME.

LIVRE CINQUIEME.

CHAPITRE PREMIER.

Histoire de don Raphaël.

Enfant mal élevé. — Riche dot à la veille d'être escroquée. — Reconnaissance de deux frères. — Pirates. — Sérail à Alger. — Tel fils, telle mère. — Femme funeste à ses maris. — Renégat d'Alger, qui devient courtisan à Florence, fripon à Madrid, amoureux à Tolède, et finit, comme le diable, par se faire hermite. — Vie édifiante des béates.

Je suis fils d'une comédienne de Madrid, fameuse par sa déclamation, et plus encore par ses galanteries; elle se nommoit Lucinde. Pour un père, je ne puis sans témérité m'en donner un. Je dirois bien quel homme de qualité étoit amoureux de ma mère lorsque je suis venu au monde; mais cette époque ne seroit pas une preuve convaincante qu'il fût l'auteur de ma naissance. Une personne de la profession de ma mère est si sujette à caution, que, dans le temps même qu'elle paroît le plus attachée à un seigneur, elle lui donne presque toujours quelque substitut pour son argent.

Rien n'est tel que de se mettre au-dessus de la médisance. Lucinde, au lieu de me faire élever chez elle dans l'obscurité, me prenoit sans façon par la main, et me menoit au théâtre fort honnêtement, sans se soucier des discours qu'on tenoit sur son compte, ni des ris malins que ma vue ne manquoit pas d'exciter. Enfin, je faisois ses délices, et j'étois caressé de tous les hommes qui venoient au logis : on eût dit que le sang parloit en eux en ma faveur.

On me laissa passer les douze premières années de ma vie dans toutes sortes d'amusements frivoles. A peine me montra-t-on à lire et à écrire : on s'attacha moins encore à m'enseigner les principes de ma religion. J'appris seulement à danser, à chanter et à jouer de la guitare : c'est tout ce que je savois faire, lorsque le marquis de Léganez me demanda pour être auprès de son fils unique, qui avoit à peu près mon âge. Lucinde y consentit volontiers, et ce fut alors que je commençai à m'occuper sérieusement. Le jeune Léganez n'étoit pas plus avancé que moi : ce petit seigneur ne paroissoit pas né pour les sciences; il ne connoissoit presque pas une lettre de son alphabet, bien qu'il eût un précepteur depuis quinze mois. Ses autres maîtres n'en tiroient pas meilleur parti; il poussoit à bout leur patience. Il est vrai qu'il ne leur étoit pas permis d'user de rigueur à son égard : ils avoient un ordre exprès de l'instruire sans le tourmenter; et cet ordre, joint à la mauvaise disposition du sujet, rendoit les leçons assez inutiles.

Mais le précepteur, ainsi que vous l'allez voir, imagina un bel expédient pour intimider ce jeune seigneur sans aller contre la défense de son père; il résolut de me fouetter quand le petit Léganez mériteroit d'être puni, et il ne manqua pas d'exécuter sa résolution. Je ne trouvai point l'expédient de mon goût; je m'échappai, et m'allai plaindre à ma mère d'un traitement si injuste. Cependant, quelque tendresse qu'elle se sentît pour moi, elle eut la force de résister à mes larmes ; et, considérant que c'étoit un grand avantage pour son fils d'être chez le marquis de Léganez, elle m'y fit remener sur-le-champ. Me voilà donc livré au précepteur. Comme il s'étoit aperçu que son invention avoit produit un bon effet, il continua de me fouetter à la place du petit seigneur ; et, pour faire plus d'impression sur lui, il m'étrilloit très rudement. J'étois sûr de payer tous les jours pour le jeune Léganez. Je puis dire qu'il n'a pas appris une lettre de son alphabet qui ne m'ait coûté cent coups de fouet ; jugez à combien me revient son rudiment !

Le fouet n'étoit pas le seul désagrément que j'eusse à essuyer dans cette maison : comme tout le monde m'y connoissoit, les moindres domestiques, jusqu'aux marmitons, me reprochoient ma naissance. Cela me déplut à un point, que je m'enfuis un jour, après avoir trouvé moyen de me saisir de tout ce que le précepteur avoit d'argent comptant ; ce qui pouvoit bien aller à cent cinquante ducats. Telle fut la vengeance que je tirai des coups de fouet qu'il m'avoit donnés si injustement ; et je crois que je n'en pouvois prendre une plus affligeante pour lui. Je fis ce tour de main avec beaucoup de subtilité, quoique ce fût mon coup d'essai ; et j'eus l'adresse de me dérober aux perquisitions qu'on fit de moi pendant deux jours. Je sortis de Madrid, et me rendis à Tolède sans voir personne à mes trousses.

J'entrois alors dans ma quinzième année. Quel plaisir, à cet âge, d'être indépendant et maître de ses volontés !

J'eus bientôt fait connoissance avec des jeunes gens qui me dégourdirent, et m'aidèrent à manger mes ducats. Je m'associai ensuite avec des chevaliers d'industrie, qui cultivèrent si bien mes heureuses dispositions, que je devins en peu de temps un des plus forts de l'ordre. Au bout de cinq années, l'envie de voyager me prit: je quittai mes confrères; et, voulant commencer mes voyages par l'Estramadure, je gagnai Alcantara; mais, avant que d'y arriver, je trouvai une occasion d'exercer mes talents, et je ne la laissai point échapper. Comme j'étois à pied, et de plus chargé d'un havresac assez pesant, je m'arrêtois de temps en temps pour me reposer sous les arbres qui m'offroient leur ombrage à quelques pas du grand chemin. Je rencontrai deux enfants de famille qui s'entretenoient avec gaieté sur l'herbe en prenant le frais. Je les saluai très civilement, et, ce qui me parut ne leur pas déplaire, j'entrai dans leur conversation. Le plus vieux n'avoit pas quinze ans; ils étoient tous deux bien ingénus. Seigneur cavalier, me dit le plus jeune, nous sommes fils de deux riches bourgeois de Placencia. Nous avons une extrême envie de voir le royaume de Portugal; et, pour satisfaire notre curiosité, nous avons pris chacun cent pistoles à nos parents. Bien que nous voyagions à pied, nous ne laisserons pas d'aller loin avec cet argent. Qu'en pensez-vous? Si j'en avois autant, lui répondis-je, Dieu sait où j'irois! Je voudrois parcourir les quatre parties du monde. Comment diable! deux cents pistoles! c'est une somme immense, vous n'en verrez jamais la fin. Si vous l'avez pour agréable, messieurs, ajoutai-je, j'aurai l'honneur de vous accompagner jusqu'à la ville d'Almerin, où je vais recueillir la succession d'un oncle qui, depuis vingt années ou environ, s'étoit établi là.

Les jeunes bourgeois me témoignèrent que ma compagnie leur feroit plaisir. Ainsi, lorsque nous nous fûmes tous trois un peu délassés, nous marchâmes vers Alcantara, où nous arrivâmes long-temps avant la nuit. Nous allâmes loger à une bonne hôtellerie. Nous demandâmes une chambre, et on nous en donna une où il y avoit une armoire qui fermoit à clef. Nous ordonnâmes d'abord le souper; et pendant qu'on nous l'apprêtoit, je proposai à mes compagnons de voyage de nous promener dans la ville; ils acceptèrent la proposition. Nous serrâmes nos havresacs dans l'armoire, dont un des bourgeois prit la clef, et nous sortîmes de l'hôtellerie. Nous allâmes visiter les églises; et, dans le temps que nous étions dans la principale, je feignis tout à coup d'avoir une affaire importante. Messieurs, dis-je à mes camarades, je viens de me souvenir qu'une personne de Tolède m'a chargé de dire de sa part deux mots à un marchand qui demeure auprès de cette église. Attendez-moi, de grâce, ici; je serai de retour dans un moment. A ces mots, je m'éloignai d'eux. Je cours à l'hôtellerie, je vole à l'armoire, j'en force la serrure; et, fouillant dans les havresacs de mes jeunes bourgeois, j'y trouve leurs pistoles. Les pauvres enfants! je ne leur en laissai pas seulement une pour payer leur gîte; je les emportai toutes. Après cela, je sortis promptement de la ville et pris la route de Mérida, sans m'embarrasser de ce qu'ils deviendroient.

Cette aventure, dont je ne fis que rire, me mit en état de voyager avec agrément. Quoique jeune, je me sentois capable de me conduire prudemment. Je puis dire que j'étois bien avancé pour mon âge. Je résolus d'acheter une mule; ce que je fis en effet au premier bourg. Je convertis même mon havresac en valise, et je commençai à faire un peu plus l'homme d'importance. La troisième journée, je rencontrai un homme qui chantoit vêpres à pleine tête sur le grand chemin. Je jugeai à son air que c'étoit un chantre, et je lui dis : Courage, seigneur bachelier, cela va le mieux du monde! Vous avez, à ce que je vois, le cœur au métier. Seigneur, me répondit-il, je suis chantre, pour vous rendre mes très humbles services, et je suis bien aise de tenir ma voix en haleine.

Nous entrâmes de cette manière en conversation. Je m'aperçus que j'étois avec un personnage des plus spirituels et des plus agréables. Il avoit vingt-quatre ou vingt-cinq ans. Comme il étoit à pied, je n'allois que le petit pas pour avoir le plaisir de l'entretenir. Nous parlâmes entre autres choses de Tolède. Je connois parfaitement cette ville, me dit le chantre; j'y ai fait un assez long séjour, j'y ai même quelques amis. Et dans quel endroit, interrompis-je, demeuriez-vous à Tolède? Dans la rue Neuve, répondit-il. J'y demeurois avec don Vincent de Buena Garra [1], don Mathias de Cordel, et deux ou trois autres honnêtes cavaliers. Nous logions, nous mangions ensemble; nous passions fort bien le temps. Ces paroles me surprirent; car il faut observer que les gentilshommes dont il me citoit

[1] *De buena garra*, de bonne griffe. *De cordel*, du cordeau, de la corde. Ces noms sont faits exprès pour désigner des *aigrefins*, comme don Raphaël les appelle modestement.

les noms, étoient les aigrefins avec qui j'avois été faufilé à Tolède. Seigneur chantre, m'écriai-je, ces messieurs que vous venez de nommer sont de ma connoissance, et j'ai demeuré aussi avec eux dans la rue Neuve. Je vous entends, reprit-il en souriant; c'est-à-dire que vous êtes entré dans la compagnie depuis trois ans que j'en suis sorti. Je viens, lui repartis-je, de quitter ces seigneurs, parce que je me suis mis dans le goût des voyages. Je veux faire le tour de l'Espagne. J'en vaudrai mieux quand j'aurai plus d'expérience. Sans doute, me dit-il, pour se perfectionner l'esprit, il faut voyager. C'est aussi pour cette raison que j'abandonnai Tolède, quoique j'y vécusse fort agréablement. Je rends grâce au ciel, poursuivit-il, qui m'a fait rencontrer un chevalier de mon ordre, lorsque j'y pensois le moins. Unissons-nous : voyageons ensemble ; attentons sur la bourse du prochain ; profitons de toutes les occasions qui se présenteront d'exercer notre savoir-faire.

Il me fit cette proposition si franchement et de si bonne grâce, que je l'acceptai. Il gagna tout à coup ma confiance en me donnant la sienne. Nous nous ouvrîmes l'un à l'autre. Je lui contai mon histoire, et il ne me déguisa point ses aventures. Il m'apprit qu'il venoit de Portalègre, d'où une fourberie, déconcertée par un contre-temps, l'avoit obligé de se sauver avec précipitation, et sous l'habillement que je lui voyois. Après qu'il m'eut fait une entière confidence de ses affaires, nous résolûmes d'aller tous deux à Mérida tenter la fortune, d'y faire quelque bon coup si nous pouvions, et d'en décamper aussitôt pour nous rendre ailleurs. Dès ce moment nos biens devinrent communs entre nous. Il est vrai que Moralès (ainsi se nommoit mon compagnon) ne se trouvoit pas dans une situation fort aisée, tout ce qu'il possédoit ne consistant qu'en cinq ou six ducats, avec quelques hardes qu'il portoit dans un bissac; mais si j'étois mieux que lui en argent comptant, il étoit en récompense plus consommé que moi dans l'art de tromper les hommes. Nous montions ma mule alternativement, et nous arrivâmes de cette manière à Mérida.

Nous nous arrêtâmes dans une hôtellerie du faubourg, où mon camarade tira de son bissac un habit dont il ne fut pas sitôt revêtu, que nous allâmes faire un tour dans la ville pour reconnoître le terrain, et voir s'il ne s'offriroit point quelque occasion de travailler. Nous considérions fort attentivement tous les objets qui se présentoient à nos regards. Nous ressemblions, comme auroit dit Homère, à deux milans qui cherchent des yeux dans la campagne des oiseaux dont ils puissent faire leur proie. Nous attendions enfin que le hasard nous fournît quelque sujet d'employer notre industrie, lorsque nous aperçûmes dans la rue un cavalier à cheveux gris qui avait l'épée à la main, et qui se battoit contre trois hommes qui le poussoient vigoureusement. L'inégalité de ce combat me choqua; et, comme je suis naturellement ferrailleur, je volai au secours du vieillard. Moralès, pour me montrer que je ne m'étois point associé avec un lâche, suivit mon exemple. Nous chargeâmes les trois ennemis du cavalier, et nous les obligeâmes à prendre la fuite.

Après leur retraite, le vieillard se répandit en discours reconnoissants. Nous sommes ravis, lui dis-je, de nous être trouvés ici si à propos pour vous secourir; mais que nous sachions du moins à qui nous avons eu le bonheur de rendre service; et dites-nous, de grâce, pourquoi ces trois hommes vouloient vous assassiner. Messieurs, nous répondit-il, je vous ai trop d'obligation pour refuser de satisfaire votre curiosité. Je m'appelle Jérôme de Moyadas [1], et je vis de mon bien dans cette ville. L'un de ces assassins dont vous m'avez délivré, est un amant de ma fille. Il me la fit demander en mariage ces jours passés; et comme il ne put obtenir mon aveu, il vient de me faire mettre l'épée à la main pour s'en venger. Et peut-on, repris-je, vous demander encore pour quelles raisons vous n'avez point accordé votre fille à ce cavalier? Je vais vous l'apprendre, me dit-il. J'avois un frère marchand dans cette ville; il se nommoit Augustin. Il y a deux mois qu'il étoit à Calatrava, logé chez Juan Velez de la Membrilla [2], son correspondant. Ils étoient tous deux amis intimes; et mon frère, pour fortifier encore davantage leur amitié, promit Florentine, ma fille unique, au fils de son correspondant, ne doutant point qu'il n'eût assez de crédit sur moi pour m'obliger à dégager sa promesse. Comme en effet, mon frère étant de retour à Mérida, ne m'eut pas plus tôt parlé de ce mariage, que j'y consentis pour l'amour de lui. Il envoya le portrait de Florentine à Calatrava : mais hélas! il n'a pas eu la satisfaction d'achever son ouvrage; il est mort depuis trois semaines. En mourant, il me conjura de

---

[1] *De Moyadas*, des mouillures.
[2] *De la Membrilla*, du coing tendre.

ne disposer de ma fille qu'en faveur du fils de son correspondant. Je le lui promis; et voilà pourquoi j'ai refusé Florentine au cavalier qui vient de m'attaquer, quoique ce soit un parti fort avantageux. Je suis esclave de ma parole, et j'attends à tout moment le fils de Juan Velez de la Membrilla pour en faire mon gendre, bien que je ne l'aie jamais vu, non plus que son père. Je vous demande pardon, continua Jérôme de Moyadas, si je vous fais cette narration; mais vous l'avez exigée de moi.

J'écoutai ce récit avec beaucoup d'attention; et m'arrêtant à une supercherie qui me vint tout à coup dans l'esprit [1], j'affectai un grand étonnement; je levai les yeux au ciel. Ensuite me tournant vers le vieillard, je lui dis d'un ton pathétique : Ah! seigneur de Moyadas, est-il possible qu'en arrivant à Mérida je sois assez heureux pour sauver la vie à mon beau-père? Ces paroles causèrent une étrange surprise au vieux bourgeois, et n'étonnèrent pas moins Moralès, qui me fit connoître par sa contenance que je lui paroissois un grand fripon. Que m'apprenez-vous? me répondit le vieillard. Quoi! vous seriez le fils du correspondant de mon frère? Oui, seigneur Jérôme de Moyadas, lui répliquai-je en payant d'audace et en lui jetant les bras au cou, je suis le fortuné mortel à qui l'adorable Florentine est destinée. Mais, avant que je vous témoigne

---

[1] Ici, Le Sage va reprendre le canevas d'une partie de sa charmante comédie de *Crispin rival de son maître*, jouée avec tant de succès en 1707, et qui est toujours applaudie; mais il saura y ajouter de nouveaux développements, de manière à n'avoir pas l'air de se recopier lui-même. On va voir son récit renchérir sur sa pièce.

la joie que j'ai d'entrer dans votre famille, permettez que je répande dans votre sein les larmes que renouvelle ici le souvenir de votre frère Augustin. Je serois le plus ingrat de tous les hommes, si je n'étois vivement touché de la mort d'une personne à qui je dois le bonheur de ma vie. En achevant ces mots, j'embrassai encore le bon homme Jérôme, et je passai ensuite la main sur mes yeux, comme pour essuyer mes pleurs. Moralès, qui comprit tout d'un coup l'avantage que nous pouvions tirer d'une pareille tromperie, ne manqua pas de me seconder. Il voulut passer pour mon valet, et il se mit à renchérir sur le regret que je marquois de la mort du seigneur Augustin. Monsieur Jérôme, s'écria-t-il, quelle perte vous avez faite en perdant votre frère ! C'étoit un si honnête homme, le phénix du commerce, un marchand désintéressé, un marchand de bonne foi, un marchand comme on n'en voit point.

Nous avions affaire à un homme simple et crédule; bien loin d'avoir quelque soupçon de notre fourberie, il s'y prêta de lui-même. Eh pourquoi, me dit-il, n'êtes-vous pas venu tout droit chez moi? Il ne falloit point aller loger dans une hôtellerie. Dans les termes où nous en sommes, on ne doit point faire de façon. Monsieur, lui dit Moralès en prenant la parole pour moi, mon maître est un peu cérémonieux ; il a ce défaut-là; il me permettra de le lui reprocher. Ce n'est pas, ajouta-t-il, qu'il ne soit excusable en quelque manière de n'avoir pas voulu paroître devant-vous en l'état où il est. Nous avons été volé sur la route; on nous a pris toutes nos hardes. Ce garçon, interrompis-je, vous dit la vérité, seigneur de Moyadas. Ce malheur a été cause que je ne suis point allé descendre chez vous. Je n'osois me présenter sous cet habit aux yeux d'une maîtresse qui ne m'a point encore vu, et j'attendois pour cela le retour d'un valet que j'ai envoyé à Calatrava. Cet accident, reprit le vieillard, ne devoit point vous empêcher de venir demeurer dans ma maison, et je prétends que vous y preniez tout à l'heure un logement.

En parlant de cette sorte, il m'emmena chez lui; mais avant que d'y arriver nous nous entretînmes du prétendu vol qu'on m'avoit fait, et je témoignai que mon plus grand chagrin étoit d'avoir perdu, avec mes hardes, le portrait de Florentine. Le bourgeois, là-dessus, me dit en riant qu'il falloit me consoler de cette perte, et que l'original valoit mieux que la copie. En effet, dès que nous fûmes dans sa maison, il appela sa fille, qui n'avoit pas plus de seize ans, et qui pouvoit passer pour une personne accomplie. Vous voyez, me dit-il, la dame que feu mon frère vous a promise. Ah! seigneur, m'écriai-je d'un air passionné, il n'est pas besoin de me dire que c'est l'aimable Florentiue qui s'offre à mes yeux : ces traits charmants sont gravés dans ma mémoire, et encore plus dans mon cœur. Si le portrait que j'ai perdu, et qui n'étoit qu'une foible ébauche de tant d'attraits, a pu m'embraser de mille feux, jugez quels transports doivent m'agiter en ce moment! Ce discours est trop flatteur, me dit Florentine, et je ne suis point assez vaine pour m'imaginer que je le justifie. Continuez vos compliments, interrompit alors le père. En même temps il me laissa seul avec sa fille, et prenant Moralès en particulier : Mon ami, lui dit-il, les voleurs vous ont donc emporté toutes vos hardes, et sans doute votre argent, car ils commencent toujours par là? Oui, monsieur, répondit mon camarade; une nombreuse troupe de bandits est venue fondre sur nous auprès de Castil-Blazo; ils ne nous ont laissé que les habits que nous avons sur le corps; mais nous recevrons incessamment des lettres de change, et nous allons nous remettre sur pied.

En attendant vos lettres de change, répliqua le vieillard en tirant de sa poche une bourse, voici cent pistoles dont vous pouvez disposer. Oh! monsieur, s'écria Moralès, mon maître ne voudra point les accepter. Vous ne le connoissez pas. Tudieu! c'est un homme délicat sur cette matière. Ce n'est point un de ces enfants de famille qui sont prêts à prendre de toutes mains. Il n'aime pas à s'endetter, tout jeune qu'il est. Il demanderoit plutôt l'aumône, que d'emprunter un maravédis. Tant mieux, dit le bourgeois, je l'en estime davantage. Je ne puis souffrir que l'on contracte des dettes. Je pardonne cela aux personnes de qualité, parce que c'est une chose dont elles sont en possession. Je ne veux pas, ajouta-t-il, contraindre ton maître; et, si c'est lui faire de la peine que de lui offrir de l'argent, il n'en faut plus parler. En disant ces paroles, il voulut remettre la bourse dans sa poche; mais mon compagnon lui retint le bras. Attendez, seigneur de Moyadas, lui dit-il : quelque aversion que mon maître ait pour les emprunts, je ne désespère pas de lui faire agréer vos cent pistoles. Il n'y a que manière de s'y prendre avec lui. Après tout, ce n'est que des étrangers qu'il n'aime point à emprunter; il n'est pas si façonnier avec sa famille. Il demande même fort bien à son père tout l'argent dont il a besoin. Ce garçon, comme vous voyez, sait distinguer les personnes, et il doit vous regarder, monsieur, comme un second père.

Moralès, par de semblables discours, s'empara de la bourse du vieillard, qui vint nous rejoindre, et qui nous trouva, sa fille et moi, engagés dans les compliments. Il rompit notre entretien. Il apprit à Florentine l'obligation qu'il m'avoit; et sur cela il me tint des propos qui me firent connoître combien il en étoit reconnoissant. Je profitai d'une si favorable disposition. Je dis au bourgeois que la plus touchante marque de reconnoissance qu'il pût me donner étoit de hâter mon mariage avec sa fille. Il céda de bonne grâce à mon impatience. Il m'assura que dans trois jours au plus tard je serois l'époux de Florentine; il ajouta même qu'au lieu de six mille ducats qu'il avoit promis pour sa dot, il en donneroit dix mille, pour me témoigner jusqu'à quel point il étoit pénétré du service que je lui avois rendu.

Nous étions donc, Moralès et moi, chez le bon homme Jérôme de Moyadas, bien traités, et dans l'agréable attente de toucher dix mille ducats, avec quoi nous nous proposions de nous éloigner promptement de Mérida. Une crainte pourtant troubloit notre joie : nous appréhendions qu'avant trois jours le véritable fils de Juan Velez de la Membrilla ne vînt traverser notre bonheur, ou plutôt le détruire en paroissant tout à coup. Cette crainte n'étoit pas mal fondée. Dès le lendemain une espèce de paysan, chargé d'une valise, arriva chez le père de Florentine. Je ne m'y trouvai point alors; mais mon camarade y étoit. Seigneur, dit le paysan au vieillard, j'appartiens au cavalier de Calatrava, qui doit être votre gendre, au seigneur Pedro de la Membrilla. Nous venons tous deux d'arriver dans cette ville : il sera ici dans un instant; j'ai pris les devants pour vous en avertir. A peine eut-il achevé ces mots, que son maître parut; ce qui surprit fort le vieillard, et déconcerta un peu Moralès.

Le jeune Pedro étoit un garçon des mieux faits. Il adressa la parole au père de Florentine; mais le bon homme ne lui donna pas le temps de finir son discours, et se tournant vers mon compagnon, il lui demanda ce que cela signifioit. Alors Moralès, qui ne cédoit en effronterie à personne du monde, prit un air d'assurance, et dit au vieillard : Monsieur, ces deux hommes que vous voyez sont de la troupe des voleurs qui nous ont détroussés sur le grand chemin; je les reconnois, et particulièrement celui qui a l'audace de se dire fils du seigneur Juan Velez de la Membrilla. Le vieux bourgeois, sans hésiter, crut Moralès; et, persuadé que les nouveaux venus étoient des fripons, il leur dit : Messieurs, vous arrivez trop tard; on vous a prévenus. Pedro de la Membrilla est chez moi depuis hier. Prenez garde à ce que vous dites, lui répondit le jeune homme de Calatrava; on vous trompe; vous avez dans votre maison un imposteur. Sachez que Juan Velez de la Membrilla n'a point d'autre fils que moi. A d'autres, répliqua le vieillard; je n'ignore pas qui vous êtes. Ne remettez-vous pas ce garçon, et ne vous ressouvenez-vous plus de son maître que vous avez volé sur le chemin de Calatrava. Comment voler! repartit Pedro; ah!

si je n'étois pas chez vous, je couperois les oreilles à ce fourbe qui a l'insolence de me traiter de voleur. Qu'il rende grâces à votre présence, qui retient ma colère. Seigneur, poursuivit-il, je vous le répète, on vous trompe. Je suis le jeune homme à qui votre frère Augustin a promis votre fille. Voulez-vous que je vous montre toutes les lettres qu'il a écrites à mon père au sujet de ce mariage? En croirez-vous le portrait de Florentine, qu'il m'envoya quelque temps avant sa mort?

Non, interrompit le vieux bourgeois; le portrait ne me persuadera pas plus que les lettres. Je sais bien de quelle manière il est tombé entre vos mains, et je vous conseille charitablement de sortir au plus tôt de Mérida, de peur d'éprouver le châtiment que méritent vos semblables. C'en est trop, interrompit à son tour le jeune cavalier. Je ne souffrirai pas qu'on me vole impunément mon nom, ni qu'on me fasse passer pour un brigand. Je connois quelques personnes dans cette ville; je vais les chercher, et je reviendrai avec eux confondre l'imposture qui vous prévient contre moi. A ces mots il se retira suivi de son valet, et Moralès demeura triomphant. Cette aventure même fut cause que Jérôme de Moyadas résolut de me faire épouser sa fille dès ce jour-là; et sur-le-champ il alla donner les ordres nécessaires pour consommer cet ouvrage.

Quoique mon camarade fût bien aise de voir le père de Florentine dans des dispositions si favorables pour nous, il n'étoit pas sans inquiétude. Il craignoit la suite des démarches qu'il jugeoit bien que Pedro ne manqueroit pas de faire, et il m'attendoit avec impatience pour m'informer de ce qui se passoit. Je le trouvai plongé dans une profonde rêverie. Qu'y a-t-il, mon ami? lui dis-je; tu me parois bien occupé. Ce n'est pas sans raison, me répondit-il. En même temps il me mit au fait. Tu vois, ajouta-t-il ensuite, si j'ai tort de rêver. C'est toi, téméraire, qui nous as jeté dans cet embarras. L'entreprise, je l'avoue, étoit brillante, et t'auroit comblé de gloire si elle eût réussi; mais, selon toutes les apparences, elle finira mal, et je serois d'avis, pour prévenir les éclaircissements, que nous prissions la fuite avec la plume que nous avons tirée de l'aile du bon homme.

Monsieur Moralès, repris-je à ce discours, n'allons pas si vite, vous cédez bien promptement aux difficultés. Vous ne faites guère d'honneur à don Mathias de Cordel, ni aux autres cavaliers avec qui vous avez demeuré à Tolède. Quand on a fait son apprentissage sous de si grands maîtres, on ne doit pas si facilement s'alarmer. Pour moi, qui veux marcher sur les traces de ces héros, et prouver que j'en suis un digne élève, je me roidis contre l'obstacle qui vous épouvante, et je me fais fort de le lever. Si vous en venez à bout, me dit mon compagnon, je vous mettrai au-dessus de tous les grands hommes de Plutarque.

Comme Moralès achevoit de parler, Jérôme de Moyadas entra. Je viens, me dit-il, de tout disposer pour votre mariage; vous serez mon gendre dès ce soir. Votre valet, ajouta-t-il, doit vous avoir conté ce qui vient d'arriver. Que dites-vous de l'effronterie du fripon qui m'a voulu persuader qu'il étoit fils du correspondant de mon frère? Moralès étoit bien en peine de savoir comment je me tirerois de ce mauvais pas.

et il ne fut pas peu surpris de m'entendre, lorsque regardant tristement Moyadas, je répondis d'un air ingénu à ce bourgeois : Seigneur, il ne tiendroit qu'à moi de vous entretenir dans votre erreur et d'en profiter; mais je sens que je ne suis pas né pour soutenir un mensonge. Il faut vous faire un aveu sincère. Je ne suis point fils de Juan Velez de la Membrilla [1]. Qu'entends-je? interrompit le vieillard avec autant de précipitation que de surprise. Eh quoi! vous n'êtes pas le jeune homme à qui mon frère.... De grâce, seigneur, interrompis-je aussi, puisque j'ai commencé un récit fidèle et sincère, daignez m'écouter jusqu'au bout. Il y a huit jours que j'aime votre fille, et que l'amour m'arrête à Mérida. Hier, après vous avoir secouru, je me préparois à vous la demander en mariage; mais vous me fermâtes la bouche, en m'apprenant que vous la destiniez à un autre. Vous me dîtes que votre frère, en mourant, vous conjura de la donner à Pedro de la Membrilla; que vous le lui promîtes, et qu'enfin vous étiez esclave de votre parole. Ce discours, je l'avoue, m'accabla, et mon amour, réduit au désespoir, m'inspira le stratagème dont je me suis servi. Je vous dirai pourtant que je me le suis secrètement reproché; mais j'ai cru que vous me le pardonneriez quand je vous le découvrirois, et quand vous sauriez que je suis un

---

[1] C'est ici que commence une nouvelle fourberie dont il n'y a point de vestiges dans *Crispin rival de son maître*. Feu M. Mailly, de Dijon, avoit été frappé du comique de ces détails; il en avoit tiré une comédie en un acte, qui ne ressembloit nullement à celle de *Crispin rival*, et qui étoit d'ailleurs fort bien écrite en vers. Elle fut présentée aux comédiens en 1770; mais nous ne savons pas ce qu'elle est devenue.

prince italien qui voyage *incognito*. Mon père est souverain de certaines vallées qui sont entre les Suisses, le Milanais et la Savoie. Je m'imaginois même que vous seriez agréablement surpris lorsque je vous révélerois ma naissance, et je me faisois un plaisir d'époux délicat et charmé de la déclarer à Florentine après l'avoir épousée. Le ciel, poursuivis-je en changeant de ton, n'a pas voulu permettre que j'eusse tant de joie. Pedro de la Membrilla paroît; il faut lui restituer son nom, quelque chose qu'il m'en coûte à le lui rendre. Votre promesse vous engage à le choisir pour votre gendre; je ne puis qu'en gémir; je ne puis m'en plaindre; vous devez me le préférer sans avoir égard à mon rang, sans avoir pitié de la situation cruelle où vous m'allez réduire. Je ne vous représenterai point que votre frère n'étoit que l'oncle de votre fille, que vous en êtes le père, et qu'il seroit plus juste de vous acquitter envers moi de l'obligation que vous m'avez, que de vous piquer de l'honneur de tenir une parole qui ne vous lie que foiblement.

Oui, sans doute, cela est bien plus juste, s'écria Jérôme de Moyadas; aussi je ne prétends point balancer entre vous et Pedro de la Membrilla. Si mon frère Augustin vivoit encore, il ne trouveroit pas mauvais que je donnasse la préférence à un homme qui m'a sauvé la vie, et, qui plus est, à un prince qui ne dédaigne pas mon alliance et veut bien descendre jusqu'à moi. Il faudroit que je fusse ennemi de mon bonheur, et que j'eusse entièrement perdu l'esprit, si je ne vous donnois pas ma fille, et si je ne pressois pas même un mariage si avantageux pour elle. Seigneur, repris-je, n'agissez point par impétuosité, ne faites rien qu'après une mûre délibération; ne consultez que vos seuls intérêts; et, malgré la noblesse de mon sang.... Vous vous moquez de moi, interrompit-il, dois-je hésiter un moment? Non, mon prince; et je vous supplie de vouloir bien, dès ce soir, honorer de votre main l'heureuse Florentine. Eh bien! lui dis-je, soit : allez vous-même lui porter cette nouvelle, et l'instruire de son destin glorieux.

Tandis que le bon bourgeois s'empressoit d'aller dire à sa fille qu'elle avoit fait la conquête d'un prince, Moralès, qui avoit entendu toute la conversation, se mit à genoux devant moi, et me dit : Monsieur le prince italien, fils du souverain des vallées qui sont entre les Suisses, le Milanais et la Savoie, souffrez que je me jette aux pieds de votre altesse, pour lui témoigner le ravissement où je suis. Foi de fripon, je vous regarde comme un prodige. Je me croyois le premier homme du monde, mais franchement je mets pavillon bas devant vous, quoique vous ayez moins d'expérience que moi. Tu n'as donc plus, lui dis-je, d'inquiétude? Oh! pour cela, non, répondit-il; je ne crains plus le seigneur Pedro; qu'il vienne présentement ici tant qu'il lui plaira. — Nous voilà, Moralès et moi, fermes sur nos étriers. Nous commençâmes à régler la route que nous prendrions avec la dot, sur laquelle nous comptions si bien, que si nous l'eussions déjà touchée nous n'aurions pas cru être plus sûrs de l'avoir. Nous ne la tenions pas toutefois encore, et le dénoûment de l'aventure ne répondit pas à notre confiance.

Nous vîmes bientôt revenir le jeune homme de Calatrava. Il étoit accompagné de deux bourgeois, et d'un alguazil aussi respectable par sa moustache et sa mine brune que par sa charge. Le père de Florentine étoit avec nous. Seigneur de Moyadas, lui dit Pedro, voici trois honnêtes gens que je vous amène; ils me connoissent, et peuvent vous dire qui je suis. Oui, certes, s'écria l'alguazil, je puis le dire; je le certifie à tous ceux qu'il appartiendra, je vous connois : vous vous appelez Pedro, et vous êtes fils unique de Juan Velez de la Membrilla; quiconque ose soutenir le contraire est un imposteur. Je vous crois, monsieur l'alguazil, dit alors le bon homme Jérôme de Moyadas. Votre témoignage est sacré pour moi, aussi-bien que celui des seigneurs marchands qui sont avec vous. Je suis pleinement convaincu que le jeune cavalier qui vous a conduit ici est le fils unique du correspondant de mon frère. Mais que m'importe? Je ne suis plus dans la résolution de lui donner ma fille; j'ai changé de sentiment.

Oh! c'est une autre affaire, dit l'alguazil. Je ne viens dans votre maison que pour vous assurer que ce jeune homme m'est connu. Vous êtes certainement maître de votre fille, et l'on ne sauroit vous contraindre à la marier malgré vous. Je ne prétends pas non plus, interrompit Pedro, faire violence aux volontés du seigneur de Moyadas, qui peut disposer de sa fille comme bon lui semblera; mais il me permettra de lui demander pourquoi il a changé de sentiment. A-t-il quelque sujet de se plaindre de moi? Ah! du moins qu'en perdant la douce espérance d'être son gendre, j'apprenne que je ne l'ai point perdue par ma faute. Je ne me plains pas de vous, répondit le bon vieillard; je vous le dirai même, c'est à regret que je me vois dans la nécessité de vous manquer de parole, et je vous conjure de me le pardonner. Je suis persuadé que vous êtes trop généreux pour me savoir mauvais gré de vous préférer un rival qui m'a sauvé la vie. Vous le voyez, poursuivit-il en me montrant, c'est ce seigneur qui m'a tiré d'un grand péril; et, pour m'excuser encore mieux auprès de vous, je vous apprends que c'est un prince italien qui, malgré l'inégalité de nos conditions, veut bien épouser Florentine, dont il est devenu amoureux.

A ces dernières paroles, Pedro demeura muet et confus. Les deux marchands ouvrirent de grands yeux, et parurent fort surpris. Mais l'alguazil, accoutumé à regarder les choses du mauvais côté, soupçonna cette merveilleuse aventure d'être une fourberie où il y avoit à gagner pour lui. Il m'envisagea fort attentivement; et comme mes traits, qui lui étoient inconnus, mettoient en défaut sa bonne volonté, il examina mon camarade avec la même attention. Malheureusement pour mon altesse, il reconnut Moralès, et, se ressouvenant de l'avoir vu dans les prisons de Ciudad-Réal: Ah! ah! s'écria-t-il, voici une de mes pratiques. Je remets ce gentilhomme, et je vous le donne pour un des plus parfaits fripons qui soient dans les royaumes et principautés d'Espagne. Allons, bride en main, monsieur l'alguazil, dit Jérôme de Moyadas; ce garçon, dont vous nous faites un si mauvais portrait, est un domestique du prince. Fort bien, repartit l'alguazil; je n'en veux pas davantage pour savoir à quoi m'en tenir. Je juge du maître par le valet. Je ne doute pas que ces galants ne soient deux fourbes qui s'accordent pour vous tromper. Je me connois en pareil gibier; et, pour vous faire voir que ces drôles sont des aventuriers, je vais les mener en prison tout à l'heure. Je prétends leur ménager un tête-à-tête avec monsieur le corrégidor; après quoi ils sentiront que tous les coups de fouet n'ont point encore été donnés. Halte-là, monsieur l'officier, reprit le vieillard, ne poussons pas l'affaire si loin. Vous ne craignez pas, vous autres, messieurs, de faire de la peine à un honnête homme. Ce valet ne sauroit-il être un fourbe, sans que son maître le soit? Est-il nouveau de voir des fripons au service des princes? Vous moquez-vous, avec vos princes? interrompit l'alguazil. Ce jeune homme est un intrigant, sur ma parole, et je l'arrête *de par le roi*, de même que son camarade. J'ai vingt archers à la porte, qui les traîneront à la prison s'ils ne s'y laissent pas conduire de bonne grâce. Allons, mon prince, me dit-il ensuite, marchons.

Je fus étourdi de ces paroles, ainsi que Moralès; et notre trouble nous rendit suspects à Jérôme de Moyadas, ou plutôt nous perdit dans son esprit. Il jugea bien que nous l'avions voulu tromper. Il prit pourtant dans cette occasion le parti que devoit prendre un galant homme. Monsieur l'officier, dit-il à l'alguazil, vos soupçons peuvent être faux; peut-être aussi ne sont-ils que trop véritables. Quoi qu'il en soit, n'approfondissons point cela. Que ces deux jeunes cavaliers sortent, et se retirent où ils voudront. Ne vous opposez point, je vous prie, à leur retraite : c'est une grâce que je vous demande, pour m'acquitter envers eux de l'obligation que je leur ai. Si je faisois ce que je dois, répondit l'alguazil, j'emprisonnerois ces messieurs, sans avoir égard à vos prières ; mais je veux bien relâcher de mon devoir pour l'amour de vous, à condition que dès ce moment ils sortiront de cette ville; car si je les rencontre demain, vive Dieu! ils verront ce qui leur arrivera.

Lorsque nous entendîmes dire, Moralès et moi, qu'on nous laissoit libres; nous nous remîmes un peu. Nous voulûmes parler avec fermeté, et soutenir que nous étions des personnes d'honneur; mais l'alguazil nous regarda de travers, et nous imposa silence. Je ne sais pourquoi ces gens-là ont un ascendant sur nous. Il fallut donc abandonner Florentine et la dot à Pedro de la Membrilla, qui sans doute devint gendre de Jérôme de Moyadas. Je me retirai avec mon camarade. Nous prîmes le chemin de Truxillo, avec la consolation d'avoir du moins gagné cent pistoles à cette aventure. Une heure avant la nuit nous passâmes par un petit village, résolus d'aller coucher plus loin. Nous aperçûmes une hôtellerie d'assez belle apparence pour ce lieu-là. L'hôte et l'hôtesse étoient à la porte, assis sur de longues pierres. L'hôte, grand homme sec et déjà suranné, racloit une mauvaise guitare pour divertir sa femme qui paroissoit l'écouter avec plaisir. Messieurs, nous cria l'hôte, lorsqu'il vit que nous ne nous arrêtions point, je vous conseille de faire halte en cet endroit. Il y a trois mortelles lieues d'ici au premier village que vous trouverez, et vous n'y serez pas si bien que dans celui-ci, je vous en avertis. Croyez-moi, entrez dans ma maison; je vous y ferai bonne chère, et à juste prix. Nous nous laissâmes persuader. Nous nous approchâmes de l'hôte et de l'hôtesse; nous les saluâmes; et, nous étant assis auprès d'eux, nous commençâmes à nous entretenir tous quatre de choses indifférentes. L'hôte se disoit officier de la sainte Hermandad, et l'hôtesse étoit une grosse réjouie qui avoit l'air de savoir bien vendre ses denrées.

Notre conversation fut interrompue par l'arrivée de douze à quinze cavaliers montés les uns sur des mules, les autres sur des chevaux, et suivis d'une trentaine de mulets chargés de ballots. Ah, que de princes! s'écria l'hôte à la vue de tant de monde? où pourrai-je les loger tous? Dans un instant le village se trouva rempli d'hommes et d'animaux. Il y avoit par bonheur auprès de l'hôtellerie une vaste grange où l'on mit les mulets et les ballots; les mules et les chevaux des cavaliers furent placés dans d'autres endroits. Pour les hommes, ils songèrent moins à chercher des lits qu'à se faire apprêter un bon repas. L'hôte, l'hôtesse et une jeune servante qu'ils avaient ne s'y épargnèrent point. Ils firent main-basse sur toute la volaille de leur basse-cour. Cela joint à quelques civets de lapins et de matoux, et à une copieuse soupe aux choux faite avec du mouton, il y en eut pour tout l'équipage.

Nous regardions, Moralès et moi, ces cavaliers, qui de temps en temps nous envisageoient aussi. Enfin nous liâmes conversation, et nous leur dîmes que, s'ils le vouloient bien, nous souperions avec eux. Ils nous témoignèrent que cela leur feroit plaisir. Nous voilà donc tous à table ensemble. Il y en avoit un parmi eux qui ordonnoit, et pour qui les autres, quoique d'ailleurs ils en usassent assez familièrement avec lui, ne laissoient pas de marquer des déférences. Il est vrai que celui-là tenoit le haut bout : il parloit d'un ton de voix élevé ; il contredisoit même quelquefois d'un air cavalier les autres qui, bien loin de lui rendre la pareille, sembloient respecter ses opinions. L'entretien tomba par hasard sur l'Andalousie ; et, comme Moralès s'avisa de louer Séville, l'homme dont je viens de parler lui dit : Seigneur cavalier, vous faites l'éloge de la ville où j'ai pris naissance, ou du moins je suis né aux environs, puisque le bourg de Mayrena m'a vu naître. Je vous dirai la même chose, lui répondit mon compagnon. Je suis aussi de Mayrena, et il n'est pas possible que je ne connoisse point vos parents, moi qui connois depuis l'alcade jusqu'aux dernières personnes du bourg. De qui êtes-vous fils ? D'un honnête notaire, repartit le cavalier, de Martin Moralès. De Martin Moralès ! s'écria mon camarade avec autant de joie que de surprise ; par ma foi, l'aventure est fort singulière ! vous êtes donc mon frère aîné Manuel Moralès ? Justement, dit l'autre ; et vous êtes apparemment, vous, mon petit frère Luis, que je laissai au berceau quand j'abandonnai la maison paternelle ? Vous m'avez nommé, répondit mon camarade. A ces mots, ils se levèrent de table tous deux, et s'embrassèrent à plusieurs reprises. Ensuite le seigneur Manuel dit à la compagnie : Messieurs, cet événement est tout-à-fait merveilleux. Le hasard veux que je rencontre et reconnoisse un frère que je n'ai point vu depuis plus de vingt années pour le moins : permettez que je vous le présente. Alors tous les cavaliers, qui par bienséance se tenoient debout, saluèrent le cadet Moralès, et l'accablèrent d'embrassades. Après cela on se remit à table, et l'on y demeura toute la nuit. On ne se coucha point. Les deux frères s'assirent l'un auprès de l'autre, et s'entretinrent tout bas de leur famille, pendant que les autres convives buvoient et se réjouissoient.

Luis eut une longue conversation avec Manuel; et me prenant ensuite en particulier, il me dit : Tous ces cavaliers sont des domestiques du comte de Montanos, que le roi a nommé depuis peu à la vice-royauté de Mayorque. Ils conduisent l'équipage du vice-roi à Alicante, où ils doivent s'embarquer. Mon frère, qui est devenu intendant de ce seigneur, m'a proposé de m'emmener avec lui, et sur la répugnance que je lui ai témoignée que j'avois à vous quitter, il m'a dit que si vous voulez être du voyage, il vous fera donner un bon emploi. Cher ami, poursuivit-il, je te conseille de ne pas dédaigner ce parti. Allons ensemble à l'île de Mayorque. Si nous y avons de l'agrément, nous y resterons; et si nous ne nous y plaisons point, nous reviendrons en Espagne.

J'acceptai volontiers la proposition. Nous nous joignîmes, le jeune Moralès et moi, aux officiers du comte, et nous partîmes avec eux de l'hôtellerie avant le lever de l'aurore. Nous nous rendîmes à grandes journées à la ville d'Alicante, où j'achetai une guitare et me fis faire un habit fort propre avant l'embarquement. Je ne pensois plus à rien qu'à l'île de Mayorque, et Luis Moralès étoit dans la même disposition. Il sembloit que nous eussions renoncé aux friponneries. Il faut dire la vérité : nous voulions passer pour honnêtes gens parmi les cavaliers avec qui nous étions, et cela tenoit nos génies en respect. Enfin nous nous embarquâmes gaiement, et nous nous flattions d'être bientôt à Mayorque; mais à peine fûmes-nous hors du golfe d'Alicante, qu'il survint une bourrasque effroyable. J'aurois, dans cet endroit de mon récit, une occasion de vous faire une belle description de tempête, de peindre l'air tout en feu, de faire gronder la foudre, siffler les vents, soulever les flots, *et cætera*; mais, laissant à part toutes ces fleurs de rhétorique, je vous dirai que l'orage fut violent, et nous obligea de relâcher à la pointe de l'île de Cabrera [1]. C'est une île déserte, où il y a un petit fort qui étoit alors gardé par cinq ou six soldats, et par un officier qui nous reçut fort honnêtement.

Comme il nous falloit passer là plusieurs jours à raccommoder nos voiles et nos cordages, nous cherchâmes diverses sortes d'amusements pour éviter l'ennui. Chacun suivoit ses inclinations : les uns jouoient à la prime, les autres s'amusoient autrement; et moi j'allois me promener dans l'île avec ceux de nos cavaliers qui aimoient la promenade; c'étoit là mon plaisir. Nous sautions de rocher en rocher; car le terrain est inégal, plein de pierres partout, et l'on y voit fort peu de terre. Un jour, tandis que nous considérions ces lieux secs et arides, et que nous admirions le caprice de la nature, qui se montre féconde et stérile où il lui plaît, notre odorat fut saisi tout à coup d'une senteur agréable. Nous nous tournâmes aussitôt du côté de l'orient, d'où venoit cette odeur; et nous aperçûmes

[1] *Cabrera* ou *Capraria*, île des chèvres; petite île de l'Espagne, dans la Méditerranée.

avec étonnement entre des rochers un grand rond de verdure de chèvre-feuilles plus beaux et plus odorants que ceux mêmes qui croissent dans l'Andalousie. Nous nous approchâmes volontiers de ces arbrisseaux charmants qui parfumoient l'air aux environs, et il se trouva qu'ils bordoient l'entrée d'une caverne très profonde. Cette caverne étoit large et peu sombre; nous descendîmes au fond en tournant, par des degrés de pierres dont les extrémités étoient parées de fleurs, et qui formoient naturellement un escalier en limaçon. Lorsque nous fûmes en bas, nous vîmes serpenter sur un sable plus jaune que l'or, plusieurs petits ruisseaux qui tiroient leurs sources des gouttes d'eau que les rochers distilloient sans cesse en dedans, et qui se perdoient sous la terre. L'eau nous parut si belle, que nous en voulûmes boire; et nous la trouvâmes si fraîche, que nous résolûmes de revenir le jour suivant dans cet endroit, et d'y apporter quelques bouteilles de vin, persuadés qu'on ne les boiroit point là sans plaisir.

Nous ne quittâmes qu'à regret un lieu si agréable, et, lorsque nous fûmes de retour au fort, nous ne manquâmes pas de vanter à nos camarades une si belle découverte : mais le commandant de la forteresse nous dit qu'il nous avertissoit en ami de ne plus aller à la caverne dont nous étions si charmés. Eh pourquoi cela ? lui dis-je; y a-t-il quelque chose à craindre ? Sans doute, me répondit-il. Les corsaires d'Alger et de Tripoli descendent quelquefois dans cette île, et viennent faire provision d'eau à cette fontaine. Ils y surprirent un jour deux soldats de ma garnison, qu'ils firent esclaves. L'officier eut beau parler d'un air très sérieux, il ne put nous persuader. Nous crûmes qu'il plaisantoit, et dès le lendemain je retournai à la caverne avec trois cavaliers de l'équipage. Nous y allâmes même sans armes à feu, pour faire voir que nous n'appréhendions rien. Le jeune Moralès ne voulut point être de la partie; il aima mieux, aussi-bien que son frère, demeurer à jouer dans le fort.

Nous descendîmes au fond de l'antre comme le jour précédent, et nous fîmes rafraîchir dans les ruisseaux quelques bouteilles de vin que nous avions apportées. Pendant que nous les buvions délicieusement, en jouant de la guitare et en nous entretenant avec gaieté, nous vîmes paroître au haut de la caverne plusieurs hommes qui avoient des moustaches épaisses, des turbans, et des habits à la turque. Nous nous imaginâmes que c'étoit une partie de l'équipage et le commandant du fort, qui s'étoient ainsi déguisés pour nous faire peur. Prévenus de cette pensée, nous nous mîmes à rire, et nous en laissâmes descendre jusqu'à dix sans songer à notre défense. Nous fûmes bientôt tristement désabusés, et nous connûmes que c'étoit un corsaire qui venoit avec ses gens nous enlever. *Rendez-vous, chiens,* nous cria-t-il en langue castillane, *ou bien vous allez tous mourir!* En même temps les hommes qui l'accompagnoient nous couchèrent en joue avec des carabines qu'ils portoient; et nous aurions essuyé une belle décharge, si nous eussions fait la moindre résistance; mais nous fûmes assez sages pour n'en faire aucune. Nous préférâmes l'esclavage à la mort : nous donnâmes nos épées au pirate. Il nous fit charger de chaînes, et conduire à son vaisseau qui n'étoit pas loin de là; puis, mettant à la voile, il cingla vers Alger.

C'est de cette manière que nous fûmes justement punis d'avoir négligé l'avertissement de l'officier de la garnison. La première chose que fit le corsaire fut de nous fouiller et de prendre ce que nous avions d'argent. La bonne capture pour lui! Les deux cents pistoles des bourgeois de Placencia, les cent que Moralès avoit reçues de Jérôme de Moyadas, et dont par malheur j'étois chargé, tout cela me fut raflé sans miséricorde. Mes compagnons avoient aussi la bourse bien garnie; enfin c'étoit un excellent coup de filet. Le pirate en paroissoit tout réjoui; et le bourreau ne se contentoit pas de nous enlever nos espèces, il nous insultoit par des railleries que nous sentions beaucoup moins que la nécessité de les souffrir. Après mille plaisanteries, et pour se moquer de nous d'une autre façon, il se fit apporter les bouteilles de vin que nous avions fait rafraîchir à la fontaine, et que ses gens avoient eu soin d'emporter. Il se mit à les vider avec eux, et à boire à notre santé par dérision.

Pendant ce temps-là, mes camarades avoient une contenance qui rendoit témoignage de ce qui se passoit en eux. Ils étoient d'autant plus mortifiés de leur esclavage, qu'ils s'étoient fait une idée plus douce d'aller dans l'île de Mayorque, où ils avoient compté qu'ils meneroient une vie délicieuse. Pour moi, j'eus la fermeté de prendre mon parti, et, moins consterné que les autres, je liai conversation avec le railleur; j'entrai même de bonne grâce dans ses plaisanteries : ce qui lui plut. Jeune homme, me dit-il, j'aime le caractère de ton esprit; et dans le fond, au lieu de gémir et de soupirer, il vaut mieux s'armer de patience et s'accommoder au temps. Joue-nous un petit air, continua-t-il, en voyant que je portois une guitare : voyons ce que tu sais faire. Je lui obéis dès qu'il m'eut fait délier les bras, et je commençai à jouer de la guitare d'une manière qui m'attira ses applaudissements. Il est vrai que je jouois assez bien de cet instrument. Je chantai aussi, et l'on ne fut pas moins satisfait de ma voix. Tous les Turcs qui étoient dans le vaisseau témoignèrent par des gestes admiratifs le plaisir qu'ils avoient eu à m'entendre ; ce qui me fit juger qu'en matière de musique, ils n'étoient pas sans goût. Le pirate me dit à l'oreille que je ne serois pas un esclave malheureux, et qu'avec mes talents je pouvois compter sur un emploi qui rendroit ma captivité très supportable.

Je sentis quelque joie à ces paroles ; mais, toutes flatteuses qu'elles étoient, je ne laissois pas d'avoir des inquiétudes sur l'occupation dont le corsaire me faisoit fête : j'appréhendois qu'elle ne fût pas de mon goût. Quand nous arrivâmes au port d'Alger, nous vîmes un grand nombre de personnes assemblées pour nous voir ; et nous n'avions pas encore débarqué, qu'ils poussèrent mille cris de joie. Ajoutez à cela que l'air retentissoit du son confus des trompettes, des flûtes moresques et d'autres instruments dont on se sert en ce pays-là ; ce qui formoit une symphonie plus bruyante qu'agréable. La cause de ces réjouissances étoit un faux bruit qu'on avoit répandu dans la ville. On avoit ouï dire que le renégat Méhémet [1] (ainsi se nommoit notre pirate)

---

[1] *Méhémet* est la prononciation adoptée par les Turcs du nom de Mohammed, dont nous avons fait Mahomet. Ce nom vient d'un mot arabe, qui signifie *louable, célèbre, fameux.*

avoit péri en attaquant un gros vaisseau génois; de sorte que tous ses parents et ses amis, informés de son retour, s'empressoient de lui en témoigner leur joie.

Nous n'eûmes pas mis pied à terre, qu'on me conduisit avec tous mes compagnons au palais du bacha Soliman [1], où un écrivain chrétien, nous interrogeant chacun en particulier, nous demanda nos noms, nos âges, notre patrie, notre religion et nos talents. Alors Méhémet, me montrant au bacha, lui vanta ma voix, et lui dit qu'avec cela je jouois de la guitare à ravir. Il n'en fallut pas davantage pour déterminer Soliman à me choisir pour son service. Je fus donc réservé pour son sérail, où l'on me conduisit pour m'installer dans l'emploi qui m'étoit destiné. Les autres captifs furent menés dans une place publique, et vendus suivant la coutume. Ce que Méhémet m'avoit prédit dans le vaisseau m'arriva; j'éprouvai un heureux sort. Je ne fus point livré aux gardes des prisons, ni employé aux ouvrages pénibles. Soliman bacha, par distinction, me fit mettre dans un lieu particulier, avec cinq ou six esclaves de qualité qui dévoient incessamment être rachetés, et à

---

[1] *Du Bacha Soliman.* Lisez : *Soléïman Páchá.* Le dernier mot, particulier à la langue turque, a été changé en *Báchá* par les écrivains arabes, qui n'ont pas de P dans leur langue, et en *Bassa* par les Grecs, qui cherchent toujours à adoucir les mots étrangers et qui ne peuvent prononcer ni le J ni le CH. Ils substituent constamment à ces deux prononciations celles du Z et de l'S dure : de là les mots de *Bassa*, au lieu de *Páchá*; *Saracin*, au lieu de *Chérákin*, etc. La Fontaine a donc eu raison d'intituler *le Bassa et le Marchand* une de ses fables, dont la scène est en Grèce. (Livre VIII, Fable XVIII), puisque c'est ainsi que parlent les Grecs.

qui l'on ne donnoit que de légers travaux. On me chargea du soin d'arroser dans les jardins les orangers et les fleurs. Je ne pouvois avoir une plus douce occupation : aussi j'en rendis grâce à mon étoile, et je pressentis, sans savoir pourquoi, que je ne serois pas malheureux chez Soliman.

Ce bacha (il faut que j'en fasse le portrait) étoit un homme de quarante ans, bien fait de sa personne, fort poli et fort galant pour un Turc. Il avoit pour favorite une Cachemirienne qui, par son esprit et par sa beauté, s'étoit acquis un empire absolu sur lui. Il l'aimoit jusqu'à l'idolâtrie. Il la régaloit tous les jours de quelque fête nouvelle, tantôt d'un concert de voix et d'instruments, et tantôt d'une comédie à la manière des Turcs; ce qui suppose des poëmes dramatiques où la pudeur et la bienséance n'étoient pas plus respectées que les règles d'Aristote. La favorite, qui s'appeloit Farrukhnaz [1], aimoit passionnément ces spectacles; elle faisoit même quelquefois représenter par ses femmes, des pièces arabes devant le bacha [2]. Elle y jouoit des rôles elle-même, et charmoit tous les spectateurs par la grâce et la vivacité qu'il y avoit dans son action. Un jour que j'étois parmi les musiciens à une de ces re-

---

[1] *Farrukhnaz*, lisez *Ferrouknâz*. Ce nom est composé de deux mots persans, adoptés par les Turcs, et qu'on peut traduire par *aimable coquetterie, charmante coquette*.

[2] La comédie des Turcs consiste principalement dans ce spectacle d'enfants que nous nommons les ombres chinoises, *Ckhayâl-zill*, chez les Turcs. Le Polichinelle se nomme *Carahgueux*, œil noir, et le Pantalon *Hâdjy ayouâth*. Les hommes qui tiennent les fils de ces petites figures leur prêtent les propos les plus obscènes et leur impriment des mouvements analogues à leurs discours.

présentations, Soliman m'ordonna de jouer de la guitare, et de chanter tout seul dans un entr'acte. J'eus le bonheur de plaire à Soliman; il m'applaudit non-seulement par des battements de mains, mais même de vive voix; et la favorite, à ce qu'il me parut, me regarda d'un œil favorable.

Le lendemain de ce jour-là, comme j'arrosois des orangers dans les jardins, il passa près de moi un eunuque qui, sans s'arrêter ni me rien dire, jeta un billet à mes pieds. Je le ramassai avec un trouble mêlé de plaisir et de crainte. Je me couchai par terre, de peur d'être aperçu des fenêtres du sérail, et, me cachant derrière des caisses d'orangers, j'ouvris ce billet. J'y trouvai un diamant d'un assez grand prix, et ces paroles en bon castillan : *Jeune chrétien, rends grâces au ciel de ta captivité. L'amour et la fortune la rendront heureuse ; l'amour, si tu es sensible aux charmes d'une belle personne ; et la fortune, si tu as le courage de mépriser toutes sortes de périls.*

Je ne doutai pas un moment que la lettre ne fût de la sultane favorite; le style et le diamant me le persuadèrent. Outre que je ne suis pas naturellement timide, la vanité d'être bien avec la maîtresse d'un grand seigneur, et, plus encore, l'espérance de tirer d'elle quatre fois plus d'argent qu'il ne m'en falloit pour ma rançon, tout cela me fit former le dessein d'éprouver cette aventure, quelque danger qu'il y eût à courir. Je continuai mon travail en rêvant aux moyens d'entrer dans l'appartement de Farrukhnaz, ou plutôt en attendant qu'elle m'en ouvrît les chemins; car je jugeois bien qu'elle n'en demeureroit point là, et qu'elle feroit plus de la moitié des frais. Je ne me trompois pas. Le même eunuque qui avoit passé près de moi repassa une heure après, et me dit : Chrétien, as-tu fait tes réflexions, et auras-tu la hardiesse de me suivre? Je répondis qu'oui. Eh bien! reprit-il, le ciel te conserve! tu me reverras demain dans la matinée; tiens-toi prêt à te laisser conduire. En parlant de cette sorte, il se retira. Le jour suivant, je le vis en effet reparoître sur les huit heures du matin. Il me fit signe d'aller à lui; je le joignis, et il me mena dans une salle où il y avoit un grand rouleau de toile qu'un autre eunuque et lui venoient d'apporter là, et qu'ils devoient porter chez la sultane, pour servir à la décoration d'une pièce arabe qu'elle préparoit pour le bacha.

Les deux eunuques, me voyant disposé à faire tout ce qu'on voudroit, ne perdirent point de temps; ils déroulèrent la toile, me firent mettre dedans tout de mon long; puis, au hasard de m'étouffer, ils la roulèrent de nouveau, et m'enveloppèrent dedans. Ensuite, la prenant chacun par un bout, ils me portèrent ainsi impunément jusque dans la chambre où couchoit la belle Cachemirienne. Elle étoit seule avec une vieille esclave dévouée à ses volontés. Elles déroulèrent toutes deux la toile; et Farrukhnaz, à ma vue, fit éclater des transports de joie qui découvroient bien le génie des femmes de son pays. Tout hardi que j'étois naturellement, je ne pus me voir tout à coup transporté dans l'appartement secret des femmes, sans sentir un peu de frayeur. La dame s'en aperçut bien; et, pour dissiper ma crainte : Jeune homme, me dit-elle, n'appréhende rien. Soliman vient de partir pour sa maison de campagne; il y sera toute la journée; nous pouvons nous entretenir ici librement.

Ces paroles me rassurèrent, et me firent prendre une contenance qui redoubla la joie de la favorite. Vous m'avez plu, poursuivit-elle, et je prétends adoucir la rigueur de votre esclavage. Je vous crois digne des sentiments que j'ai conçus pour vous. Quoique sous les habits d'un esclave, vous avez un air noble et galant, qui fait connoître que vous n'êtes point une personne du commun. Parlez-moi confidemment; dites-moi qui vous êtes. Je sais bien que les captifs qui ont de la naissance déguisent leur condition pour être rachetés à meilleur marché; mais vous êtes dispensé d'en user de la sorte avec moi, et même ce seroit une précaution qui m'offenseroit, puisque je vous promets votre liberté. Soyez donc sincère, et m'avouez que vous êtes un jeune homme de bonne maison. Effectivement, madame, lui répondis-je, il me siéroit mal de payer vos bontés de dissimulation. Vous voulez absolument que je vous découvre ma qualité; il faut vous satisfaire. Je suis fils d'un grand d'Espagne. Je disois peut-être la vérité, du moins la sultane le crut; et, s'applaudissant d'avoir jeté les yeux sur un cavalier d'importance, elle m'assura qu'il ne tiendroit pas à elle que nous ne nous vissions souvent en particulier. Nous eûmes ensemble un fort long entretien. Je n'ai jamais vu de femme plus amusante. Elle savoit plusieurs langues, et surtout la castillane, qu'elle parloit assez bien. Lorsqu'elle jugea qu'il étoit temps de nous séparer, je me mis, par son ordre, dans une grande corbeille d'osier, couverte d'un ouvrage de soie fait de sa main; puis les deux esclaves qui m'avoient apporté furent appelés, et ils me remportèrent comme un présent que la favorite envoyoit au bacha; ce qui est sacré pour tous les hommes commis à la garde des femmes.

Nous trouvâmes, Farrukhnaz et moi, d'autres moyens encore de nous parler; et cette aimable captive m'inspira peu à peu autant d'amour qu'elle en avoit pour moi. Notre intelligence fut secrète pendant deux mois, quoiqu'il soit fort difficile que dans un sérail les mystères amoureux échappent long-temps aux argus. Mais un contre-temps dérangea nos petites affaires, et ma fortune changea de face entièrement. Un jour que, dans le corps d'un dragon artificiel qu'on avoit fait pour un spectacle, j'avois été introduit chez la sultane, et que je m'entretenois avec elle, Soliman, que je croyois occupé hors de la ville, survint. Il entra si brusquement dans l'appartement de sa favorite, que la vieille esclave eut à peine le temps de nous avertir de son arrivée. J'eus encore moins le loisir de me cacher. Ainsi je fus le premier qui s'offrit à la vue du bacha.

Il parut fort étonné de me voir, et ses yeux tout à coup s'allumèrent de fureur. Je me regardai comme un homme qui touchoit à son dernier moment, et je m'imaginois être déjà dans les supplices. Pour Farrukhnaz, je m'aperçus à la vérité qu'elle étoit effrayée; mais au lieu d'avouer son crime et d'en demander pardon, elle dit à Soliman : Seigneur, avant que vous prononciez mon arrêt, daignez m'écouter. Les apparences sans doute me condamnent, et je semble vous faire une trahison digne des plus horribles châtiments. J'ai fait venir ici ce jeune captif; et, pour l'introduire dans mon appartement, j'ai employé les mêmes artifices dont je me serois servie si j'eusse eu pour lui un amour bien violent. Cependant, et j'en atteste notre grand prophète, malgré ces démarches, je ne vous suis point infidèle. J'ai voulu entretenir cet esclave chrétien pour le détacher de sa secte, et l'engager à suivre celle des croyans. J'ai trouvé en lui une résistance à laquelle je m'étois bien attendue. J'ai toutefois vaincu ses préjugés, et il vient de me promettre qu'il embrassera le mahométisme.

Je conviens que je devois démentir la favorite, sans avoir égard à la conjoncture dangereuse où je me trouvois; mais dans l'accablement où j'avois l'esprit, touché du péril où je voyois une femme que j'aimois, et tremblant encore plus pour moi-même, je demeurai interdit et confus. Je ne pus proférer une parole; et le bacha, persuadé par mon silence que sa maîtresse ne disoit rien qui ne fût véritable, se laissa désarmer. Madame, répondit-il, je veux croire que vous ne m'avez point offensé, et que l'envie de faire une chose agréable au prophète a pu vous engager à hasarder une action si délicate. J'excuse donc votre imprudence, pourvu que ce captif prenne tout à l'heure le turban. Aussitôt il fit venir un marabout [1]. On me revêtit d'un habit à la turque. Je fis tout ce qu'on voulut, sans que j'eusse la force de m'en défendre; ou, pour mieux dire, je ne savois ce que je faisois, dans le désordre où étoient

---

[1] *Marabout*, corruption du mot arabe *marboreth;* lié, attaché à Dieu. Un marabout est le desservant d'une mosquée, surtout en Afrique.

mes sens. Que de chrétiens auroient été aussi lâches que moi dans cette occasion!

Après la cérémonie, je sortis du sérail pour aller, sous le nom de Sidy Hally [2], exercer un petit emploi que Soliman me donna. Je ne revis plus la sultane; mais un de ses eunuques vint un jour me trouver. Il m'apporta de sa part des pierreries pour deux mille sultanins d'or, avec un billet par lequel la dame m'assuroit qu'elle n'oublieroit jamais la généreuse complaisance que j'avois eue de me faire mahométan pour lui sauver la vie. Véritablement, outre les présents que j'avois reçus de Farrukhnaz, j'obtins par son canal un emploi plus considérable que le premier, et je devins en moins de six à sept années un des plus riches renégats de la ville d'Alger.

Vous vous imaginez bien que si j'assistois aux prières que les musulmans font dans leurs mosquées, et remplissois les autres devoirs de leur religion, ce n'étoit que par pure grimace. Je conservois une volonté déterminée de rentrer dans le sein de l'Église; et pour cet effet je me proposois de me retirer un jour en Espagne ou en Italie, avec les richesses que j'aurois amassées. En attendant, je vivois fort agréablement. J'étois logé dans une belle maison, j'avois des jardins superbes, un grand nombre d'esclaves, et de fort jolies femmes dans mon sérail. Quoique l'usage du vin soit défendu en ce pays-là aux Mahométans, ils ne laissent pas pour

---

[1] *Sidy*, signifie *monsieur* en arabe. *Syd*, ou *cid*, comme l'a écrit Corneille, est l'équivalent de sieur, ou seigneur.

Ils t'ont nommé tous deux leur Cid en ma présence.
Puisque Cid en leur langue est autant que seigneur, etc.

la plupart d'en boire en secret. Pour moi, j'en buvois sans façon, comme font tous les renégats. Je me souviens que j'avois deux compagnons de débauche, avec qui je passois souvent la nuit à table. L'un étoit Juif et l'autre Arabe. Je les croyois honnêtes gens; et, dans cette opinion, je vivois avec eux sans contrainte. Un soir je les invitai à souper chez moi. Il m'étoit mort ce jour-là un chien que j'aimois passionnément; nous lavâmes son corps, et l'enterrâmes avec toute la cérémonie qui s'observe aux funérailles des mahométans. Ce que nous en faisions n'étoit pas pour tourner en ridicule la religion musulmane; c'étoit seulement pour nous réjouir, et satisfaire une folle envie qui nous prit, dans la débauche, de rendre les derniers devoirs à mon chien.

Cette action pourtant me pensa perdre, comme vous l'allez voir. Le lendemain il vint chez moi un homme qui me dit : Seigneur Sidy Hally, une affaire importante m'amène chez vous. Monsieur le cadi veut vous parler; prenez, s'il vous plaît, la peine de venir chez lui tout à l'heure. Apprenez-moi de grâce ce qu'il me veut, lui répondis-je. Il vous l'apprendra lui-même, reprit-il; tout ce que je puis vous dire, c'est qu'un marchand arabe qui soupa hier avec vous lui a donné avis de certaine impiété par vous commise à l'occasion d'un chien que vous avez enterré; vous savez bien de quoi il s'agit; c'est pour cela que je vous somme de comparoître aujourd'hui devant ce juge, faute de quoi je vous avertis qu'il sera procédé criminellement contre vous. Il sortit en achevant ces paroles, et me laissa fort étourdi de sa sommation. L'Arabe n'avoit aucun sujet de se plaindre de moi, et je ne pouvois comprendre pourquoi ce traître m'avoit joué ce tour-là. La chose néanmoins méritoit quelque attention. Je connoissois le cadi pour un homme sévère en apparence, mais au fond peu scrupuleux, et de plus, avare. Je mis deux cents sultanins d'or dans ma bourse, et j'allai trouver ce juge. Il me fit entrer dans son cabinet, et me dit d'un air rébarbatif : Vous êtes un impie, un sacrilége, un homme abominable. Vous avez enterré un chien comme un musulman! quelle profanation! Est-ce donc ainsi que vous respectez nos cérémonies les plus saintes? et ne vous êtes-vous fait mahométan que pour vous moquer de nos pratiques de dévotion ? Monsieur le cadi, lui répondis-je, l'Arabe qui vous a fait un si mauvais rapport, ce faux ami est complice de mon crime, si c'en est un d'accorder les honneurs de la sépulture à un fidèle domestique, à un animal qui possédoit mille bonnes qualités. Il aimoit tant les personnes de mérite et de distinction, qu'en mourant même il a voulu leur donner des marques de son amitié. Il leur laisse tous ses biens par un testament qu'il a fait, et dont je suis l'exécuteur. Il lègue à l'un vingt écus, trente à l'autre ; et il ne vous a point oublié, monseigneur, poursuivis-je en tirant ma bourse : voilà deux cents sultanins d'or qu'il m'a chargé de vous remettre. Le cadi, à ce discours, perdit sa gravité ; il ne put s'empêcher de rire ; et, comme nous étions seuls, il prit sans façon la bourse, et me dit en me renvoyant : Allez, seigneur Sidy Hally, vous avez fort bien fait d'inhumer avec pompe et avec honneur un chien qui avoit tant de considération pour les honnêtes gens.

Je me tirai d'affaire par ce moyen ; et si cela ne me rendit pas plus sage, j'en devins du moins plus circonspect. Je ne fis plus de débauche avec l'Arabe ni même avec le Juif. Je choisis pour boire avec moi un jeune gentilhomme de Livourne, qui étoit mon esclave. Il s'appeloit Azarini. Je ne ressemblois point aux autres renégats, qui font plus souffrir de maux aux esclaves chrétiens que les Turcs mêmes : tous mes captifs attendoient assez patiemment qu'on les rachetât. Je les traitois, à la vérité, si doucement, que quelquefois ils me disoient qu'ils appréhendoient plus de changer de patron, qu'ils ne soupiroient après la liberté, quelques charmes qu'elle ait pour les personnes qui sont dans l'esclavage.

Un jour les vaisseaux du bacha revinrent avec des prises considérables. Ils amenoient plus de cent esclaves de l'un et de l'autre sexe, qu'ils avoient enlevés sur les côtes d'Espagne. Soliman n'en garda qu'un très petit nombre, et tout le reste fut vendu. J'arrivai dans la place où la vente s'en faisoit, et j'achetai une fille espagnole de dix à douze ans. Elle pleuroit à chaudes larmes et se désespéroit. J'étois surpris de la voir, à son âge, si sensible à sa captivité. Je lui dis en castillan de modérer son affliction, et je l'assurai qu'elle étoit tombée entre les mains d'un maître qui ne manquoit pas d'humanité, quoiqu'il eût un turban. La petite personne, toujours occupée du sujet de sa douleur, ne m'écoutoit pas ; elle ne faisoit que gémir, que se plaindre du sort, et de temps en temps elle s'écrioit d'un air attendri : O ma mère ! pourquoi sommes-nous séparées ? Je prendrois patience, si nous étions toutes deux ensemble. En prononçant ces mots, elle tournoit sa vue vers une femme de quarante-cinq à cinquante ans, que l'on voyoit à quelques pas d'elle, et qui, les yeux baissés, attendoit dans un morne silence que quelqu'un l'achetât. Je demandai à la jeune fille si la personne qu'elle regardoit étoit sa mère. Hélas! oui, seigneur, me répondit-elle; au nom de Dieu, faites que je ne la quitte point! Eh bien! mon enfant, lui dis-je, si, pour vous consoler, il ne faut que vous réunir l'une et l'autre, vous serez bientôt satisfaite. En même temps je m'approchai de la mère pour la marchander; mais je ne l'eus pas sitôt envisagée, que je reconnus, avec toute l'émotion que vous pouvez penser, les traits, les propres traits de Lucinde. Juste ciel! dis-je en moi même, c'est ma mère, je n'en saurois douter. Pour elle, soit qu'un vif ressentiment de ses malheurs ne lui fît voir que des ennemis dans les objets qui l'environnoient, soit que mon habit me déguisât, ou bien que je fusse changé depuis douze années que je ne l'avois vue, elle ne me remit point. Après l'avoir aussi achetée, je la menai avec sa fille à ma maison.

Là, je voulus leur donner le plaisir d'apprendre qui j'étois. Madame, dis-je à Lucinde, est-il possible que mon visage ne vous frappe point? Ma moustache et mon turban vous font-ils méconnoître Raphaël votre fils? Ma mère tressaillit à ces paroles, me considéra, me reconnut, et nous nous embrassâmes tendrement. J'embrassai ensuite sa fille, qui ne savoit peut-être pas plus qu'elle eût un frère, que je savois que j'avois une sœur. Avouez, dis-je à ma mère, que dans toutes vos pièces de théâtre vous n'avez pas une reconnoissance aussi parfaite que celle-ci. Mon fils, me répondit-elle en soupirant, j'ai d'abord eu de la joie de vous revoir; mais ma joie se convertit en douleur. Dans quel état, hélas! vous retrouvé-je! Mon esclavage me fait mille fois moins de peine que l'habillement odieux.... Ah! parbleu, madame, interrompis-je en riant, j'admire votre délicatesse : j'aime cela dans une comédienne. Eh! bon Dieu, ma mère, vous êtes donc bien changée, si ma métamorphose vous blesse si fort la vue. Au lieu de vous révolter contre mon turban, regardez-moi plutôt comme un acteur qui représente sur la scène un rôle de Turc. Quoique renégat, je ne suis pas plus musulman que je l'étois en Espagne; et dans le fond je me sens toujours attaché à ma religion. Quand vous saurez toutes les aventures qui me sont arrivées en ce pays-ci, vous m'excuserez. L'amour a fait mon crime; je sacrifie à ce dieu. Je tiens un peu de vous, je vous en avertis. Une autre raison encore, ajoutai-je, doit modérer en vous le déplaisir de me voir dans la situation où je suis. Vous vous attendiez à n'éprouver dans Alger qu'une captivité rigoureuse, et vous trouvez dans votre patron un fils tendre, respectueux, et assez riche pour vous faire vivre ici dans l'abondance; jusqu'à ce que nous saisissions l'occasion de retourner sûrement en Espagne. Demeurez d'accord de la vérité du proverbe qui dit qu'à quelque chose malheur est bon.

Mon fils, me dit Lucinde, puisque vous avez dessein de repasser un jour dans votre pays et d'y abjurer le mahométisme, je suis toute consolée. Grâces au ciel, continua-t-elle, je pourrai ramener saine et sauve en Castille votre sœur Béatrix. Oui, madame, m'écriai-je, vous le pourrez. Nous irons tous trois, le plus tôt qu'il nous sera possible, rejoindre le reste de notre famille; car vous avez apparemment encore en Espagne d'autres marques de votre fécondité? Non, dit ma mère, je n'ai que vous deux d'enfants, et vous saurez que Béatrix est le fruit d'un mariage des plus légitimes. Et pourquoi, repris-je, avez-vous donné à ma petite sœur cet avantage-là sur moi? Comment avez-vous pu vous résoudre à vous marier? Je vous ai cent fois entendu dire dans mon enfance que vous ne pardonniez point à une jolie femme de prendre un mari. D'autres temps, d'autres soins, mon fils, repartit-elle; les hommes les plus fermes dans leurs résolutions sont sujets à changer, et vous voulez qu'une femme soit inébranlable dans les siennes! Je vais, poursuivit-elle, vous conter mon histoire depuis votre sortie de Madrid. Alors elle me fit le récit suivant, que je n'oublierai jamais. Je ne veux pas vous priver d'une narration si curieuse.

Il y a, dit ma mère, s'il vous en souvient, près de treize ans ans que vous quittâtes le jeune Léganez. Dans ce temps-là, le duc de Médina Céli me dit qu'il vouloit un soir souper en particulier avec moi. Il me marqua le jour. J'attendis ce seigneur : il vint, et je lui plus. Il me demanda le sacrifice de tous les rivaux qu'il pouvoit avoir. Je le lui accordai dans l'espérance qu'il me le payeroit bien. Il n'y manqua pas. Dès le lendemain je reçus de lui des présents, qui furent suivis de plusieurs autres qu'il me fit dans la suite. Je craignois de ne pouvoir retenir long-temps dans mes chaînes un homme d'un si haut rang; et j'appréhendois cela d'autant plus, que je n'ignorois pas qu'il étoit échappé à des beautés fameuses, dont il avoit aussitôt rompu que porté les fers. Cependant, loin de prendre de jour en jour moins de goût à mes complaisances, il sembloit plutôt y trouver un plaisir nouveau. Enfin j'avois l'art de l'amuser, et d'empêcher son cœur, naturellement volage, de se laisser aller à son penchant.

Il y avoit déjà trois mois qu'il m'aimoit, et j'avois lieu de me flatter que son amour seroit de longue durée, lorsqu'une femme de mes amies et moi nous nous rendîmes à une assemblée où il étoit avec la duchesse son épouse. Nous y allions pour entendre un concert de voix et d'instruments qu'on y faisoit. Nous nous plaçâmes par hasard assez près de la duchesse, qui s'avisa de trouver mauvais que j'osasse paroître dans un lieu où elle étoit. Elle m'envoya dire par une de ses femmes qu'elle me prioit de sortir promptement. Je fis une réponse brutale à la messagère. La duchesse irritée s'en plaignit à son époux, qui vint à moi lui-même, et me dit : Sortez, Lucinde ; quand de grands seigneurs s'attachent à de petites créatures comme vous, elles ne doivent pas pour cela s'oublier : si nous vous aimons plus que nos femmes, nous honorons nos femmes plus que vous ; et toutes les fois que vous serez assez insolentes pour vouloir vous mettre en comparaison avec elles, vous aurez toujours la honte d'être traitées avec indignité.[1]

Heureusement le duc me tint ce cruel discours d'un

---

[1] C'est vraiment à Paris qu'un grand seigneur a dit à une actrice charmante et insolente qui vouloit imiter l'impertinence de Lucinde et ridiculiser l'épouse de ce grand seigneur : *Aimable vice, respectez la vertu!*

ton de voix si bas, qu'il ne fut point entendu des personnes qui étoient autour de nous. Je me retirai toute honteuse, et je pleurai de dépit d'avoir essuyé cet affront. Pour surcroît de chagrin, les comédiens et les comédiennes apprirent cette aventure dès le soir même. On diroit qu'il y a chez ces gens-là un démon qui se plaît à rapporter aux uns tout ce qui arrive aux autres. Un comédien, par exemple, a-t-il fait dans une débauche quelque action extravagante; une comédienne vient-elle de passer bail avec un riche galant; la troupe en est aussitôt informée. Tous mes camarades surent donc ce qui s'étoit passé au concert, et Dieu sait s'ils se réjouirent bien à mes dépens. Il règne parmi eux un esprit de charité qui se manifeste dans ces sortes d'occasions. Je me mis pourtant au-dessus de leurs caquets, et je me consolai de la perte du duc de Médina Céli; car je ne le revis plus chez moi, et j'appris même peu de jours après qu'une chanteuse en avoit fait la conquête.

Lorsqu'une dame de théâtre a le bonheur d'être en vogue, les amants ne sauroient lui manquer; et l'amour d'un grand seigneur, ne durât-il que trois jours, lui donne un nouveau prix. Je me vis obsédée d'adorateurs, sitôt qu'il fut notoire à Madrid que le duc avoit cessé de me voir. Les rivaux que je lui avois sacrifiés, plus épris de mes charmes qu'auparavant, revinrent en foule sur les rangs; je reçus encore l'hommage de mille autres cœurs. Je n'avois jamais été tant à la mode. De tous les hommes qui briguoient mes bonnes grâces, un gros Allemand, gentilhomme du duc d'Ossune, me parut un des plus empressés. Ce n'étoit pas une figure fort aimable; mais il s'attira mon attention par un millier de pistoles qu'il avoit amassées au service de son maître, et qu'il prodigua pour mériter d'être sur la liste de mes amants fortunés. Ce bon sujet se nommoit Brutandorf. Tant qu'il fit de la dépense, je le reçus favorablement; dès qu'il fut ruiné, il trouva ma porte fermée. Mon procédé lui déplut. Il vint me chercher à la comédie pendant le spectacle. J'étois derrière le théâtre. Il voulut me faire des reproches; je lui ris au nez. Il se mit en colère et me donna un soufflet en franc Allemand. Je poussai un grand cri : j'interrompis l'action. Je parus sur le théâtre, et m'adressant au duc d'Ossune, qui ce jour-là étoit à la comédie avec la duchesse sa femme, je lui demandai justice des manières germaniques de son gentilhomme. Le duc ordonna de continuer la comédie, et dit qu'il entendroit les parties quand on auroit achevé la pièce. D'abord qu'elle fut finie, je me représentai fort émue devant le duc, et j'exposai vivement mes griefs. Pour l'Allemand, il n'employa que deux mots pour sa défense; il dit qu'au lieu de se repentir de ce qu'il avoit fait, il étoit homme à recommencer. Parties ouïes, le duc d'Ossune dit au Germain : Brutandorf, je vous chasse de chez moi et vous défends de paroître à mes yeux, non pour avoir donné un soufflet à une comédienne, mais pour avoir manqué de respect à votre maître et à votre maîtresse, et avoir osé troubler le spectacle en leur présence.

Ce jugement me demeura sur le cœur. Je conçus un dépit mortel de ce qu'on ne chassoit pas l'Allemand pour m'avoir insultée. Je m'imaginois qu'une pareille offense faite à une comédienne devoit être aussi sévèrement punie qu'un crime de lèse-majesté, et j'avois compté que le gentilhomme subiroit une peine afflictive. Ce désagréable événement me détrompa, et me fit connoître que le monde ne confond pas les acteurs avec les rôles qu'ils représentent. Cela me dégoûta du théâtre ; je résolus de l'abandonner, et d'aller vivre loin de Madrid. Je choisis la ville de Valence pour le lieu de ma retraite ; et je m'y rendis *incognito*, avec la valeur de vingt mille ducats que j'avois tant en argent qu'en pierreries ; ce qui me parut plus que suffisant pour m'entretenir le reste de mes jours, puisque j'avois dessein de mener une vie retirée. Je louai à Valence une petite maison, et pris pour mes domestiques une femme et un page à qui je n'étois pas moins inconnue qu'à toute la ville. Je me donnai pour veuve d'un officier de chez le roi, et je dis que je venois m'établir à Valence, sur la réputation que ce séjour avoit d'être un des plus agréables d'Espagne. Je ne voyois que très peu de monde, et je tenois une conduite si régulière, qu'on ne me soupçonna point d'avoir été comédienne. Malgré pourtant le soin que je prenois de me cacher, je m'attirai les regards d'un gentilhomme qui avoit un château près de Paterna. C'étoit un cavalier assez bien fait, de trente-cinq à quarante ans, mais un noble fort endetté ; ce qui n'est pas plus rare dans le royaume de Valence que dans beaucoup d'autres pays.

Ce seigneur *Hidalgo* [1], trouvant ma personne à son

---

[1] *Hidalgo*, composé de deux mots *hijo*, fils, et *algo*, quelque chose. Cette étymologie du mot de noble en espagnol n'est pas la plus reçue. D'autres disent que *Hidalgo* signifie descendant des Goths, et caractérise une race qui remonte au delà des Maures.

gré, voulut savoir si d'ailleurs j'étois son fait. Il découpla des grisons pour courir aux enquêtes, et il eut le plaisir d'apprendre par leur rapport qu'avec un minois peu dégoûtant, j'étois une douairière assez opulente. Là-dessus jugeant que je lui convenois, il envoya bientôt chez moi une bonne vieille, qui me dit de sa part, que charmé de ma vertu autant que de ma beauté, il m'offroit sa foi, et qu'il étoit prêt à me conduire à l'autel, si je voulois bien devenir sa femme. Je demandai trois jours pour me consulter là-dessus. Je m'informai du gentilhomme; et le bien qu'on me dit de lui, quoiqu'on ne me celât point l'état de ses affaires, me détermina sans peine à l'épouser peu de temps après.

Don Manuel de Xerica (c'est ainsi que mon époux s'appeloit) me mena d'abord à son château, qui avoit un air antique dont il étoit fort vain. Il prétendoit qu'un de ses ancêtres l'avoit autrefois fait bâtir, et il concluoit de là qu'il n'y avoit point de maison plus ancienne en Espagne que celle de Xerica. Mais un si beau titre de noblesse alloit être détruit par le temps; le château, étayé en plusieurs endroits, menaçoit ruine : quel bonheur pour don Manuel de m'avoir épousée! La moitié de mon argent fut employé aux réparations, et le reste servit à nous mettre en état de faire une brillante figure dans le pays. Me voilà donc, pour ainsi dire, dans un nouveau monde, changée en nymphe de château, en dame de paroisse : quelle métamorphose! J'étois trop bonne actrice pour ne pas bien soutenir la splendeur que mon rang répandoit sur moi. Je prenois de grands airs, des airs de théâtre, qui faisoient concevoir dans le village une haute opinion de ma naissance.

Qu'on se seroit égayé à mes dépens, si l'on eût été au fait sur mon compte! La noblesse des environs m'auroit donné mille brocards, et les paysans auroient bien rabattu des respects qu'ils me rendoient.

Il y avoit déjà près de six années que je vivois fort heureuse avec don Manuel, lorsqu'il mourut. Il me laissa des affaires à débrouiller, et votre sœur Béatrix qui avoit quatre ans passés. Le château, qui étoit notre unique bien, se trouva par malheur engagé à plusieurs créanciers, dont le principal se nommoit Bernard Astuto [1]. Qu'il soutenoit bien son nom! Il exerçoit à Valence une charge de procureur, qu'il remplissoit en homme consommé dans la procédure, et qui même avoit étudié en droit pour apprendre à mieux faire des injustices. Le terrible créancier! Un château sous la griffe d'un semblable procureur, est comme une colombe dans les serres d'un milan; aussi le seigneur Astuto, dès qu'il sut la mort de mon mari, ne manqua pas de former le siége du château. Il l'auroit indubitablement fait sauter par les mines que la chicane commençoit à faire, si mon étoile ne s'en fût mêlée; mais mon bonheur voulut que l'assiégeant devînt mon esclave. Je le charmai dans une entrevue que j'eus avec lui au sujet de ses poursuites. Je n'épargnai rien, je l'avoue, pour lui donner de l'amour; et l'envie de sauver ma terre me fit essayer sur lui tous les airs de visage qui m'avoient tant de fois si bien réussi. Avec tout mon savoir-faire, je craignois de rater le procureur. Il étoit si enfoncé dans son métier, qu'il ne pa-

---

[1] *Astusto*, fin, rusé, subtil.

roissoit pas susceptible d'une amoureuse impression.
Cependant ce sournois, ce grimaud, ce gratte-papier
prenoit plus de plaisir que je ne pensois à me regarder.
Madame, me dit-il, je ne sais point faire l'amour. Je
me suis toujours tellement appliqué à ma profession,
que cela m'a fait négliger d'apprendre les us et cou-
-tumes de la galanterie. Je n'ignore pourtant pas l'es-
sentiel ; et, pour venir au fait, je vous dirai que si
vous voulez m'épouser, nous brûlerons toute la procédure ; j'écarterai les créanciers qui se sont joints
à moi pour faire vendre votre terre. Vous en aurez le
revenu, et votre fille la propriété. L'intérêt de Béatrix
et le mien ne me permirent pas de balancer. J'acceptai
la proposition. Le procureur tint sa promesse ; il tourna
ses armes contre les autres créanciers, et m'assura la
possession de mon château. C'étoit peut-être la première
fois de sa vie qu'il eût bien servi la veuve et l'orphelin.

Je devins donc procureuse sans toutefois cesser d'être
dame de paroisse. Mais ce nouveau mariage me perdit
dans l'esprit de la noblesse de Valence. Les femmes de
qualité me regardèrent comme une personne qui avoit
dérogé, et ne voulurent plus me voir. Il fallut m'en tenir
au commerce des bourgeoises ; ce qui ne laissa pas d'abord
de me faire un peu de peine, parce que j'étois accoutumée depuis six ans à ne fréquenter que des dames
de distinction. Je m'en consolai pourtant bientôt. Je
fis connoissance avec une greffière et deux procureuses
dont les caractères étoient fort plaisants. Il y avoit dans
leurs manières un ridicule qui me réjouissoit. Ces petites demoiselles se croyoient des femmes hors du commun. Hélas ! disois-je quelquefois en moi-même, quand

je les voyois s'oublier, voilà le monde! chacun s'imagine être au-dessus de son voisin. Je pensois qu'il n'y avoit que les comédiennes qui se méconnussent; les bourgeoises, à ce que je vois, ne sont pas plus raisonnables. Je voudrois, pour les punir, qu'on les obligeât à garder dans leurs maisons les portraits de leurs aïeux. Mort de ma vie! elles ne les placeroient pas dans l'endroit le plus éclairé.

Après quatre années de mariage, le seigneur Bernard Astuto tomba malade, et mourut sans enfants. Avec le bien dont il m'avoit avantagée en m'épousant, et celui que je possédois déjà, je me vis une riche douairière. Aussi j'en avois la réputation; et sur ce bruit un gentilhomme sicilien, nommé Colifichini, résolut de s'attacher à moi pour me ruiner ou pour m'épouser. Il me laissa la préférence. Il étoit venu de Palerme pour voir l'Espagne; et, après avoir satisfait sa curiosité, il attendoit, disoit-il, à Valence l'occasion de repasser en Sicile. Le cavalier n'avoit pas vingt-cinq ans; il étoit bien fait, quoique petit, et sa figure enfin me revenoit. Il trouva moyen de me parler en particulier; et, je vous l'avouerai franchement, j'en devins folle dès le premier entretien que j'eus avec lui. De son côté, le petit fripon se montra fort épris de mes charmes. Je crois, Dieu me pardonne, que nous nous serions mariés sur-le-champ, si la mort du procureur, encore toute récente, m'eût permis de contracter sitôt un nouvel engagement. Mais, depuis que je m'étois mise dans le goût des hyménées, je gardois des mesures avec le monde.

Nous convînmes donc de différer notre mariage de

quelque temps par bienséance. Cependant Colifichini me rendoit des soins, et son amour, loin de se ralentir, sembloit devenir plus vif de jour en jour. Le pauvre garçon n'étoit pas trop bien en argent comptant. Je m'en aperçus, et il ne manqua plus d'espèces. Outre que j'avois presque deux fois son âge, je me souvenois d'avoir fait contribuer les hommes dans ma jeunesse, et je regardois ce que je donnois comme une façon de restitution qui acquittoit ma conscience. Nous attendîmes le plus patiemment qu'il nous fut possible le temps que le respect humain prescrit aux veuves pour se remarier. Lorsqu'il fut arrivé, nous allâmes à l'autel, où nous nous liâmes l'un à l'autre par des nœuds éternels. Nous nous retirâmes ensuite dans mon château, et je puis dire que nous y vécûmes pendant deux années moins en époux qu'en tendres amants. Mais, hélas! nous n'étions pas unis tous deux pour être long-temps si heureux: une pleurésie emporta mon cher Colifichini.

J'interrompis en cet endroit ma mère. Eh quoi! madame, lui dis-je, votre troisième époux mourut encore? Il faut que vous soyez une place bien meurtrière. Que voulez-vous, mon fils? me répondit-elle; puis-je prolonger des jours que le ciel a comptés? Si j'ai perdu trois maris, je n'y saurois que faire. J'en ai fort regretté deux. Celui que j'ai le moins pleuré, c'est le procureur. Comme je ne l'avois épousé que par intérêt, je me consolai facilement de sa perte. Mais, continua-t-elle, pour revenir à Colifichini, je vous dirai que, quelques mois après sa mort, je voulus aller voir par moi-même, auprès de Palerme, une maison de campagne qu'il m'avoit assignée pour douaire dans notre contrat de mariage. Je m'embarquai avec ma fille pour passer en Sicile; mais nous avons été prises sur la route par les vaisseaux du bacha d'Alger. On nous a conduites dans cette ville. Heureusement pour nous, vous vous êtes trouvé dans la place où l'on vouloit nous vendre. Sans cela nous serions tombées entre les mains de quelque patron barbare qui nous auroit maltraitées, et chez qui peut-être nous aurions été toute notre vie en esclavage, sans que vous eussiez entendu parler de nous.

Tel fut le récit que fit ma mère. Après quoi, messieurs, je lui donnai le plus bel appartement de ma maison, avec la liberté de vivre comme il lui plairoit; ce qui se trouva fort de son goût. Elle avoit une habitude d'aimer formée par tant d'actes réitérés, qu'il lui falloit absolument un amant ou un mari. Elle jeta d'abord les yeux sur quelques-uns de mes esclaves; mais Hally Pégelin, rénégat grec, qui venoit quelquefois au logis, attira bientôt toute son attention. Elle conçut pour lui plus d'amour qu'elle n'en avoit jamais eu pour Colifichini, et elle étoit si stylée à plaire aux hommes, qu'elle trouva le secret de charmer encore celui-là. Je ne fis pas semblant de m'apercevoir de leur intelligence; je ne songeois alors qu'à m'en retourner en Espagne. Le bacha m'avoit déjà permis d'armer un vaisseau pour aller en course et faire le pirate. Cet armement m'occupoit; et, huit jours devant qu'il fût achevé, je dis à Lucinde : Madame, nous partirons d'Alger incessamment; nous allons perdre de vue ce séjour que vous détestez.

Ma mère pâlit à ces paroles, et garda un silence glacé. J'en fus étrangement surpris. Que vois-je? lui dis-je;

d'où vient que vous m'offrez un visage épouvanté? Il semble que je vous afflige, au lieu de vous causer de la joie. Je croyois vous annoncer une nouvelle agréable, en vous apprenant que j'ai tout disposé pour notre départ. Est-ce que vous ne souhaiteriez pas de repasser en Espagne? Non, mon fils, je ne le souhaite plus, répondit ma mère. J'y ai eu tant de chagrin, que j'y renonce pour jamais. Qu'entends-je? m'écriai-je avec douleur; ah! dites plutôt que c'est l'amour qui vous en détache. Quel changement, ô ciel! Quand vous arrivâtes dans cette ville, tout ce qui se présentoit à vos regards vous étoit odieux; mais Hally Pégelin vous a mise dans une autre disposition. Je ne m'en défends pas, repartit Lucinde; j'aime ce renégat, et j'en veux faire mon quatrième époux. Quel projet! interrompis-je avec horreur; vous, épouser un musulman! Vous oubliez que vous êtes chrétienne, ou plutôt vous ne l'avez été jusqu'ici que de nom. Ah! ma mère, que me faites-vous envisager? Vous avez résolu votre perte. Vous allez faire volontairement ce que je n'ai fait que par nécessité.

Je lui tins bien d'autres discours encore pour la détourner de son dessein; mais je la haranguai fort inutilement; elle avoit pris son parti. Elle ne se contenta pas même de suivre son mauvais penchant, et de me quitter pour aller vivre avec ce renégat, elle voulut emmener avec elle Béatrix. Je m'y opposai. Ah! malheureuse Lucinde, lui dis-je, si rien n'est capable de vous retenir, abandonnez-vous du moins toute seule à la fureur qui vous possède; n'entraînez point une jeune innocente dans le précipice où vous courez vous jeter.

Lucinde s'en alla sans répliquer. Je crus qu'un reste de raison l'éclairoit et l'empêchoit de s'obstiner à demander sa fille. Que je connoissois mal ma mère! Un de mes esclaves me dit deux jours après : Seigneur, prenez garde à vous. Un captif de Pégelin vient de me faire une confidence dont vous ne sauriez trop tôt profiter. Votre mère a changé de religion; et, pour vous punir de lui avoir refusé Béatrix, elle a formé la résolution d'avertir le bacha de votre fuite. Je ne doutai pas un moment que Lucinde ne fût femme à faire ce que mon esclave me disoit. J'avois eu le temps d'étudier la dame, et je m'étois aperçu qu'à force de jouer des rôles sanguinaires dans les tragédies, elle s'étoit familiarisée avec le crime. Elle m'auroit fort bien fait brûler tout vif; et je ne crois pas qu'elle eût été plus sensible à ma mort qu'à la catastrophe d'une pièce de théâtre.

Je ne voulus donc pas négliger l'avis que me donnoit mon esclave. Je pressai mon embarquement. Je pris des Turcs, selon la coutume des corsaires d'Alger qui vont en course; mais je n'en pris seulement que ce qu'il m'en falloit pour ne me pas rendre suspect, et je sortis du port le plus tôt qu'il me fut possible, avec tous mes esclaves et ma sœur Béatrix. Vous jugez bien que je n'oubliai pas d'emporter en même temps ce que j'avois d'argent et de pierreries; ce qui pouvoit monter à la valeur de six mille ducats. Lorsque nous fûmes en pleine mer, nous commençâmes par nous assurer des Turcs. Nous les enchaînâmes facilement, parce que mes esclaves étoient en plus grand nombre. Nous eûmes un vent si favorable, que nous gagnâmes en peu de temps les côtes d'Italie. Nous arrivâmes le plus heureusement du monde au port de Livourne, où je crois que toute la ville accourut pour nous voir débarquer. Le père de mon esclave Azarini se trouva, par hasard ou par curiosité, parmi les spectateurs. Il considéroit attentivement tous mes captifs à mesure qu'ils mettoient pied à terre; mais, quoiqu'il cherchât en eux les traits de son fils, il ne s'attendoit pas à le revoir. Que de transports! que d'embrassements suivirent leur reconnoissance, quand ils vinrent tous deux à se reconnoître.

Sitôt qu'Azarini eut appris à son père qui j'étois et ce qui m'amenoit à Livourne, le vieillard m'obligea, de même que Béatrix, à prendre un logement chez lui. Je passerai sous silence le détail de mille choses qu'il me fallut faire pour rentrer dans le sein de l'Église; je dirai seulement que j'abjurai le mahométisme de meilleure foi que je ne l'avois embrassé. Après m'être entièrement purgé de ma gale d'Alger, je vendis mon vaisseau, et donnai la liberté à tous mes esclaves. Pour les Turcs, on les retint dans les prisons de Livourne, pour les échanger contre des chrétiens. Je reçus de l'un et de l'autre Azarini toutes sortes de bons traitements; le fils épousa même ma sœur Béatrix, qui n'étoit pas à la vérité un mauvais parti pour lui, puisqu'elle étoit fille d'un gentilhomme, et qu'elle avoit le château de Xerica, que ma mère avoit pris soin de donner à bail à un riche laboureur de Paterna, lorsqu'elle voulut passer en Sicile.

De Livourne, après y avoir demeuré quelque temps, je partis pour Florence, que j'avois envie de voir. Je n'y allai pas sans lettres de recommandation. Azarini le père avoit des amis à la cour du grand-duc, et il me recommandoit à eux comme un gentilhomme espagnol qui étoit son allié. J'ajoutai le *don* à mon nom, imitant en cela bien des Espagnols roturiers qui prennent sans façon ce titre d'honneur hors de leur pays. Je me faisois donc effrontément appeler don Raphaël; et, comme j'avois apporté d'Alger de quoi soutenir dignement ma noblesse, je parus à la cour avec éclat. Les cavaliers à qui le vieil Azarini avoit écrit en ma faveur, y publièrent que j'étois une personne de qualité : si bien que leur témoignage et les airs que je me donnois me firent passer sans peine pour un homme d'importance. Je me faufilai bientôt avec les principaux seigneurs, qui me présentèrent au grand-duc. J'eus le bonheur de lui plaire. Je m'attachai à faire ma cour à ce prince et à l'étudier. J'écoutois attentivement ce que les plus vieux courtisans lui disoient, et par leurs discours je démêlai ses inclinations. Je remarquai, entre autres choses qu'il aimoit les plaisanteries, les bons contes et les bons mots. Je me réglai là-dessus. J'écrivois tous les matins, sur mes tablettes, les histoires que je voulois lui conter dans la journée. J'en savois une grande quantité; j'en avois, pour ainsi dire, un sac tout plein. J'eus beau toutefois les ménager, mon sac se vida peu à peu, de sorte que j'aurois été obligé de me répéter, ou de faire voir que j'étois au bout de mes apophthegmes, si mon génie fertile en fictions ne m'en eût pas abondamment fourni; mais je composai des contes galans et comiques qui divertirent fort le grand-duc; et, ce qui arrive souvent aux beaux-esprits de profession, je mettois le matin sur mon agenda des bons mots que je donnois l'après-dînée pour des impromptus.

Je m'érigeai même en poëte, et je consacrai ma muse aux louanges du prince. Je demeure d'accord de bonne foi que mes vers n'étoient pas bons ; aussi ne furent-ils pas critiqués : mais quand ils auroient été meilleurs, je doute qu'ils eussent été mieux reçus du grand-duc. Il en paroissoit très content. La matière peut-être l'empêchoit de les trouver mauvais. Quoi qu'il en soit, ce prince prit insensiblement tant de goût pour moi, que cela donna de l'ombrage aux courtisans. Ils voulurent découvrir qui j'étois. Ils n'y réussirent point. Ils apprirent seulement que j'avois été renégat. Ils ne manquèrent pas de le dire au prince, dans l'espérance de me nuire. Ils n'en vinrent pourtant pas à bout ; au contraire, le grand-duc un jour m'obligea de lui faire une relation fidèle de mon voyage d'Alger. Je lui obéis, et mes aventures, que je ne lui déguisai point, le réjouirent infiniment.

Don Raphaël, me dit-il après que j'en eus achevé le récit, j'ai de l'amitié pour vous, et je veux vous en donner une marque qui ne vous permettra pas d'en douter. Je vous fais dépositaire de mes secrets ; et, pour commencer à vous mettre dans ma confidence, je vous dirai que j'aime la femme d'un de mes ministres. C'est la dame de ma cour la plus aimable, mais en même temps la plus vertueuse. Renfermée dans son domestique, uniquement attachée à un époux qui l'idolâtre, elle semble ignorer le bruit que ses charmes font dans Florence. Jugez si cette conquête est difficile ! Cependant cette beauté, tout inaccessible qu'elle est aux amants, a quelquefois entendu mes soupirs. J'ai trouvé moyen de lui parler sans témoins. Elle connoît mes sentiments. Je ne me flatte point de lui avoir inspiré de l'amour; elle ne m'a point donné sujet de former une si agréable pensée. Je ne désespère pas toutefois de lui plaire par ma constance et par la conduite mystérieuse que je prends soin de tenir.

La passion que j'ai pour cette dame, continua-t-il, n'est connue que d'elle seule. Au lieu de suivre mon penchant sans contrainte, et d'agir en souverain, je dérobe à tout le monde la connoissance de mon amour. Je crois devoir ce ménagement à Mascarini : c'est l'époux de la personne que j'aime. Le zèle et l'attachement qu'il a pour moi, ses services et sa probité m'obligent à me conduire avec beaucoup de secret et de circonspection. Je ne veux pas enfoncer un poignard dans le sein de ce mari malheureux en me déclarant amant de sa femme. Je voudrois qu'il ignorât toujours, s'il est possible, l'ardeur dont je me sens brûler; car je suis persuadé qu'il mourroit de douleur s'il savoit la confidence que je vous fais en ce moment. Je cache donc mes démarches, et j'ai résolu de me servir de vous pour exprimer à Lucrèce tous les maux que me fait souffrir la contrainte que je m'impose. Vous serez l'interprète de mes sentiments. Je ne doute point que vous ne vous acquittiez à merveille de cette commission. Liez commerce avec Mascarini; attachez-vous à gagner son amitié. Introduisez-vous chez lui, et vous ménagez la liberté de parler à sa femme. Voilà ce que j'attends de vous, et ce que je suis assuré que vous ferez avec toute l'adresse et la discrétion que demande un emploi si délicat.

Je promis au grand-duc de faire tout mon possible

pour répondre à sa confiance et contribuer au bonheur de ses feux. Je lui tins bientôt parole. Je n'épargnai rien pour plaire à Mascarini, et j'en vins à bout sans peine. Charmé de voir son amitié recherchée par un homme aimé du prince, il fit la moitié du chemin. Sa maison me fut ouverte, j'eus un libre accès auprès de son épouse, et j'ose dire que je me composai si bien, qu'il n'eut pas le moindre soupçon de la négociation dont j'étois chargé. Il est vrai qu'il étoit peu jaloux pour un Italien ; il se reposoit sur la vertu de sa Lucrèce ; et, s'enfermant dans son cabinet, il me laissoit souvent seul avec elle. Je fis d'abord les choses rondement. J'entretins la dame de l'amour du grand-duc, et lui dis que je ne venois chez elle que pour lui parler de ce prince. Elle ne me parut pas éprise de lui, et je m'aperçus néanmoins que la vanité l'empêchoit de rejeter ses soupirs. Elle prenoit plaisir à les entendre, sans vouloir y répondre. Elle avoit de la sagesse ; mais elle étoit femme ; et je remarquois que sa vertu cédoit insensiblement à l'image superbe de voir un souverain dans ses fers. Enfin le prince pouvoit justement se flatter que, sans employer la violence de Tarquin, il verroit Lucrèce rendue à son amour. Un incident toutefois, auquel il se seroit le moins attendu, détruisit ses espérances, comme vous l'allez apprendre.

Je suis naturellement hardi avec les femmes, j'ai contracté cette habitude, bonne ou mauvaise, chez les Turcs. Lucrèce étoit belle. J'oubliai que je ne devois faire que le personnage d'ambassadeur. Je parlai pour mon compte. J'offris mes services à la dame, le plus galamment qu'il me fut possible. Au lieu de paroître choquée de mon audace et de me répondre avec colère, elle me dit en souriant : Avouez, don Raphaël, que le grand-duc a fait choix d'un agent fort fidèle et fort zélé ! Vous le servez avec une intégrité qu'on ne peut assez louer. Madame, dis-je sur le même ton, n'examinons point les choses scrupuleusement. Laissons, je vous prie, les réflexions ; je sais bien qu'elles ne me sont pas favorables ; mais je m'abandonne au sentiment. Je ne crois pas, après tout, être le premier confident de prince qui ait trahi son maître en matière de galanterie. Les grands seigneurs ont souvent dans leurs mercures des rivaux dangereux. Cela se peut, reprit Lucrèce ; pour moi je suis fière, et tout autre qu'un prince ne sauroit me toucher. Réglez-vous là-dessus, poursuivit-elle en prenant son sérieux, et changeons d'entretien. Je veux bien oublier ce que vous venez de me dire, à condition qu'il ne vous arrivera plus de me tenir de pareils propos ; autrement, vous pourrez vous en repentir.

Quoique cela fût un avis au lecteur, et que je dusse en profiter, je ne cessai point d'entretenir de ma passion la femme de Mascarini. Je la pressai même avec plus d'ardeur qu'auparavant de répondre à ma tendresse, et je fus assez téméraire pour vouloir prendre des libertés. La dame alors, s'offensant de mes discours et de mes manières musulmanes, me rompit en visière. Elle me menaça de faire savoir au grand-duc mon insolence, en m'assurant qu'elle le prieroit de me punir comme je le méritois. Je fus piqué de ces menaces à mon tour. Mon amour se changea en haine; je résolus de me venger du mépris que Lucrèce m'avoit témoigné. J'allai trouver son mari; et après l'avoir obligé de jurer qu'il ne me commettroit point, je l'informai de l'intelligence que sa femme avoit avec le prince, dont je ne manquai pas de la peindre fort amoureuse, pour rendre la scène plus intéressante. Le ministre, pour prévenir tout accident, renferma, sans autre forme de procès, son épouse dans un appartement secret, où il la fit étroitement garder par des personnes affidées. Tandis qu'elle étoit environnée d'argus qui l'observoient et l'empêchoient de donner de ses nouvelles au grand-duc, j'annonçai d'un air triste à ce prince qu'il ne devoit plus penser à Lucrèce: je lui dis que Mascarini avoit sans doute découvert tout, puisqu'il s'avisoit de veiller sur sa femme; que je ne savois pas ce qui pouvoit lui avoir donné lieu de me soupçonner, attendu que je croyois m'être toujours conduit avec beaucoup d'adresse; que la dame peut-être avoit elle-même avoué tout à son époux, et que, de concert avec lui, elle s'étoit laissé renfermer pour se dérober à des poursuites qui alarmoient sa vertu. Le prince parut fort affligé de mon rapport. Je fus touché de sa douleur, et je me repentis plus d'une fois de ce que j'avois fait; mais il n'étoit plus temps. D'ailleurs, je le confesse, je sentois une maligne joie, quand je me représentois la situation où j'avois réduit l'orgueilleuse qui avoit dédaigné mes vœux.

Je goûtois impunément le plaisir de la vengeance, qui est si doux à tout le monde, et principalement aux Espagnols, lorsqu'un jour le grand-duc, étant avec cinq ou six seigneurs de sa cour et moi, nous dit: De quelle manière jugeriez-vous à propos qu'on punît un homme qui auroit abusé de la confiance de son prince et voulu lui ravir sa maîtresse? Il faudroit, dit un des courtisans, le faire tirer à quatre chevaux. Un autre fut d'avis qu'on l'assommât et le fît mourir sous le bâton. Le moins cruel de ces Italiens, et celui qui opina le plus favorablement pour le coupable, dit qu'il se contenteroit de le faire précipiter du haut d'une tour en bas. Et don Raphaël, reprit alors le grand-duc, de quelle opinion est-il? Je suis persuadé que les Espagnols ne sont pas moins sévères que les Italiens dans de semblables conjonctures.

Je compris bien, comme vous pouvez penser, que Mascarini n'avoit pas gardé son serment, ou que sa femme avoit trouvé moyen d'instruire le prince de ce qui s'étoit passé entre elle et moi. On remarquoit sur mon visage le trouble qui m'agitoit. Cependant, tout troublé que j'étois, je répondis d'un ton ferme au grand-duc : Seigneur, les Espagnols sont plus généreux; ils pardonneroient en cette occasion au confident, et feroient naître, par cette bonté, dans son âme un regret éternel de les avoir trahis. Eh bien! me dit le prince, je me sens capable de cette générosité; je pardonne au traître : aussi-bien je ne dois m'en prendre qu'à moi-même d'avoir donné ma confiance à un homme que je ne connoissois point, et dont j'avois sujet de me défier, après tout ce qu'on m'en avoit dit. Don Raphaël, ajouta-t-il, voici de quelle manière je veux me venger de vous. Sortez incessamment de mes états, et ne paroissez plus devant moi! Je me retirai sur-le-champ, moins affligé de ma disgrâce que ravi d'en être quitte à si bon marché. Je m'embarquai le lendemain dans un vaisseau de Barcelonne, qui sortit du port de Livourne pour s'en retourner.

J'interrompis don Raphaël dans cet endroit de son histoire. Pour un homme d'esprit, lui dis-je, vous fîtes, ce me semble, une grande faute de ne pas quitter Florence immédiatement après avoir découvert à Mascarini l'amour du prince pour Lucrèce. Vous deviez bien vous imaginer que le grand-duc ne tarderoit pas à savoir votre trahison. J'en demeure d'accord, répondit le fils de Lucinde : aussi, malgré l'assurance que le ministre me donna de ne me point exposer au ressentiment du prince, je me proposois de disparoître au plus tôt.

J'arrivai à Barcelonne, continua-t-il, avec le reste des richesses que j'avois apportées d'Alger, et dont j'avois dissipé la meilleure partie à Florence en faisant le gentilhomme espagnol. Je ne demeurai pas long-temps en Catalogne. Je mourois d'envie de revoir Madrid, le lieu charmant de ma naissance; et je satisfis le plus tôt qu'il me fut possible le désir qui me pressoit. En arrivant dans cette ville, j'allai loger par hasard dans un hôtel garni où demeuroit une dame qu'on appeloit Camille. Quoiqu'elle fût hors de minorité, c'étoit une créature fort piquante : j'en atteste le seigneur Gil Blas, qui l'a vue à Valladolid presque dans le même temps. Elle avoit encore plus d'esprit que de beauté, et jamais aventurière n'a eu plus de talent pour amorcer les dupes. Mais elle ne ressembloit point à ces coquettes qui mettent à profit la reconnoissance de leurs amants. Venoit-elle de dépouiller un homme d'affaires ; elle en partageoit les dépouilles avec le premier chevalier de tripot qu'elle trouvoit à son gré.

Nous nous aimâmes l'un l'autre dès que nous nous vîmes, et la conformité de nos inclinations nous lia si étroitement, que nous fûmes bientôt en communauté de biens. Nous n'en avions pas, à la vérité, de considérables, et nous les mangeâmes en peu de temps. Nous ne songions par malheur tous deux qu'à nous plaire, sans faire le moindre usage des dispositions que nous avions à vivre aux dépens d'autrui. La misère enfin réveilla nos génies, que le plaisir avoit engourdis. Mon cher Raphaël, me dit Camille, faisons diversion, mon ami; cessons de garder une fidélité qui nous ruine. Vous pouvez entêter une riche veuve, je puis charmer quelque vieux seigneur : si nous continuons à nous être fidèles, voilà deux fortunes manquées! Belle Camille, lui répondis-je, vous me prévenez; j'allois vous faire la même proposition. J'y consens, ma reine. Oui, pour mieux entretenir notre mutuelle ardeur, tentons d'utiles conquêtes. Les infidélités que nous nous ferons deviendront des triomphes pour nous.

Cette convention faite, nous nous mîmes en campagne. Nous nous donnâmes d'abord de grands mouvements sans pouvoir rencontrer ce que nous cherchions. Camille ne trouvoit que des petits-maîtres, ce qui suppose des amants qui n'avoient pas le sou; et moi que des femmes qui aimoient mieux lever des contributions que d'en payer. Comme l'amour se refusoit à nos besoins, nous eûmes recours aux fourberies. Nous en fîmes tant et tant, que le corrégidor en entendit parler; et ce juge, sévère en diable, chargea un de ses alguazils de nous arrêter : mais l'alguazil, aussi bon que le corrégidor étoit mauvais, nous laissa le loisir de sortir de Madrid pour une petite somme que nous lui donnâmes. Nous prîmes la route de Valladolid, et nous allâmes nous établir dans cette ville. J'y louai une maison où je logeai avec Camille, que je fis passer pour ma sœur, de peur de scandale. Nous tînmes d'abord notre industrie en bride, et nous commençâmes d'étudier le terrain avant que de former aucune entreprise.

Un jour un homme m'aborda dans la rue, me salua très civilement, et me dit : Seigneur don Raphaël, me reconnoissez-vous ? Je lui répondis que non. Et moi, reprit-il, je vous remets parfaitement. Je vous ai vu à la cour de Toscane, et j'étois alors garde du grand-duc. Il y a quelques mois, ajouta-t-il, que j'ai quitté le service de ce prince. Je suis venu en Espagne avec un Italien des plus subtils; nous sommes à Valladolid depuis trois semaines. Nous demeurons avec un Castillan et un Galicien qui sont, sans contredit, deux honnêtes garçons. Nous vivons ensemble du travail de nos mains. Nous faisons bonne chère, et nous nous divertissons comme des princes. Si vous voulez vous joindre à nous, vous serez agréablement reçu de mes confrères; car vous m'avez toujours paru un galant homme, peu scrupuleux de votre naturel, et profès dans notre ordre.

La franchise de ce fripon excita la mienne. Puisque vous me parlez à cœur ouvert, lui dis-je, vous méritez que je m'explique de même avec vous. Véritablement je ne suis pas novice dans votre profession; et si ma modestie me permettoit de conter mes exploits, vous verriez que vous n'avez pas jugé trop avantageusement de moi ; mais je laisse là les louanges, et je me contenterai de vous dire, en acceptant la place que vous m'offrez dans votre compagnie, que je ne négligerai rien pour vous prouver que je n'en suis pas indigne. Je n'eus pas sitôt dit à cet ambidextre, que je consentois d'augmenter le nombre de ses camarades, qu'il me conduisit où ils étoient, et là je fis connoissance avec eux. C'est dans cet endroit que je vis pour la première fois l'illustre Ambroise de Lamela. Ces messieurs m'interrogèrent sur l'art de s'approprier finement le bien du prochain. Ils voulurent savoir si j'avois des principes ; mais je leur montrai bien des tours qu'ils ignoroient, et qu'ils admirèrent. Ils furent encore plus étonnés, lorsque, méprisant la subtilité de ma main, comme une chose trop ordinaire, je leur dis que j'excellois dans les fourberies qui demandent de l'esprit. Pour le leur persuader, je leur racontai l'aventure de Jérôme de Moyadas ; et sur le simple récit que j'en fis ils me trouvèrent un génie si supérieur, qu'ils me choisirent d'une commune voix pour leur chef. Je justifiai bien leur choix par une infinité de friponneries que nous fîmes, et dont je fus, pour ainsi parler, la cheville ouvrière. Quand nous avions besoin d'une actrice pour nous seconder, nous nous servions de Camille, qui jouoit à ravir tous les rôles qu'on lui donnoit.

Dans ce temps-là, notre confrère Ambroise fut tenté de revoir sa patrie. Il partit pour la Galice, en nous assurant que nous pouvions compter sur son retour. Il contenta son envie ; et comme il s'en revenoit, étant allé à Burgos pour y faire quelque coup, un hôtelier

de sa connoissance le mit au service du seigneur Gil
Blas de Santillane, dont il n'oublia pas de lui apprendre
les affaires. Seigneur Gil Blas, poursuivit don Raphaël
en m'adressant la parole, vous savez de quelle manière
nous vous dévalisâmes dans un hôtel garni de Valladolid; je ne doute pas que vous n'ayez soupçonné Ambroise d'avoir été le principal instrument de ce vol, et
vous avez eu raison. Il vint nous trouver en arrivant;
il nous exposa l'état où vous étiez, et messieurs les
entrepreneurs se réglèrent là-dessus. Mais vous ignorez les suites de cette aventure; je vais vous en instruire. Nous enlevâmes, Ambroise et moi, votre valise;
et, tous deux montés sur vos mules, nous prîmes le
chemin de Madrid, sans nous embarrasser de Camille
ni de nos camarades, qui furent sans doute aussi surpris que vous de ne nous pas revoir le lendemain.

Nous changeâmes de dessein la seconde journée. Au
lieu d'aller à Madrid, d'où je n'étois pas sorti sans raison, nous passâmes par Zebreros, et continuâmes notre
route jusqu'à Tolède. Notre premier soin, dans cette
ville, fut de nous habiller fort proprement; puis, nous
donnant pour deux frères galiciens qui voyageoient
par curiosité, nous connûmes bientôt de fort honnêtes
gens. J'étois si accoutumé à faire l'homme de qualité,
qu'on s'y méprit aisément; et, comme on éblouit d'ordinaire par la dépense, nous jetâmes de la poudre aux
yeux de tout le monde par les fêtes galantes que nous
commençâmes à donner aux dames. Parmi les femmes
que je voyois, il y en eut une qui me toucha. Je la
trouvai plus belle que Camille et beaucoup plus jeune.
Je voulus savoir qui elle étoit; j'appris qu'elle se nom-

moit Violante, et qu'elle avoit épousé un cavalier qui, déjà las de ses caresses, couroit après celles d'une courtisane qu'il aimoit. Je n'eus pas besoin qu'on m'en dît davantage pour me déterminer à établir Violante dame souveraine de mes pensées.

Elle ne tarda guère à s'apercevoir de sa conquête. Je commençai à suivre partout ses pas, et à faire cent folies pour lui persuader que je ne demandois pas mieux que de la consoler des infidélités de son époux. La belle fit là-dessus ses réflexions, qui furent telles que j'eus enfin le plaisir de connoître que mes intentions étoient approuvées. Je reçus d'elle un billet en réponse de plusieurs que je lui avois fait tenir par une de ces vieilles qui sont d'une si grande commodité en Espagne et en Italie. La dame me mandoit que son mari soupoit tous les soirs chez sa maîtresse, et ne revenoit au logis que fort tard. Je compris bien ce que cela signifioit. Dès la même nuit j'allai sous les fenêtres de Violante, et je liai avec elle une conversation des plus tendres. Avant que de nous séparer, nous convînmes que toutes les nuits, à pareill- heure, nous pourrions nous entretenir de la même manière, sans préjudice de tous les autres actes de galanterie qu'il nous seroit permis d'exercer le jour.

Jusque-là don Baltazar (ainsi se nommoit l'époux de Violante) en avoit été quitte à bon marché; mais je voulois aimer physiquement, et je me rendis un soir sous les fenêtres de la dame, dans le dessein de lui dire que je ne pouvois plus vivre si je n'avois un tête-à-tête avec elle dans un lieu plus convenable à l'excès de mon amour; ce que je n'avois pu encore obtenir d'elle. Mais comme j'arrivois, je vis venir dans la rue un homme qui sembloit m'observer. En effet c'étoit le mari, qui revenoit de chez sa courtisane de meilleure heure qu'à l'ordinaire, et qui, remarquant un cavalier près de sa maison, au lieu d'y entrer, se promenoit dans la rue. J'y demeurai quelque temps incertain de ce que je devois faire. Enfin je pris le parti d'aborder don Baltazar, que je ne connoissois point et dont je n'étois pas connu. Seigneur cavalier, lui dis-je, laissez-moi, je vous prie, la rue libre pour cette nuit; j'aurai une autre fois la même complaisance pour vous. Seigneur, me répondit-il, j'allois vous faire la même prière. Je suis amoureux d'une fille que son frère fait soigneusement garder, et qui demeure à vingt pas d'ici. Je souhaiterois qu'il n'y eût personne dans la rue. Il y a, repris-je, moyen de nous satisfaire tous deux sans nous incommoder; car, ajoutai-je en lui montrant sa propre maison, la dame que je sers loge là. Il faut même que nous nous secourions, si l'un ou l'autre vient à être attaqué. J'y consens, repartit-il; je vais à mon rendez-vous; et nous nous épaulerons s'il en est besoin. A ces mots, il me quitta, mais c'étoit pour mieux m'observer; ce que l'obscurité de la nuit lui permettoit de faire impunément.

Pour moi, je m'approchai de bonne foi du balcon de Violante. Elle parut bientôt, et nous commençâmes à nous entretenir. Je ne manquai pas de presser ma reine de m'accorder un entretien secret dans quelque endroit particulier. Elle résista un peu à mes instances, pour augmenter le prix de la grâce que je demandois; puis me jetant un billet qu'elle tira de sa poche : Tenez, me dit-elle, vous trouverez dans cette lettre la promesse d'une chose dont vous m'importunez tant. Ensuite elle se retira, parce que l'heure à laquelle son mari revenoit ordinairement approchoit. Je serrai le billet, et je m'avançai vers le lieu où don Baltazar m'avoit dit qu'il avoit affaire. Mais cet époux, qui s'étoit fort bien aperçu que j'en voulois à sa femme, vint au-devant de moi, et me dit : Eh bien! seigneur cavalier, êtes-vous content de votre bonne fortune? J'ai sujet de l'être, lui répondis-je. Et vous, qu'avez-vous fait? l'amour vous a-t-il favorisé? Hélas! non, repartit-il : le maudit frère de la beauté que j'aime est de retour d'une maison de campagne d'où nous avions cru qu'il ne reviendroit que demain. Ce contre-temps m'a sevré du plaisir dont je m'étois flatté.

Nous nous fîmes, don Baltazar et moi, des protestations d'amitié; et nous nous donnâmes rendez-vous le lendemain matin dans la grande place. Ce cavalier, après que nous nous fûmes séparés, entra chez lui, et ne fit nullement connoître à Violante qu'il sût de ses nouvelles. Il se trouva le jour suivant dans la grande place; j'y arrivai un moment après lui. Nous nous saluâmes avec des démonstrations d'amitié aussi perfides d'un côté que sincères de l'autre. Ensuite l'artificieux don Baltazar me fit une fausse confidence de son intrigue avec la dame dont il m'avoit parlé la nuit précédente. Il me raconta là-dessus une longue fable qu'il avoit composée, et tout cela pour m'engager à lui dire à mon tour de quelle façon j'avois fait connoissance avec Violante. Je ne manquai pas de donner dans le piége; j'avouai tout avec la plus grande franchise du monde. Je montrai même le billet que j'avois reçu d'elle, et je lus ces paroles qu'il contenoit: *J'irai demain dîner chez doña Inès. Vous savez où elle demeure. C'est dans la maison de cette fidèle amie que je prétends avoir un tête-à-tête avec vous. Je ne puis vous refuser plus long-temps cette faveur que vous me paroissez mériter.*

Voilà, dit don Baltazar, un billet qui vous promet le prix de vos feux. Je vous félicite par avance du bonheur qui vous attend. Il ne laissoit pas, en parlant de la sorte, d'être un peu déconcerté; mais il déroba facilement à mes yeux son trouble et son embarras. J'étois si plein de mes espérances, que je ne me mettois guère en peine d'observer mon confident, qui fut obligé toutefois de me quitter, de peur que je ne m'aperçusse enfin de son agitation. Il courut avertir son beau-frère de cette aventure. J'ignore ce qui se passa entre eux; je sais seulement que don Baltazar vint frapper à la porte de doña Inès dans le temps que j'étois chez cette dame avec Violante. Nous sûmes que c'étoit lui, et je me sauvai par une porte de derrière avant qu'il fût entré. D'abord que j'eus disparu, les femmes, que l'arrivée imprévue de ce mari avoit un peu troublées, se rassurèrent, et le reçurent avec tant d'effronterie, qu'il se douta bien qu'on m'avoit caché ou fait évader. Je ne vous dirai point ce qu'il dit à doña Inès et à sa femme; c'est une chose qui n'est pas venue à ma connoissance.

Cependant, sans soupçonner encore que je fusse la dupe de don Baltazar, je sortis en le maudissant, et je retournai à la grande place, où j'avois donné rendez-vous à Lamela. Je ne l'y trouvai point. Il avoit aussi ses petites affaires, et le fripon étoit plus heureux que moi. Comme je l'attendois, je vis arriver mon perfide confident, qui avoit un air gai. Il me joignit, et me demanda en riant des nouvelles de mon tête-à-tête avec ma nymphe chez dona Inès. Je ne sais, lui dis-je, quel démon jaloux de mes plaisirs se plaît à les traverser; mais tandis que, seul avec ma dame, je la pressois de faire mon bonheur, son mari, que le ciel confonde, est venu frapper à la porte de la maison. Il a fallu promptement songer à me retirer. Je suis sorti par une porte de derrière, en donnant à tous les diables le fâcheux qui rompoit toutes mes mesures. J'en ai un véritable chagrin, s'écria don Baltazar, qui sentoit une secrète joie de voir ma peine. Voilà un impertinent mari : je vous conseille de ne lui point faire de quartier. Oh! je suivrai vos conseils, lui répliquai-je, et je puis vous assurer que son honneur passera le pas cette nuit. Sa femme, quand je l'ai quittée, m'a dit de ne me pas rebuter pour si peu de chose; que je ne manque pas de me rendre sous ses fenêtres de meilleure heure qu'à l'ordinaire; qu'elle est résolue à me faire entrer chez elle, mais qu'à tout hasard j'aie la précaution de me faire escorter par deux ou trois amis, de crainte de surprise. Que cette dame est prudente! dit-il. Je m'offre à vous accompagner. Ah! mon cher ami, m'écriai-je tout transporté de joie, et jetant mes bras au cou de don Baltazar, que je vous ai d'obligation! Je ferai plus, reprit-il; je connois un jeune homme qui est un César : il sera de la partie, et vous pourrez alors vous reposer hardiment sur une pareille escorte.

Je ne savois que dire à ce nouvel ami pour le remercier, tant j'étois charmé de son zèle. Enfin j'acceptai les secours qu'il m'offroit; et, nous donnant rendez-vous sous le balcon de Violante, à l'entrée de la nuit, nous nous séparâmes. Il alla trouver son beau-frère, qui étoit le César en question; et moi je me promenai jusqu'au soir avec Lamela, qui, bien qu'étonné de l'ardeur avec laquelle don Baltazar entroit dans mes intérêts, ne s'en défia pas plus que moi. Nous donnions tête baissée dans le panneau. Je conviens que cela n'étoit guère pardonnable à des gens comme nous. Quand je jugeai qu'il étoit temps de me présenter devant les fenêtres de Violante, Ambroise et moi nous y parûmes armés de bonnes rapières. Nous y trouvâmes le mari de ma dame avec un autre homme; ils nous attendoient de pied ferme. Don Baltazar m'aborda, et, me montrant son beau-frère, il me dit : Seigneur, voici le cavalier dont je vous ai tantôt vanté la bravoure. Introduisez-vous chez votre maîtresse, et qu'aucune inquiétude ne vous empêche de jouir d'une parfaite félicité.

Après quelques compliments de part et d'autre, je frappai à la porte de Violante. Une espèce de duègne vint ouvrir. J'entrai; et, sans prendre garde à ce qui se passoit derrière moi, je m'avançai dans une salle où étoit cette dame. Pendant que je la saluois, les deux traîtres qui m'avoient suivi dans la maison, et qui en avoient fermé la porte si brusquement après eux, qu'Ambroise étoit resté dans la rue, se découvrirent. Vous vous imaginez bien qu'il en fallut alors découdre. Ils me chargèrent tous deux en même temps; mais je leur fis voir du pays. Je les occupai l'un et l'autre de manière qu'ils se repentirent peut-être de n'avoir pas pris une voie plus sûre pour se venger. Je perçai l'époux. Son beau-frère, le voyant hors de combat, gagna la porte, que la duègne et Violante avoient ouverte pour se sauver tandis que nous nous battions. Je le poursuivis jusque dans la rue, où je rejoignis Lamela, qui, n'ayant pu tirer un seul mot des femmes qu'il avoit vues fuir, ne savoit précisément ce qu'il devoit juger du bruit qu'il venoit d'entendre. Nous retournâmes à notre auberge. Nous prîmes ce que nous avions de meilleur; et, montant sur nos mules, nous sortîmes de la ville sans attendre le jour.

Nous comprîmes bien que cette affaire pourroit avoir des suites, et qu'on feroit dans Tolède des perquisitions que nous n'avions pas tort de prévenir. Nous allâmes coucher à Villarubia. Nous logeâmes dans une hôtellerie où, quelque temps après nous, il arriva un marchand de Tolède qui alloit à Ségorbe. Nous soupâmes avec lui. Il nous conta l'aventure tragique du mari de Violante; et il étoit si éloigné de nous soupçonner d'y avoir part, que nous lui fîmes hardiment toutes sortes de questions. Messieurs, nous dit-il, comme je partois ce matin, j'ai appris ce triste événement. On cherchoit partout Violante; et l'on m'a dit que le corrégidor, qui est parent de don Baltazar, a résolu de ne rien épargner pour découvrir les auteurs de ce meurtre. Voilà tout ce que je sais.

Je ne fus guère alarmé des recherches du corrégidor de Tolède. Cependant je formai la résolution de sortir promptement de la Castille nouvelle. Je fis réflexion que Violante retrouvée avoueroit tout, et que, sur le portrait qu'elle feroit de ma personne à la justice, on mettroit des gens à mes trousses. Cela fut cause que dès le jour suivant nous évitâmes le grand chemin par précaution. Heureusement Lamela connoissoit les trois quarts de l'Espagne, et savoit par quels détours nous pouvions sûrement nous rendre en Aragon. Au lieu d'aller tout droit à Cuença, nous nous engageâmes dans les montagnes qui sont devant cette ville; et, par des sentiers qui n'étoient pas inconnus à mon guide, nous arrivâmes devant une grotte qui me parut avoir tout l'air d'un hermitage. Effectivement, c'étoit celui où vous êtes venus hier au soir me demander un asile.

Pendant que j'en considérois les environs, qui offroient à ma vue un paysage des plus charmants, mon compagnon me dit : Il y a six ans que je passai par ici. Dans ce temps-là cette grotte servoit de retraite à un vieil hermite qui me reçut charitablement. Il me fit part de ses provisions. Je me souviens que c'étoit un saint homme, et qu'il me tint des discours qui pensèrent me détacher du monde. Il vit peut-être encore; je vais m'en éclaircir. En achevant ces mots, le curieux Ambroise descendit de dessus sa mule et entra dans l'hermitage. Il y demeura quelques moments; puis il revint, et m'appelant : Venez, me dit-il, don Raphaël, venez voir une chose très touchante. Je mis aussitôt pied à terre. Nous attachâmes nos mules à des arbres, et je suivis Lamela dans la grotte, où j'aperçus sur un grabat un vieil anachorète tout étendu, pâle et mourant. Une barbe blanche et fort épaisse lui couvroit l'estomac, et l'on voyoit dans ses mains jointes un grand rosaire entrelacé. Au bruit que nous fîmes en nous approchant de lui, il ouvrit des yeux que la mort déjà commençoit à fermer; et, après nous avoir envisagés un instant: *Qui que vous soyez*, nous dit-il, *mes frères, profitez du spectacle qui se présente à vos regards. J'ai passé quarante années dans le monde, et soixante dans cette solitude. Ah! qu'en ce moment le temps que j'ai donné à mes plaisirs me paroît long, et qu'au contraire celui que j'ai consacré à la pénitence me semble court! Hélas! je crains que les austérités du frère Juan n'aient pas assez expié les péchés du licencié don Juan de Solis.*

Il n'eut pas achevé ces mots, qu'il expira. Nous fûmes frappés de cette mort. Ces sortes d'objets font toujours quelque impression sur les plus grands libertins même; mais nous n'en fûmes pas long-temps touchés. Nous oubliâmes bientôt ce qu'il venoit de nous dire, et nous commençâmes à faire un inventaire de tout ce qui étoit dans l'hermitage, ce qui ne nous occupa pas infiniment, tous les meubles consistant dans ceux que vous avez pu remarquer dans la grotte. Le frère Juan n'étoit pas seulement mal meublé, il avoit encore une très mauvaise cuisine. Nous ne trouvâmes chez lui, pour toutes provisions, que des noisettes et quelques grignons de pain d'orge fort durs, que les gencives du saint homme n'avoient apparemment pu broyer. Je dis ses gencives, car nous remarquâmes que toutes les dents lui étoient tombées. Tout ce que cette demeure solitaire contenoit, tout ce que nous considérions nous faisoit regarder ce bon anachorète comme un saint. Une chose seule nous choqua : nous ouvrîmes un pa-

pier plié en forme de lettre qu'il avoit mis sur une
table, et par lequel il prioit la personne qui liroit ce
billet, de porter son rosaire et ses sandales à l'évêque
de Cuença. Nous ne savions dans quel esprit ce nouveau père du désert pouvoit avoir envie de faire un
pareil présent à son évêque : cela nous sembloit blesser
l'humilité, et nous paroissoit d'un homme qui vouloit
trancher du bienheureux. Peut-être aussi n'y avoit-il
là-dedans que de la simplicité; c'est ce que je ne déciderai point. [1]

En nous entretenant là-dessus, il vint une idée assez
plaisante à Lamela. Demeurons, me dit-il, dans cet hermitage. Déguisons-nous en hermites. Enterrons le frère
Juan. Vous passerez pour lui; et moi, sous le nom de
frère Antoine, j'irai quêter dans les villes et les bourgs
voisins. Outre que nous serons à couvert des perquisitions du corrégidor, car je ne pense pas qu'on s'avise
de nous venir chercher ici, j'ai à Cuença de bonnes
connoissances que nous pourrons entretenir. J'approuvai
cette bizarre imagination, moins pour les raisons qu'Ambroise me disoit, que par fantaisie, et comme pour
jouer un rôle dans une pièce de théâtre. Nous fîmes une
fosse à trente ou quarante pas de la grotte, et nous y
enterrâmes modestement le vieil anachorète, après
l'avoir dépouillé de ses habits, c'est-à-dire d'une simple
robe que nouoit par le milieu une ceinture de cuir.
Nous lui coupâmes aussi la barbe pour m'en faire une

[1] Dans le premier plan de l'auteur, *les sandales du frère Juan* devoient contenir ses Mémoires cousus dans les doubles semelles. Idée
piquante, et canevas que Le Sage gardoit pour un autre roman
mais qu'il a laissés à remplir.

postiche; et enfin, après ses funérailles, nous prîmes possession de l'hermitage.

Nous fîmes fort mauvaise chère le premier jour, il nous fallut vivre des provisions du défunt; mais le lendemain, avant le lever de l'aurore, Lamela se mit en campagne avec les deux mules qu'il alla vendre à Toralva, et le soir il revint chargé de vivres et d'autres choses qu'il avoit achetées. Il en apporta tout ce qui étoit nécessaire pour nous travestir. Il se fit lui-même une robe de bure et une petite barbe rousse de crin de cheval, qu'il s'attacha si artistement aux oreilles, qu'on eût juré qu'elle étoit naturelle. Il n'y a point de garçon au monde plus adroit que lui. Il tressa aussi la barbe du frère Juan; il me l'appliqua, et mon bonnet de laine brune achevoit de couvrir l'artifice. On peut dire que rien ne manquoit à notre déguisement. Nous nous trouvions l'un et l'autre si plaisamment équipés, que nous ne pouvions sans rire nous regarder sous ces habits, qui véritablement ne nous convenoient guère. Avec la robe du frère Juan, j'avois son rosaire et ses sandales, dont je ne me fis pas un scrupule de priver l'évêque de Cuença.

Il y avoit déjà trois jours que nous étions dans l'hermitage, sans y avoir vu paroître personne; mais le quatrième il entra dans la grotte deux paysans. Ils apportoient du pain, du fromage et des ognons au défunt, qu'ils croyoient encore vivant. Je me jetai sur notre grabat dès que je les aperçus, et il ne me fut pas difficile de les tromper. Outre qu'on ne voyoit point assez pour pouvoir bien distinguer mes traits, j'imitai le mieux que je pus le son de la voix du frère Juan, dont j'avois entendu les dernières paroles. Il n'eurent aucun soupçon de cette supercherie. Ils parurent seulement étonnés de rencontrer là un autre hermite; mais Lamela, remarquant leur surprise, leur dit d'un air hypocrite : Mes frères, ne soyez pas surpris de me voir dans cette solitude. J'ai quitté un hermitage que j'avois en Aragon, pour venir ici tenir compagnie au vénérable et discret frère Juan, qui, dans l'extrême vieillesse où il est, a besoin d'un camarade qui puisse pourvoir à ses besoins. Les paysans donnèrent à la charité d'Ambroise des louanges infinies, et témoignèrent qu'ils étoient bien aises de pouvoir se vanter d'avoir deux saints personnages dans leur contrée.

Lamela, chargé d'une grande besace qu'il n'avoit pas oublié d'acheter, alla pour la première fois quêter dans la ville de Cuença, qui n'est éloignée de l'hermitage que d'une petite lieue. Avec l'extérieur pieux qu'il a reçu de la nature, et l'art de le faire valoir, qu'il possède au suprême degré, il ne manqua pas d'exciter les personnes charitables à lui faire l'aumône. Il remplit sa besace de leurs libéralités. Monsieur Ambroise, lui dis-je à son retour, je vous félicite de l'heureux talent que vous avez pour attendrir les âmes chrétiennes. Vive Dieu! l'on diroit que vous avez été frère quêteur chez les capucins. J'ai fait bien autre chose que remplir mon bissac, me répondit-il. Vous saurez que j'ai déterré certaine nymphe appelée Barbe, que j'aimois autrefois. Je l'ai trouvée bien changée : elle s'est mise comme nous dans la dévotion. Elle demeure avec deux ou trois autres béates qui édifient le monde en public, et mènent une vie scandaleuse en particulier. Elle ne me reconnoissoit pas d'abord. Comment donc! lui ai-je dit, madame Barbe, est-il possible que vous ne remettiez point un de vos anciens amis, votre serviteur Ambroise? Par ma foi, seigneur de Lamela, s'est-elle écriée, je ne me serois jamais attendue à vous revoir sous les habits que vous portez. Par quelle aventure êtes-vous devenu hermite? C'est ce que je ne puis vous raconter présentement, lui ai-je reparti. Le détail est un peu long, mais je viendrai demain au soir satisfaire votre curiosité. De plus, je vous amenerai le frère Juan, mon compagnon. Le frère Juan, a-t-elle interrompu, ce bon hermite qui a un hermitage auprès de cette ville? Vous n'y pensez pas; on dit qu'il a plus de cent ans. Il est vrai, lui ai-je dit, qu'il a eu cet âge-là; mais il est bien rajeuni depuis quelques jours. Il n'est pas plus vieux que moi. Eh bien! qu'il vienne avec vous, a répliqué Barbe. Je vois bien qu'il y a du mystère là-dessous.

Nous ne manquâmes pas le lendemain, dès qu'il fut nuit, d'aller chez ces bigotes, qui, pour nous mieux recevoir, avoient préparé un grand repas. Nous ôtames d'abord nos barbes et nos habits d'anachorètes, et sans façon nous fîmes connoître à ces princesses qui nous étions. De leur côté, de peur de demeurer en reste de franchise avec nous, elles nous montrèrent de quoi sont capables de fausses dévotes, quand elles bannissent la grimace. Nous passâmes presque toute la nuit à table, et nous ne nous retirâmes à notre grotte qu'un moment avant le jour. Nous y retournâmes bientôt après, ou pour mieux dire, nous fîmes la même chose pendant trois mois, et nous mangeâmes avec ces créatures plus des deux tiers de nos espèces. Mais un jaloux, qui a tout découvert, en a informé la justice, qui doit aujourd'hui se transporter à l'hermitage pour se saisir de nos personnes. Hier Ambroise, en quêtant à Cuença, rencontra une de nos béates qui lui donna un billet, et lui dit : Une femme de mes amies m'écrit cette lettre que j'allois vous envoyer par un homme exprès. Montrez-là au frère Juan ; et prenez vos mesures là-dessus. C'est ce billet, messieurs, que Lamela m'a mis entre les mains devant vous, et qui nous a si brusquement fait quitter notre demeure solitaire.

CHAPITRE II.

Du conseil que don Raphaël et ses auditeurs tinrent ensemble, et de l'aventure qui leur arriva lorsqu'ils voulurent sortir du bois.

Action honnête. — Victoire facile. — Reconnoissance inattendue.

Quand don Raphaël eut achevé de conter son histoire, dont le récit me parut un peu long, don Alphonse, par politesse, lui témoigna qu'elle l'avoit fort diverti. Après cela, le seigneur Ambroise prit la parole, et l'adressant au compagnon de ses exploits : Don Raphaël, lui dit-il, songez que le soleil se couche. Il seroit à propos, ce me semble, de délibérer sur ce que nous avons à faire. Vous avez raison, lui répondit son camarade ; il faut déterminer l'endroit où nous voulons aller. Pour moi, reprit Lamela, je suis d'avis que nous nous remettions en chemin sans perdre de temps, que nous gagnions Requena cette nuit, et que demain nous entrions dans le royaume de Valence, où nous donnerons l'essor à notre industrie. Je pressens que nous y ferons de bons coups. Son confrère, qui croyoit là-dessus ses pressentiments infaillibles, se rangea de son opinion. Pour don Alphonse et moi, comme nous nous laissions conduire par ces deux honnêtes gens, nous attendîmes, sans rien dire, le résultat de la conférence.

Il fut donc résolu que nous prendrions la route de Requena, et nous commençâmes à nous y disposer. Nous fîmes un repas semblable à celui du matin, puis nous chargeâmes le cheval de l'outre et du reste de nos provisions. Ensuite, la nuit qui survint nous prêtant l'obscurité dont nous avions besoin pour marcher sûrement, nous voulûmes sortir du bois ; mais nous n'eûmes pas fait cent pas, que nous découvrîmes entre les arbres une lumière qui nous donna beaucoup à penser. Que signifie cela? dit don Raphaël ; ne seroit-ce point les furets de la justice de Cuença qu'on auroit mis sur nos traces, et qui, nous sentant dans cette forêt, nous y viendroient chercher? Je ne le crois pas, dit Ambroise, ce sont plutôt des voyageurs. La nuit les aura surpris, et ils seront entrés dans ce bois pour y attendre le jour. Mais, ajouta-t-il, je puis me tromper; je vais reconnoître ce que c'est. Demeurez ici tous trois; je serai de retour dans un moment. A ces mots, il s'avance vers la lumière qui n'étoit pas fort éloignée ; il s'en approche à pas de loup. Il écarte doucement les feuilles et les branches qui s'opposent à son passage, et regarde avec toute l'attention que la chose lui paroît mériter.

Il vit sur l'herbe, autour d'une chandelle qui brûloit dans une motte de terre, quatre hommes assis qui achevoient de manger un pâté et de vider une assez grosse outre qu'ils baisoient à la ronde. Il aperçut encore à quelques pas d'eux une femme et un cavalier attachés à des arbres, et un peu plus loin une chaise roulante, avec deux mules richement caparaçonnées. Il jugea d'abord que les hommes assis devoient être des voleurs; et les discours qu'il leur entendit tenir lui firent connoître qu'il ne se trompoit pas dans sa conjecture. Les quatre brigands faisoient voir une égale envie de posséder la dame qui étoit tombée entre leurs mains, et ils parloient de la tirer au sort. Lamela, instruit de ce que c'étoit, vint nous rejoindre, et nous fit un fidèle rapport de tout ce qu'il avoit vu et entendu.

Messieurs, dit alors don Alphonse, cette dame et ce cavalier que les voleurs ont attachés à des arbres sont peut-être des personnes de la première qualité. Souffrirons-nous que des brigands les fassent servir de victimes à leur barbarie et à leur brutalité? Croyez-moi, chargeons ces bandits; qu'ils tombent sous nos coups. J'y consens, dit don Raphaël. Je ne suis pas moins prêt à faire une bonne action qu'une mauvaise. Ambroise, de son côté, témoigna qu'il ne demandoit pas mieux que de prêter la main à une entreprise si louable, et dont il prévoyoit, disoit-il, que nous serions bien payés. J'ose dire aussi qu'en cette occasion le péril ne m'épouvanta point, et que jamais aucun chevalier errant ne se montra plus prompt au service des demoiselles. Mais, pour dire les choses sans trahir la vérité, le danger n'étoit pas grand; car Lamela nous ayant rapporté que les armes des voleurs étoient toutes en un monceau à dix ou douze pas d'eux, il ne nous fut pas fort difficile d'exécuter notre dessein. Nous liâmes notre cheval à un arbre, et nous nous approchâmes à petit bruit de l'endroit où étoient les brigands. Ils s'entretenoient avec beaucoup de chaleur, et faisoient un bruit qui nous aidoit à les surprendre. Nous nous rendîmes maîtres de leurs armes avant qu'ils nous découvrissent; puis, tirant sur eux à bout portant, nous les étendîmes tous sur la place.

Pendant cette expédition la chandelle s'éteignit, de sorte que nous demeurâmes dans l'obscurité. Nous ne laissâmes pas toutefois de délier l'homme et la femme, que la crainte tenoit saisis à un point qu'ils n'avoient pas la force de nous remercier de ce que nous venions de faire pour eux. Il est vrai qu'ils ignoroient encore s'ils devoient nous regarder comme leurs libérateurs, ou comme de nouveaux bandits qui ne les enlevoient point aux autres pour les mieux traiter. Mais nous les rassurâmes en leur disant que nous allions les conduire jusqu'à une hôtellerie qu'Ambroise soutenoit être à une demi-lieue de là, et qu'ils pourroient en cet endroit prendre toutes les précautions nécessaires pour se rendre sûrement où ils avoient affaire. Après cette assurance, dont ils parurent très satisfaits, nous les remîmes dans leur chaise, et les tirâmes hors du bois en tenant la bride de leurs mules. Nos anachorètes visitèrent ensuite les poches des vaincus. Puis nous allâmes reprendre le cheval de don Alphonse. Nous prîmes aussi ceux des voleurs, que nous trouvâmes attachés à des arbres auprès du champ de bataille. Puis, emmenant avec nous tous ces chevaux, nous suivîmes le frère Antoine, qui monta sur une des mules pour mener la chaise à l'hôtellerie, où nous n'arrivâmes pourtant que deux heures après, quoiqu'il eût assuré qu'elle n'étoit pas fort éloignée du bois.

Nous frappâmes rudement à la porte. Tout le monde étoit déjà couché dans la maison. L'hôte et l'hôtesse se levèrent à la hâte, et ne furent nullement fâchés de voir troubler leur repos par l'arrivée d'un équipage qui paroissoit devoir faire chez eux beaucoup plus de dépense qu'il n'en fit. Toute l'hôtellerie fut éclairée dans un moment. Don Alphonse et l'illustre fils de Lucinde donnèrent la main au cavalier et à la dame pour les aider à descendre de la chaise ; ils leur servirent même d'écuyers jusqu'à la chambre où l'hôte les conduisit. Il se fit là bien des compliments, et nous ne fûmes pas peu étonnés quand nous apprîmes que c'étoit le comte de Polan lui-même et sa fille Séraphine que nous venions de délivrer. On ne sauroit dire quelle fut la surprise de cette dame, non plus que celle de don Alphonse, lorsqu'ils se reconnurent tous deux. Le comte n'y prit pas garde, tant il étoit occupé d'autres choses. Il se mit à nous raconter de quelle manière les voleurs l'avoient attaqué, et comment ils s'étoient saisis de sa fille et de lui, après avoir tué son postillon, un page et un valet de chambre. Il finit en nous disant qu'il sentoit vivement l'obligation qu'il nous avoit, et que si nous voulions l'aller trouver à Tolède, où il seroit dans un mois, nous éprouverions s'il étoit ingrat ou reconnoissant.

La fille de ce seigneur n'oublia pas de nous remercier aussi de son heureuse délivrance; et, comme nous jugeâmes, Raphaël et moi, que nous ferions plaisir à don Alphonse si nous lui donnions le moyen de parler un moment en particulier à cette jeune veuve, nous y réussîmes en amusant le comte de Polan. Belle Séraphine, dit tout bas don Alphonse à la dame, je cesse de me plaindre du sort qui m'oblige à vivre comme un homme banni de la société civile, puisque j'ai eu le bonheur de contribuer au service important qui vous a été rendu. Eh quoi! lui répondit-elle en soupirant, c'est vous qui m'avez sauvé la vie et l'honneur! c'est à vous que nous sommes, mon père et moi, si redevables! Ah! don Alphonse, pourquoi avez-vous tué mon frère? Elle ne lui en dit pas davantage; mais il comprit assez par ces paroles et par le ton dont elles furent prononcées, que s'il aimoit éperdument Séraphine, il n'en étoit guère moins aimé.

FIN DU LIVRE CINQUIÈME.

LIVRE SIXIÈME.

CHAPITRE PREMIER.

De ce que Gil Blas et ses compagnons firent après avoir quitté le comte de Polan ; du projet important qu'Ambroise forma, et de quelle manière il fut exécuté.

Plaisanterie un peu forte. — Parodie exacte des procédures de l'Inquisition.

Le comte de Polan, après avoir passé la moitié de la nuit à nous remercier et à nous assurer que nous pouvions compter sur sa reconnoissance, appela l'hôte pour le consulter sur les moyens de se rendre sûrement à Turis, où il avoit dessein d'aller. Nous laissâmes ce seigneur prendre ses mesures là-dessus. Nous sortîmes ensuite de l'hôtellerie, et suivîmes la route qu'il plut à Lamela de choisir.

Après deux heures de chemin, le jour nous surprit auprès de Campillo. Nous gagnâmes promptement les montagnes qui sont entre ce bourg et Requena. Nous y passâmes la journée à nous reposer et à compter nos finances, que l'argent des voleurs avoit fort augmentées; car on avoit trouvé dans leurs poches plus de trois cents pistoles en toutes sortes d'espèces. Nous nous remîmes en marche au commencement de la nuit, et le lendemain matin nous entrâmes dans le royaume de

Valence. Nous nous retirâmes dans le premier bois qui s'offrit à nos yeux. Nous nous y enfonçâmes, et nous arrivâmes à un endroit où couloit un ruisseau d'une onde cristalline qui alloit joindre lentement les eaux du Guadalaviar. L'ombre que les arbres nous prêtoient, et l'herbe que le lieu fournissoit abondamment à nos chevaux, nous auroient déterminés à nous y arrêter, quand nous n'aurions pas été dans cette résolution. Nous n'eûmes donc garde de passer outre.

Nous mîmes là pied à terre, et nous nous disposâmes à passer la journée fort agréablement; mais lorsque nous voulûmes déjeuner, nous nous aperçûmes qu'il nous restoit très peu de vivres. Le pain commençoit à nous manquer, et notre outre étoit devenue un corps sans âme. Messieurs, nous dit Ambroise, les plus charmantes retraites ne plaisent guère sans Bacchus et sans Cérès. Je suis d'avis que nous renouvelions aujourd'hui nos provisions. Je vais pour cet effet à Xelva. C'est une assez belle ville qui n'est qu'à deux petites lieues d'ici. J'aurai bientôt fait ce voyage. En parlant de cette sorte, il chargea un cheval de l'outre et de la besace, monta dessus, et sortit du bois avec une vitesse qui promettoit un prompt retour.

Nous avions tout lieu de l'espérer, et nous attendions de moment en moment Lamela : cependant il ne revint pas sitôt. Plus de la moitié du jour s'écoula; la nuit même déjà s'apprêtoit à couvrir les arbres de ses ailes noires, quand nous revîmes notre pourvoyeur, dont le retardement commençoit à nous donner de l'inquiétude. Il trompa notre attente par la quantité de choses dont il revint chargé. Il apportoit non-seulement l'outre pleine d'un vin excellent, et la besace remplie de pain et de toutes sortes de gibiers rôtis; il y avoit encore sur son cheval un gros paquet de hardes que nous regardâmes avec beaucoup d'attention. Il s'en aperçut, et nous dit en souriant : Messieurs, vous considérez ces hardes avec surprise et je vous le pardonne; vous ne savez pas pourquoi je viens de les acheter à Xelva. Je le donnerois à deviner à don Raphaël et à toute la terre ensemble. En disant ces paroles, il défit le paquet pour nous montrer en détail ce que nous considérions en gros. Il nous fit voir un manteau et une robe noire fort longue, deux pourpoints avec leurs hauts-de-chausses; une de ces écritoires composées de deux pièces liées par un cordon, et dont le cornet est séparé de l'étui où l'on met les plumes; une main de beau papier blanc; un cadenas avec un gros cachet et de la cire verte; et lorsqu'il nous eut enfin exhibé toutes ses emplettes, don Raphaël lui dit en plaisantant : Vive Dieu! monsieur Ambroise, il faut avouer que vous avez fait là un bon achat. Quel usage, s'il vous plaît, en prétendez-vous faire? Un admirable, répondit Lamela. Toutes ces choses ne m'ont coûté que dix doublons, et je suis persuadé que nous en retirerons plus de cinq cents; comptez là-dessus. Je ne suis pas homme à me charger de nippes inutiles; et, pour vous prouver que je n'ai point acheté tout cela comme un sot, je vais vous communiquer un projet que j'ai formé; un projet qui, sans contredit, est un des plus ingénieux que puisse concevoir l'esprit humain. Vous en allez juger; je suis sûr que je vais vous ravir en vous l'apprenant. Écoutez-moi.

Après avoir fait ma provision de pain, poursuivit-il, je suis entré chez un rôtisseur, où j'ai ordonné qu'on mît à la broche six perdrix, autant de poulets et de lapreaux. Tandis que ces viandes cuisent, il arrive un homme en colère, et qui, se plaignant hautement des manières d'un marchand de la ville à son égard, dit au rôtisseur : Par saint Jacques ! Samuel Simon est le marchand de Xelva le plus ridicule. Il vient de me faire un affront en pleine boutique. Le ladre n'a pas voulu me faire crédit de six aunes de drap; cependant il sait bien que je suis un artisan solvable, et qu'il n'y a rien à perdre avec moi. N'admirez-vous pas cet animal? Il vend volontiers à crédit aux personnes de qualité. Il aime mieux hasarder avec eux, que d'obliger un honnête bourgeois sans rien risquer. Quelle manie ! Le maudit juif ! puisse-t-il y être attrapé ! Mes souhaits seront accomplis quelque jour; il y a bien des marchands qui m'en répondroient.

En entendant parler ainsi cet artisan, qui a dit beaucoup d'autres choses encore, il me prit fantaisie de le venger et de jouer un tour à Samuel Simon. Mon ami, dis-je à l'homme qui se plaignoit de ce marchand, de quel caractère est ce personnage dont vous parlez? D'un très mauvais caractère, répondit-il brusquement. Je vous le donne pour un usurier tout des plus vifs, quoiqu'il affecte le maintien d'un homme d'honneur; c'est un juif qui s'est fait catholique; mais, dans le fond de l'âme, il est encore juif comme Pilate, car on dit qu'il a fait abjuration par intérêt.

Je prêtai une oreille attentive à tous les discours de l'artisan, et je ne manquai pas, au sortir de chez le rôtisseur, de m'informer de la demeure de Samuel Simon. Une personne me l'enseigne, on me la montre. Je parcours des yeux sa boutique, j'examine tout; et mon imagination, prompte à m'obéir, enfante une fourberie que je digère, et qui me paroît digne du valet du seigneur Gil Blas. Je vais à la friperie, où j'achète ces habits que j'apporte, l'un pour jouer le rôle d'inquisiteur, l'autre pour représenter un greffier, et le troisième enfin pour faire le personnage d'un alguazil. Voilà ce que j'ai fait, messieurs, ajouta-t-il, et ce qui a un peu retardé mon arrivée.

Ah! mon cher Ambroise, interrompit en cet endroit don Raphaël tout transporté de joie, la merveilleuse idée! le beau plan! Je suis jaloux de l'invention. Je donnerois volontiers les plus grands traits de ma vie pour un effort d'esprit si heureux. Oui, Lamela, poursuivit-il, je vois, mon ami, toute la richesse de ton dessein, et l'exécution ne doit pas t'inquiéter. Tu as besoin de deux bons acteurs qui te secondent; ils sont tout trouvés. Tu as un air de béat, tu feras fort bien l'inquisiteur; moi, je représenterai le greffier; et le seigneur Gil Blas, s'il lui plaît, jouera le rôle de l'alguazil. Voilà, continua-t-il, les personnages distribués; demain nous jouerons la pièce, et je réponds du succès, à moins qu'il n'arrive quelqu'un de ces contretemps qui confondent les desseins les mieux concertés.

Je ne conçois encore que très confusément le projet que don Raphaël trouvoit si beau; mais on me mit au fait en soupant, et le tour me parut ingénieux. Après avoir expédié une partie du gibier et fait à notre outre de copieuses saignées, nous nous étendîmes sur l'herbe, et nous fûmes bientôt endormis. Mais notre sommeil ne fut pas de longue durée, et l'impitoyable Ambroise l'interrompit une heure après. Debout! debout! s'écria-t-il avant le jour; des gens qui ont une grande entreprise à exécuter ne doivent pas être paresseux. Malepeste! monsieur l'inquisiteur, lui dit don Raphaël en se réveillant en sursaut, que vous êtes alerte! Cela ne vaut pas le diable pour M. Samuel Simon. J'en demeure d'accord, reprit Lamela. Je vous dirai de plus, ajouta-t-il en riant, que j'ai rêvé cette nuit que je lui arrachois des poils de la barbe. N'est-ce pas là un vilain songe pour lui, monsieur le greffier? Ces plaisanteries furent suivies de mille autres qui nous mirent tous de belle humeur. Nous déjeunâmes gaiement, et nous nous disposâmes ensuite à faire nos personnages. Ambroise se revêtit de la longue robe et du manteau, en sorte qu'il avoit tout l'air d'un commissaire du saint-office. Nous nous habillâmes aussi, don Raphaël et moi, de façon que nous ne ressemblions point mal aux greffiers et aux alguazils. Nous employâmes bien du temps à nous déguiser; nous déjeûnâmes ensuite amplement; si bien qu'il étoit plus de deux heures après midi lorsque nous sortîmes du bois pour nous rendre à Xelva. Il est vrai que rien ne nous pressoit, et que nous ne devions commencer la comédie qu'à l'entrée de la nuit. Aussi nous n'allâmes qu'au petit pas, et nous nous arrêtâmes même aux portes de la ville pour y attendre la fin du jour.

Dès qu'elle fut arrivée, nous laissâmes nos chevaux dans cet endroit sous la garde de don Alphonse, qui se sut bon gré de n'avoir point d'autre rôle à faire. Don

Raphaël, Ambroise et moi, nous allâmes d'abord non chez Samuel Simon, mais chez un cabaretier qui demeuroit à deux pas de sa maison. Monsieur l'inquisiteur marchoit le premier. Il entre, et dit gravement à l'hôte : Maître, je voudrois vous parler en particulier ; j'ai à vous communiquer une affaire qui regarde le service de l'inquisition, et qui par conséquent est très importante. L'hôte nous mena dans une salle, où Lamela, le voyant seul avec nous, lui dit : Je suis commissaire du saint-office. A ces paroles, le cabaretier pâlit, et répondit d'une voix tremblante, qu'il ne croyoit pas avoir donné sujet à la sainte inquisition de se plaindre de lui. Aussi, reprit Ambroise d'un air doux, ne songe-t-elle point à vous faire de la peine. A Dieu ne plaise que, trop prompte à punir, elle confonde le crime avec l'innocence ! Elle est sévère, mais toujours juste ; en un mot, pour éprouver ses châtiments, il faut les avoir mérités. Ce n'est donc pas vous qui m'amenez à Xelva, c'est un certain marchand qu'on appelle Samuel Simon. Il nous a été fait de lui et de sa conduite un très mauvais rapport. Il est, dit-on, toujours juif, et il n'a embrassé le christianisme que par des motifs purement humains. Je vous ordonne, de la part du saint-office, de me dire ce que vous savez de cet homme-là. Gardez-vous, comme son voisin, et peut-être son ami, de vouloir l'excuser ; car, je vous le déclare, si j'aperçois dans votre témoignage le moindre ménagement pour lui, vous êtes perdu vous-même. Allons, greffier, poursuivit-il en se tournant vers Raphaël, faites votre devoir.

Monsieur le greffier, qui déjà tenoit à la main son papier et son écritoire, s'assit à une table, et se prépara de l'air du monde le plus sérieux, à écrire la déposition de l'hôte, qui de son côté protesta qu'il ne trahiroit point la vérité. Cela étant, lui dit le commissaire inquisiteur, nous n'avons qu'à commencer. Répondez seulement à mes questions; je ne vous en demande pas davantage. Voyez-vous Samuel Simon fréquenter les églises? C'est à quoi je n'ai pas pris garde, répondit le cabaretier; je ne me souviens pas de l'avoir vu à l'église. Bon, s'écria l'inquisiteur, écrivez qu'on ne le voit jamais dans les églises. Je ne dis pas cela, monsieur, répliqua l'hôte; je dis seulement que je ne l'y ai point vu. Il peut être dans une église où je serai, sans que je l'aperçoive. Mon ami, reprit Lamela, vous oubliez qu'il ne faut point dans votre interrogatoire excuser Samuel Simon; je vous en ai dit les conséquences. Vous ne devez dire que des choses qui soient contre lui, et pas un mot en sa faveur. Sur ce pied-là, seigneur licencié, repartit l'hôte, vous ne tirerez pas grand fruit de ma déposition. Je ne connois point le marchand dont il s'agit, je n'en puis dire ni bien ni mal; mais si vous voulez savoir comment il vit dans son domestique, je vais faire venir ici Gaspard son garçon, que vous interrogerez. Ce garçon vient ici quelquefois boire avec ses amis; je puis vous assurer qu'il a une bonne langue; il babillera tant que vous voudrez, il vous dira toute la vie de son maître, et donnera, sur ma parole, de l'occupation à votre greffier.

J'aime votre franchise, dit alors Ambroise; et c'est témoigner du zèle pour le saint-office que de m'enseigner un homme instruit des mœurs de Simon. J'en rendrai compte à l'inquisition. Hâtez-vous donc, continuat-il, d'aller chercher ce Gaspard dont vous parlez : mais faites les choses discrètement; que son maître ne se doute point de ce qui se passe. Le cabaretier s'acquitta de sa commission avec beaucoup de secret et de diligence. Il amena le garçon marchand. C'étoit effectivement un jeune homme des plus babillards, et tel qu'il nous le falloit. Soyez le bienvenu, mon enfant, lui dit Lamela. Vous voyez en moi un inquisiteur nommé par le saint-office pour informer contre Samuel Simon, que l'on accuse de judaïser. Vous demeurez chez lui; par conséquent vous êtes témoin de la plupart de ses actions. Je ne crois pas qu'il soit nécessaire de vous avertir que vous êtes obligé de déclarer ce que vous savez de lui, quand je vous l'ordonnerai de la part de la sainte inquisition. Seigneur licencié, répondit le garçon marchand, vous ne pouviez vous adresser à un homme plus disposé à vous instruire de ce que vous voulez savoir, je suis tout prêt à vous contenter là-dessus, sans que vous me l'ordonniez de la part du saint-office. Si l'on mettoit mon maître sur mon chapitre, je suis persuadé qu'il ne m'épargneroit point; ainsi, je ne le ménagerai pas non plus, et je vous dirai premièrement que c'est un sournois dont il est impossible de démêler les secrets sentiments; un homme qui affecte tous les dehors d'un saint personnage, et qui dans le fond n'est nullement vertueux. Il va tous les soirs chez une petite grisette.... Je suis bien aise d'apprendre cela, interrompit Ambroise, et je vois, par ce que vous me dites, que c'est un homme de mauvaises mœurs : mais répondez précisément aux questions que je vais vous faire. C'est particulièrement sur la religion que je suis chargé de savoir quels sont ses sentiments. Dites-moi, mangez-vous du porc dans votre maison? Je ne pense pas, répondit Gaspard, que nous en ayons mangé deux fois depuis une année que j'y demeure. Fort bien, reprit monsieur l'inquisiteur; écrivez, greffier, qu'on ne mange jamais de porc chez Samuel Simon. En récompense, continua-t-il, on y mange sans doute quelquefois de l'agneau? Oui, quelquefois, repartit le garçon; nous en avons, par exemple, mangé un aux dernières fêtes de Pâques. L'époque est heureuse, s'écria le commissaire; écrivez, greffier, que Simon fait la pâque. Cela va le mieux du monde, et il me paroît que nous avons reçu de bons mémoires.

Apprenez-moi encore, mon ami, poursuivit Lamela, si vous n'avez jamais vu votre maître caresser de petits enfants. Mille fois, répondit Gaspard. Lorsqu'il voit passer de petits garçons devant notre boutique, pour peu qu'ils soient jolis, il les arrête et les flatte. Écrivez, greffier, interrompit l'inquisiteur, que Samuel Simon est violemment soupçonné d'attirer chez lui les enfants des chrétiens pour les égorger. L'aimable prosélyte! Oh oh! monsieur Simon, vous aurez affaire au saint-office sur ma parole! Ne vous imaginez pas qu'il vous laisse faire impunément vos barbares sacrifices. Courage, zélé Gaspard, dit-il au garçon marchand, déclarez tout; achevez de faire connoître que ce faux catholique est attaché plus que jamais aux coutumes et aux cérémonies des Juifs. N'est-il pas vrai que dans la semaine vous le voyez un jour dans une inaction totale? Non, répondit Gaspard, je n'ai point remarqué celui-là. Je m'apperçois seulement qu'il y a des jours où il

s'enferme dans son cabinet, et qu'il y demeure très
long-temps, Eh! nous y voilà, s'écria le commissaire;
il fait le sabbat, ou je ne suis pas inquisiteur. Marquez,
greffier, marquez qu'il observe religieusement le jeûne
du sabbat. Ah! l'abominable homme! Il ne me reste
plus qu'une chose à demander. Ne parle-t-il pas aussi
de Jérusalem? Fort souvent, repartit le garçon. Il nous
conte l'histoire des Juifs, et de quelle manière fut détruit le temple de Jérusalem. Justement, reprit Ambroise, ne laissez pas échapper ce trait-là, greffier :
écrivez, en gros caractères, que Samuel Simon ne res-
pire que la restauration du temple, et qu'il médite jour
et nuit le rétablissement de la nation. Je n'en veux pas
savoir davantage, et il est inutile de faire d'autres
questions. Ce que vient de déposer le véridique Gaspard suffiroit pour faire brûler toute une juiverie [1].

Après que monsieur le commissaire du saint-office
eut interrogé de cette sorte le garçon marchand, il lui
dit qu'il pouvoit se retirer; mais il lui ordonna, de la
part de la sainte inquisition, de ne point parler à son
maître de ce qui venoit de se passer. Gaspard promit
d'obéir, et s'en alla. Nous ne tardâmes guère à le suivre;
nous sortîmes de l'hôtellerie aussi gravement que nous
y étions entrés, et nous allâmes frapper à la porte de
Samuel Simon. Il vint lui-même ouvrir; et, s'il fut
étonné de voir chez lui trois figures comme les nôtres,
il le fut bien davantage quand Lamela, qui portoit la

---

[1] Quartier où demeurent les Juifs dans les villes où ils habitent des
quartiers séparés. Il y a encore des villes où l'on appelle juiverie le
quartier des fripiers, parce que les Juifs autrefois exerçoient tous la
friperie.

parole, lui dit d'un ton impératif : Maître Samuel, je vous ordonne, de la part de la sainte inquisition, dont j'ai l'honneur d'être commissaire, de me donner tout à l'heure la clef de votre cabinet. Je veux voir si je ne trouverai point de quoi justifier les mémoires qui nous ont été présentés contre vous.

Le marchand, que ce discours déconcerta, fit deux pas en arrière, comme si on lui eût donné une bourrade dans l'estomac. Bien loin de se douter de quelque supercherie de notre part, il s'imagina de bonne foi qu'un ennemi secret l'avoit voulu rendre suspect au saint-office; peut-être aussi que, ne se sentant pas trop bon catholique, il avoit sujet d'appréhender une information. Quoi qu'il en soit, je n'ai jamais vu d'homme plus troublé. Il obéit sans résistance, et avec le respect que peut avoir un homme qui craint l'inquisition. Il nous ouvrit son cabinet. Du moins, lui dit Ambroise en y entrant, du moins recevez-vous sans rébellion les ordres du saint-office. Mais, ajouta-t-il, retirez-vous dans une autre chambre, et me laissez librement remplir mon emploi. Samuel ne se révolta pas plus contre cet ordre que contre le premier; il se tint dans sa boutique, et nous entrâmes tous trois dans son cabinet, où, sans perdre de temps, nous nous mîmes à chercher ses espèces. Nous les trouvâmes sans peine; elles étoient dans un coffre ouvert, et il y en avoit beaucoup plus que nous n'en pouvions emporter. Elles consistoient en un grand nombre de sacs amoncelés, mais le tout en argent. Nous aurions mieux aimé de l'or; cependant, les choses ne pouvant être autrement, il fallut s'accommoder à la nécessité; nous remplîmes nos poches de ducats ; nous en mîmes dans nos chausses, et dans tous les autres endroits que nous jugeâmes propres à les recéler ; enfin, nous en étions pesamment chargés sans qu'il y parût, et cela par l'adresse d'Ambroise et par celle de don Raphaël, qui me firent voir par là qu'il n'est rien tel que de savoir son métier.

Nous sortîmes du cabinet, après y avoir si bien fait notre main ; et alors, pour une raison que le lecteur devinera fort aisément, monsieur l'inquisiteur tira son cadenas qu'il voulut attacher lui-même à la porte : ensuite il y mit le scellé ; puis il dit à Simon : Maître Samuel, je vous défends, de la part de la sainte inquisition, de toucher à ce cadenas, de même qu'à ce sceau que vous devez respecter, puisque c'est le sceau du saint-office. Je reviendrai demain ici à la même heure pour le lever, et vous apporter des ordres. A ces mots il se fit ouvrir la porte de la rue, que nous enfilâmes joyeusement l'un après l'autre. Dès que nous eûmes fait une cinquantaine de pas, nous commençâmes à marcher avec tant de vitesse et de légèreté, qu'à peine touchions-nous la terre, malgré le fardeau que nous portions. Nous fûmes bientôt hors de la ville ; et, remontant sur nos chevaux, nous les poussâmes vers Ségorbe, en rendant grâces au dieu Mercure d'un si heureux événement.

CHAPITRE II.

De la résolution que don Alphonse et Gil Blas prirent après cette aventure.

Réfléxions tardives, mais sages. — Retour à la vertu.

Nous allâmes toute la nuit, selon notre louable coutume; et nous nous trouvâmes, au lever de l'aurore, auprès d'un petit village à deux lieues de Ségorbe. Comme nous étions tous fatigués, nous quittâmes volontiers le grand chemin, pour gagner des saules que nous aperçûmes au pied d'une colline à dix ou douze cents pas du village, où nous ne jugeâmes point à propos de nous arrêter. Nous trouvâmes que ces saules faisoient un agréable ombrage, et qu'un ruisseau lavoit le pied de ces arbres. L'endroit nous plut, et nous résolûmes d'y passer la journée. Nous mîmes donc pied à terre. Nous débridâmes nos chevaux pour les laisser paître, et nous nous couchâmes sur l'herbe. Nous nous y reposâmes un peu, ensuite nous achevâmes de vider notre besace et notre outre. Après un ample déjeuner, nous nous amusâmes à compter tout l'argent que nous avions pris à Samuel Simon; ce qui se montoit à trois mille ducats; de sorte qu'avec cette somme et celle que nous avions déjà, nous pouvions nous vanter de n'être point mal en fonds.

Comme il falloit aller à la provision, Ambroise et don Raphaël, après avoir quitté leurs habits d'inquisiteur et de greffier, dirent qu'ils vouloient se charger de ce soin-là tous deux; que l'aventure de Xelva ne faisoit que les mettre en goût, et qu'ils avoient envie de se rendre à Ségorbe, pour voir s'il ne se présenteroit pas quelque occasion de faire un nouveau coup. Vous n'avez, ajouta le fils de Lucinde, qu'à nous attendre sous ces saules; nous ne tarderons pas à vous venir rejoindre. A d'autres, seigneur don Raphaël, m'écriai-je en riant; dites-nous plutôt de vous attendre sous l'orme! Si vous nous quittez, nous avons bien la mine de ne vous revoir de long-temps. Ce soupçon nous offense, répliqua le seigneur Ambroise; mais nous méritons que vous nous fassiez cet outrage. Vous êtes excusables de vous défier de nous, après ce que nous avons fait à Valladolid, et de vous imaginer que nous ne nous ferions pas plus de scrupule de vous abandonner, que les camarades que nous avons laissés dans cette ville. Vous vous trompez pourtant. Les confrères à qui nous avons faussé compagnie étoient des personnes d'un fort mauvais caractère, et dont la société commençoit à nous devenir insupportable. Il faut rendre cette justice aux gens de notre profession, qu'il n'y a point d'associés dans la vie civile que l'intérêt divise moins; mais quand il n'y a pas entre nous de conformité d'inclinations, notre bonne intelligence peut s'altérer comme celle du reste des hommes. Ainsi, seigneur Gil Blas, poursuivit Lamela, je vous prie, vous et le seigneur don Alphonse, d'avoir un peu plus de confiance en nous, et de vous mettre l'esprit en repos sur l'envie que nous avons, don Raphaël et moi, d'aller à Ségorbe.

Il est bien aisé, dit alors le fils de Lucinde, de leur ôter là-dessus tout sujet d'inquiétude : ils n'ont qu'à demeurer maîtres de la caisse, ils auront entre leurs mains une bonne caution de notre retour. Vous voyez, seigneur Gil Blas, ajouta-t-il, que nous allons d'abord au fait. Vous serez tous deux nantis, et je puis vous assurer que nous partirons, Ambroise et moi, sans appréhender que vous ne nous souffliez ce précieux nantissement. Après une marque si certaine de notre bonne foi, ne vous fierez-vous pas entièrement à nous? Oui, messieurs, leur dis-je, et vous pouvez présentement faire tout ce qu'il vous plaira. Ils partirent sur-le-champ, chargés de l'outre et de la besace, et me laissèrent sous les saules avec don Alphonse, qui me dit après leur départ : Il faut, seigneur Gil Blas, il faut que je vous ouvre mon cœur. Je me reproche d'avoir eu la complaisance de venir jusqu'ici avec ces deux fripons. Vous ne sauriez croire combien de fois je m'en suis déjà repenti. Hier au soir, pendant que je gardois les chevaux, j'ai fait mille réflexions mortifiantes. J'ai pensé qu'il ne convenoit point à un jeune homme qui a des principes d'honneur, de vivre avec des gens aussi vicieux que Raphaël et Lamela; que si par malheur un jour, et cela peut fort bien arriver, le succès d'une fourberie est tel que nous tombions entre les mains de la justice, j'aurai la honte d'être puni avec eux comme un voleur, et d'éprouver un châtiment infâme. Ces images s'offrent sans cesse à mon esprit, et je vous avouerai que j'ai résolu, pour n'être plus complice des mauvaises actions qu'ils feront, de me séparer d'eux pour jamais. Je ne crois pas, continua-t-il, que vous désapprouviez mon dessein. Non, je vous assure, lui répondis-je; quoique vous m'ayez vu faire le personnage d'alguazil dans la comédie de Samuel Simon, ne vous imaginez pas que ces sortes de pièces soient de mon goût. Je prends le ciel à témoin qu'en jouant un si beau rôle, je me suis dit à moi-même : Ma foi, monsieur Gil Blas, si la justice venoit à vous saisir au collet présentement, vous mériteriez bien le salaire qui vous en reviendroit! Je ne me sens donc pas plus disposé que vous, seigneur don Alphonse, à demeurer en si mauvaise compagnie; et, si vous le trouvez bon, je vous accompagnerai. Quand ces messieurs seront de retour, nous leur demanderons à partager nos finances, et demain matin, ou dès cette nuit même, nous prendrons congé d'eux.

L'amant de la belle Séraphine approuva ce que je proposois. Gagnons, me dit-il, Valence, et nous nous embarquerons pour l'Italie, où nous pourrons nous engager au service de la république de Venise. Ne vaut-il pas mieux embrasser le parti des armes que de mener la vie lâche et coupable que nous menons? Nous serons même en état de faire une assez bonne figure avec l'argent que nous aurons. Ce n'est pas, ajouta-t-il, que je me serve sans remords d'un bien si mal acquis; mais outre que la nécessité m'y oblige, si jamais je fais la moindre fortune dans la guerre, je jure que je dédommagerai Samuel Simon. J'assurai don Alphonse que j'étois dans les mêmes sentiments, et nous résolûmes enfin de quitter nos camarades dès le lendemain avant le jour. Nous ne fûmes point tentés de profiter de leur absence, c'est-à-dire, de déménager sur-le-champ avec la caisse; la confiance qu'ils nous avoient marquée en nous laissant maîtres des espèces, ne nous permit pas seulement d'en avoir la pensée, quoique le tour de l'hôtel garni eût en quelque manière rendu ce vol excusable.

Ambroise et don Raphaël revinrent de Ségorbe sur la fin du jour. La première chose qu'ils nous dirent fut que leur voyage avoit été très heureux; qu'ils venoient de jeter les fondements d'une fourberie qui, selon toutes les apparences, nous seroit encore plus utile que celle du soir précédent. Et là-dessus le fils de Lucinde voulut nous mettre au fait; mais don Alphonse prit alors la parole, et leur déclara poliment que, ne se sentant pas né pour vivre comme ils faisoient, il étoit dans la résolution de se séparer d'eux. Je leur appris de mon côté que j'avois le même dessein. Ils firent vainement tout leur possible pour nous engager à les accompagner dans leurs expéditions; nous prîmes congé d'eux le lendemain matin, après avoir fait un partage égal de nos espèces, et nous tirâmes vers Valence.

CHAPITRE III.

Après quel désagréable incident don Alphonse se trouva au comble de la joie, et par quelle aventure Gil Blas se vit tout à coup dans une heureuse situation.

Dénoûment heureux. — Restitution exemplaire.

Nous poussâmes gaiement jusqu'à Bunol, où par malheur il fallut nous arrêter. Don Alphonse tomba malade. Il lui prit une grosse fièvre avec des redoublemens qui me firent craindre pour sa vie. Heureusement il n'y avoit point là de médecins, et j'en fus quitte pour la peur. Il se trouva hors de danger au bout de trois jours, et mes soins achevèrent de le rétablir. Il se montra très sensible à tout ce que j'avois fait pour lui ; et, comme nous nous sentions véritablement de l'inclination l'un pour l'autre, nous nous jurâmes une éternelle amitié.

Nous nous remîmes en chemin, toujours résolus, quand nous serions à Valence, de profiter de la première occasion qui s'offriroit de passer en Italie. Mais le ciel, qui nous préparoit une heureuse destinée, disposa de nous autrement. Nous vîmes à la porte d'un beau château des paysans de l'un et de l'autre sexe qui dansoient en rond et se réjouissoient. Nous nous approchâmes d'eux pour voir leur fête ; et don Alphonse ne s'attendoit à rien moins qu'à la surprise dont il fut tout à coup saisi. Il aperçut le baron de Steinbach, qui, de son côté l'ayant reconnu, vint à lui les bras ouverts, et lui dit avec transport : Ah ! don Alphonse, c'est vous ! l'agréable rencontre ! Pendant qu'on vous cherche partout, le hasard vous présente à mes yeux.

Mon compagnon descendit de cheval aussitôt, et courut embrasser le baron, dont la joie me parut immodérée. Venez, mon fils, lui dit ensuite ce bon vieillard, vous allez apprendre qui vous êtes, et jouir du plus heureux sort. En achevant ces paroles, il l'emmena dans le château. J'y entrai avec eux, car j'avois aussi mis pied à terre et attaché nos chevaux à un arbre. Le maître du château fut la première personne que nous rencontrâmes. C'étoit un homme de cinquante ans et de très bonne mine. Seigneur, lui dit le baron de Steinbach en lui présentant don Alphonse, vous voyez votre fils. A ces mots, don César de Leyva (ainsi se nommoit le maître du château) jeta ses bras au cou de don Alphonse, et, pleurant de joie, Mon cher fils, lui dit-il, reconnoissez l'auteur de vos jours ! Si je vous ai laissé ignorer si long-temps votre condition, croyez que je me suis fait en cela une cruelle violence. J'en ai mille fois soupiré de douleur, mais je n'ai pu faire autrement. J'avois épousé votre mère par inclination ; elle étoit d'une naissance fort inférieure à la mienne. Je vivois sous l'autorité d'un père dur, qui me réduisoit à la nécessité de tenir secret un mariage contracté sans son aveu. Le baron de Steinbach seul étoit dans ma confidence, et c'est de concert avec moi qu'il vous a élevé. Enfin mon père n'est plus, et je puis déclarer que vous êtes mon unique héritier. Ce n'est pas tout, ajouta-t-il, je vous marie avec une jeune dame dont la noblesse égale la mienne. Seigneur, interrompit don Alphonse, ne me faites point payer trop cher le bonheur que vous m'annoncez. Ne puis-je savoir que j'ai l'honneur d'être votre fils, sans apprendre en même temps que vous voulez me rendre malheureux ! Ah ! seigneur, ne soyez pas plus cruel que votre père. S'il n'a point approuvé vos amours, du moins il ne vous a point forcé de prendre une femme. Mon fils, répliqua don César, je ne prétends pas non plus tyranniser vos désirs. Mais ayez la complaisance de voir la dame que je vous destine ; c'est tout ce que j'exige de votre obéissance. Quoique ce soit une personne charmante et un parti fort avantageux pour vous, je promets de ne pas vous contraindre à l'épouser. Elle est dans ce château. Suivez-moi; vous allez convenir qu'il n'y a point d'objet plus aimable. En disant cela, il conduisit don Alphonse dans un appartement où je m'introduisis après eux avec le baron de Steinbach.

Là étoit le comte de Polan avec ses deux filles Séraphine et Julie, et don Fernand de Leyva son gendre, qui étoit neveu de don César. Il y avoit encore d'autres dames et d'autres cavaliers. Don Fernand, comme on l'a dit, avoit enlevé Julie, et c'étoit à l'occasion du mariage de ces deux amants que les paysans des environs s'étoient assemblés ce jour-là pour se réjouir. Sitôt que don Alphonse parut, et que son père l'eut présenté à la compagnie, le comte de Polan se leva et courut l'embrasser, en disant : Que mon libérateur soit le bienvenu! Don Alphonse, poursuivit-il en lui adressant la parole, connoissez le pouvoir que la vertu a sur les âmes généreuses! Si vous avez tué mon fils, vous m'avez sauvé la vie. Je vous sacrifie mon ressentiment, et vous donne cette même Séraphine à qui vous avez sauvé l'honneur. Par là je m'acquitte envers vous. Le fils de don César ne manqua pas de témoigner au comte de Polan combien il étoit pénétré de ses bontés; et je ne sais s'il eut plus de joie d'avoir découvert sa naissance, que d'apprendre qu'il alloit devenir l'époux de Séraphine. Effectivement ce mariage se fit quelques jours après, au grand contentement des parties les plus intéressées.

Comme j'étois aussi un des libérateurs du comte de Polan, ce seigneur, qui me reconnut, me dit qu'il se chargeoit du soin de faire ma fortune; mais je le remerciai de sa générosité, et je ne voulus point quitter don Alphonse, qui me fit intendant de sa maison et m'honora de sa confiance. A peine fut-il marié, qu'ayant sur le cœur le tour qui avoit été fait à Samuel Simon, il m'envoya porter à ce marchand tout l'argent qui lui avoit été volé. J'allai donc faire une restitution : c'étoit commencer le métier d'intendant par où l'on devroit le finir.

FIN DU LIVRE SIXIÈME [1].

[1] Il y a sur ce livre VI une remarque naturelle, c'est qu'il est le plus court de tous, et n'a pas de proportion avec les autres livres. Si nous avions le manuscrit, nous saurions aujourd'hui d'où vient cette brièveté. Le Sage s'étoit étendu sur le compte du saint-office et en avoit fait la satire la plus forte et la plus comique; il y avoit belle matière, mais ces détails parurent chatouilleux au censeur, qui en raya une partie, et ne laissa passer que la scène admirable de l'interrogatoire prêté par le pauvre Gaspard, (ci-dessus, pages 517 et suiv.)

Cette scène seroit plus étonnante encore s'il étoit prouvé que Le Sage n'eût fait que copier un auteur espagnol; mais il n'y a nulle apparence que ce soit en Espagne qu'on ait imaginé de verser un tel ridicule sur les procédures atroces de l'inquisition, et dans un temps où la puissance de la sainte Hermandad y étoit respectée au point d'absorber quelquefois jusqu'à l'autorité royale.

FIN DU TOME PREMIER DE GIL BLAS.

TABLE DES CHAPITRES

CONTENUS DANS LE TOME PREMIER.

	Pag.
Déclaration de l'auteur....................................	1
Gil Blas au lecteur..	3

LIVRE PREMIER.

Chapitre Ier De la naissance de Gil Blas, et de son éducation... 5

Chap. II. Des alarmes qu'il eut en allant à Peñaflor; de ce qu'il fit en arrivant dans cette ville, et avec quel homme il soupa.. 9

Chap. III. De la tentation qu'eut le muletier sur la route; quelle en fut la suite, et comment Gil Blas tomba dans Charybde en voulant éviter Scylla.................. 17

Chap. IV. Description du souterrain, et quelles choses y vit Gil Blas.. 21

Chap. V. De l'arrivée de plusieurs autres voleurs dans le souterrain, et de l'agréable conversation qu'ils eurent tous ensemble.. 25

Chap. VI. De la tentative que fit Gil Blas pour se sauver, et quel en fut le succès.................................. 35

Chap. VII. De ce que fit Gil Blas, ne pouvant faire mieux. 39

Chap. VIII. Gil Blas accompagne les voleurs. Quel exploit il fait sur les grands chemins............................ 42

Chap. IX. De l'événement sérieux qui suivit cette aventure.. 46

Chap. X. De quelle manière les voleurs en usèrent avec la dame. Du grand dessein que forma Gil Blas, et quel en fut l'événement.. 49

Chap. XI. Histoire de dona Mencia de Mosquera....... 57
Chap. XII. De quelle manière désagréable Gil Blas et la dame furent interrompus....................... 67
Chap. XIII. Par quel hasard Gil Blas sortit enfin de prison, et où il alla................................. 72
Chap. XIV. De la réception que dona Mencia lui fit à Burgos...................................... 77
Chap. XV. De quelle façon s'habilla Gil Blas, du nouveau présent qu'il reçut de la dame, et dans quel équipage il partit de Burgos........................... 82
Chap. XVI. Qui fait voir qu'on ne doit pas trop compter sur la prospérité............................. 88
Chap. XVII. Quel parti prit Gil Blas après l'aventure de l'hôtel garni............................... 96

LIVRE SECOND.

Chapitre Ier. Fabrice mène, et fait recevoir Gil Blas chez le licencié Sédillo. Dans quel état étoit ce chanoine. Portrait de sa gouvernante......................... 107
Chap. II. De quelle manière le chanoine, étant tombé malade, fut traité; ce qu'il en arriva, et ce qu'il laissa par testament à Gil Blas....................... 115
Chap. III. Gil Blas s'engage au service du docteur Sangrado, et devient un célèbre médecin.............. 123
Chap. IV. Gil Blas continue d'exercer la médecine avec autant de succès que de capacité. Aventure de la bague retrouvée.. 130
Chap. V. Suite de l'aventure de la bague retrouvée. Gil Blas abandonne la médecine et le séjour de Valladolid. 143
Chap. VI. Quelle route il prit en sortant de Valladolid, et quel homme le joignit en chemin.................. 152
Chap. VII. Histoire du garçon barbier................ 155
Chap. VIII. De la rencontre que Gil Blas et son compagnon firent d'un homme qui trempoit des croûtes de

DES CHAPITRES. 533

pain dans une fontaine, et de l'entretien qu'ils eurent avec lui.. 185
Chap. IX. Dans quel état Diego retrouva sa famille, et après quelles réjouissances Gil Blas et lui se séparèrent. 191

LIVRE TROISIÈME.

Chapitre Ier. De l'arrivée de Gil Blas à Madrid, et du premier maître qu'il servit dans cette ville............ 199
Chap. II. De l'étonnement où fut Gil Blas de rencontrer à Madrid le capitaine Rolando, et des choses curieuses que ce voleur lui raconta................................ 209
Chap. III. Il sort de chez don Bernard de Castil Blazo, et va servir un petit-maître......................... 216
Chap. IV. De quelle manière Gil Blas fit connoissance avec les valets des petits-maîtres; du secret admirable qu'ils lui enseignèrent pour avoir à peu de frais la réputation d'homme d'esprit, et du serment singulier qu'ils lui firent faire.................................... 228
Chap. V. Gil Blas devient homme à bonnes fortunes. Il fait connoissance avec une jolie personne............ 236
Chap. VI. De l'entretien de quelques seigneurs sur les comédiens de la troupe du prince...................... 246
Chap. VII. Histoire de don Pompeyo de Castro......... 252
Chap. VIII. Quel accident obligea Gil Blas à chercher une nouvelle condition................................. 262
Chap. IX. Quelle personne il alla servir après la mort de don Mathias de Silva............................... 268
Chap. X. Qui n'est pas plus long que le précédent...... 273
Chap. XI. Comment les comédiens vivoient ensemble, et de quelle manière ils traitoient les auteurs........... 278
Chap. XII. Gil Blas se met dans le goût du théâtre; il s'abandonne aux délices de la vie comique, et s'en dégoûte peu de temps après............................. 285

LIVRE QUATRIÈME.

Pag.

Chapitre Ier. Gil Blas, ne pouvant s'accoutumer aux mœurs des comédiennes, quitte le service d'Arsénie, et trouve une plus honnête maison.................. 290
Chap. II. Comment Aurore reçut Gil Blas, et quel entretien ils eurent ensemble...................... 297
Chap. III. Du grand changement qui arriva chez don Vincent; et de l'étrange résolution que l'amour fit prendre à la belle Aurore....................... 303
Chap. IV. Le mariage de vengeance. Nouvelle.......... 310
Chap. V. De ce que fit Aurore de Guzman, lorsqu'elle fut à Salamanque........................ 345
Chap. VI. Quelles ruses Aurore mit en usage pour se faire aimer de don Luis Pacheco................... 357
Chap. VII. Gil Blas change de condition, et il passe au service de don Gonzale Pacheco................. 368
Chap. VIII. De quel caractère étoit la marquise de Chaves, et quelles personnes alloient ordinairement chez elle... 382
Chap. IX. Par quel incident Gil Blas sortit de chez la marquise de Chaves, et ce qu'il devint............ 389
Chap. X. Histoire de don Alphonse et de la belle Séraphine................................ 395
Chap. XI. Quel homme c'étoit que le vieil hermite, et comment Gil Blas s'aperçut qu'il étoit en pays de connoissance............................. 412

LIVRE CINQUIÈME.

Chapitre Ier. Histoire de don Raphaël............... 419
Chap. II. Du conseil que don Raphaël et ses auditeurs tinrent ensemble, et de l'aventure qui leur arriva lorsqu'ils voulurent sortir du bois.................. 503

LIVRE SIXIÈME.

Pag.

CHAPITRE Ier. De ce que Gil Blas et ses compagnons firent après avoir quitté le comte de Polan; du projet important qu'Ambroise forma, et de quelle manière il fut exécuté.................................... 509

CHAP. II. De la résolution que don Alphonse et Gil Blas prirent après cette aventure...................... 522

CHAP. III. Après quel désagréable incident don Alphonse se trouva au comble de la joie, et par quelle aventure Gil Blas se vit tout à coup dans une heureuse situation.. 526

FIN DE LA TABLE DU TOME PREMIER.